“十二五”国家重点图书出版规划项目

研究型大学的研究型教学:理念与实践

吴绍春　张立新　著

哈爾濱工業大學出版社

内容简介

本书分为两部分。上篇为教学理念篇，主要探讨研究型大学的教学理论。以牛津大学、麻省理工大学、加州理工学院和中国香港科技大学、南京大学、哈尔滨工业大学、华中科技大学七所研究型大学为案例，从宏观方面介绍、梳理和研究中国研究型大学研究型教学的理论和实践。下篇为教学实践篇，是作者赴美做访问学者期间的实地考察、听课授课的切身感受和体验，试图从微观层面探讨研究性教学的方法和艺术。以其借鉴他山之石抛砖引玉，推动我国研究型大学研究型教学的探索和创新。附录部分主要介绍了一些研究性教学的实用方法。

本书可供大学教学管理者、大学教学研究者和大学教师阅读和参考。

图书在版编目(CIP)数据

研究型大学的研究型教学：理念与实践/吴绍春，张立新著．—哈尔滨：哈尔滨工业大学出版社，2015.8

ISBN 978-7-5603-5387-6

Ⅰ.①研… Ⅱ.①吴… ②张… Ⅲ.①高等学校-教学研究 Ⅳ.①G642.0

中国版本图书馆 CIP 数据核字(2015)第 102466 号

策划编辑　田新华
责任编辑　苗金英　刘　瑶
封面设计　刘长友
出版发行　哈尔滨工业大学出版社
社　　址　哈尔滨市南岗区复华四道街 10 号　邮编 150006
传　　真　0451-86414749
网　　址　http://hitpress.hit.edu.cn
印　　刷　哈尔滨市工大节能印刷厂
开　　本　787mm×1092mm　1/16　印张 19.5　字数 404 千字
版　　次　2015 年 8 月第 1 版　2015 年 8 月第 1 次印刷
书　　号　ISBN 978-7-5603-5387-6
定　　价　58.00 元

自 序

自20世纪90年代开始的院校“共建、调整、合作、合并”工程,使我国高校在体制和结构上完成了初步的改革,并进入由注重“规模效应”向加强“内涵建设”的全面转型的关键时期。为此,我国政府和各部委近些年来对高等教育内涵发展进行了一系列顶层设计,颁布了《国家中长期教育改革和发展规划纲要(2010—2020)》《国家中长期人才发展规划纲要(2010—2020)》《高教30条》[①]《高等教育专题规划》等一系列配套文件,启动实施了“质量工程”[②]“珠峰计划”[③]“卓越计划”[④]“2011计划”[⑤]等一系列工程和计划,全面提升高等教育质量和培养拔尖创新人才,切实推动高等教育的内涵式发展,推进高等教育强国战略实施。当然,高等教育的内涵建设和质量提升是一项十分艰巨和复杂的系统工程,仅仅依靠国家出台相关文件和启动相关计划是远远不够的,还需要作为高校教与学主体的师生从思想上达成理性认同,从实践中不断探索和总结经验与规律,从反思中不断进步和完善。

20世纪后期,英国著名学者李约瑟提出了一道世界难解之谜:“尽管中国古代对人类科技发展做出了很多重要贡献,但为什么科学和工业革命没有在近代的中国发生?”与此相关,我国著名科学家钱学森于21世纪初提出了中国教育事业发展的一道艰深命题:“为什么我们的学校总是培养不出杰出人才?”无论是“李约瑟难题”还是“钱学森之问”实质上都指向同一个问题:如何培养创新人才并使其发挥价值?而这恰恰是当前我国教

---

① 2012年教育部印发的《教育部关于全面提高高等教育质量的若干意见(教高[2012]4号)》,提出了坚持内涵式发展、完善人才培养质量标准体系、创新人才培养模式、巩固本科教学基础地位等30条高教质量提升指导意见,简称“高教质量30条”。

② 2007年教育部和财政部联合印发的《教育部财政部关于实施高等学校本科教学质量与教学改革工程的意见(教高[2007]1号)》,决定实施“高等学校本科教学质量与教学改革工程”,简称“质量工程”,正式提出“加强内涵建设,提升我国高等教育的质量和整体实力”。

③ 2009年教育部启动“基础学科拔尖学生培养试验计划”,简称“珠峰计划”,目的是培养一大批拔尖创新人才,使之成为相关基础学科的领军人物,并逐步跻身国际一流科学家队伍。

④ “卓越计划”是教育部“卓越工程师教育培养计划”的简称,该计划旨在培养造就一大批创新能力强、适应经济社会发展需要的高质量各类型工程技术人才,为国家走新型工业化发展道路、建设创新型国家和人才强国战略服务。

⑤ 2012年《教育部财政部关于实施高等学校创新能力提升计划的意见(教技[2012]6号)》,决定实施“高等学校创新能力提升计划”,简称“2011计划”。

育界正在探索和攻克的难题。归根结底,这一问题又是学校教育对学生潜在素质的"抽引"能力和抽引程度的问题,必然脱离不了大学的最基本和最重要的职能活动——教学。教学与其他职能之间的关系及其处理方式,教学理念与教学理论的先进性,教学要素的完备性及其组织方式,教学材料的选择和课程的设计,师生的角色定位和角色互动,教学结果的考核形式与方法,教学评价的组织与实施,教学模式与制度的创新,以及培养目标与实现路径的探索,都直接关乎学生潜在素质"抽引"的目标、载体、情境、途径或方法,都是直接制约人才培养质量的基础性问题。可以说,从教与学的角度探讨人才培养的质量提升问题,是解决"钱学森之问"的必由之路。这也正是本书研究的出发点。

大学教学不是大学的一种孤立的职能活动,它与其他职能共同构成了一个有机的系统。大学具有哪些职能?各职能之间应该是什么关系?各职能活动的共同目标和价值取向是什么?而这些问题又属于大学办学理念层面的问题。大学理念是关于大学的本质及其办学规律的一种思想体系,是为什么办大学、怎样办大学的思想观念,是人们在对教育规律认识的基础上所形成的关于大学的性质、职能、使命、目的、大学与社会的关系等一系列大学基本问题的理性认识。大学理念应该包含两个层次:第一个层次是大学理念一般,即共性的大学理念,是对大学整体性和一般性的认识,也就是所有的大学在发展中都应该秉持的基本的价值观和使命。第二个层次是大学理念个别,即个性的大学理念,是独立的个体大学在发展中所认定和追求的具有自己特色的目标、原则、方法等,也是指一所大学具体的办学实践所表现出来的大学精神、传统特色、办学经验、指导思想、目标定位等。大学理念一般是大学理念个别的理论基础,对大学理念个别具有指导作用,对于提高大学在人才培养、学术研究和社会服务等方面的整体质量以及促进高等教育的理性发展具有重要的理论导向作用;大学理念个别有助于深化对大学理念一般的认识,为大学理念一般的发展和完善提供充足的养分,为大学的具体实践提供更好的理论指导和经验借鉴,有助于培养个体大学的特色和优势,张扬其个性,发挥其优良传统,提高大学的管理与决策水平。

在两个层面大学理念的指导下,大学教学的目标、原则、理论运用于具体社会发展背景下的具体教学实践中,形成各具特色的教学模式、教学方法、教学技能和教学艺术。随着社会的发展、科技的进步以及高等教育的大众化和普及化,传统的灌输式教学已不能适应未来社会的要求和科技发展的挑战,创新型人才成为经济社会发展的迫切需求。在这种背景下,旨在培养学生独立探究和创新能力的研究型教学应运而生,成为世界各国尤其是西方发达国家教学理念和教学实践的主要发展趋势。关于研究型教学的各种研究和实践蓬勃发展,成为教学发展史上的一道亮丽的风景线。现代意义上的研究型教学最早产生于20世纪80年代的美国,其中《国家处于危机之中》《重建本科教育——美国研究型大学的蓝图》《重建本科教育——博野报告三年回顾》等调研报告揭开了研究型教学的序幕,提出了研究型教学改革的建议和面临的挑战,对于推进美国研究型大学本科教育教学改革,产生了广泛而深远的影响。与此同时,英国、加拿大、日本等西方其他国家也纷纷就研究型教学发布了一系列文件和咨询报告,成立了相关机构,设立并实施了相关计划,在研究型教学的理论和实践方面均取得了较大进展。

我国少数研究型大学于20世纪80年代末期也开始了研究型教学的探索。2001年,教育部发布《关于加强高等学校本科教学工作提高教学质量的若干意见》,提出了将科研融入教学之中、培养学生创新能力的主张。2005年,教育部出台的《关于进一步加强本科教学工作的若干意见》,正式提出了"积极推进研究型教学、提高大学生创新能力"的要求,并给出了具体实施的若干指导意见。此后,在相关文件和计划的指导下,一些高校积极开展研究型教学实践,探索研究型教学的制度、模式和方法,在一定程度上提升了人才培养的质量。当然,我国研究型教学和实践在教师素质、学生参与、师生角色转变、教学评价等方面还存在诸多障碍,致使研究型教学实施的广度和深度还远远不够。他山之石,可以攻玉,美国的研究型大学在研究型教学方面积累的成功经验和做法,为我国研究型大学的研究型教学树立了具有学习和借鉴意义的标杆。

基于上述背景和逻辑思路,本书将主体内容分为上下两篇:

上篇为教学理念篇,主要从理念层面把握教学在大学发展中的地位,归纳总结研究型教学的理论内容。本篇共包括5章内容,第一章从大学理念一般的角度论述了大学理念的内涵、理论演进及教学在大学理念演进中的地位和作用,然后以我国8所著名高校为整体案例,总结了其教学实践中体现出的共性理念,检视了我国世界一流大学创建实践中共性理念的科学性、合理性和可行性,并将教学的内涵拓展为一切与人才培养相关的活动。第二章至第四章则从大学理念个别的角度,深入剖析了国内外若干研究型大学个案的教学理念,总结了其所秉持的共性理念,为教学及其与其他职能之间关系的处理,提供经验支持。第五章系统阐释了研究型教学的内涵、特点、功能、类型、发展趋势、理论依据、实施模式及实施难点问题。本篇内容旨在从宏观层面为研究型教学实践提供理论基础,确保研究型教学在目标、方向和途径等方面的顶层设计符合教育、知识和人的发展规律。

下篇为教学实践篇,主要是作者基于对美国大学的3次实地考察和访问,对美国研究型教学实践的具体介绍和分析,以及在此基础上形成的具体思考和建议。该篇共包括7章内容,其中,第六章至第十章从教学的各个环节和方面入手,深入剖析了美国研究型大学研究型教学的案例,详细介绍了美国大学研究型教学的方法、技巧和具体做法,涉及课堂组织、课程设计、教材选用、师生角色、教学方法、课程考试、毕业答辩、教学评价等内容。第十一章和第十二章是对美国研究型大学研究型教学的综合思考,涉及人才培养目标、培养模式、培养途径、通识教育、荣誉制度等内容。本篇内容旨在从微观层面为我国研究型大学的教师和教育管理者提供经验借鉴和具体指导,推进我国研究型大学研究型教学的探索和创新。

为了进一步解释和补充本书主体部分提及的相关内容和方法,并为高校青年教师提供学习参考之用,本书最后增加了附录篇内容,选编了部分教学资料和几种经典的教学方法。希望这些教学资料和方法能够激发青年教师的学习和教学兴趣,引导青年教师在教学过程中形成主动学习、实践和创新教学理论与教学方法的习惯,不断探索新的教学模式和教学方法,凝练自身的教学特色,丰富教学艺术,不断提高教学水平和教学质量。

在本书成稿过程中,我们遇到的最棘手的问题,是如何将原本毫无体系的若干研究报告、调查报告和研究论文整合在一个统一的框架之下,使之成为一个有机的体系。为此,书稿的篇章结构和标题名称经历了多次反复磋商、删减和变动,最终呈现给读者的是当前的形态。但是,最终结果仍然不够理想,仍然存在不尽如人意的地方,如部分章节的内容仍然存在一定的交叉,部分章节标题的概括力略显不足,个别章节的篇幅比例与其他章节不协调等,还有待于在使用过程中发现问题和不断完善。由于作者从事教学的经验和见识较浅,对相关信息和资料的占有不够完整并且挖掘程度也不够深入,研究与写作水平亦有限,难免出现以偏概全和有失偏颇的观点,难免存在论述欠妥和不当之处,恳请诸位方家和读者批评斧正。

作 者
2014 年 12 月

目录

上篇　教学理念篇

——基于国内外若干大学案例的分析与思考

本篇主要从大学理念一般和大学理念个别两个层面把握教学在大学发展中的地位和作用，以及教学与其他职能之间的关系。在此基础上进一步对研究型教与学的理论进行梳理和归纳，以期从宏观上为我国研究型大学研究型教学的实施提供理论支持和顶层设计上的经验借鉴。

本篇主要内容包括：

◆ 第一章　大学理念中的教与学

◆ 第二章　国外研究型大学个案的教与学理念

◆ 第三章　国内研究型大学个案的教与学理念

◆ 第四章　国内外若干研究型大学教与学理念的启示

◆ 第五章　研究型教与学的理论梳理与归纳

第一章　大学理念中的教与学

教学是大学的核心职能，包括教和学两个方面，是大学教育实践活动的主要构成部分，而特定大学的教学实践必然深受该所大学办学理念的影响，脱离不了其大学理念所指引的方向。从系统的角度看，大学的教学不是孤立存在的，教学的目的、内容、方法、策略等都受科研、社会服务等其他职能的制约，因此，大学教学与其他职能活动之间必然存在着交互作用，而这种交互作用是推动大学这一机体良性运转的重要动力。对大学教学的研究，需要纳入大学职能域的整体框架之中，并从大学理念的高度进行审视。本章的研究框架将教与学从单纯的课堂拓展到整个大学学习与生活之中，使之涵盖正规（课堂）的教与学和非正规的教与学两个时空范围，在这种意义上，教与学就是人才培养，教与学的活动就是一切与人才培养密切相关的活动。

第一节　大学理念演变中的大学职能

一、何为大学理念

“理念”一词引入我国的时间比较短，并且在翻译上和理解上存在着一定的差异性和模糊性，有“理想”“理念”等版本。1998 年出版的《教育大辞典》（增订合编本）有词条“理念说（theory of idea）”，但直到 2004 年出版的《现代汉语规范词典》才正式收录“理念”一词，并且该词直到 20 世纪末才被越来越多的人接受并逐渐频繁使用。对于理念的含义，《教育大辞典》认为理念是共相、概念、普遍的真理和原理大法。[1]《现代汉语规范词典》给出了 3 种较为完整的解释：一是思想、观念，如文化观念；二是信念，如人生信念；三是认定和追求的某种目标、原则、方法等，且多具有个性、行业性和学科性，如语文教育理念。[2]

对于大学理念（the Idea of the University）一词，目前还没有一个公认的定义。但总的来看，大学理念是关于大学“病源”研究、规避和治理的学问，它制约着高等教育目标的确定、教学内容的选择、教学方法的运用和教育管理的价值取向，大学的发展方向、质量标准、专业设置、性质功能、办学模式、办学体制、管理原则等一系列办学问题都无不与大学理念密切相关。深入透视大学理念有助于深化对教育思想的认识，有利于教育理论的创新，有助于纠正办学实践过程中的偏差，激励、规范和引导大学教育实践健康有序的发展。大学理念可以为大学的改革和发展提供源源不断的动力和精神蓄积，只有通过它的支撑、规范和引导，大学教育才能实现伟大振兴，才能为国家和社会的发展提供最优的智力支持。而大学理念从哪里来？需要办学者在对教育规律认识的基础上结合办学实践逐渐形成，并通过一代代办学者逐渐发展、完善和不断创新。这就引申出一个命题，即大学理念也需要一代代人不断的建设。大学首先作为一个独立的个体存在，每所大学都有着不同于其他大学的发展历史、文化背景和资源条件，它应该在办学规律的指导下，不断推进个性大学理念的建设，使之成为全校师生的共同追求，发挥引导自身理性发展的功能。

二、大学理念的多视角透视

学术界从不同的角度对大学理念进行了大量的研究，有的学者从历史发展的角度对大学理念进行梳理，有的学者按照大学的知名度对大学理念进行介绍和分析，有的学者则对若干名牌大学的办学理念进行了概括和研究，各种观点异彩纷呈。为了准确把握大学理念的本质，清晰地呈现大学理念的整体面貌，本节从如下视角对大学理念进行系统梳理和分析。

（一）理性主义大学理念与功利主义大学理念

在大学理念的发展过程中，大学职能观存在着教学、科研、社会服务三种观点的激烈辩论和实践上的反复，教学和基础研究是大学内部自主性和自治性的活动，是理性的；应用研究和社会服务是与国家和社会相关的活动，带有实用性和功利性。从学术界研究的观点以及大学办学实践的表现来看，大学理念主要表现为理性主义和功利主义的博弈以及两者在发展中的不断调和。

理性主义的大学理念，又称为保守主义、经典主义或者复兴主义的大学理念，这种大学理念把大学视为追求真理和探索高深学问的场所，人永远是教育的对象，重视自由教育、通识教育、博雅教育，培养自由的人、完整的人、完善的人、全人，以人及其个性的全面自由发展为最高准则，强调知识传授的广博和宽厚。因此把大学的职能主要定位于教学和基础研究两方面。理性主义的大学理念在发展的过程中，对教学和研究的认识也经过了不断的深化和拓展。

功利主义的大学理念，又称为实用主义或者工具主义的大学理念，这种大学理念认为大学应该远离象牙塔，把大学看作是社会发展的工具，甚至是统治阶级达到其政治目的的一种手段，大学探索真理的目的是出于功利的驱动，是为了解决实际问题，应付实际需要。功利主义的大学理念主张培养社会发展所需要的实际工作者和专业人才，培养运用所掌握的专业知识和技能为社会服务的社会公民，片面追求行为的实际功效，忽视行为内在动机的价值和意义。因此，功利主义的大学理念把大学的职能主要定位为培养实用人才、应用研究和社会服务。

调和主义的大学理念是针对理性主义和功利主义两者的冲突而采取的一种调和手段，把理性主义和功利主义统一起来。调和主义强调科学精神和人文精神的统一，强调科学教育与人文教育的统一，强调通识教育与专业教育的统一；强调真理探索与社会服务的统一。但是，调和主义的理念很难掌握调和的“度”，理性主义与功利主义的动态博弈往往以一方占优为稳定状态，表现为“理性功利主义”，承认求利的必要性；坚持理性求利原则，反对片面求利；主张动机和效果的辩证统一；强调个人利益和社会利益的统一。[3]理性功利主义实质上其重心仍然向“功利”一方倾斜。

理性主义和功利主义两种大学理念的博弈实质上是大学职能发展演变的过程，在这一过程中，大学职能的重心沿着教学→科研→服务→调和的路径发展。现代大学走的是一种调和主义的道路，在教学、科研和社会服务等各职能的定位上试图求得某种平衡，但是多数大学功利主义倾向很强，只有牛津大学等少数大学的发展倾向于理性主义。

（二）共性的大学理念与个性的大学理念

学术界对大学理念的认识虽然不完全一致，但总结起来看，大学理念是关于大学的本质及其办学规律的一种哲学思想体系，是从宏观上回答，为什么办大学、怎样办大学的思想观念，[4]是指人们在对教育规律认识的基础上所形成的关于大学的性质、职能、使命、目的、大学与社会的关系等一系列大学基本问题的理性认识。[5]大学理念应该包含两个层次：第一个层次是大学理念一般，即共性的大学理念，是对大学整体性和一般性的认识，也就是所有的大学在发展中都应该秉持的基本的价值观和使命，回答的问题包括：大学是什么？大学为什么？大学的职能及其重心是什么（怎么办）？第二个层次是大学理念个别，即个性的大学理念，是独立的个体大学在发展中所认定和追求的具有自己特色的目标、原则、方法等，也是指一所大学具体的办学实践所表现出来的大学精神、传统特色、办学经验、指导思想、目标定位等。回答的问题涉及：个体大学使命与目标是什么？如何对待大学各职能？如何履行这些职能？体现什么特色……

大学理念的两个层面是相互关联、相互促进和相得益彰的。大学理念一般是大学理念个别的理论基础，对大学理念个别具有指导作用，有助于树立高等教育的整体发展观，对于提高大学这个社会子系统在人才培养、学术研究和社会服务等方面的整体质量以及促进高等教育的理性发展具有重要的理论导向作用。而大学理念个别有助于深化对大学理念一般的认识，为大学理念一般的发展和完善提供充足的养分，为大学的具体实践提供更好的理论指导和经验借鉴，有助于培养个体大学的特色和优势，张扬其个性，发挥其优良传统，提高大学的管理与决策水平。

（三）时代演进中的大学理念与教育家的大学理念

大学理念具有鲜明的时代特性，它是随时代的发展而变化的。大学在中世纪产生时，唯一的职能就是教学，就是培养人才和知识传承，以专业教育为目的，培养教师、律师、医生、牧师等专业人才。洪堡的大学理念是在经历了普法战争割地赔款的耻辱，国家处于分裂状态,传统的大学已经不能满足国家经济发展需要的情况下提出的,把大学作为民族振兴的手段,把科学研究引入大学,把“纯科学”课程和研讨模式引入教学,成功地缔造了研究型大学。纽曼时代,由于工业革命的推动,功利主义兴起,对大学理念产生冲击,人们对象牙塔式的大学非常不满,纷纷要求大学培养实用型人才,在这种背景下,纽曼对传统的大学理念进行了捍卫。20世纪初是美国实用主义盛行的时代,功利主义日益昌盛,当时范·海斯所倡导的大学为社会服务的“威斯康星”迅速传播,很多研究型大学也加入社会服务的行列之中,在这种情况下,深受洪堡大学理念影响的弗莱克斯纳认为,大学应该保持与社会的密切联系,但应该倡导严肃的学术研究,主张人文精神与科学精神的统一;赫钦斯也为自由教育和普通教育提出了抗争,坚持传统的大学理念,坚守自由教育的传统,倡导普通教育与智力培养。当高等教育规模迅速扩张、大学在社会中的作用和地位日益提高、服务于社会的要求与传统的大学理念发生冲突的时候,科尔提出了“多元化巨型大学”的理念,拓展了大学的职能,适应了社会的需求。

在我国,大学是在国难当头的危急时刻建立的,其目的是“救亡图存”,教育强国,开启民智,其职能是培养济世之通才。当时的有志之士认为大学应该讲授国政民事和专门之学,为国家储养任用之人才;提倡“中学为体,西学为用;中学为主,西学为辅”。当时深受德国洪堡大学理念影响的蔡元培,把科研功能引入我国的大学,对我国大学的改革产生了深远的影响。在国内战争和抗日战争的内乱外侵的年代,为使教育承担救国强国的重担,张伯苓、梅贻琦、竺可桢等著名学者都提出了很多宝贵的大学理念。在市场经济不断发展和完善的新时期,可持续发展、产学研结合、科教兴国、素质教育、和谐发展等新的大学理念又不断产生。

从大学理念的时代演进来看,洪堡、纽曼、维布伦、弗莱克斯纳、赫钦斯、奥尔特加、雅斯贝尔斯、范·海斯、克拉克·科尔、博克、威尔逊、蔡元培、梅贻琦、蒋南翔、竺可桢、张伯苓、朱九思、刘道玉等国内外著名教育家的大学理念就是其所在时代大学理念的代表,是所在时期的大学应该弥补的精神和涵养,是保障大学健康发展的精神食粮和理论规范。从这些代表性学者的大学理念观可以由点及线地了解大学理念的发展脉络,由线及面地认识大学理念的微观和宏观面貌,从而找出大学理念的个性和共性的东西,为大学的发展提供经验与理论上的指导。

三、教学在大学理念演变中的地位

从大学理念的演进过程可知,大学的职能经历了一个从传授知识到教学、研究并重,再到教学、科研、社会服务三位一体的发展和认识过程,大学的职能重心沿着教学→科研→服务→调和的路径变化。其间,围绕着教学、科研、社会服务三种职能,学术界观点的激烈辩论导致了办学实践中职能重心的反复,且大学的职能重心也因地域、历史发展背景的不同而有所差异,但是其间的种种反复以及由时空带来的种种差异都不能改变大学职能重心发展的总体趋势。

从大学理念演变中大学职能重心的变化来看，教学起初几乎是大学职能的全部内容，尽管后来大学的职能域增添了科研和社会服务的元素且其重心曾一度向科研倾斜，但是教学始终是大学的重要职能和立身之本，始终是"大学理念必须坚守和浸润的阵地"[6]，始终是大学理念实践的主要途径。大学理念为大学教学提供人才培养的宗旨、目标和行动指南，教学理念始终是大学理念的核心构成部分。在大学职能日益拓展的今天，教学的职能边界不断拓展，教学的模式、方法和艺术不断丰富和创新，教学理念也不断更新。在这种延伸的意义上，本研究中的"大学理念中的教与学"，不仅仅指课堂中的教与学活动，而是具有更广泛的意义，是与科研、服务等相联系的一切与人才培养密切相关的活动。

第二节　国内世界一流大学创建理念中的大学职能

国内著名大学代表着我国大学的最高水平，它们在世界一流大学创建过程中对大学职能及其关系的认识具有一般性和代表性。本节主要通过介绍和分析清华大学、浙江大学、上海交通大学、中国科学技术大学、北京航空航天大学、同济大学、华中科技大学、武汉大学8所著名大学①在创建世界一流大学的过程中对大学职能的认识和处理方式，印证了第一节对大学理念演变过程中关于大学职能关系以及教学地位的一般性结论。

从整体上看，国内8所著名大学对于什么是世界一流大学，创建世界一流大学应该做些什么，各大学已经基本达成共识：第一，一所大学只要拥有举世公认的一流的学术大师、一流的学科，创造出一流的科研成果，并培养出一流的人才，就可以称其为世界一流大学。这表明科研和教学是各大学创建世界一流大学的主要切入点。第二，创建世界一流大学是一个系统工程，应将学校办学的各项工作纳入一个统一的目标和发展思路中，综合设计，全面实施。

一、创建世界一流大学的总体目标定位和发展思路

（一）总体目标定位及其战略规划

学校的总体目标定位是学校在一定时期内的发展方向，它的确定必须联系学校的实际情况和所处的周围环境。战略规划决定学校如何向总体目标迈进。8所著名高校的领导者都认为，学校整体目标的定位和战略规划的确定都要切合实际，不可好高骛远，要经过充分的分析论证。在总体目标定位和战略规划确定之前，要认真分析学校存在的优势

---

① 为了深入学习兄弟院校在建设一流大学过程中的先进经验和举措，2005年4月22日至4月28日，哈尔滨工业大学派出时任党委副书记的董书民带队一行5人赴清华大学、浙江大学、上海交通大学、中国科学技术大学、北京航空航天大学、同济大学、华中科技大学、武汉大学8所学校进行了调研，考察团其他成员有：项银康、董嵩斌、董继文和张立新。本节内容主要是对此次考察的总结报告。

和不足，分析学校与国内其他大学之间的差距所在，分析学校与国外一流大学到底有多大的距离，分析如何保持和推进自身优势，弥补自身不足，分析和论证弥补差距需要多长时间。这样才能有根有据地确定学校发展的总体目标进而做出合乎实际的规划。上海交通大学在做规划的时候，提出要在分析学校比较优势和制约学校发展瓶颈的基础上，制定学校的发展战略规划。

在发展的参照物选定上，各高校都认为要把世界上的一流大学作为标准，而不能仅把清华大学与北京大学作为标准。要淡化在国内大学中排名高低的观念，重视和敢于参与在世界大学中的排名。在发展的过程中，要时刻关注清华大学等一些国内著名大学的发展动态，学习经验和吸取教训，增强危机感和竞争意识；瞄准国外一流大学，不断缩短差距。

在建设目标定位和建设步骤上，各高校都对一流大学建设目标提出分步实施的策略。上海交通大学高等教育研究所在"我国名牌大学离世界一流有多远"课题研究中指出：我国名牌大学离世界一流大学的差距很大，预计到2025年左右，北京大学和清华大学有可能进入世界大学体系的前100名，成为世界一流大学；其他若干所名牌大学进入前200名，成为世界知名大学。[7]8所著名大学一般都提出了分步骤实施，例如，清华大学提出3个9年计划；北京航空航天大学、上海交通大学、武汉大学等都提出分三步走。此外，各大学对自己的定位都非常慎重，有的大学开始对以前的定位和时间节点有所怀疑，并开始了重新审视。例如，上海交通大学慎重地提出在本世纪中叶建成世界一流大学；浙江大学提出对定位组织调研，重新审视，提出分步骤实施。各高校的做法都表明，创建一流大学任重而道远，应重点从学科建设上谋篇布局。具体来讲，第一步应该完善学科布局，建设学科建设与交叉平台，使学科发展形成良性互动；第二步应该集中优势资源，重点突破，使个别学科或一部分优势学科进入世界一流；第三步应该全面提高学科实力，使更多的学科进入世界一流行列，建成世界一流大学。

（二）超常规的发展思路

所有的大学都在发展，如果仍按已有模式进行发展，这样与世界一流大学的差距只会越来越大，永远不会创出世界一流大学。所以，不进则亡，缓进则退，创建世界一流大学必须采取超常规的跨越发展模式。从国内外一流大学的发展历程看，跨越式发展完全是有可能的。中国科学技术大学、华中科技大学以及北京航空航天大学等后起之秀建校都在60年左右；香港科技大学建校仅仅十多年，就跨入了世界大学一百强；英国的沃克大学短短35年的历史就创出了世界一流的奇迹。从8所著名大学的发展思路来看，采用的跨越发展方法主要有：高定位、高起点；加强与国外一流大学的实质性的合作；引进国内外一流的学术大师等。

二、创建世界一流大学过程中三大职能关系的构建

8所著名高校都把大学的三大职能视为一个不可分割的有机体，并将其贯彻到学科

建设、人才培养、开放办学等方方面面的工作中，而且各个方面的工作又相互交融，都体现出了三大职能之间的有机联系。

（一）人才培养

各高校都认为，培养出一流的人才是世界一流大学的重要标志，而人才培养包括学生的培养和教师的培养两方面。

在学生的培养方面，所考察的各大学都把本科生教育作为基础来抓，它们的做法主要有以下几点。

（1）实施以柔性培养、宽口径培养的通识教育为基础的专业教育。清华大学本科生课程的总学分是170（课程学分140，实践学分30）中，人文社科基础课程35学分（占1/4），数学与自然科学基础课程35学分（占1/4），学科大类基础、专业基础和专业课70学分，综合论文训练、夏季学期实践30学分，其中还规定了跨学科、跨院系的学分要求；华中科技大学重点抓本科教学，文、工科本科通识课程按文、工科两大类打通3个学期，后5个学期则由各院、系按宽口径专业教育模式的课程体系要求，自行制订教学计划，允许学生跨学科选课；武汉大学也以培养“厚基础、宽口径、高素质、创新型”人才为目标。

（2）采取研究型、探索式、互动式的教学模式，培养学生的创新能力和研究能力。清华大学开展讨论型课程、项目训练型课程，开展大学生科研训练计划项目；中国科学技术大学开展大学生研究计划，鼓励本科生参加南极科学考察等国内外科技活动。

（3）加强科学精神和人文精神的熏陶。华中科技大学在全校范围内开设各种形式的人文讲座、艺术讲座、科技讲座和经济管理讲座；课外的各种人文、艺术、科技活动开展得如火如荼；学生在校期间，必须通过大学中国语文测试。同济大学把本科生全部放在校本部，使之接受校园文化的熏陶，融入校风中。

（4）重视与国际的接轨。很多大学都与国外著名大学有联合培养学生的合作。在课程设置上，清华大学本科生的主要课程的设置和学分总量与国际一流大学同类学科的培养方案相接近；中国科学技术大学注重对国外大学教学体系的调研。

在教师和干部的培养上，所考察的几所大学都重视对后备人才的发现、培养和支持，并出台了多种各层次人才培养的方案，成立了各种人才培养小组，并派优秀教师到国外一流大学学习和访问。例如，建立教师或者潜人才培养小组、院士培养小组、骨干人才培养计划、骨干人才派出计划、全面成长研讨论会，设立学术新人奖等。此外，鼓励年轻教师到教育部、西部、本校、外校等挂职锻炼。同济大学把干部送到江西等地区挂职锻炼，任局级干部、校长、书记、政协委员等。还有的学校在领导班子上任之初就着手培养后备人选。

（二）学科建设

在学科建设上，8所著名大学都达成了两点重要共识：第一，在学科定位上都以强大的理科为基础，并且都强调文科的发展。华中科技大学很早就认识到文科和理科对学校发展的基础作用，并注重人文学科的合理布局，注意人文学科、理科、工科之间的协调发展,在文科办学上形成了自己的风格,其文科在全国以理工为主的大学中保持领先,部分文科已经跻身全国前列。清华大学恢复了原有的文科专业,并且起点很高;武汉大学在文科方面具有绝对优势;北京航空航天大学在人文学院的院长、法学院的院长的选拔上不遗余力。第二,各大学都提出综合性或多科性的发展目标。清华大学恢复和重建了原来调整出去的学科;华中科技大学、浙江大学、武汉大学、同济大学等都是学科门类相当齐全的大学;北京航空航天大学也提出建设多科性大学,最终的发展方向也是综合性。但这些高校在注意完善学科的整体布局的同时,都强调本校学科发展的实际需要、学校发展该学科的实力、学科之间的互补交叉和融合,而非盲目地追求综合性或多学科性。

各大学在学科发展方面与人才引进密切结合起来,尤其是不遗余力地引进大师做学科带头人或院长、系主任。其做法主要包括以下几点。

(1)关注国内外的著名学者和有发展潜力的学者并对其进行深入调研分析,例如,清华大学成立了人才引进与选培领导小组,负责研究制订引进海内外优秀人才及加速中青年学术骨干培养的政策、规划和工作计划,审批国内外博士以上、副高以上应聘教师的人选。

(2)通过制订一系列人才引进的计划和政策吸引人才,例如,清华大学的讲席教授制度、百名高级访问学者制度、双聘教授制度,北京航空航天大学的蓝天计划,中国科学技术大学的卓越人才计划、学科带头人的计划、新世纪人才培养计划、大师讲习制度,武汉大学的珞珈讲座教授计划、珞珈特聘教授、客座教授等。

(3)重视院长和系主任的选拔,海内外公开招聘,重点突破,高起点发展学科。例如北京航空航天大学,只要有机会调整就会做到高起点,海内外公开招人,院长一个一个地调整,请国内的专家把关,校长书记亲自抓、亲自谈、三顾茅庐、礼贤下士,其理学院院长、法学院院长、软件学院院长、人文学院院长都是采取这种方法引进的,几乎所有的院长都是从校外引进的。

(三)开放办学

各著名大学都认为,建立世界一流大学必须面向世界,开放办学。开放办学不但能吸引优秀的人才,而且更重要的是能引进国内外的先进办学理念,创新学校的管理方式。各大学都取得了很大的成功,主要体现在以下几个方面。

1. 国内交流与合作

很多大学都非常重视与国内的著名大学和科研院所的合作。清华大学跟北京大学、教育部的16个工科院校每年都有交流;中国科技大学与中科院的紧密合作,它的一个办学传统就是所系结合;同济大学与电影公司办电影学院、与卡内基梅隆大学合办音乐学院、与重庆大学等成立三峡研究院等;华中科技大学和中国船舶重工集团第七研究院701所、709所、719所、武昌造船厂以及青岛海军潜艇学院等单位共同组建了华中科技大学舰船科学技术研究中心;北京航空航天大学和陕西飞机工业(集团)公司合作建立了“北航－陕飞特种飞机电磁兼容联合实验室”;上海交通大学、复旦大学等上海西南片的15

所高等院校早在1994年就成立了联合办学机构。再如,武汉大学与山东大学开展的全方位合作,双方并成立了“武汉大学－山东大学全面合作领导小组”,合作内容包括:互聘兼职教授、博导或硕导,为对方本科生和研究生授课、指导论文写作、指导课题研究或举办学术讲座、开展双语教学;互聘专家参加博士生论文答辩,合作进行博士生论文“双盲评审”;交换培养师资,分别设立“知名学者论坛”并实现定期的知名学者互访;每年互派教师到对方优势学科和重点实验室进修或做访问学者;互派学生到对方修课并相互承认学分;向对方优势学科和专业推荐免试研究生,并进行研究生交换培养;开展学术研究合作,联合举办高水平会议;双方省部级以上科研基地和重点实验室向对方开放;联合申报和承担国家重大研究项目和课题等。另外,双方还将在学生工作、校园文化建设和教学、科研、人事分配制度、后勤社会化改革、校内管理体制改革等方面开展合作和交流,共同探讨需要解决的问题。[8]

2. 国际交流

各大学主要做法有以下几点。

(1)经常性的交流,实质性的合作。清华大学每年有很多国家元首、企业家、诺贝尔奖获得者来讲学、访问。很多大学还利用召开国际会议来加强与国外学者的合作交流。武汉大学规定,国外专家的人数不到总人数的15%,国际会议就不能召开。

(2)选择性的合作。武汉大学提出“强强合作,强项合作”,与世界一流大学合作,校长直接到牛津大学、斯坦福大学、加州伯克利大学等谈合作;与国外大学的优势学科合作,例如法国、英国、波兰甚至非洲的一些大学,这些大学虽然不出名,但是个别学科很强。再如上海交通大学,每个学院都选一个国外大学的知名学院与其合作。

(3)重点突破,由点及面。同济大学与德国有很深的渊源,它重点与德国进行实质性的密切合作,校长基本都是有德国留学背景的,大部分教师也都有德国留学的经历,其多个二级单位或学员都是中德合作建设的。同济大学的中德学院(主要培养研究生)是中德两国政府签约支持的学院,在德国依托多个大学,其教师的教习、教师的工资由德国著名的企业(如西门子、大众等)提供。在管理上,院长由校长来兼任,副院长有两个,德中双方各一个。同济大学的职业教育学院、中德工程学院、上海国际MBA项目、中法工程与管理学院等也都是中德两政府签协议或与法国企业集团合作办起来的。

(4)全面突破。主要体现在外事的工作面上和学校的参与面上。武汉大学的国际交流部以项目为导向来设置机构,还倡导“大外事观”,把外事看作是全校的事情,鼓励国际交流部、教师、校友的共同参与和协作。

(5)直接引进国外的资金和项目。武汉大学还争取欧盟等国际组织支持,争取了一个叫护理学院的项目,每年资助50万美金,完全按国际护理模式来培养人才,免费培训。

(6)与国外机构直接建立研究所、实验室。华中科技大学(HUST)和英国洛桑研究所(RRes)合作成立中英HUST－IACR作物基因工程和基因组学联合实验室,该实验室还邀请剑桥大学、利兹大学、新加坡农业分子研究所等国际著名科研机构的专家到实验室进行科研交流。浙江大学与巴黎高等师范学校合作建立药物化学联合实验室，与美国国家半导体携手创办了模拟与数模混合集成电路联合实验室等。

(7)通过校友加强与国外学者的联络和合作。华中科技大学每两个月给校友寄一次《喻园文摘报》，加强与校友的联系，通过校友引进人才、技术，建立了强磁场国家实验室。

(8)通过互换学生引进国外的教育理念和教育方法。武汉大学拒绝给国外的大学输送学生，它们认为学生是武汉大学的宝贵资源，把合作看作是用来完善武汉大学的教学内容、提高教学手段，从而更好地培养人才的一种手段。

(四)社会服务职能的执行

各大学都认为，大学不能盲目为社会服务而服务，更不能以社会服务为最终目的或全部目的，而是应该本着目标有利原则，例如对学校知名度的提高、学科的发展有无作用，能不能为学科的发展提供平台，在此基础上，根据自身的优势有选择性地参与社会服务。各大学在社会服务职能的执行上主要体现在人才培养和应用研究两方面。在人才培养方面，都强调培养社会所需要的人才，都鼓励学生到国家需要的地方工作。在应用研究服务社会方面，强调以科研平台和科研项目为载体，以提升自身科研能力与服务社会相结合为途径，实现获取支持和发挥贡献两者的平衡。同济大学的“节约地面能源实验室”“城市进驻与住宅重点实验室”“环境污水处理实验室”，以及三峡研究院、长江水环境研究等都是为学科的发展提供平台，华中科技大学则直接提出“以服务求支持，以贡献求发展”。

(五)科研管理

各大学都注重科研资源的配置和科研条件的完善，它们在科研管理方面的主要做法有以下几点。

(1)建立虚拟平台，配置科研资源，下设几个分工部门，各司其职。清华大学把科技处上升为科研院，下设科研项目部、科技开发部、海外项目部、军工部、两个职能办公室(科研机构管理办公室和成果与知识产权管理办公室)、文科处、学科建设办公室、院办等；同济大学的研究院以校长为首，科技创新、团队建设都放在研究院来进行；武汉大学的科学技术部下设部门办公室、高新技术办公室、研究与开发基地办公室、国防科学技术研究院办公室和知识产权办公室。

(2)建立实质性的科研平台和创新基地。清华大学科技创新平台有两个层次：“重大”平台包括国家实验室、国家重大科学工程；“重点”平台包括国家重点实验室、国防重点实验室、国家工程中心、国家技术转移中心、国家哲学社会科学创新基地、战略与政策研究中心、省部级重点实验室、重点地区、重点企业联合研发机构、技术转移中心、校级重点实验室和交叉学科中心。北京航空航天大学建设了“7+2”科技平台，其中包括7个自然科学研究平台和2个人文社会科学研究平台。同济大学有三类平台和一个基地：第一类包括土木工程(城市建筑与房宅重点实验室、环境污水处理实验室、材料混凝土实验室)和汽车学院(洁净能源与地面交通工具、磁悬浮、轨道交通);第二类平台包括海洋地质国家重点实验室、长江水环境国家重点实验室、嵌入式系统、交通实验室(教育部的重点实验室);第三类平台涉及医用蛋白质与功能材料等方面;一个基地是社会科学创新基地。这种实质性的平台为学科的交叉和生长、人才的培养、人才的引进等创造了环境和条件。

(六)其他方面的体现

大学职能之间的关系不仅仅体现在以上5个方面,而是在大学办学的方方面面都有所体现,包括教育模式、校区规划、校园环境建设、学校的决策咨询机制、管理体制等各个方面。在教育模式方面,各著名大学都明确提出限制规模,培养高层次和高水平的精英人才。在校园规划方面,各大学一般都通过争取政策、土地置换等多种方法整合校区,避免和解决"异地+多校区"模式带来的问题,强调校本部的建设。华中科技大学的本部已达到6 800多亩,武汉大学、上海交通大学等大学的主校区都达到了5 000多亩,清华大学的本部也接近4 000亩,这必然有利于优化资源配置、统一发展思路、优化学校文化。在校园环境建设方面,各大学都强调校园环境建设在生源和人才吸引、培养和保持中的巨大作用,都出台了相关政策并加大了校园环境建设的力度,包括校园建筑、校园景观和标志性建筑的设计等硬环境的建设,以及学校制度、学风、教风等软环境的建设。在决策咨询机制方面,各大学都强调内脑的地位及其建设。例如,清华大学的教育研究所,同济大学规划处、高教所、外事办、评估院,上海交通大学的现代大学制度研究中心、一流大学研究中心,这些单位都是校直属单位或校长直接领导的单位,承担着为本校发展提供决策咨询的职责,同时,这些单位结合学校发展的需要发展学科方向、开展研究和培养人才,而且这些单位相关学科也都处于全国领先地位。在学校的管理方面,各大学都强调学术系统的独立性及在大学运行中的中心地位,强调行政系统的服务性与协调性,严禁行政系统干预学术系统的行为,确保学术系统与行政系统的协调统一。

三、教学在创建世界一流大学理念中的地位

通过以上介绍和分析可知,我国8所著名大学在创建世界一流大学的过程中都注重顶层理念的设计,而这种理念引领着学校的各项工作,规范着学校的办学行为,其中大学职能及其关系的处理始终处于各大学办学理念的核心。

从各著名大学对创建世界一流大学的整体认识来看,拥有一流的学术大师、一流的学科,创造出一流的科研成果,并培养出一流的人才,分别反映了教学、科研和社会服务三大职能在创建世界一流大学中的重要性。从各著名大学的总体目标定位、战略规划及其超常规的发展思路来看,均围绕三大职能展开,其中涉及的人才培养与引进、学科建设、国际合作等各个环节和各个方面都融入了三大职能的要素,都统一到三大职能的框

架之中。

从各著名高校对三大职能的处理来看,各高校的理念是一致的:教学活动不仅仅局限于课堂教学,而是被拓展到课内和课外的整个时空,所有的人才培养活动都是教与学的活动;人才培养是大学运行的基础和核心,是大学各项工作的最终落脚点;人才培养包括教师的培养、学生的培养、科研人才的培养、管理人才的培养等,只有培养出优秀人才才能产出高质量的科研成果,才能更好地为社会服务;科学研究和社会服务既是大学的重要职能,也是人才培养的重要手段。

本章小结及补充性说明

本章从理论演进和实践检验两个层面对大学职能及其关系进行了分析和阐述,通过理论分析与实践总结两者的相互验证表明,教学是大学运行的基础和核心,在大学的三大职能中始终处于主导地位。这为第二章和第三章对个案大学教学理念与实践的剖析奠定理论基础,为本研究提供宏观层面上的可行性。

本章内容成稿于 2005 年,其中第一节内容选自作者完成的哈尔滨工业大学迎评项目子课题报告"关于大学理念的研究综述与思考",原报告经修改作为封面文章刊登在兰州大学主办的期刊《高等理科教育》2014 年第 3 期;第二节内容的主体部分选自作者在对清华大学等 8 所著名大学考察基础上形成的总结报告,内容已做了删减,原报告内容被刊登在《西安欧亚学院学报》2005 年第 4 期。两节内容虽然成稿时间较长,但其理论内容以及对经验的升华对于我国当前的大学办学而言仍具有一般性和适用性。

本章参考文献

[1] 顾明远. 教育大辞典:增订合编本[M]. 上海:上海教育出版社,1998:959.

[2] 李行健. 现代汉语规范词典[M]. 北京:外语教学与研究出版社,语文出版社,2004:804.

[3] 钱再见. "理性功利主义"初探[J]. 南京师范大学学报:社会科学版,2000(6):29-34.

[4] 杨德广. 大学理念·大学精神·大学使命[EB/OL]. (2004-11-28)[2013-09-30]. http://news.eastday.com/eastday/news/node4472/node27028/node27030/userobject1ai680937.html.

[5] 刘宝存. 大学理念的传统与变革[M]. 北京:教育科学出版社,2004: 15.

[6] 章兢,彭兰. 大学理念与大学教学[N]. 光明日报,2005-01-05(C3).

[7] 刘念才,程莹,刘莉,等. 我国名牌大学离世界一流有多远[J/OL]. 高等教育研究,2002(2):19-24. [2005-04-30]. http://ed.sjtu.edu.cn/attchment/consultation/Comparison.doc.

[8] 郭嘉轩,杨欣欣. 武汉大学与山东大学签署全面合作框架协议[N]. 中国青年报,2002-10-28(2).

第二章　国外研究型大学个案的教与学理念

我国以往的几次院校及专业调整遗留了专业划分过细、专业口径过窄、工科类院校和专业数量比例过大等问题，目前我国高校的发展又呈现出学科大而全的趋势。我国高校发展存在的问题和不良趋势直接影响了教与学活动开展的效果。本章选择牛津大学、麻省理工学院、加州理工学院国外3所研究型大学为案例剖析其办学理念中的教学理念及其实践经验，为引导我国研究型大学的健康发展和提升人才培养的质量提供有益的启示。选择这3所大学的原因在于，牛津大学是英语国家最古老、最著名的大学，应该研究它们经久不衰、历久弥新的奥妙所在，可以为我国综合性研究型大学的教学开展提供经验借鉴；麻省理工学院、加州理工学院是美国最著名的工科大学，规模较小，具有独特的办学理念，可以作为我国理工科研究型大学的最优秀、最经典的学习标杆。

第一节　牛津大学

一、概况

牛津大学是英语国家最古老的大学，连续存在了9个世纪，是世界上仅有的两所保持中世纪大学教育体系的大学之一。作为世界上著名的教学和研究中心，牛津大学从全球吸引学生和学者，外国留学生来自130多个国家，占了几乎学生总数的1/4。牛津大学是一个联合大学，有39个自治的学院和7个永久性的私立学堂（由不同的基督教组织建立）。30个学院和学堂可授予本科和研究生学位；7个学院只授予本科学位；1个学院只有研究员（Fellows），该学院相当于研究所；1个学院（Kellogg学院）专门进行非全日制和继续教育，该学院可以授予研究生学位。[1] 2009～2010学年，有学生20 466人，其中本科生11 765人，研究生8 701人。[2]在《美国新闻与世界报道》2010年世界最好的大学排名中，牛津大学列2009年度第5位。[3]在泰晤士报高等教育增刊2009年世界大学排名中列第5位，其中艺术与人文科学、生命科学、生物医药等学科排名第2位；社会科学排名第3位；自然科学排名第5位；工程和信息技术排名第11位。[2]

二、办学理念中的教与学①

(一)双轨治理体制

牛津大学是一个松散的联邦,实行的是一种大学和学院体系并轨的双轨体制,大学与学院分工协作,共同培养人才。校长只是个名誉职位,通常是由议会上院一位声名显赫的贵族担任,他只是在校庆典礼和颁发荣誉学位时才到学校露面。大学所扮演的角色,主要是向外代表各学院,统一安排全校课堂讲授(Lecture)及讨论会(Seminar),提供图书馆、实验室、博物馆、计算设备等教学资源,选拔和指导研究生,审查研究生论文,组织考试,评阅考卷,授予学位以及统一颁发毕业文凭等工作。因此,无论注册哪一个学院,都可以选择学习由大学提供的课程。

牛津大学的学院制模式世界闻名。这种模式使得它更像是一个"生物群落",而不是一个"生物"。[4]学院具有自立、自治和自足的特点,都各自拥有相当自主的管理权力。学院制定自己的院规,筹募所需的财务来源,并招收自己所选择的学生,是一个独立的包括所有专业的导师制教育体制。每所学院都由 Head of House 和几个 Fellows 管理,他们都是各种学术领域的专家,其中大多数在学校都有职位。牛津大学的学院并不是按学科来划分的,而是将不同学科的学生融于一个学院之中,大部分学院都包含了大学中的大部分学科。学院的规模不大,都在 500 人以下。每个学院都是一个独立的法人,拥有自己的教师、职员、校舍、基金、各种学习和生活娱乐设施。学生和所属学院的关系,远超过了大学。学生必须先为一个学院所接纳才能成为牛津大学的学生。学生在学院接受导师教育,并在大学接受讲座和课程教育,而研究生的通知书则由各系首先决定,然后是与之相关的学院。学院坚决地捍卫自己的自治权,校方也尊重他们的这种权力。

牛津大学理科教师工薪分别由大学和学院负担各60%和40%,文科教师工薪分别由大学和学院各负担40%和60%。牛津大学实行统一学费制度,不按学科专业区分不同学费。其优点在于,保证各学院都实行小班教学,教学质量较高,学生管理和指导效果较好。

根据麦克米伦(2004)的介绍可知,除了学院之外,还有 5 个学术分部——人文、生命和环境科学、数学和物理学、医学和社会学,这些分部都已经将权力转移给其委托的系和教学组。[4]"这种分散决策权的做法是 2000 年大学引入改革以来最主要的管理改革模式。但是,将决策权转移给分部和系的做法,与学院的决策结构是相对立的。学院不想将权力转移,因为中央大学从来对它们都没有太多的权力。如果学院希望或者需要采取集体行动时,它们就可以通过'学院大会'这个组织进行,每个学院在其中享有共同的权

① 该部分除特别说明之外,主要参考了牛津大学网站 http://www.ox.ac.uk/、孙承武编著的《聚焦全球十大名校》以及恩波编著的《世界名校精英榜》等资料。

利。进行研究、讲课、上实验室课和确定教学提纲的都是系和教学组。在一个系或教学组中，教学活动有着充分的自由和自主。作为联合会（大学中类似议会的组织）的成员，它们还有选举大学管理委员会成员的权利以及在大学政策的重要问题上投票的权利。加上该委员会基本上由教学人员组成的事实，使牛津以一种不同于其他英国大学，除了剑桥大学以外的方式进行自我管理。”[4]

（二）导师制

牛津大学实行独特导师制，实现课堂教学与个别教学的结合。导师制由15世纪初创办“新学院”的温切斯特主教威廉·威克姆所首创。录取之后，新生到一个学院报到，学院就给他指定一位导师，视需要还可以再选派1～2名课程导师。学生导师由研究人员担任，他们多是品学俱佳的学者，在一定的领域卓有建树。本科生导师称“Tutor”，研究生导师称“Supervisor”。导师指导学生的学业、品行、福利和纪律。每位导师负责12～15个学生。如果本学院没有这种专业的教师，学院会请其他学院的教师担任。对牛津大学的学生来说，每个学期的学习是由每一小时的导师、教授和大学生、毕业生之间的会面组成的。一般来说，在这种会面中只有一位教授和一个大学生。在极少数的情况下，学生的数目可以增至4位。导师每周给他的学生上专业课，一般为每周1～2次。导师负责指定学生阅读的书目，要求其写出心得报告。学生按时去见导师时，学生当着导师的面朗读论文，然后，导师用谈论的方式一句一句地、一个立论一个立论地剔除或采纳。这种谈话叫“Tutorial”（个人辅导）。

这种制度被认为是牛津大学长久不衰、历久弥新的秘密所在。例如，徐志摩曾写道：“牛津是世界上名声压得倒人的一个学府。牛津的秘密是它的导师制。”加拿大大学利考克教授在考察牛津后认为，牛津大学成功的秘诀，关键就在于导师的作用。学生们知道的一切都是从导师那里，或者不如说同导师一起学到的。他说，牛津并不急功近利，不追求眼前得到的“效率”。只要是有天分的学生，他的导师，对学生的学习和研究发生兴趣，就会在其心里点燃火苗。加拿大幽默散文家利考克在《我见之牛津》中写道：“它可讲得很糟，它有从不教课的教授和从不听课的学生……然而，它成功了……牛津给了学生某种东西，一种生活和一种思维方式……学生所知道的一切都是从导师那里——或者不如说同导师一起学到的。”“对大学生真正有价值的东西，是他周围的生活和环境。一切他真正学到的东西，从某种意义上说，是靠他自己的智力积极活动，而不是作为被动的听讲者而学到的。为了进行这种积极活动，他真正最需要的是跟同伴们不断地密切接触。”[5]

（三）教育内容与教育方式

牛津的大学教育在于训练学生搜寻和消化信息，进行独立思考，建立自己的观点并为之辩护。带有明显职业训练内容的课程为数极少。学生在入学时必须选择某个学院入学，可以确定专业也可以不确定专业，确定的也可以转换。该校现设50种专业，有些专业是单学科的，如生物科学、化学、计算机科学等；有些则是跨学科的综合性专业，如考古学与人类学、生物化学、分子学与细胞学等。大多数专业学制 3 年,部分专业学制 4 年,医学专业学制 6 年,还有些专业(如物理学、现代语言、数学、地学、经典名著与现代语言等)既有 3 年制的课程计划,又有 4 年制的课程计划。由于专业性质、学科范围、修业年限不同,各个专业的课程计划有很大的差异。牛津大学所开办的大量课程和讲座都是选修课,只有少数是必修课,学生的选择余地很大。

牛津大学在培养上采取正规与非正规教育相结合的方式进行。正规教育主要是指:课堂授课——由学者为本科生大班授课、小组讨论——学生分小组与教授教师就某一科目的学习内容进行详细的讨论。教师不照本宣科,不重复课本上已有的、学生能看懂的内容,喜欢精讲多议,画龙点睛,把参考书介绍给学生去阅读。非正规教育则是指通过学生公用室活动、高桌宴会、课外活动等方式使学生、教师之间进行充分的接触和交流、熏陶,从而使学生得到锻炼和提高。导师与学生之间的谈话则是介于这两者之间的一种方式。

(四)能力培养理念

牛津大学推崇求实、辩证和以人为本的教学思想。体现在教学上的独特之处有以下几点。

(1)在其人文教育中特别重视阅读原著和注重文本研究的方法。强调对原始资料的掌握,无论什么语言的作品,一般都要求学生做到能够阅读原著。例如,学习英国文学的学生要粗通英语和中古英语,研究文艺复兴以前的历史、文化和宗教,还需学习拉丁语、希腊语和希伯来语等古典语言。在文科中特别注重目录学和版本研究,有很细的专门课程,而且都是必修课程。

(2)特别强调辩证思维和独立思考。导师在指定学生看一部名著时,往往要求学生对作者的观点提出自己的看法,要求对一切持怀疑和批判的态度。在要求学生总结和复述名著要点的同时,鼓励他们从中挑刺,并提出自己的看法和论点。最好是提出相反的观点,并能用论据来支持这种观点。学生在学了语法、修辞学和逻辑学之后,经常要用拉丁语就某件事的正方和反方发表演说和进行论证。此外,牛津大学还有一个著名的辩论社,学生经常聚在一起就各种不同话题从正反两方面展开论证。

(3)因材施教,注重个性,没有一个固定的模式。每个学生都在导师的指导下制定自己的学习方案,这样能充分发挥学生的主观能动性,自主选择适合自己的最佳学习途径,并能最大限度地利用学校的各种资源。

(4)口头表达和写作能力并重,培养全面发展的人才。很多课程尤其是研究生的课程都是讨论班的形式,每个人都必须发言。此外,每周一次的与导师见面谈话,如果没有充分的准备或不具有很好的口头表达能力就很难过关。

(五)非正规教育理念

牛津大学认为,在教学方面,必须找到一种适合这个时代的平衡,即让学生获得一技之长和鼓励他们追求道德之间的平衡。[4] 所以牛津大学还通过其他非正规的方式培养学生的能力和品格。

(1)在每个学院都有学生公用室,里面有报纸、电视、电话和牛奶、咖啡等,使来自世界各地、各专业的学生有很多机会在此相互交流和辩论。专门为学生公用室提供活动经费,让学生自己组织各种丰富多彩的活动。学生公用室每周还在学院餐厅组织一次正式的宴会,并与其他学院对等组织交流。

(2)研究生每周都有一次机会申请参加教师的高桌宴会,与教师一起饮酒聊天、切磋学问,还可以申请参加每个学院的特殊高桌宴会,与教师和学院的研究员共进晚餐,学生和教师都必须穿上黑色的学袍。这就是具有浓郁牛津传统的社交场合。

(3)实行一种荣誉制度,充分相信学生都是正人君子,以此训练其主人翁和责任感。每个学生都有钥匙并随时可以打开学院的大门、图书馆、公用室、洗衣房等,可以自由出入学院,可以随时借书和使用计算机等,考试也不需要有人在旁边盯着。总而言之,把整个学院都交到每个学生的手里,把他们当作学院的主人。

(4)丰富多彩的课外活动,为学生营造富有激励性的学习和生活环境。牛津大学各学院组织各种各样的课外活动,现有 200 多个俱乐部和社团组织,既有体育、音乐、戏剧方面的体育娱乐性组织,又有辩论、宗教、学术方面的组织,学生可以根据自己的兴趣爱好参加各种组织,参加各种课外活动。几乎每个学生都有自己的体育锻炼项目:划船、田径、橄榄球、排球、击剑、攀岩等。每年春季举行划船比赛和牛津 - 剑桥运动会比赛,每年学院的院长都会举行一次宴会来招待该年代表大学或学员参加体育比赛的学生。丰富多彩的课外活动,为学生提供发展兴趣爱好的空间,促进学生的全面发展,使得学生在规模巨大的大学中可享受到小学院的人文关怀和文化氛围,在重个人主义的社会中找到集体的感觉,增强学院的凝聚力。

(六)国际合作

牛津大学的国际化程度很高。首先表现在外国留学生的数量和来源地上,有 1/4 的学生为来自 130 多个国家的海外留学生。为招收更多、更优秀的外国学生,牛津大学还专门成立了一个国际办公室。其次表现在与世界上 80 个国家有学术联系,这些联系主要以教员之间的非正式关系为基础。牛津拥有专门研究例如欧洲、日本、中国等的研究中心,还有关于难民问题与全球环境变动的研究中心。

牛津与国内外很多大学签订了学术和研究合作协议、举办联合办学的项目。例如,牛津大学通过 SOCRARTS(ERASMUS)等交换项目与欧洲其他大学建立联系;与英国的 Warwick 大学联合开办名为“高等教育管理”的学习计划项目,主要培养英国之外的高等院校的管理者与行政管理人员,每期 3 个月,头一个月在牛津大学,后两个月在 Warwick 大学;与美国的斯坦福大学、耶鲁大学共同合作出资为 50 万个校友终身学习服务开办在线课程的“远程学习”项目;[6] 与美国普林斯顿大学之间有很多互惠互利的合作研究领域,例如材料科学、纳米技术、基因研究等,其合作计划包括科研人员交流、共享先进的科研设施和成果;牛津大学协调着两个与拉美国家的合作项目,一个是关于经济和社会发展的项目,由拉美中心开展,合作伙伴包括阿根廷、委内瑞拉、巴西、智利、西班牙、荷兰等国;另一个是关于被动移民项目,成员是拉美和欧洲的11所大学;[7]同时它还是由34所传统欧洲大学组成的Coimbra集团中的成员之一。

三、启示

(一)研究型大学应该重视本科生的教育教学,培养精英人才

牛津大学学院制和导师制体现了以学生为中心、重视本科生教育的传统。虽然经历了9个世纪的洗礼,大学职能也在不断的发展变化,但牛津大学重视本科生教育的历史传统却始终未变。牛津大学的这一办学理念着眼于精英人才的培养。牛津大学前副校长莫里斯·博拉指出:"当代牛津的基本任务有4个:培养领袖人才;科学研究;培养新型的学者和科学家;通过学院传递文明文化。"[8]可以看出牛津大学把培养全面发展的社会精英特别是领袖人才作为主要任务,科学研究的直接目的是人才的培养,而不是直接为社会服务。牛津大学培养出的杰出人才证实了这一点。根据牛津大学官方网站2010年的最新数据[9],它已经培养出了以47位诺贝尔奖获得者(Nobel Prize-winners),26位英国首相(UK Prime Ministers),7位荣誉勋位奖在世获得者(Current Holders of the Order of Merit,大不列颠为创造力设立的最高荣誉奖项——荣誉勋位),至少12位圣徒和20位坎特伯雷大主教,大约50位奥林匹克奖章获得者,至少30位世界级领导人(如美国的前总统克林顿、印度前总理甘地、匈牙利首相傲班、约旦国王哈森等),7位巴仁奖(the Balzan Prize)获得者,3位菲尔茨奖(the Fields Medal)获得者,6位肖克奖(the Rolf Schock Prize)获得者等为代表的大批的政治家、文学家、物理学家、经济学家、医学家、化学家、数学家、历史学家、律师、语言学家和社会工作者。更值得一提的是,牛津大学培养的杰出人才是全面发展的,有很多在本行业以外取得了突出的成就,例如,17世纪大建筑师里斯托弗·雷恩原是天文学家。[10]

(二)师生之间、学生之间的交流互动是人才培养的必要途径

牛津大学的学院制和导师制中的相互交流为精英人才的培养提供了一种有效的方式——正规与非正规相结合的模式。首先,在牛津大学的学院中,把大学的集体教学与导师的个别辅导结合起来,一方面能帮助和引导学生合理地规划自己的大学学习、生活和职业生涯,明确自己的目标,少走弯路;另一方面把学生的学业发展与个性发展、生活价值观教育等结合起来,因材施教,充分发掘学生的潜力。第二,学院制和导师制中会面、小组讨论、公用室活动、高桌宴会、课外活动等正规与非正规教育模式营造了一种浓郁的学习和社交氛围,使来自不同学科的学生和老师能够朝夕相处,切磋思想,培养兴趣,人格熏陶,潜移默化,使学生从中受到教益、交融和砥砺,养成了一种自主学习的习

惯,判断事物和独立思考的能力,养成了成功者所必需的社会和个人品质。据牛津大学的诺贝尔奖获得者回忆,许多研究的灵感来自喝午茶时的交流。第三,值得一提的是,牛津大学的教育教学重视学生品格的培养,并把学生的品德置于至少与知识能力同等重要的地位,并努力使学习知识技能和追求道德两者趋于平衡。[4]

(三)严格的制度和要求对人才培养来说是非常必要的

严格的制度和要求不但引导教学过程的规范,还为人才的质量提供保障。牛津大学虽然在宽松的环境下培养人才,但是它对人才的最终质量有高标准要求。例如,牛津大学的(学位)考试是相当规范的。学生和考官都要穿上统一的黑色袍子,以显示考试的严肃和郑重。所有的考试是由学校统一出试卷,导师以外的教师批改,由另一位教师复核。考试的难度颇大,据一位曾在牛津学习的经济学家称,数学课考试满分为100分,有时得40分就算及格。并且,本科生学位考试成绩还分一、二、三等,影响学生的就业和升学。研究生考试时,所答问题都需要首先进行学术回顾,对已往的研究状况做简要的评述。在此基础上,答题人才能提出自己的观点。否则,即使将自己的观点论述得再好、再详尽,也不符合要求。[11]

(四)开展深层次的对外合作

对外合作应该是广泛的、深层次的实质性合作,应该包含深层次的师生培养项目,并通过合作和交流解决科研难题,突破高层次人才培养的瓶颈,在更广泛的领域深入履行为社会服务的职能。此外,牛津大学的做法还给我们一个重要启示,那就是通过对外合作,保持和提升校友的水平,这也是提升学校世界知名度的一种途径。

第二节 麻省理工学院

一、概况

麻省理工学院(MIT)成立于1861年,从1865年2月20日开始招收第一批学生。它坐落于马萨诸塞州的波士顿市剑桥区,占地约148英亩(约合60万平方米)。现有5个学院:建筑与规划学院;工学院;人文与社会科学学院;斯隆管理学院;理学院。其他项目有:保健科学与技术的惠特克分院,哈佛 - MIT保健科学和技术分部(HST),MIT - WHOI海洋学、应用海洋科学和工学院。在《美国新闻与世界报道》2010年世界最顶尖大学排名中名列2009年第9位[3],在工程和IT领域世界最顶尖的大学排名中名列第一[12]。2009年10月的数据显示,MIT有专职教师1 025人,其中教授653人,副教授216人,助教授156人。[13]截至2010年7月8日,MIT已培养了75位诺贝尔奖获得者。[14]

二、办学理念中的教与学

(一)通识教育理念

1865 年建校之初就是“提供一般的教育,使其在数学、物理和自然科学、英语和其他现代语言以及心理学和政治学的基础上,为学生在毕业后适应任何领域的工作做好准备”。麻省理工学院保证为学生提供强大的科学、技术和人文基础,并且鼓励他们在确定问题并且寻找解决办法的过程中发展创造性。[15]其目的在于培养学生掌握和运用基本原理的能力,培养解决多方面问题的才智,而不仅在于向学生传授知识本身。

MIT 要求理工科学生具备一定的文科基础知识,理科学生必须学完科学、数学、人文和社会科学同等比例的核心课程。科学包括化学、生物、物理和微积分。一门科学课程配一个实验室。人文、艺术和社会科学则要求学生在文学和原著研究,语言,思想和价值,艺术、文化和社会,以及历史研究 5 类课程中选 3 类。学生必须完成一个由两部分组成的写作任务。与此同时,学生有许多机会追求他们自己的学习目标。MIT 要求文科学生具备一定的理工科基础知识。文科和理科可以交叉选修课程,学生可以跨院系上课,甚至可以跨校注册,到哈佛等学校上课,只要完成学习计划修够学分,就可以取得两个学位。其中,人文课是理工各科学生的第二主修课。前两年的基础课程包括自然科学、人文科学和社会科学 3 个领域,第三年读专业课时,其学习领域远远超过某一学系的界限,教学计划往往要有几个学院的十多个学系来完成。[16]而且 MIT 越来越重视文科教育,目的是让学生毕业后能顺利地承担高级职位的工作。本科生课程的设置强调基本原理,始终遵循“越少是越多”的原则,并随时对整体课程进行不断评定和修改。[17]

值得一提的是,MIT 有全美一流的音乐教育,所拥有的民族音乐家的数量和研究成果超过了美国任何一个音乐学院。其研究既普及又深入,成为美国高校音乐教育的佼佼者。它面向全校 5 个学院开设五大类 30 门音乐课程,80% 的学生在艺术类课程中选择音乐。这些课程既有普及类,也有专业类,供未来的科学家和工程师自由选修或作为辅修专业之必修课(主修数理化、电子工程、计算机专业的学生往往选择音乐作为辅修专业)。[18]此外,MIT 在语言研究方面一直处于领先地位,拥有一批杰出的文学家和社会学家。

对本科一年级学生还实施了以下计划:共同课程计划、实验性学习小组(ESG)、地球探究(Terrascope)、媒体艺术与科学新生计划、讨论班 XL(Seminar XL)、后备军官训练(ROTC)。[15]这些计划有助于学生综合能力的培养,为高年级参加正规科研打下了坚实的基础。

(二)企业家理念

MIT 所积极倡导的企业家精神,就是无论学生毕业后是否对从事工商企业工作感兴趣,都向他们灌输一种努力革新的思想,去创造新的系统与结论性方案,培养学生求治而进行研究与应用知识使之服务于社会的观念相结合，使实验室中产生的大部分新思想和新事物能应用于现实世界，这是 MIT 成功的关键。MIT 以企业家式的领导闻名的主要原因是它在产生世界一流尖端技术方面的纪录，MIT 企业家中心对更广泛的和日益增长的企业家式的活动、项目和资源给予更多的关注。企业家设计和实行新的对企业家未来的实践做铺垫的教育和研究计划。

世界闻名的 MIT 斯隆管理学院是对未来管理人才进行合理分析和教育的地方，它选择最优秀的学生，给其提供特殊的技能和知识根基，使其在全球商业竞争中获胜。斯隆管理学院拥有世界上最大的校园网，使学生能接近世界著名教授；与其他系以及跨学科实验室和中心密切联系，制订跨学科计划；与国内外大学进行国际合作，安排学生与企业家会谈以检验其管理方式。

有数据显示，若把 MIT 的教师和研究生建立的公司组成一个独立国家，其总收入将使其成为世界第 24 大经济强国，[17] 足见 MIT 企业家精神的培养理念具有强大的生命力。

（三）个性培养理念

在 MIT，大学生活的大部分时间都是学生自己支配的，校方为学生提供多种机会来追求自己的教育目标，发展自己的个性。MIT 把学习、研究、集体生活、个体生活联为一体，提高了人才培养的效率。

MIT 是第一所制定也是全美大学最大、最广泛的“大学生科研机会规划”（UROP）的大学（1969 年）。由本科生教育教务处给学生提供广泛的、开放的机会，作为教师的初级同事参与研究工作。UROP 是以研究为基础的本科生同教师进行智力上的协作。UROP 向所有 MIT 的学生提供或拿学分或拿工资或志愿的研究机会，是本科教育最好的组成部分。学生可参加研究活动的每一个阶段：提出或发展研究计划、提建议，进行研究、分析数据，对结果写一份书面报告。与教师合作研究是学生进入研究院或就业的推荐书，这项规划已经使许多本科生进入了科学界。此计划对教师和学生来说都是重要的财富。UROP 项目可以在学年或暑假的任何时间进行，IAP（独立活动时期）是发现和开始 UROP 的最佳时机。IAP 专指从 1 月 4 日至 29 日的特殊的 4 个星期，为学生和教师提供一个令人高兴的、使他们从学习常规中摆脱出来的休息日，为教师提供灵活创造的机会，师生进行非正式的主动接触和交流，在每一学期结束时，师生各写一份对 UREP 经历的评价，在研究项目质量评估后给予各种奖励。[15]

除了传统型的大课需要学生通过学习一门门课来完成学位所需要的学分外，学生还有 3 种变通的方案可选择。工程学院的集合型课程把新生要学的大多数核心课程，如物理、微积分、化学和人文学科合为一体；科学学院的实验研究组对一年级新生的核心课程学习采用革新的和师生互动的教学方法。学生可选择各种学习方式，如小型讨论会、教师个别指导、师生接触机会很多的学习小组等。学生根据自己的进度学习，还可以把学习重点放在自己特别感兴趣的方面。

(四)手脑并用理念

MIT既强调科学的理论基础,也重视其实际应用,“通过实验进行学习”是首任院长罗杰斯的教育信条,他强调积极主动地学习,让学生自己寻找新的信息,从而把个人的经验转化为知识,强调利用实验室、工厂和计算机资源进行教育。MIT也是唯一一所学生可在每一门可获得的学科中进行研究的大学,包括艺术、社会科学和人文科学,而不仅仅局限于自然科学和工程学领域。

MIT实行大学生参加科研的制度,实验课为必修课,占总学时的1/3或1/4,必须修满规定学分。实验题目或研究项目由教师确定,由学生独立完成,高年级学生必须至少读一门研究生的课程,并与研究生一起参加科研,研究生的主要任务是科研,也可以参加本科生的教学工作。

(五)学科交叉发展理念

MIT以优秀但有限为教育目标,重点发展若干跨学科中心,拥有80多个专业和跨学科的研究中心和机构设施。[17] MIT的教学科研十分重视向跨学科(Interdisciplinary)方向发展,打破了单一的学系、学院的学生培养方式,甚至跨学校培养。

MIT于1930年建立了独立的理学院,第二次世界大战后为适应人文科学与自然科学的渗透,建立了人文和社会科学学院。MIT对人文和社会科学的一再强调则充分体现了它在大学教育问题上的高瞻远瞩。该校1949~1950年小詹姆斯·R·基利安校长的报告认为,应该在MIT的教育计划中提高对人文社会科学的重视。报告指出:“这是MIT的责任:培养学生具备社会责任感,让他们体会丰富和完美的生活。但是,尽管这些目标很重要,技术和社会问题的相互影响更是一种无法回避的课题,以致人文和社会科学应该成为一个人专业教育的基本组成部分。没有适当的文化背景,技术专家也不再具备他本领域的领导地位的资格。”报告还建议将当时的人文学部提高到与专业学院同等的地位,以“承担普通教育计划及普通课程的规划和管理的责任,并且提供本科和研究生水平的人文专业课程”。[19] 威斯纳校长反对那种将通识教育中人文、艺术和社会科学的作用简单地类比为价值的储藏室或作为价值传送和灌输的工具的看法,在他看来,“人文、艺术和社会科学有相互交叉的两个主要教育角色。一方面,它们向学生介绍了多种文化形式,并且帮助学生思考、理解和联系于其他人类和社会问题。另一方面,它们向学生提供了新的理性尺度来理解和参与到我们时代的生活中”。

所以,MIT虽然是以科学和工程学为主的研究型大学,但它有一流的人文学科和社会学科;虽然它不是门类齐全的大学,但所有的学科都是一流的,所具有的学科已构成综合性大学。MIT各学科发展平衡,有利于交叉学科发展和创新成果的形成。

(六)环境育人理念

《美国新闻与世界报道》与教育机构“卡普兰”在走访学生和从事办理入学申请工作的大学职员及观察家后,选出2005年度全美25所最受欢迎的大学。其中,麻省理工学院的校园建筑是最受欢迎的。MIT 通过主动进行教学改革、扩建媒体教室以及改善体育、公共设施、学生宿舍等非学习领域来改善学习环境。例如，建造了西蒙斯大厅（一所新大学生公寓）和泽西杰（Zesiger）运动及健身中心，国际规模标准的体育场等，重建了室内外的田径运动场，重新铺设了杰克巴里球场的草坪等。MIT 拥有 10 个建筑大楼和 26 英亩的运动场所。[20]

MIT 还为学生提供了一流的体育运动和社交机会。它主办全美最广泛的校际体育运动项目，超过 65% 的学生参加校内运动会，大约 20% 的本科生参加校际体育竞赛。MIT 还组织全国最昂贵的俱乐部项目，其中有 40 多个项目对师生员工开放。[20] MIT 还提供其他有创造性的娱乐活动，赞助乐器表演、戏剧、舞蹈和高雅艺术等团体活动。MIT 有学生团体 300 多个，其中超过 10% 是围绕学术研究组织起来的。

（七）开放办学理念

MIT 是一所开放的国际性大学，主要表现在以下两方面。

第一，MIT 与社会各界建立了广泛的联系和合作关系；师生参加校外的各种学术讨论会、讲习会；帮助国内外的企业搞科技研发和培训人才；承担国际开发署的工程设计计划等。学校有一项“企业联络计划”，与 150 多家公司合作，师生参加各种咨询、科研和技术培训活动，同时也请公司的科技人员参加学校的教学和科研活动。

第二，与欧洲、亚洲和南美洲的政府和大学有研究与教学合作项目。MIT 与其他国家和地区的院校开展了广泛的合作项目。如与哈佛大学制定哈佛 - MIT 保健科学与技术的联合规划，共同进行各种教学和科研方面的活动。与其他院校的协作项目还有：考古学与人类学材料研究中心、怀特海德研究所、威尔斯利 - MIT 交流计划、MIT - 伍兹·霍尔海洋研究所、东北射电天文台、查尔斯·S·雷珀实验室等。[21] 从 2004 年度 MIT 外国的教师和留学生数也可以看到 MIT 的开放性：共有 2 572 名外国留学生，其中本科生 330 人，研究生 2 242 人；从地区构成看，非洲 2%，亚洲 41%，拉丁美洲和加勒比海地区 10%，欧洲 30%，中东地区 6%，北美洲 9%，大洋洲 1%。2003 年共有来自 80 多个国家的 1 573 名国际学者，其中：从职位看，教学职位 138 人，研究职位 1 426 人；从地区构成看，非洲 1%，亚洲 40%，拉丁美洲和加勒比海地区 4%，欧洲 42%，中东地区 5%，北美洲 6%，大洋洲 2%。[22]

（八）科研与服务理念

作为一所研究型大学，麻省理工学院特别注重科研，其科研项目主要来自国家和工商界。但是，MIT 对于科研项目的选择是有严格标准的。科研项目是否具有学术性，是考核的一个重要尺度，一般商业性的应用研究很难得到高的评价。社会服务必须符合学院共同的伦理准则，并达到规定的质量标准。MIT 要求教师将第一忠心献给学院。[23]

MIT 强调对不符合“管理者和教师共同的伦理标准”的校外服务活动严加控制。20 世纪 30 年代初，MIT 根据办学目标，在教师中积极提倡学术性科研，采取措施加强对工业科研的控制。为此，学院对跟教师荣辱与共的聘用合同进行了修改，规定教师要将校外服务收入的50%上交给“教授基金”,以此来支持教师的学术休假;合同还将“工业咨询”放在教师工作职责的最后;规定“工业咨询”要具有重要性和尊严感,进行这种咨询应能提高学院的声誉,激励教学,使学生增加有益的接触。在科研管理上,鼓励开展学术性科研,教师如选择工业科研,必须限制在具有科学意义和教育潜力的项目上,一般性的应用研究则交由商业研究机构进行。后来,麻省理工学院对教师的校外服务活动做了更为周密、严格的规定:教师应及时向系主任报告自己的校外活动,以便系主任能够根据学院有关规定判断这些活动是否有教育意义;教师应保持全部精力从事全日制的校内工作,如因校外服务活动而影响校内教学、科研工作,就应考虑对其是否继续聘用。可见,MIT的科研和服务不仅仅是为了科研和服务,而是作为发展MIT自身的一种手段,它对科研项目的严格选择是保证沿着正确办学方向前进,促进办学目标顺利实现的重要手段。

三、启示

第一,合理设置课程,为学生提供发展所必需的科学、技术和人文基础,同时辅以各种实践融入手段,是培养创新人才的基础保障,也是通识教育的基本要求。MIT要求学生完成科学、数学、人文和社会科学的学分要求,旨在均衡获取各类必备知识,并形成优化的知识结构。MIT开展了共同课程计划、实验性学习、讨论课、研究训练等项目和活动,培养企业家精神,使学生将知识内化为自身的能力和人格。这是MIT人才培养成功的奥秘。因此,理工科大学要加强人文和社会科学的教育,文科大学要适度引入理工类的课程和项目。

第二,学科的均衡发展和交叉发展是提供通识教育课程的前提,也是学科发展强大的关键所在。MIT选择了理、工、管、文等对于高素质人才的培养和学校长远发展不可或缺的几个学科,而且都办成高水平和高水准。这符合学术界对于大学学科的认识:理科的理论研究为工科发展提供源源不断的动力,理工科又可以为办高水平的管理学科提供条件,文科的发展可以为其他学科提供发展的潜力,塑造学生的人生观和价值观,美化学校的育人环境。

第三,教与学离不开大学的其他职能活动,大学的科研、社会服务、国际交流等职能活动都可以作为教与学的一种途径或手段。因此,大学应该重视提供机会,培养学生主动学习、研究和实践的能力,引导学生个性的发展。MIT强调手脑并用,培养学生的企业家精神,强调应用研究,把研究作为培养高水平人才的一种重要手段,是研究型教学模式的应用和进一步拓展。MIT创办人罗杰斯也认为,通过教学与研究并且专注社会上的实际问题是培养专业能力的最好方法。MIT强调为国家服务,是为了把学校的人力物力和各项活动跟当前社会、国家的需要有机结合起来,从而更好地促进学校的发展。强调与企业界广泛联系最主要的目的不在于商业上的目的,也不是盲目地依赖市场和迎合市场,而是在于利用企业的资源来培养学生,也是一种培养人才的手段。

第四,重视校园文化的建设。校园文化对学生培养有着潜移默化的作用。一方面,校园建筑物构成的环境是校园文化的重要组成部分。MIT 的建筑学科是一流的,所以校内的建筑物设计独特,造型优美,受到世界各地学子的青睐。学生的学术活动与文娱活动对于塑造学生的人格和能力培养具有不可忽视的作用。另一方面,MIT 重视开展和普及高水平的音乐教育、学术活动和文娱活动,这一点很值得学习。

第五,有选择地履行科研和社会服务职能,是学校健康发展的重要手段和重要保障。MIT 注重对科研和社会服务项目的严格选择,强调科研及社会服务的学术性和教育意义,强调教学及人才培养的目的性和优先地位。这是国内大学应该学习和借鉴的宝贵经验。

第三节　加州理工学院

一、概况

加州理工学院(CALTECH)创建于 1891 年,是一所私立大学。1891 年,富有的芝加哥政治家阿默斯·苏普在加州的帕萨迪纳创立了该校前身,最初起名为苏普大学,1893 年更名为苏普工业学院。起初的 15 年里,学校一直以社区服务为宗旨。1907 年,在教育、建筑以及市政等方面都颇有见解的美国天文学家乔治·艾勒·瑞黑尔当选为学校的理事长,他任命斯克尔担任学校校长,学校从此进入快速发展轨道。1920 年,学校更名为加州理工学院,此时,学校已经转变成一所发展纯科学的研究型大学。1925 年之前,学院仅仅在物理学、化学和工程学 3 个方向具有博士学位授予权;1925 年取得地质学博士授予权,1926 年取得航空学博士授予权,1928 年在生物学和数学方面取得博士授予权。在物理学家杜布里奇担任校长的 23 年(1946～1969 年)里,学院发展迅速,增加了化学生物学、行星科学、原子核天体物理学和地球化学在内的一些新的研究方向。1970 年以后,学院为了增进学生的人文修养,通过引进人才,又进一步增加了一些人文和社科方面的研究方向,如政治学、经济学、历史学、文学、哲学、人类学、金融学和社会学等。但学院只在理科与工科方向授予学位,包括理学学士、理学硕士和哲学博士。

CALTECH 的任务是通过研究并结合教学达到扩展人类知识、造福社会的目的。学院鼓励在多学科的特殊环境下,研究科学与工程领域的一些最具挑战性和基础性的问题,并把杰出的学生培养成社会的创造性人才。[24]

2009 年第一学期注册的本科生有 951 人,研究生 1 179 人,学生总数共计 2 130 人。2009 年 9 月份入学的新生班仅有 253 人。[24] 2009 年 9 月,加州理工共有专任教师 299 人,荣誉退休教师 104 人,研究教师 46 人,其他教师 69 人,访问教师 185 人,博士后学者 549 人,高级博士后学者 35 人,来宾 118 人。[24] 截至 2010 年 6 月份,CALTECH 有 31 人获

32 项诺贝尔奖,4 人获克雷福德奖(Crafoord Prize)①;54 人获国家科学奖章,12 人获国家技术奖章,75 名教师当选国家科学院院士,31 名教师当选国家工程院院士,85 名教授当选美国艺术与科学院院士。[24] CALTECH 下设 7 个分部:生物;化学与化学工程;工程与应用科学;地理与行星科学;人文与社会科学;物理、数学与天文学;跨学科项目。[25]

CALTECH 在《美国新闻与世界报道》2010 年排名中,列美国最佳研究生院工学院第 7 位;[26] 在世界最顶尖大学排名 2010 年度排名中列第 10 位;[3] 其地球科学、物理学、化学、航空等学科排名第 1 位,生物学和机械学科排名第 4 位,数学学科排名第 7 位,计算机科学排名第 11 位。[27] 在《泰晤士报高等教育增刊》2009 年世界大学排名中名列哈佛、斯坦福和耶鲁之后。

二、办学理念中的教与学

(一)精英教育理念

CALTECH 最显著的办学特点是精英型教育,始终遵循"学科不求过多,范围不求过宽,严格保证学生入学和学习质量",宁缺毋滥、精益求精的办学方针,扎扎实实"为教育事业、政府机构和企业发展培养所急需的具有创新才能的科学家和工程师"。其规模保持在 2 000 人左右,是一个典型的"科学家的社会"。它对新生严格挑选,接收率低,有幸跨入该校的学生都必须是美国 SAT(标准水平考试)中的高分学生,新生入学成绩高出哈佛大学 30 分,高中是全班前 10% 的学生比重高出哈佛 8 个百分点。

CALTECH 的学生学业负担重,学习节奏紧,淘汰率高,20% 的学生毕不了业。众所周知的一个事实是:"进 CALTECH 很难,从 CALTECH 毕业更难,如果不硬拼必被淘汰。但一旦毕业,到世界上的任何地方,一辈子都不会失业。"由此反映出 CALTECH 毕业生的含金量。压力是 CALTECH 的代名词,大部分学生都习惯了挑灯夜战,钻研学问到忘我境界,因此该校师生的社交生活相对贫乏,为数不少的学生十分内向,不擅交际。在南加州明媚灿烂的阳光中,迪斯尼、好莱坞等娱乐胜地以及洛杉矶近在咫尺,竟有 CALTECH 的学生 4 年都没迈出过校园一步。新生们第一年上的课都不给打以字母表示的成绩,只给打"通过"或"不通过"。这无疑是校方尽力想给学生们缓解压力的结果。因此,新生们在完全跟上 CALTECH "让人喘不过气"的节奏之前,有一年的适应时间。

(二)通识教育理念

CALTECH 把理科和人文社会科学作为基础培养学生,所有的本科生都必须学习生物学、化学、物理学和人文社会科学等方面的基础课程。要想取得理工学士学位,必须修满 108 个学分的文科课程。所有的学生都必须上 5 门物理课、2 门化学、2 门数学、1 门生物,1 门天文或是地质学课程,2 门实验课,必须修 12 门人文或社会科学方面的课程,一

① 瑞典皇家科学院颁奖,瑞典银行家克雷福德于 1980 年捐资设立,目的是促进瑞典和世界其他地区的基础科学研究,奖励诺贝尔奖没有覆盖的领域中的突出科学工作者。

般是每个学期1门。此外,CALTECH十分重视跨学科的研究生培养,其跨学科的计划分为两类:跨学科的学位计划和跨学科的研究计划。这两类计划包括以下几个方面:研究生生物化学医学;生物物理;计算与神经系统;环境科学;Avida人工生命组;先进计算研究中心;材料动态反应简易装置;材料与过程仿真中心。[28]

(三)寓教于研的人才培养理念

加州理工学院注重将教学渗透到科研中,培养学生的科研能力,提倡包括本科层次在内的所有层次的学生从事创新的研究。CALTECH的院长David Baltimore曾经说过:"CALTECH提供一种无比的以研究为基础的教育,那就是普遍地把教学渗透到基础的科学与人文学中去。"[28]

该校为本科生设立夏季大学生研究奖学金(SURF)计划、开设高级论文研究课程,同时,教师还提供具有助研金或酬金的研究工作。夏季大学生研究奖学金计划为本科生提供了一个参加研究项目的机会,使学生与教师建立个别指导关系,学生在教师指导下写出科研项目建议书,建议书和推荐表由夏季大学生研究奖学金计划管理委员会审查和批准。学生在夏季的数周内进行科研工作,每周可以参加由学院教师和实验技术人员主持的研讨会,也可以参加由商业、政府和学术界领导出席的午餐圆桌研讨会,参加技术写作交流会和出席报告会等。该计划结束后,学生要递交书面报告,介绍所参加的项目、所使用的研究方法以及最终结论,并在夏季大学生研究奖学金计划报告周期间,自己做一次学术报告,其中大约有20%的学生可将他们的研究报告发表在正式的学术刊物上。此外,CALTECH也有独立的学习方案,允许学生在教师的指导下设计自己的学习方案,而不必完全遵循学校现有的专业选择方案,但这种方案必须由学校有关方面批准,并为他们组织一个由3位指导教师组成的指导小组,以保证教学质量。

三、启示

第一,从CALTECH的历史演进看,一开始就以理科为主,这就为它的发展注入了持久的动力,虽然它比MIT建校晚,但发展非常迅速。随着学校的发展,又增加了人文社会学科,并且将人文与社会学科的课程作为获得理学学士学位的必要条件,用于增进学生的人文修养。从CALTECH的这一做法可以看出,人文社会科学的相关课程是大学尤其是理工科大学教学中不可缺少的构成部分。

第二,研究型的教育模式必然呼唤精英教育。CALTECH实施的是典型的精英型教育和研究型的发展道路,规模很小。CALTECH在招生方面对新生质量有严格的要求,接收率极低;在人才培养上注重厚基础、高强度、严标准,培养的人才质量高,很受社会的欢迎。CALTECH的成功意味着,大学之大不在于规模之大,而在于先进的人才培养理念、高水准的科研理念,在于培养出高质量人才和产出高水平的研究成果。

第三,CALTECH重视学生宽厚基础和创新能力的培养,这一方面表现为对所有的本科生都有理科与人文社会科学基础的要求,另一方面表现在跨学科进行学生培养和重视本科生参加科研活动等方面,CALTECH 有跨学科项目专门的分部。由此可见,理科和人文社会科学的基础知识是培养学生创新能力必不可缺的基础;而培养学生独立学习、科研和实践的能力是提高人才培养质量和层次的最有效的途径。

本章小结及补充性说明

本章选择了牛津大学、麻省理工学院、加州理工学院三所国外著名研究型大学,对其教学理念进行了介绍和分析。这 3 所大学在人才培养方面坚守的教学理念及其取得的辉煌成就,足以让我们敬佩、向往和学习。这 3 所高校在发展过程中秉承的文理交融、教学与研究融合、国际合作与人才培养相结合等办学理念,无疑对于我国研究型大学的人才培养具有重要的启示。

本章内容成稿于 2005 年,选自作者完成的哈尔滨工业大学迎评项目子课题研究报告"从国内外著名大学的办学理念探寻哈尔滨工业大学跨越发展的立足点",2010 年计划收入本书稿时又做了修改和数据更新。当然,由于书稿形成和修改的时间跨度较大,成稿时文中数据又已过时,但这些高校的办学理念是相对稳定的,对于我国的研究型大学来说仍然具有标杆性的学习与参考价值。

本章参考文献

[1] OXFORD. About oxford university[EB/OL].(2010 - 01 - 18) http://www. ox. ac. uk/aboutoxford/.

[2] OXFORD. Facts and figures[EB/OL].(2010 - 01 - 18)[2010 - 05 - 18]. http://www. ox. ac. uk/about_the_university/facts_and_figures/index. html.

[3] OXFORD. World's best universities: Top 400[EB/OL].(2010 - 02 - 25)[2010 - 05 - 18]. http://www. usnews. com/articles/education/worlds - best - universities/2010/02/25/worlds - best - universities - top - 400. html.

[4] W·D·麦克米伦. 21 世纪大学的学术战略——牛津大学案例[J]. 国家教育行政学院学报,2004(5):35-43.

[5] 夏红卫. 牛津大学——砺志图新,卓尔不群[J]. 知识就是力量,1999(11):30-32.

[6] 李家宝. 最早一批成立的西方模式大学之一——牛津大学[EB/OL].(2010 - 02 - 01)[2010 - 05 - 18]. http://gjs. hit. edu. cn/gwdajs/nj4. htm.

[7] 孙承武. 聚焦全球十大名校——全球十大名牌大学概况[M]. 北京:京华出版社,2003:112-113.

[8] 刘宝存. 牛津大学办学理念探析[J]. 比较教育研究,2004(2): 16-22.

[9] OXFORD. Famous oxonians[EB/OL].(2010 - 02 - 13)[2010 - 05 - 18]. http://www. ox. ac. uk/about_the_university/oxford_people/famous_oxonians/index. html.

[10] 吴崇恕. 世界知名大学校训校标[M]. 武汉:湖北人民出版社,2003:336-337.

[11] 刘凡丰. 独具特色的牛津大学本科教学管理制度[J]. 宁波大学学报:教育科学版,2002, 24(6):60-63.

[12] MIT. Engineering [EB/OL]. (2010 - 02 - 25)[2010 - 05 - 18]. http://www. usnews. com/articles/education/worlds - best - universities/2010/02/25/worlds - best - universities - engineering - and - it. html.

[13] MIT. Faculty [EB/OL]. (2010 - 02 - 25)[2010 - 05 - 18]. http://web. mit. edu/facts/faculty. html.

[14] MIT. Briefing book [EB/OL]. (2010 - 03 - 21)[2010 - 05 - 18]. http://web. mit. edu/vpr/www/briefingbook/2010_briefingbook. pdf.

[15] MIT. Undergraduate Education[EB/OL]. (2010 - 02 - 25)[2010 - 05 - 18]. http://web. mit. edu/facts/undergraduate. shtml.

[16] 刘永主. 麻省理工的骄傲[M]. 延吉:延边大学出版社,2001:3-4.

[17] 恩雅. 世界名校精英榜[M]. 北京:中国国际广播出版社,2002:211-213.

[18] 沈致隆. 麻省理工学院的音乐教育及其启示[J]. 中国音乐教育,1998(3):35-37.

[19] 清华大学教育研究所. 美国麻省理工学院校长报告(1939~1971 年)[R]. 1997:16.

[20] MIT. Athletics and Recreation[EB/OL]. (2010 - 02 - 25)[2010 - 05 - 18]. http://web. mit. edu/facts/athletics. shtml.

[21] MIT. Research Alliances[EB/OL]. (2010 - 02 - 25)[2010 - 05 - 18]. http://web. mit. edu/facts/alliances. shtml.

[22] MIT. International Students and Scholars[EB/OL]. (2004 - 12 - 20)[2010 - 05 - 18]. http://web. mit. edu/facts/international.

[23] 胡成功. 麻省理工学院对教师校外服务活动的引导、控制及其启示[J]. 机械工业高教研究,2002,79(3):93-96.

[24] CALTECH. At a Glance[EB/OL]. (2010 - 08 - 10)[2010 - 10 - 11]. http://www. caltech. edu/at - a - glance/. 2010. 8. 10.

[25] CALTECH. Academic Divisions[EB/OL]. (2010 - 08 - 10)[2010 - 10 - 11]. http://www. caltech. edu/#. 2010. 8. 10.

[26] US NEWS. Top engineering schools [EB/OL]. (2010 - 08 - 10)[2010 - 10 - 11]. http://grad - schools. usnews. rankingsandreviews. com/best - graduate - schools/top - engineering - schools/rankings.

[27] CALTECH. Best graduate schools [EB/OL]. (2010 - 08 - 10)[2010 - 10 - 11]. http://grad - schools. usnews. rankingsandreviews. com/best - graduate - schools.

[28] 李家宝. 世界 10 所著名一流大学的教学[M]. 哈尔滨:哈尔滨工业大学出版社,2002:16, 15.

第三章 国内研究型大学个案的教与学理念

本章选择香港科技大学、南京大学、哈尔滨工业大学及华中科技大学 4 所国内研究型大学为案例，探讨我国研究型大学的教学理念及其实践经验。这样选择的原因在于，从整体上看，我国的理工类大学无论规模还是实力都居其他各类大学之首，但该类高校在人才培养方面普遍存在重知识轻能力、重专业轻人文的现象，而上述 4 所高校在人才培养以及学科多科性或综合性探索方面都积累了有益的经验，对我国理工类高校的转型具有重要的启示意义。从个体来看，这 4 所高校均极富特色并代表了不同的发展轨迹，南京大学居中国办学历史最长久的大学之列，在中国一直保持着顶尖的地位，并且它是国家“985 工程”首批 9 所高水平大学中唯一未合并其他院校、坚持“内涵发展”并保持“原汁原味”办学优势与特色的高校，值得深入研究；哈尔滨工业大学地处边疆，自然条件和经济条件均不占优势，在经历了“南迁北返”①的历史磨难之后，仍然能够“起死回生”，创造了不凡的成绩，并且能够一直跻身于国家历次重点建设大学的行列，其顽强生命力的根源值得探索；华中科技大学和香港科技大学是非常年轻的大学，它们能够在短短的数年内崛起于中国或世界一流大学的行列，这其中的秘密能够为我国研究型大学的跨越发展提供理论支持和经验借鉴。

第一节 香港科技大学

一、概况

香港科技大学(The Hong Kong University of Science and Technology)创立于 1988 年，

① “南迁北返”是哈尔滨工业大学发展史上的一次重大事件。1970 年春，根据上级指示，哈尔滨工业大学少数人员与绝大部分物资南迁重庆，与哈军工二系合并成立重庆工业大学；留哈部分与黑龙江工学院、哈尔滨电工学院合并组成新的哈尔滨工业大学。1973 年 8 月，国务院、中央军委决定重庆工业大学北返，恢复原哈尔滨工业大学。几经周折，骨干教师和干部严重流失，贵重仪器设备遭到严重损害，更严重的是导致了人心涣散、各思前程，给哈尔滨工业大学造成了多年难以弥合的创伤。此次事件之后哈尔滨工业大学失去了国家级大学的建制，处于危急存亡之秋。

1991年10月正式招生。香港科技大学由5所学院组成,其中理学院、工学院和工商管理学院均开设本科至博士学位课程,人文社会科学学院则开设硕士及博士学位课程,并为全校本科生提供通识教育。此外还设有跨学科课程事务处、香港科技大学霍东英研究院。所有本科生均须修读通识教育学分课程,也可辅修人文学或社会科学。根据2010年1月份的数据,香港科技大学共有在校学生9 515人,其中,本科生6 010人,研究生3 505人;理学院1 907人、工学院3 799人、工商管理学院3 321人、人文社会科学学院280人、香港科技大学霍东英研究院2人、跨学科课程206人;教师489人,其中全职436人,客座53人。师生比约为1:19。它是中国教育史上唯一全由中国留学生创办,唯一一家留学生携手把世界一流大学文化带到一个校园,唯一把中西差距放在一个校园,中国教育史上唯一一个政府拿20亿美金创办而不干涉一次的大学。[1]

香港科技大学自创建之始的短短十余年时间里,就创造了大学发展史上的奇迹,在科学、工程学、工商管理学、人文学和社会科学等范畴成就辉煌,冲破别人认为不可逾越的界限;实验室里的最新成果接踵鸣世,所研制的当今最小的纳米碳管被485名中科院院士和工程院院士选为2000年全球十大科技突破之一,低频噪声全反射材料被美国科学界列进2000年十大物理及天文新发明。香港科技大学工商管理学院曾作为亚洲唯一入选者被权威的《金融时报》排进世界前50名,并认定其学生的国际经验全球第一,而美国评价机构又宣布这里的会计学研究世界第一。在2003年上海交通大学高等教育研究所发布的世界大学学术排行榜中,香港科技大学在中国区大学中名列第三。英国《泰晤士报》(高等教育增刊)于2004年11月4日推出的一份世界200所最佳高校排行榜中,香港科技大学荣登第42位。根据2009年的排名,香港科技大学在《泰晤士报》(高等教育特刊)2009年全球顶尖200所大学排名榜列第35位,全球顶尖100所工程及信息科技大学列第26位;在《QS亚洲大学排名》2010年全球顶尖200所亚洲大学排名榜第2位;在上海交通大学2009年全球顶尖100所社会科学大学排名榜第52~75位,位列大中华区之冠。其EMBA课程在《金融时报》2007和2009年的排名中均列全球第1位;MBA课程在《金融时报》2010年的排名中均列全球第9位,在《经济学人》2009年的排名中列全球第30位,亚洲第1位。[2]根据美国得克萨斯(达拉斯)大学一项对全球100所商学院进行的管理研究排名调查,香港科技大学工商管理学院管理学系发表的研究成果质量排名第3位,而在2008~2009年度的排名中列第5位。[3]

二、办学理念中的教与学

(一)精英人才创办精英教育

从香港科技大学网页上可以看到它对自己的理念和世界观的陈述:“定位为一所在国际上具有深远影响,而又致力为本地服务的优秀学府。”[4]“作为世界级学府,在每一个精选的教研领域里走在国际前沿。”[4]可见,创建一所“世界级研究型大学”是香港科技大学始终坚持的清晰无误、宗奉不渝的办学理念。

香港科技大学自创建之初就放弃大而全的想法,一心一意地选择小而专的办精英型教育。在院系学科设置上,仅设置了理学、工学、人文社会科学和工商管理学4个学院和1个跨学科项目。在规模上,全校在校生不足万人。在师资力量方面,所聘请教授都是有高水准的。第一批教师都是美国著名大学的教授。所有的教师都具有博士学位,100%"海归派"博士留学生英语授课。历任校长、副校长和各院、系主任也全是英名灌耳、魁群冠伦的大师级人物。这些卓然成家的领军人物又用各自多年的显赫声望和丰富经验,使香港科技大学一起步便"高唱入云",取得了世界同行公认的学术地位,并由此弥补了其建校历史的短暂和文化积累的不足。教师的遴选引入竞争的机制,教授都是合同制,3年合同,没有铁饭碗。没有能力和成就的教师3年后可以离开,好的可以续约。

(二)全人教育理念

香港科技大学实行全人教育的办学理念,旨在通过教学和研究,促进学生的学习能力、创意思考及求知欲,培养终身学习的能力。香港科技大学把学生培养的目标陈述为:让学生(特别是本科生)全面体验大学生活,包括:在所选学科方面,获得特别优良的训练;在通识教育方面,加强创新和思维能力,开阔视野,提高文化修养;在校园生活方面,发挥领袖潜能,建立终身学习的习惯。[5]

香港科技大学的本科生课程设计精益求精,推出新颖而有趣味的课程,例如跨学科研究、双主修、为资优学生提供加快完成学业的选择等。这些课程富有挑战性,以鼓励学生独立自主,尽展所长,追求卓越,终身学习。让学生有能力为自己选择的课程负责,并规划自己的学习与生活,灵活地选择主修和辅修学科。所有学科都会以一个核心通识课程为基础,以培养同学更宽阔的视野,掌握核心价值。所有本科生都可以辅修人文学或社会科学,以及参加海外交流和实习计划,到外地顶尖学府进修。香港科技大学实施全英语教学,提供跨学科学位课程,包括生物工程学、生物技术学、中国研究、计算机工程学、环境工程学、环境科学、环球物流管理学、信息科技学、材料科学及工程学等。香港科技大学为推进教学相长,推出本科生研究计划,包括本科生研究学分、高级研究论文、研究导师及在研究设施和中心实习;延揽最优秀的学术人员,启发学生的研究兴趣。研究生在校内担任助教,培养传授知识的能力。[6]所有全日制研究生都获得生活费资助和寄宿的机会。不但要求资优生拥有优异的学业成绩,而且要求其在诸如领袖才能、沟通技巧、社会服务及课外活动等非学术领域有杰出的表现。

(三)环境育人理念

就读于香港科技大学可感受到美丽的校园环境,享受丰富多彩的校园生活。香港科技大学位于香港环境优美的西贡清水湾半岛,占地60公顷,其校园依山面海,风景怡人,周围树木丛生、花草遍野,是香港的一大风景区,并被纳为国际建筑经典之一。学术大楼内设有学生活动场所,包括演播室、工作室、音乐室、电视及游戏室、会议室、公共休息室和学生团体使用的办公室等。体育设施包括体育馆、运动场、跑道、网球场、壁球场及游泳池等。香港科技大学完全结合本科生学习经验建设国际化校园,提供基建设施及更多校园住宿机会,鼓励学生投入社交和学术活动,使学生的大学生活更加充实。

(四)国际理念

香港科技大学是一所名副其实的国际研究型大学,它自建立之日起就是高起点的,处处用世界眼光、世界标准自我定位,和世界名校平起平坐,绝不以"本地化""区域化"作茧自缚。在国际层面,它是东亚研究型大学协会及太平洋地区大学协会的成员,与全球多所顶尖学府和科研机构建立交流合作关系。担任过香港科技大学副校长的孔宪铎博士曾统计过该大学所聘请的教学人员:若以居住地为准,来自 26 个国家;若以国籍计算,来自 29 个国家;若以民族分类,来自 30 个国家;若以出生地分,则来自 35 个国家。而这些人员各自从 15 个国家获得博士学位。教师有 1/3 生长在香港,1/4 生长在大陆,1/6 生长在台湾。它采用的是英国学制、全美式运作,行政和教学人员 80% 是从美国和加拿大聘请来的。[7] 目前拥有国际一流教师约 450 名,全部拥有博士学位,超过 70% 的博士学位来自北美学府,主要是美国。所有教师均从事前沿研究。教师群体每三年进行一次"换血",固定保持约 500 人的规模。为开阔学生视野,香港科技大学推行大规模的海外交流计划,让学生有机会到海外 100 多所顶尖学府进修。这种国际化的办学视野,使学生接受多元文化的熏陶和刺激,培养了学生全球化的公民意识和责任意识,提高了学生的沟通能力和领导技巧,强化了学生多元的思维能力。

三、启示

第一,高水平师资与办学理念的引进和更新,可以在短期内实现大学、学科和课程的跨越发展。香港科技大学在建校之初的短短十余年时间里就跻身于世界一流大学的行列,并在学科和课程建设方面取得了卓越成就。香港科技大学的办学实践进一步揭示其跨越发展的奥秘在于理念的更新和视野的开阔,主要体现在两点:其一,以高标准引进和持续更新一流的师资,网罗了一大批世界知名学者,而这些学者又带来了西方先进的办学理念和制度并进行了创新;其二,为学生提供海外学习和交流的机会,使学生开阔了视野,并培养了其多元的思维能力。

第二,创办世界一流大学应坚持精英教育模式,控制办学规模,合理设置必要的学科结构。必要的学科结构是香港科技大学施展抱负的平台,首先明确地设置了理科和人文社会科学作为学科基础,然后又选择了见效比较快的工科,并把以理科为基础的管理学科作为一个重要突破口,此外还设置了跨学科项目,这无疑为香港科技大学的跨越发展提供了必要条件。在必要的学科结构和平台下,香港科技大学还精心选择教研领域并做到精益求精。

第三,香港科技大学推行全人教育理念,以通识教育培养学生健全的人格,树立正确的价值观;以科研手段促进教学,培养学生创新和思维能力;以国际交流合作培养学生开阔的视野。这种做法表明,精英人才的培养首先应该把学生当作一个完整的人、作为主体的人来看待,进而通过大学的学习和生活引导学生不断发掘自身的潜力,促进自身的自由发展,而绝不能急功近利,教授学生直接用于谋生和盈利的职业技能。

第二节 南京大学

一、概况

南京大学始于1902年创建的三江师范学堂,是一所实力雄厚、潜力非常大的大学,其毕业生“基础厚、后劲足、能力强、素质好”。如今,南京大学已突破文理型学科结构,追求学科建设的高水平与多科综合型的目标,形成了人文科学、社会科学、自然科学、生命科学、管理科学与现代工程与技术等多学科协调发展的格局。南京大学的奋斗目标是建成以“综合性、研究型、国际化”为标志的世界一流大学。根据该校网站2010年4月8日更新的数据可知,南京大学设有25个学院,71个系,拥有本科专业82个,硕士学位授权点213个,专业硕士学位12个,博士学位授权一级学科点23个,博士后流动站28个,一级学科国家重点学科8个,二级学科国家重点学科13个;共有国家实验室(筹)1个,国家重点实验室6个,国家基础学科人才培养基地12个,国家生命科学与技术人才培养基地1个,教育部人文社会科学重点研究基地4个。

南京大学拥有一支高素质的师资队伍并培养了大批精英人才。根据2010年4月份的数据,在师资队伍方面,该校拥有中国科学院院士28人,中国工程院院士3人,第三世界科学院院士4人,俄罗斯科学院院士1人,国家级有突出贡献的中青年科学、技术、管理专家17人,国务院学位委员会学科评议组成员19人,973计划和重大科学研究计划项目首席科学家13人,入选“中组部海外高层次人才引进计划(千人计划)”9人,教育部“长江学者奖励计划”特聘教授、讲座教授76人,国家级教学名师9人,国家杰出青年基金获得者79人,海外和港澳学者合作研究基金获得者28人,教育部“新世纪优秀人才支持计划”获得者96人。[8]在人才培养方面,中国近1/4(约246位)的两院院士为南京大学校友;中共中央、国务院表彰的23位“两弹一星功勋”中,有6位是南京大学校友(黄纬禄、赵九章、钱骥、程开甲、朱光亚、任新民);国家杰出青年科学基金自1994年设立以来,已有117位南京大学本科毕业生当选,居全国高校第一;南京大学有12位校友成为美国科学院和工程院院士,仅次于清华大学,位列中国高校第二位;在政界,全国人大副委员长、民盟中央主席蒋树声,全国政协副主席孙家正,北京市市长郭金龙,商务部部长陈德铭,第一位博士外长杨洁篪,国家宗教局局长王作安等100多位国家和省部级领导均系南京大学校友;南京大学培养了7位中国籍联合国副秘书长中的3位:毕季龙、谢启美和沙祖康。[8]

南京大学的办学水平和综合效益在全国高校中名列前茅。据统计,1992 年至 2001 年,南京大学被国际权威的科研检索资料《科学引文索引》(SCI)收录的论文数连续 7 年位居中国大陆高校首位,被引用论文数也连续 8 年位居中国大陆高校第一。截至 2009 年 8 月的统计数据,1999 ~2008 年 SCI 收录论文累计被引用篇数较多的高校中,排名第 6 位。[9]根据 2006 年的统计数据,南京大学共取得国家自然科学二等奖 12 项,名列大陆高校第一,2006 年荣获国家自然科学一等奖。1991 年以来,南京大学以在《自然》和《科学》杂志上(第一作者单位)发表 13 篇论文的优势高居 2010 中国高校 Nature &Science 论文排行榜首位,体现出雄厚的基础研究的实力。[10]在综合排名方面,南京大学在 2008 年和 2009 年《英国伦敦泰晤士报高等教育特刊》的 QS 大学排名(THE － QS World University Rankings)中,分别列第 143 位和第 168 位,[11]在亚洲大学 2009 和 2010 年排名中均列第 27 位,在大陆高校中排第 5 位。[12]在美国新闻与世界报道 2010 年排名中,南京大学在全球最好大学的排名中列第 168 位。[13]

二、办学理念中的教与学

(一)学科建设理念

第一,统筹谋划,精心布局,走跨越发展之路。南京大学在学科建设上坚持“四个统筹”,即统筹文科和理科的发展,统筹传统学科和新兴学科的发展,统筹基础学科和应用学科的发展,统筹一般学科和重点学科的发展,学科结构得到了较大改善,形成以国家重点学科为骨干、多学科协调发展的整体格局和学科体系。在 2009 年教育部学位与研究生教育发展中心公布的《学科评估高校排名结果》中,南京大学参评的 28 个一级学科中有 23 个学科名列全国高校前 10 位,其中物理学、天文学和大气科学 3 个学科名列榜首。

第二,设立学科特区。南京大学在全国率先设立学科特区。所谓“学科特区”是指在国际科技前沿领域着力选择少数几个突破口,根据新兴学科对学科整体发展的影响力、在国际学术界的地位、持续发展的活力等作为衡量标准,从国内外引进优秀人才,突破现有的学科组织结构模式,遵循国际惯例,创立全新的管理机制,采取特殊的运作方式,在不太长的时间内形成突出优势。学科特区以“学科新、机制活、效益高”为特征,按照国际惯例,采用所长负责制,享有充分的自主权。所长看准研究方向按需招人,并实施目标考核管理。[8]该校已成功地建立了分子医学研究所、地球系统科学研究所、理论与计算化学研究所等“学科特区”。绝大多数学科都有两位在国内外具有相当影响的中青年学科带头人或学术骨干。自“985 工程”学科建设项目启动后,各学科特区都在较短的时间内显现出旺盛的活力,不仅在申报国家重大项目、发表高水平学术论文、培养年轻优秀人才等方面取得了明显成效,更重要的是对全校学科整体水平和学科创新能力起到了重要的促进作用,激活了追赶世界先进水平的学科力量。

第三,以基础研究为依托,实施学科拓展提升战略,推动优势理科向新型工科延伸。[14]南京大学以其强大的基础研究实力和基础学科为依托,瞄准国家重大研究计划和新兴产业,向大工科的学科领域拓展,推进基础研究与现代工程技术交叉融通。为此,经过精心设计和长时间酝酿,南京大学于2010年正式启动学科拓展提升战略,同时成立了物理学院、电子科学与工程学院、现代工程与应用科学学院,突破了文理型综合大学模式。比如,重组后的物理学院以原物理系为主,增加了生物物理与软物质、声信息科学与技术等学科,瞄准了"量子调控""纳米科技"等国家重大研究计划和重大专项研究领域,"光伏电池"和"环境与新能源"等新兴产业发展方向。

(二)因材施教的精英教育理念①

南京大学确立了"吸引一流生源、给予一流培养、造就一流人才"的指导思想,以培养"各行各业的未来领军人才和拔尖创新人才"为目标,在实践中形成了"拓宽口径、鼓励交叉、多次选择、逐步到位"的人才培养思路,构建了个性化、多元化的人才培养目标体系。对基础性和应用型人才采用不同的模式,而且这些模式在实践中得到了不断的完善和创新。

1. 基础性人才的培养模式

(1)"基地"模式。即以理科化学、物理、地理学、地质学、天文、生物等为主的理科基础学科人才培养基地的优秀学生培养模式。具体做法是,学生入学时,遴选一批基础好、素质高的学生作为重点培养对象,前两年与普通学生一样,鼓励学生打下既宽又厚的基础,进入第三年后再分流为基础研究型和基础应用型两类,对于基础研究型人才的培养,让学生早期介入教师的基础研究课题,以培养学生的基础科学研究能力。

(2)"基地班"模式。即以物理学和地学理科"基地"为代表设立的"基地班"培养模式。学生入学后即根据其志向和专长,遴选出愿意从事基础研究的学生,组成"基地班"。"基地班"的教学计划在第一年就与普通班有所区别,其基础理论知识要比普通班更深、更宽。物理学"基地"实行滚动管理,对于成绩较差、不适于基础型人才培养的学生,做必要的淘汰,并吸收一些基础较好的学生进入"基地班"。地学"基地班"实行分流管理,学生进入第三学年,对于基础较差、不具有很强发展潜力的学生,分流选修应用型课程,编入普通班学习。这些基地班已经发展成为多个国家基础学科人才培养基地。

(3)"强化部"模式。南京大学从1989年起对基础人才的培养模式和教学管理机制进行了深入的改革与实践,建立了"基础学科教学强化部"(简称强化部),主要特点就是"宽基础宽口径"培养尖端人才。以理科基础学科教学强化部和文科强化班为代表的人才培养模式,是以"重点学科为依托,按学科群打基础,按一级学科方向分流,贯通本科和研究生教育,着力培养高层次人才的后备力量"的模式。具体做法是:每年从优秀考生和

① 该部分成稿时参考了南京大学各级网站资料以及相关宣传和报道等众多资料,在此书稿中不再一一列出。

各个中学保送来的优秀特长生中选拔一些有培养前途的学生进入强化部学习。强化部采取一、二年级不分科、不分专业，按照公共基础学科群基础分方向基础的体系实施教学。文科强化班一、二年打通文、史、哲分离的现象，开设最具精华、最有旁通性的课程，着重打牢文科基础，两年后，强化班实行文、史、哲分流培养。理科班的学生在第一年末或第二年起，由学生第一次选择，分为数理类和化生类两个大学科方向，按学科群设置基础课，重点加强学生的学科群基础知识。第三年学生根据自己的志向和爱好第二次选择，分流进入一级学科方向（即化学、生物、生化、物理、生物物理、天文 6 个学科方向）。第四年为本科阶段系统科研训练，学校积极创造条件让学生根据自己的兴趣和条件及早参与不同层次的科学研究活动，学生可以选择课题和导师，直接进入课题组，真刀实枪地搞科研。绝大部分在基础学科教学强化部学习过的本科生都取得了丰硕的科研成果，不少学生的论文在国际、国内核心期刊发表。第五年大部分学生由免试直接进入研究生层次。

强化部所有的授课教师都是在全校范围内遴选出来的最优秀的教师，基础课教师全由正、副教授和部分具有博士学位的青年教师承担。理科班本科阶段的科研训练均由活跃在学科前沿的导师指导，他们中有中科院院士、博导和杰出青年科学家。强化部作为国家理科基础科学人才培养基地中的多学科综合点（大理科试验班），其教改的实践已充分显示大理科人才培养模式的先进性，并被国内外同行专家所认同，2001 年，世界顶级学术杂志 *Science* 第 293 卷有关本科科学教育的特刊上，专门提到南京大学大理科教育在创新性人才培养方面具有极大的借鉴意义。2003 年 5 月 23 日出版的 *Science* 第 300 卷上同时发表了强化部 4 位学生署名的 3 篇文章；2005 年理科强化班和基础学院的 3 位毕业生在国际生命科学的顶尖刊物 *CELL* 发表了各自最新研究成果，填补了中国学者在该刊自 1980 年以来未有论文发表的空白；2008 年理科强化班 2 位毕业生同时获得全国百篇优秀博士论文奖；[8] 南京大学从 1992 ~ 2001 年被 SCI 收录的论文居全国高校之首，被 SCI 收录的论文从 1994 ~ 1999 年连续居全国高校第一，其中学生参与研究或领衔研究的成果几乎占了一半。[15] 上述成果不仅说明了强化部教育教学改革卓有成效，而且体现了所培养的毕业生具有科学研究和创新能力的“群体特征”。

（4）“基础学院”模式。为了进一步推广强化部的办学模式，南京大学于 1998 年组建了基础学科教育学院（匡亚明学院）①，这是南京大学培养有创新意识和创新能力的新型基础学科人才的一项重要举措。匡亚明学院以“拓宽基础、鼓励交叉、多次选择、逐步到位”为人才培养理念，按照学科群组织基础教学，营造有利于学科交叉的学术氛围，为创新型人才的成长提供良好的环境。在教学上，注重通识教育，扎实宽厚基础的构建和早期科学研究训练，其培养方式是：按照大文科和大理科的模式实施教学。第一年设置文、

① 2006 年 3 月，为了纪念我国著名的教育家、社会活动家、南京大学老校长匡亚明，进一步推进通识教育的办学思想和教育理念，基础学科教育学院被命名为匡亚明学院。

理科大平台通修课程,第二年按模块(基地)设置核心课程,第三年为专业核心课程,第四年为选修课程、科研训练课程和毕业论文,配备导师,进入重点实验室、重点学科,结合重大科研项目进行系统科研训练。各个模块(基地)之间的部分核心课程可以替代或覆盖。学院鼓励学生选修多种学科的课程,以从事交叉学科和边缘学科的研究。在一、二年级统一组织教学和学籍管理,从三年级开始,学生分流到各个相关院系,由各个院系组织教学和管理。匡亚明学院聘请校内外学术造诣高、教学经验丰富的资深教授和高学位青年教师任教,基础课全部由教授主持教学,本科阶段科学研究训练由活跃在各学科前沿的包括科学院院士、博士生导师和杰出青年科学家在内的研究生导师指导。

2. 应用性人才的培养模式

南京大学应用性人才的培养目标是:能够将发现的一般自然规律转化为应用成果的"桥梁"人才,让学生具有坚实的一般基础理论、相关学科基本知识及科技开发的应用能力,着力把学生培养成为适应经济、技术、生产等应用部门需要的具有良好科学素养的应用性人才。主要措施如下。

(1)通过跨专业选课,选读辅修专业,一本一专及修读第二学士学位达到培养目标。例如国际贸易、国际金融等专业,由于社会发展对这一类专业人才的知识结构要求越来越高,单一专业知识结构的毕业生在分配时,已很难适应用人部门的要求,因此要求这一类专业的学生,必须在四年内完成一个本科和一个应用性专科专业学习才能毕业,这种做法极大地拓宽了毕业生的就业面。

(2)通过实验和课题研究训练、产学合作、校际合作及本硕连读(与中国药科大学联办生物工程制药专业)等途径达到培养要求。通过探索,建立了诸如生物工程制药、电子科学与工程、环境科学与工程等一批体现理工结合的应用人才培养示范点,在教学模式上采取强化基础,加强应用,理工渗透以及本科与硕士打通,着重培养学生的创造、创新与开发能力。

(3)根据理科应用性人才的知识结构与能力的要求,建立了应用性人才培养的课程体系。加强对外语、政治理论、数学、物理和化学等基础课程的学习;坚持以学科群组织基础课教学,加强学科内容的系统性和内在的联系;注重设置有助于培养学生应用研究、应用开发和应用设计能力的应用性课程。

(4)建立应用文科强化班。应用文科强化班是南京大学自2002年以来进行的一项教学改革新试点,2007年开始纳入国家级国际化复合型大文科创新人才培养实验区,由匡亚明学院统一管理和组织教学。其培养模式为:强化应用英语能力训练,协调通识教育与专业培养的关系,拓宽应用文科学科群知识视野,注重综合分析能力和实践能力培养,并通过选择课程模块、逐步分流、专业到位,力求贯通本科与硕士研究生培养。培养目标是:具有扎实的英语功底、国际化的视野、良好的综合素质和专业基础、能在全球化的环境中胜任商贸、法律、新闻等方面涉外工作的新型应用文科人才。课程设置强调英语与应用文科之间的学科交叉和相互渗透。在第一、二学年进行应用文科学科群基础知识训练,拓展国际化层面的知识视野,按英语专业英语语言应用能力的要求打好英语基础。其中,第一学年强化英语听力、口语,以通识课程为主;第二学年强化英语写作等方面的基础,并适当安排专业基础课程;第三学年强化专业、学术英语写作,开设部分双语课程,并引导分流,选择专业进入相关院系学习专业课程,着重学习各专业的基础理论课程;第四学年强化专业课程、从事实习与撰写论文,注重其专业技能、研究能力的提高。经考核合格(英语、专业课程及其他课程达到培养要求),大部分学生可推荐免试攻读商贸、法律、新闻各专业的研究生,部分学生也可根据自己的意愿申请出国深造和选择就业。

(5)实施产学研合作教育。先后建立了包括南京化工厂、启东农药厂、江苏省石油总公司、胜利油田、宝山钢铁公司等多个大型产学研合作教育基地。学校和企业分别指派具有丰富经验的教师和高级工程师作为教员,共同制订教学、科研和生产学习计划。通过产学研合作教育,学生的科研能力、实际解决问题能力得到了提高,并取得了一大批科研成果,直接为企业解决了生产技术难题。

(6)建立创新实践基地,引导学生开展科学研究。南京大学把开展丰富多彩的课外科技活动作为培养学生创新能力的重要途径,学校大部分实验室和部分科研实验室全天候向学生开放,学生以科研项目为中心组成课外科技小组,学校专门拨出经费并配备指导教师,支持鼓励学生开展课外科技活动。学生课外科技研究小组往往由不同年级的学生,包括硕士和博士生组成,一些研究小组的成员甚至来自于不同的学科背景,这些项目一般都能获得较好的科研成果。

(三)通识教育理念

南京大学在本科生的培养过程中,遵循教育与人才成长规律,前期构筑宽厚基础,推进通识教育,后期优化专业教育,注重学科交叉培养,加强研究性教学与学习,培养学生的创新精神和实践能力。2009 年起,南京大学实施了“三三制”[16,17]本科教学改革,以制定通识教育和个性化培养相融通的“三三制”人才培养新方案为切入点,努力探索更加个性化、多元化的人才培养新模式,提供更多自主选择课程、专业的机会以及充足的自主学习空间,如图 3.1 所示。

南京大学的本科课程是由“通识通修类”“学科专业类”和“开放选修类”3 个模块构成的。通识通修课程模块包括通识教育类课程(含通识教育课程、新生研讨课程等)和通修类课程(含思想政治理论课程、军事课程、体育课程和分层次通修课程如大学英语、数学、计算机、语文等)。这类课程设置的目的在于为同学们打下广博的知识基础,了解什么是学术研究,找到学习的兴趣方向并做好必备的课程技能准备。以 4 年学制来计算,该模块课程的学分总计为 52 ~66。学科专业课程模块包括学科平台课程(一级学科或跨一级学科的专业基础课程)和专业核心课程,这类课程主要用于各个专业开展较为深入和系统的专业教育及训练。以4年学制来计算,该模块课程学分总计为46~55(含毕业论文/毕业设计学分)。开放选修课程模块包括专业选修课程、跨专业选修课程、公共选修课程(含文化素质课程)、第二课堂(社会实践等)。这类课程是给予同学们个性化选择余地最大的一个模块,根据每个人的学习生涯规划,可以在这个模块里选择不同的课程组合来实现多元发展。以4年学制来计算,该模块课程学分总计为31~52。总体来说,随着年级的递增,学生修读课程的侧重点也逐步转移:学生在低年级将以"通识通修类"课程为主,随后是以"学科专业类"课程为主,再是以"开放选修类"课程为主。

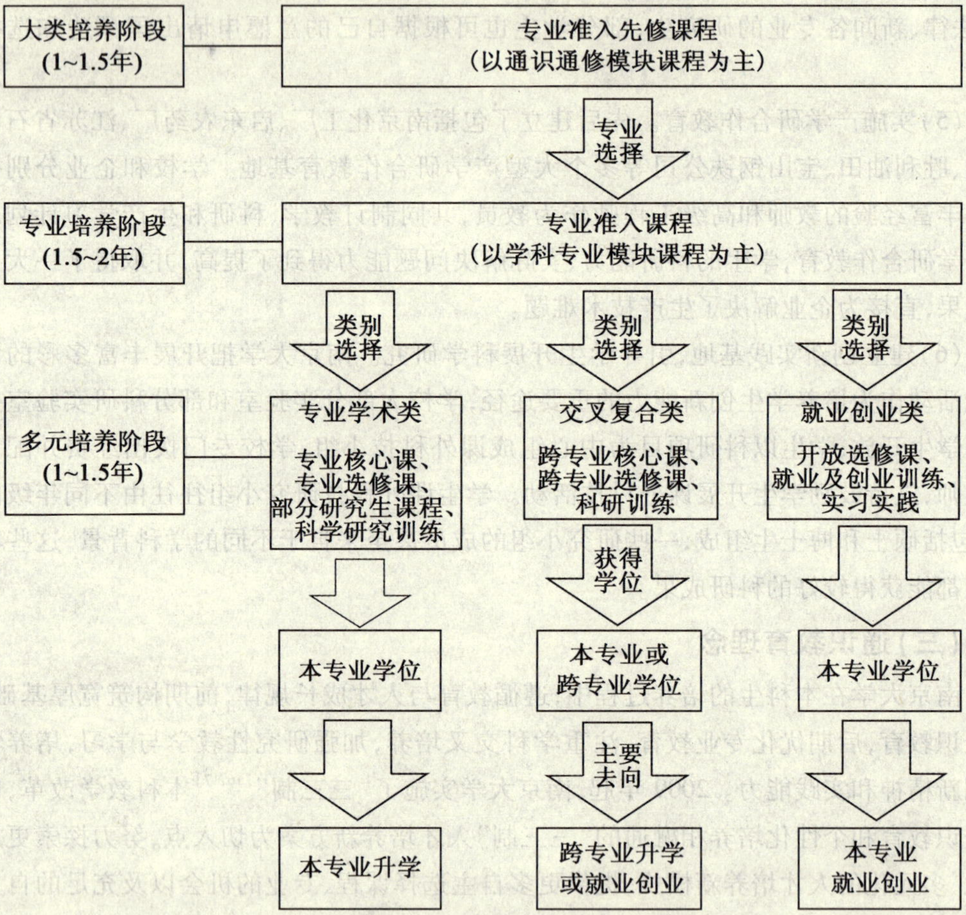

图3.1 南京大学本科"三三制"培养模式

南京大学的通识教育还强调人文与科学的交融,强调教学与研究的统一。在20世纪80年代初,南京大学就提出了"课堂教学、学术活动、社会实践与科学实验"相结合的"三元结构"教学模式,在发挥课堂教学主导作用的同时,强调"显性课程"课堂教学与"隐性课程"教育相结合,积极开展以学术活动为核心内容的第二课堂活动,注重加强实践性课程,组织开展丰富多彩的科学实验和社会实践活动。主要体现在如下几点。

第一,面向全校本科一年级学生开设了百余门通识教育课程,力求打破专业局限,开阔学生的学术视野,培养文化通感和科学精神,达到不同文化和不同专业之间的沟通融合,从而造就一个具有完整人格的人。南京参照海内外著名高校的通识课程建设,南京大学通识教育初步围绕“中国历史与民族文化”“世界历史与世界文明”“价值观与思维方法”“科技进步与生命探索”“经济发展与社会脉动”“文学艺术与美感”“跨文化沟通与人际交往”7 大类别,以课程建设的形式展开。

第二,面向全校学生常年开设 140 多门文化素质选修课和 30 多门艺术类选修课程,作为全校的指定选修课程。要求学生在大学本科阶段必须选修 14 个学分的文化素质教育课程。所有学生都必须选修 4 个学分的艺术类课程(每门课 1 个学分);理科学生必须选修 8 个学分的人文社会科学类素质教育课程(每门课 2 个学分);文科学生必须选修 4 个学分的自然科学素质类教育课程和 4 个学分的非本专业人文社会科学素质教育课程(每门课 2 个学分);所余 2 个学分,文理科生都可以在上述 3 类(艺术、人文和科学类)课程中,根据自己的兴趣和爱好自由选择。[18]

第三,面向全校学生开展大量的科学学术报告,常年开设文化艺术讲座,开展了集人文与科学为一体的“三术”(技术、学术、艺术)活动。周末的艺术沙龙(主要有舞曲音乐会、歌剧艺术演示会、京剧艺术演示会、西方古典音乐赏析等)和人文艺术系列讲座(如中外关系、书画赏析、围棋、电影等)是重要的课外活动组成部分。教师在教学和科研工作中也日益关注人文与科学交融的理念。此外,南京大学还充分利用六朝古都的丰富文化资源,建立校内外素质教育基地或组织,在南京博物馆、南京美术馆建立了大学生素质教育基地,与南京近代史博物馆、江苏歌舞团、江苏昆剧团、江苏京剧团等文化团体建立了合作关系。

第四,开展新生研讨课。2009 ~ 2010 学年,南京大学首次面向全校一年级本科生推出 70 门新生研讨课,并计划保持 150 门左右较为稳定的规模。新生研讨课通过不超过 30 人的小班化教学(通常班级人数为 15 ~ 30 人),不仅使新生学习专业知识、了解学科的前沿问题和本质问题,更重要的是让新生通过高水平教授的引导,在主动参与和充分交流中启发研究和探索的兴趣,学习科学的思维方式与研究方法,培养创新意识与创新能力。新生研讨课的侧重点不在于知识学习的系统性,而是注重学生通过团队合作学习,体验到学术活动的一般过程,在实践中形成科学的思维方式,从而提高自身的研究素养和创新意识,顺利完成从高中阶段向大学阶段在学习上和心理上的转换和适应过程。新生研讨课的主持人是学科领域的知名学者,其中接近半数来自中科院院士、国家级教学名师、“长江”学者、“杰青”教授以及国家/省级精品课程主持人。新生研讨课来自学校几乎所有院系,并且打破院系门槛、专业壁垒,实现每门课程面向全校新生开放。每一门新生研讨课都建立了网站,作为课堂教学的补充和延伸,实现课程资源的最优化利用,促进师生课外的交流互动。网站的辅学功能主要包括教学资源共享、网上讨论和答疑、作业电子化提交和批阅等。网站建设的一大特色是采取学生网络助教形式进行课程平台的日常管理和维护。每门课程挑选 1 ~ 2 名学生作为助教,协助教师完成网络课堂的信息发布、整理工作,并及时提醒教师上网为学生进行答疑。网络课堂强调学生的自我管理,突出自主学习的氛围。

第五,实施大学生创新训练计划项目。南京大学开展的大学生创新训练计划项目旨在探索以项目为载体的研究性学习和个性化培养方式,激发学生学习的主动性、积极性和创造性,培养大学生的创新能力和实践能力。创新训练计划分为教育部、江苏省教育厅、校级重点和校级一般项目。“大学生创新训练计划”的实施注重“研究过程”而非“研究成果”,使其体验和了解科学研究整体过程,从而激发学生对科学研究的兴趣,实现个性化培养目标。重点资助思路新颖、目标明确、具有创新性和探索性、研究方案及技术路线可行、实施条件可靠的项目。申请者可以是个人,也可以是创新团队(一般 2 ~ 4 人),并鼓励学科交叉融合,鼓励跨院系、跨专业联合申报。申请者在导师的指导下,自主选题设计、独立组织实施并进行信息分析处理和撰写总结报告,进而达到培养学生提出问题、分析和解决问题的兴趣和能力的目的。

(四)开放办学理念

南京大学与世界上众多一流大学和高水平科研机构建立了紧密的协作关系。一大批国际一流大学校长、国际知名学者和名流访问过南京大学。李政道、丁肇中、杨振宁、普列高津、格拉肖、芒德尔、斯宾塞、莫里斯、Jean - Marie Lehn 等多位诺贝尔奖获得者被授予南京大学名誉教授或名誉博士称号。联合国前秘书长加利、美国前总统布什、法国前总统密特朗、澳大利亚前总理霍克、德国前总统约翰内斯·劳、德国前总统赫尔佐克、德国总理默克尔、韩国前总统全斗焕等一大批国际政要也先后来南京大学访问。南京大学为直接借鉴国外的教学科研及管理经验,积极探索多元化、多层次的开放办学模式,主要包括以下形式[19]。

(1)与国外大学建立联合培养项目。其中始建于 1986 年的南京大学 - 约翰斯·霍普金斯大学中美文化研究中心,是改革开放后最早实施的高等教育国际合作长期项目,被誉为“不出国的留学园地”;与加拿大滑铁卢大学等建立的中加学院、南京 - 纽约学院、南南中心等相继启动“2 + 2”或“3 + x”的本科生中外联合培养项目,对入学新生二次招生;每年均面向新生遴选新加坡国立大学和南洋理工大学奖学金项目。南京大学早在 1993 年就赴新加坡开办工商管理硕士(MBA)班,这是我国高校首次赴海外开办高层次的学位班。该班的教学质量、教学水平、教学效果得到了新加坡学员和新加坡社会各界的普遍好评。2001 年又在马来西亚在吉隆坡开办工商管理硕士(MBA)班。近年来,南京大学与美国康奈尔大学约翰逊商学院联手创办了南大 - 康奈尔 EMBA 项目,与荷兰马斯特里赫特管理学院合作建立“中荷国际工商管理教育中心”。南京大学中荷国际 MBA 中心在《世界企业家》杂志编制的 2010 年“中国最具影响力 MBA 排行榜”中,位居“中外合作 MBA 第 9 名”[20];南京大学还创办了海外教育学院来接收和培养外国留学生,是中国国家汉语水平考试(HSK)考点和国家对外汉语教师资格考试考点之一。南京大学逐步形成伸向美洲、欧洲、亚洲等地的“请进来、走出去”的国际化办学格局。

（2）建有国际教学与科研合作机构20余个。其中，1989年与德国哥廷根大学合办的中德法学研究所已纳入两国政府法治国家对话实施计划，并拥有中国最大的德语法学图书馆。中荷国际工商管理教育中心、中法城市区域规划研究中心、中日文化研究中心、中芬环境研究中心、北欧文化中心、中德地学研究中心等已成为国际知名跨国教学与科研机构。

（3）大力开发国际化课程和国际实习项目，连续多年与法国奥尔良大学、美国戴顿大学、加州理工大学、爱荷华大学等开展阿尔卑斯山地学实习和美国环境科学实习，与俄罗斯伊尔库茨克国立科学技术大学联合设立贝加尔湖综合科学考察基地，与瑞典乌普萨拉大学开展环境生态暑期学习等。通过联合实习，促进了中外交流，提高了学生学术交流和科学实践技能，同时还体会了中西科学文化的差异。这些多学科、多类型、多层次的野外研究性实习教学的建设，为培养具有较强研究能力与实践能力的人才创造了很好的条件。

（4）开设了若干个长期学生交流项目，每年派出一大批到美国哈佛大学、加州大学、康奈尔大学、纽约州立大学，加拿大滑铁卢大学、魁北克大学，英国剑桥大学、谢菲尔德大学、约克大学，法国巴黎第八大学、第十大学，德国哥廷根大学、图宾根大学，澳大利亚墨尔本大学、西澳大学，日本东京大学、早稻田大学，韩国高丽大学、新加坡国立大学等50余所世界高水平大学交流学习。与香港大学、香港中文大学、台湾“中央大学”、台湾大学等20余所台港地区学校也建有长期的学生交换项目。交流的形式包括开展学术研讨、文化交流、暑期学校等形式的短期活动，如哈佛大学中美文化交流峰会、藤村文学奖得主赴日交流活动、世界大学联盟等国际大学组织及友好学校举办的学生交流活动等。

三、启示

（1）人才培养与学科建设融通，是培养优秀人才的基本条件和路径。首先，合理的学科结构是大学培养优秀人才和保障自身健康发展的必要条件。南京大学在学科建设方面，重视文科与理科、传统学科与新兴学科、基础学科与应用学科、一般学科与重点学科的协调和统筹发展，创新管理模式，建设学科群以整合和优化配置学科资源，促进学科交叉和互动发展；建立学科特区紧跟国际学术前沿，其经验值得借鉴和推广。第二，学科建设可以为人才集聚和人才生长提供领域和范围。南京大学在学科建设的资金投入和政策支持方面，没有走平衡发展的道路，而是紧跟国际学术前沿，选择少数突破口，通过资金和政策方面的重点支持，形成学科中的“特区”，并通过扶持和引进有潜力的青年科学家，在短期内形成了竞争优势。同时，以学科建设推进教学建设，培养了一大批优秀人才，反过来检验了其学科建设思路的可行性。

（2）通识教育与专业教育的有机结合，科学教育与人文教育的统一，是培养高素质精英人才的有效途径。南京大学在人才培养上建立合理的课程体系和培养体系（“三三制”），将通识教育与专业教育相结合，强化基础，拓宽知识面，强调学生知识结构的合理与平衡，注重全面素质的提高。其中，大量高水平通识教育课程的开设、大量科学与艺术讲座和活动的开展为通识教育与专业教育的有机结合以及科学教育与人文教育的统一提供的条件基础。这种宽口径模式有助于奠定学生学术创新能力和实践能力形成的基础,也奠定了学生走向社会、适应社会的能力基础,是构筑"完人"教育的有效探索。

(3)尊重学生的自主选择有助于学生个性化的培养,即使在班级规模较大的情况下也具有可行性。南京大学建立了专业分流、多元培养分流制度以及专业准入准出制度,加强与学生的沟通、交流和专业引导,充分尊重学生的个性选择和专业意愿,为学生提供自主选择专业、课程模块及发展路径的机会。这些做法使学生在多次选择中找到了切合自己发展的方向,有助于充分挖掘学生的潜力和个性。同时,南京大学把科研和研讨课程引入学生的培养中,创造了实践与实验机会,使学生在科学研究、研讨和解决实际问题的过程中实实在在地巩固了知识,发挥了潜力,提高了能力,张扬了个性,使其成长为杰出人才。

(4)开放办学的模式多种多样,可以采取灵活机动的模式,例如在国内建立联合培养项目、到国外开办学位班、开发国际化课程、学生交流交换、开展国际研究性实习项目、校企合作、研究合作、教师交换、文化交流,不仅要进来,还要走出去。但无论是哪种形式,都不应脱离教与学这两种实质性活动,都离不开人才培养这一职能和目的。

(5)人才培养模式的探索试点和推广是精英人才培养模式完善的重要保证。南京大学学科建设的"特区模式",以学科群为依托的"基地""基地班""强化部""基础学院""创新试验基地""创新训练项目"等人才培养模式的演进,无不体现了其对教育教学理念探索方面的努力,是南京大学精英人才培养成功的重要经验。

第三节　哈尔滨工业大学

一、概况①

哈尔滨工业大学(以下简称哈工大)始建于1920年,是中国近代培养工业技术人才的摇篮。新中国成立后,学校成为全国学习前苏联高等教育办学模式的两所大学之一,此后哈工大一直得到国家的重点建设。经过90多年的建设与发展,学校已经发展成为一所特色鲜明、实力雄厚、在国际上有较大影响的多学科、开放式、研究型的国家重点大学。学校以适应国家需要、服务国家建设为己任,形成了以航天特色为主,拓宽通用性为准则,充分发挥学科交叉、融合的优势,形成了由重点学科、新兴学科和支撑学科构成的较为完善的学科体系,涵盖了哲学、经济学、法学、教育学、文学、历史学、理学、工学、管理学9个门类。截止到2011年4月22日的数据,该校拥有21个学院,85个本科专业,9个国家一级重点学科,6个二级重点学科,27个博士学位授权一级学科(博士学科、专业授权点82个),41个硕士学位授权一级学科(硕士学科、专业授权点148个),21个博士后

① 参见该校网站的相关介绍。

科研流动站，8 个国家级重点实验室，3 个国家工程研究中心，7 个国家级实验教学示范中心，3 个国家级工科基础课程教学基地；拥有中国科学院、工程院院士 33 人，长江学者 38 人，高等学校教学名师奖 7 人，入选国家“百千万人才工程”人选 19 人，教育部跨世纪优秀人才计划入选者 21 人，教育部新世纪优秀人才入选 155 人，部级有突出贡献的中青年专家/国防科技工业专家 29 人，教育部“创新团队支持计划” 11 个，国家自然科学基金委创新研究群体 5 个，中国工程设计大师 1 人。

多年来，哈工大始终保持航天特色，坚持“面向国家重大需求，面向国际学术前沿”，坚持自主创新，不断主动承接国家高、精、尖大型科技项目，科研实力始终位居全国高校前列。在“神舟”号系列飞船研制过程中，哈工大攻克了 KM6、返回舱焊接变形矫形技术、三轴仿真实验转台、航天员训练用“模拟失重训练水槽”、航天员出舱用反光镜体等多项技术难关。2004 年，哈工大发射了我国第一颗由高校牵头自主研制的小卫星“试验卫星一号”，多项技术属国内首创，达到国际先进水平；2008 年，哈工大再次成功抓总研制并发射“试验三号卫星”，创下了国内高校两度研发小卫星、连战连捷的纪录。学校积极参与了国家 16 个重大科技专项中的 12 项，在航天、机器人、小卫星、装备制造、新能源、新材料等领域取得了一批重大标志性成果。哈工大 2006 ~ 2010 年科研经费分别为 11.13 亿元、13.32 亿元、14.76 亿元、15.98 亿元和 18.919 亿元，连续 4 年在全国高校中处于前 4 名。在学术论文方面，根据中国科学技术信息研究所公布的 2009 年中国科技论文统计结果显示，2009 年度哈工大 SCI 论文数量跃居全国高校第 7 位，“表现不俗”论文全国高校第 6 位；EI 论文数达 3 083 篇，列全国高校第 2 位；ISTP 论文数达 1 326 篇，居全国高校第 2 位。

“规格严格，功夫到家”是哈工大的治学传统，培养出的毕业生以基础理论扎实、动手和实践能力强、综合素质高受到用人单位的欢迎。哈工大培养出了包括李钟玉、奥尔默特、孙运璇、李长春、王兆国、叶选平、邹家华等国内外政治精英，李继耐、胡世祥、李元正、栾恩杰、孙家栋、宋健等军界和科技界精英；有百余位大学校长和 80 余位两院院士毕业于哈工大。

二、办学理念中的教与学

（一）精英教育理念

作为研究型大学，哈工大一直秉承精英教育的理念，不断探索精英教育的模式，自 1990 年底以来，经历了 3 种模式的演变。

1. 拔尖模式

拔尖模式就是从大一入学学生中选拔少数成绩优秀的学生，集中优势资源采用创新思路对其进行精心培养。哈工大实施的拔尖人才培养模式包括实验学院、英才班、英才学院等模式。

实验学院创建于 1993 年，是哈工大开展拔尖创新人才培养试点工作之一，其宗旨是培养尖子,探索路子,培养模式为本、硕连读,实行过程分流。2009 年又设立英才班,探索、本、硕、博贯通式培养和国际化联合培养新模式,基础课采用英文授课。实验学院(英才班)模式的面向对象是哈工大优势专业本科新生中一定数量的尖子考生。① 其培养方案参考世界著名高校相关学科的课程设置制定,各个学科由优秀教师组成专家指导组对学生进行指导,并安排著名教授担任导师。每学期结束,进行综合考评,达不到要求的同学转回原院系学习,最终有近半数的学生被转回原院系。

学生本科阶段即可获得到国内外一流大学交流的机会,申请国内外一流大学奖学金或公派出国攻读硕士、博士学位。学校协助实验学院的学生赴美国斯坦福大学、麻省理工学院、加州大学伯克利分校、密西根大学、普渡大学、西北大学,英国牛津大学、剑桥大学、帝国理工学院,德国伯明翰大学、亚琛工业大学,意大利都灵理工大学,澳大利亚悉尼大学、澳大利亚国立大学,俄罗斯莱蒙诺索夫莫斯科国立大学、鲍曼国立技术大学,日本东京大学、名古屋大学,韩国 KAIST、高丽大学等世界著名高校留学,达到培养标准后,可获得哈工大和国外高校的毕业证书和学位证书。根据各学科与国外大学协商情况,采取"2 +2"或"1 +3"方式,即学生前 1 年或 2 年在哈工大学习,达到双方协商的入学标准,后 2 年或 3 年到国外大学学习。本科阶段由于家庭经济状况或没有达到外方大学入学标准等原因未能出国的学生,达到哈工大培养要求,进入硕士或博士阶段后,学校将优先提供国家公派研究生名额,协助学生申请世界著名高校的留学机会。

2011 年 5 月 13 日,哈工大成立英才学院,取代实验学院和英才班,以培养具有创新意识的拔尖人才,探索教学改革之路为办学宗旨。突出个性培养和柔性化管理理念,努力为拔尖学生提供优质的教学资源,营造开放、和谐的学习环境和积极、健康的竞争氛围,探索有利于拔尖人才成长的培养模式。培养目标是:培养具有优良的思想道德素质、科学文化素质和人文素养,具有宽厚的基础理论与先进合理的专业知识,具有创新与创业精神,具有发明创造与工程实践能力,爱国敬业、上进务实、身心健康的有竞争力的精英型人才和各行各业的领军人物。培养模式仍沿袭实验学院的模式,实行本、硕、博连读模式,学制"$4+2+x$"(x 是修读博士学位年限)年。英才学院吸取国内外著名大学荣誉学院的办学经验,充分利用了学校优质资源。二年级为学生配备导师,参与导师指导研究生的教研、外事活动和课题研究的前期工作,接受科学研究的基本训练。

2. 基础学部模式

哈工大基础学部成立于 2003 年,负责大一学生的通识教育教学、大一年度创新项目计划和学生工作等方面的管理。从 2003 级新生开始,将全校本科新生集中在第二校区实行统一培养,一年以后再到专业所在院系继续学习。基础学部行政上等同于学校的二级学院,业务上接受教务处、教学研究与质量管理处和学工处的指导,在本科教育工作中与教务处、教

① 选拔的专业范围逐渐扩大,且选拔数量也逐渐扩大,开始每年 100 名左右,近几年每年 200 名左右,目前专业类别涵盖机械、电气信息、材料、土建、航天航空、武器、力学、理学等共计 30 个专业。

学研究与质量管理处、学工处、各院系及相关单位形成良好的配合与衔接关系。

基础学部工作的指导思想是：遵循拔尖创新人才培养的教育规律，坚持"以学生为中心"，深化管理机制改革，实行教学与育人并重，全面指导大一学生接受通识教育、项目学习和适应大学学习与成长环境，实现通识教育与专业教育的结合。基础学部工作的目标定位是"两线合一、注重能力、奠定基础"。两线合一是指，通识教育教学管理与学生思想政治教育两条线在工作中充分融合，形成教学与育人并重、教学管理与思想教育一体化的工作体系。注重能力是指注重培养学生的主动学习能力、问题求解能力、综合创新能力、沟通能力、表达能力、领导能力、判断能力、生活能力和抗挫能力等。奠定基础是提高学生的思想道德修养，强化学生的理工素质和文化素质，夯实专业学习的知识基础，树立科技创新意识。

3. 本科生院模式

为了推进世界一流大学的建设步伐，加快拔尖创新人才培养模式的完善，培养具有国际竞争力的一流高素质本科毕业生，在对相关资源进一步整合的基础上，哈工大于 2011 年 5 月 13 日正式成立了本科生院，下设教务处、教学研究与质量管理处、实验室管理与教学条件保障处、英才学院、基础学部。本科生院的发展目标是：建立坚持继承苏联办学传统与欧美重创新、个性化的教育模式相结合，坚持以德育为先的通识教育与专业教育相结合，坚持目标管理与过程管理相结合，坚持学分制与学年制相结合，坚持拔尖创新人才培养与带动后进共同达标相结合，坚持本科教育国际化与形成哈工大特色相结合的精英教育模式。在人才培养过程中，遵循课程学习与项目学习结合、理论学习与社会实践结合、课内学习与课外学习结合、教师教与学生学结合等原则，大力倡导学生主动学习、自主学习，注重对学生能力和素质的培养。建立统一高效的教学管理机制，提高本科教学质量与水平；整合全校的教育资源，提高面向教师和学生的教学服务能力；面向国家与社会需求，培养"研究型、个性化、精英式"的具有国际竞争力的一流高素质本科毕业生，打造具有国际影响力的哈工大本科教育品牌。

（二）"规格严格，功夫到家"的办学传统与特色

哈工大"规格严格，功夫到家"这一办学传统与特色已经深入人心，并融入哈工大办学的方方面面。就教与学而言，哈工大历来就以严格著称，有着非常严格的规章制度。

规格严格的作风在新中国成立前的哈工大就可以找到其踪迹。在哈工大建校之初就在治学上非常严谨，首届共招生 103 人，学校对学生的要求极为严格，一个学年内有 3 科不及格者留级，有 2 科不及格者允许补考，补考之后仍有 1 科不及格者留级。[21] 首届毕业生仅有 30 人，毕业率仅为 29%。其主要原因是学校治学严谨，要求严格，注重质量，不符合规格的学生不发给证书，只发结业证书，不授予工程师称号。[21] 此后，学校一直保持了这种作风，即使是在日本统治的时代。据该校毕业生苏雨青①回忆的 20 世纪 30 年代

① 在校时间为 1929 ~ 1937 年。

时的考试制度:在哈工大本科每学期的考试制度都是口、笔试同时进行,每期考试时间定一个月,每门课程安排两次考试,学生可以自选时间登记参加考试,按登记的时间到考场应考。首先见到的是一条长桌,桌旁坐着3~5名教师,其中有主考教授一名。桌上放着一排考试票,都是标题式的,每张票上有3~4个考题,包括这门课的前、中、后3部分内容。一次让两名学生上前答题,谁先写完谁可先答。这时是学生按照黑板上写的答案讲给考试老师听。在学生讲的过程中,教师可以插话提问,等一张考票上的试题全部解答完毕后,教师还要提问1~2个票外的题,如果学生全部答完,待主考教师征求其他教师的给分意见后,对笔、口试都正确的学生给5分,差一点的是4.5或4分,3.5或3分,考试不通过需要再登记重考一次。如果考生不满意老师给的及格分数,允许其再考一次,以便争取优秀分数。如果这半年的课程没有考完可以推到下学期再考,直到学生把各学年所应学的课程全部及格时才允许毕业。[22]关静之①回忆1929年上预科时的情景,预科一切制度都很严,不穿校服、上课迟到均不得进教室,雨雪天不穿套鞋不让进校,卫生要求很严。[22]据王孟尝②校友的回忆可知,20世纪50年代,哈工大仍然沿袭苏联的这种考试制度,只是进场人数和时间上稍有变化。[22]

"规格严格,功夫到家"的优良传统正式形成于1953~1964年间的李昌时代。当时主要体现在教与学两方面,尤其是在教师的授课和学生的考试上表现最突出。据李昌老校长回忆,当时哈工大一方面坚持减轻学习负担,另一方面又坚持"规格严格,功夫到家"。[23]当时认为,学校严格要求学生,是爱护学生的表现,是满足国家发展对人才的需求;但对于成绩差的学生不能动不动就搞淘汰,需要学校、教师和学生共同努力来达到"规格严格,功夫到家"的要求。当时校领导狠抓制定师资提高规划,学校提出教师要过"三关",即教学关、科研关、水平关,作为教师提高的必经之路和奋斗目标。当时要求助教必须跟堂听主讲教师讲课,上习题课必须写好教学笔记,在开课前必须首先试讲,老教师听后提出意见,待通过以后才能走上讲台,要求老师对学生严格要求,做到"铁将军把关",以保证教学质量。教师有迟到、随便串课、代课的,经发现后轻者批评,重者在校刊上做出公开检讨或给予纪律处分。[22]对学生则要求"坚持红专健,学习实而活""学好基础课,练好基本功",掌握好"基本理论、基本知识、基本技能"。在考核上,许多教师评卷十分严格、"铁面无私",稍有错误就给予不及格的分数,而系及学校教务部门则严格执行3门不及格勒令退学、2门不及格则留级的规定。此外,还鼓励学生取得优秀成绩,规定期末考试只有一门"良好",其余科目为优秀的,可以在考试结束3天内申请复试,以争取全优成绩。[22]据王孟尝③的回忆,1956~1957年毕业的人数不足入学的半数。[22]后来,李昌等校领导又倡导,不仅对教学和学生考核要严格要求,还应该在整个教学过程中渗透

① 在校时间为1929~1937年。

② 在校时间为1952~1957年。

③ 在校时间为1952~1957年。

着教师、管理人员以及学生工作干部深入细致的工作,使培养的功夫一定到家,以保证学生都能成为合格的人才。由此可见,“规格严格,功夫到家”这一优良传统在初期的发展中已经逐步从开始的仅仅面对教学向学校科研、管理和服务的各个方面扩展、发展和渗透,并且得到了广大师生员工的认同和实践。

改革开放之后,哈工大“规格严格,功夫到家”的要求和作风不断得到强化和发展,而且在覆盖面上也有了很大的扩展,其要求和精神已经渗入到学校的各项工作和各个环节中。在教学方面,涉及教师的授课水平,教师的学历要求,教师的道德要求,学生的创新能力,学生的课程学习和考试制度,学生的德、智、体、美、劳等各方面的内容。在师资队伍建设、人才吸引、教师的综合考评、教学管理、科研管理、党风和校风建设、招生工作和招生质量、干部队伍建设、后勤管理、校友会管理等学校的几乎全部领域的工作中都得到了体现和发展。仅从教与学方面来看,哈工大的规章制度非常精细和全面,使教师的教和学生的学两个环节都有章可循,不仅维持了教与学的正常秩序,而且促进了教与学的不断完善及教育质量的不断提高。

(三)科技素质与人文素质相结合的教育理念

哈工大是工科院校,长期以来受前苏联影响较大,专业教育思想在师生和教学管理人员的头脑中根深蒂固,传统教育模式导致学生素质结构中人文素质的缺失。为了更好地适应现代社会对人才素质的要求,哈工大不断创新教育模式,加强教学改革,调整课程结构,探索素质教育的模式。哈工大的素质教育模式在原有教育模式侧重科学素质教育的基础上,强化了人文素质的成分,强调专业教育与素质教育的统一,强调科技素质和人文素质的平衡。所采取的行动主要包括以下几点。

第一,开展素质教育的大讨论,为消除素质教育的障碍奠定基础。哈工大开展全校性的“面向21世纪教育思想教育观念”研讨,把文化素质教育作为专门议题进行深入讨论。讨论的内容既涉及对大学生进行文化素质教育的重要性和必要性的认识,也涉及文化素质教育与专业教育的关系、文化素质教育与教育观念变革关系等方面的理论问题,并且在《哈工大报》和《教与学报》上设立“跨世纪大学生素质与能力的培养”专栏,对大学生文化素质教育问题展开广泛讨论和专题讨论。

第二,根据通才教育的特点,优化知识结构和课程体系,探索教育教学方法。哈工大从抓教学计划入手,在修订教学计划时坚持了“整体优化知识结构,培养创新意识,提高综合素质”的原则,立足培养目标,统筹教学过程全局,从学校培养目标、学科培养目标、课程教育目标的内在联系上优化课程结构,重组新的课程。从总体上协调自然科学基础、技术科学基础、工程技术(专业技术)、人文社科的比重,实现理、工、文、管相互渗透。各专业都设置了数、理、化课程,大部分专业的自然科学基础课都以与其相应的理科专业的基础课标准设置,文科专业学生修读理、工及与理工相关课程不得少于10学分。在优化知识和课程结构的同时,加强实验环节的资金投入和实验方法、课堂教学手段和方法的改革，最大限度地调动学生的学习自主性，激发创新意识，培养创新能力，使科学意识、创新意识和综合素质的培养贯穿于学生的整个培养过程。

第三，在学生培养实践中注重不同类型课程中素质教育内容的发掘和融入，注重“两课”、选修课、基础课、专业课等不同类型课程的素质教育导向。哈工大把“两课”改革与文化素质教育统一起来考虑，推进教学内容、手段、方法的改革，把课堂讲授同社会实践相结合，深入农村和厂矿企业进行调查，使传统的以说教形式实施的“两课”变成理论与实践有机结合的颇受学生欢迎的课程，为树立学生科学的世界观、人生观、价值观提供了有效的保障。选修课是实施素质教育的主渠道。哈工大在法学、社会学、经济、管理、文学、艺术、哲学、历史等领域开设了限选课，要求本科生在每类中至少选修1门。在开设的任选课中，要求本科生至少选修2门。基础课和专业课的授课注重科学与技术素质的统一，科技素质与人文素质的统一。基础课的素质教育旨在通过讲授科学中的人文精神，树立学生的大科学观。专业课的素质教育旨在树立学生的大工程意识和大工程观。

第四，大力开辟第二课堂。哈工大加大了对第二课堂在人力和财力方面的支持力度，开办学科前沿讲座，创造院士、博导为学生开课的制度，创造学生与著名科学家、企业家、将军、政府高层人士零距离对话的空间和机会，开阔学生的思维和眼界，激发学生树立远大志向。主要举措包括以下几点。

(1)院士、博士生导师讲座。每学期安排20位院士、博士生导师讲座，每周2讲。讲座的主要内容包括：结合自己的研究领域，讲授本学科发展概况及进一步发展的生长点；结合自己的研究成果，讲授科学研究的基本方法；结合自己成长的经历，讲授如何树立科学观、正确的人生观和世界观。

(2)“201讲坛”。“201讲坛”成立于1995年，是一个集社会、科技、政治、人文、经济等各方面于一体的素质教育讲坛。现已成为哈工大校园文化建设、大学生素质教育的重要力量。该讲坛每周五晚六点至八点半在能容纳380人的X201教室开设讲座。开设的讲座包括6个系列的专题模块：走向世界；专家、教授谈热点问题；伟人风采；科技之光；学生论坛；名著、名片、名曲赏析。时任国家副总理的李岚清、以色列驻华大使海逸达、美国驻华大使雷德、俄罗斯宇航员亚历山大·伊凡诺维奇、“当代毕昇”王选院士、百度总裁李彦宏、搜狐总裁张朝阳，明基公司总裁李焜耀、疯狂英语发起人李阳、新东方教育科技集团总裁俞敏洪、央视著名节目主持人白岩松、著名笑星黄宏、相声大师姜昆、象棋特级大师赵国荣、著名咨询专家余世维等都登过哈工大“201讲坛”。

(3)“教与学讲座”。“教与学讲座”创建于1997年6月23日，由学生社团“教与学联络委员会”进行组织实施，每周一次，起初的主要活动是聘请本科基础教学带头人，讲授公共课、基础课教学中的重点、难点问题。2009年3月，“教与学联络委员会”更名为教与学创新协会，其主要活动范围包括：第一，收集和整理校内外有关学校科研创新的热点信息。全校学生参与创新实践活动的相关信息，提出教与学方面的建议。第二，以“创新”与“实践”为主题，聘请优秀教师、教授、博导、各大奖项获奖的大学生做专题讲座与座谈，举办系列学术类、知识类活动，为学生搭建创新实践的经验与成果交流平台。第三，组织评选学生心目中的优秀教师，并在调研和讲座的基础上出版《教与学报》。“教与学讲座”在活跃校园文化氛围、调动学生参与教学的积极性、激发教师对创新实践教育的思考、启发学生的创新思维和创新意识、提高教学质量、完善学校教学管理工作等方面发挥了重要作用。

（4）开展丰富多彩的学科知识竞赛和科技制作活动。学科知识竞赛和科技制作活动是哈工大培养学生动手能力、想象力、创造力、协作能力、竞争意识的有效途径。哈工大将全校性的竞赛规划成高等数学、数学建模、大学物理、物理实验、化学、电工电子、机械设计、力学、英语能力与讲演、计算机、制图、中文写作 12 种，分为限时和非限时两类。每种限时赛都有固定的时间。非限时赛，题目难度较大，在任何参考书上都找不到现成的答案，学生可以自愿组成攻关小组进行合作，寻求解答。科技制作活动分为自动控制、电子电工、航空航天模型、机械设计与制造、化学科技小制作、物理科技小制作等多个类别，实验室实行对学生开放，确保科技制作的正常开展。①

（5）开展丰富多彩的社团活动和社会实践活动。哈工大鼓励和支持学生社团的发展，并出台了校级社团成立、运行和管理的详细规章制度。截至 2011 年 11 月，全校共有学生社团 230 个，全年共举办各类活动 570 余项，累计 13 400 余人次参与其中。[24]其活动涉及各个学科领域、各个行业，这些协会对于学生锻炼自己的自我管理能力、实践能力、创新能力、团队合作能力，对于推进校园文化建设和提高教育质量，对于推进社会发展都具有重要的意义。②

① 相关数据截止到 2010 年底。

② 例如哈工大绿色协会，立足校园，面向社会，领导并推动普通市民、大中小学生和各界人士参与环保活动，倡导绿色的生活方式和随手之间的环保行为，通过宣传教育、调查研究和直接行动，致力于改善哈尔滨及全国的环境，为环境保护做出了巨大的贡献。曾经通过近一年努力使全校食堂停止使用一次性方便筷；不定期在全市上百所大中小学和社区开展环保宣传，并面向全省招募环保志愿者，免费寄送环保资料，积极开展公众参与型的环保活动；在 FM98.4 哈尔滨文艺台开设每周一期的“绿色之声”直播节目，与中国电信 160 信息台合作开通免收信息费的“绿色热线”，广泛向市民宣传环保；组织全市市民义务植树，哈尔滨市林业局在道里区榆树乡建立以绿色协会名义命名的哈尔滨学生植树护树基地；组织了多届“中国大学绿色教育——哈工大荒野行动”，开展了生态旅游、湿地考察、小兴安岭荒野考察以及科尔沁沙地援助、噪声监测等一系列活动；开展“母亲河考察报告”“方便筷问卷调查”“中国民众环保意识问卷调查”（在全国近 20 个省市开展）及“铁路环保规定执行情况调查”“哈尔滨市电池回收开展情况问卷调查”等几十个调查项目；组织协会部分骨干到吉林省科尔沁沙地援助当地人民治沙，并传授科学文化知识；曾在全市发起的废旧电池回收活动，先后有十几所高校、200 多所中小学、30 多个社区和商店以及近百家企事业单位，几十万人参与进来……绿色协会影响力已由哈工大逐步扩大到哈尔滨市乃至全省和全国，得到了普遍认同和大力支持，目前已被公认为黑龙江环保活动的先锋，受到了社会各界的关注和认同，新华社、《中国青年报》《中国环境报》、黑龙江电视台、哈尔滨电视台等 30 多家新闻单位进行了报道，在社会上引起了较大反响。已与 Greenpeace Pacific、Environment Global、Witness、GIS、WCS、WWF 等诸多全球知名 NGO 合作，在国际环保组织中也赢得很好的声誉，展现了中国青年的风貌。

(四)重视工程实践能力培养

哈工大自建校之日起就以工程技术人才为培养目标,十分重视实践能力的培养。为了培养具有工程实践能力的高水平的工程技术人才,哈工大在实验教学和学生实习方面做出了不懈努力。在实验教学方面,哈工大改革了实验室管理体制,将103个教学实验室整合成若干个校、院两级管理的实验教学中心,优化了资源配置,提高了设备使用率。与此同时,哈工大争取外资建立联合实验室,与国内外一些著名公司建立了哈工大-罗克韦尔自动化实验室、哈工大-微软机器翻译技术联合实验室、意法-哈工大联合实验室等28个联合实验室。同时,加强实验技术队伍建设,2010年,哈工大的实验技术人员达到517人,其中拥有博士生导师、教学带头人、教授、副教授、高级工程师206人,占队伍总数的39.8%。在加强实验条件的基础上,哈工大高度重视实验教学质量,明确要求综合性、设计性实验达到一定的开设比例,以利于学生创新精神与实践能力的培养;注重通过实验技术研究,促进实验教学内容的改革;不断探索开放式试验教学模式,提高实验技术研究的水平。2010年,全校综合性、设计性实验课程占实验课程总数的82.0%。实验教学内容及模式的改革激发了学生主动参与实验的兴趣,学生在开放的实验环境中开展科技创新和科研实践活动,取得了显著成绩。在实习基地的建设方面,哈工大利用世界银行贷款建成了校内工程训练中心,开设了“工程训练系列课程”共计9大模块、50余个训练项目,每年接纳校内外实习学生近万人。哈工大坚持双赢原则,发挥研究型大学的科研优势,采取产、学、研结合的形式,密切与企业联系,在哈尔滨、大庆、长春、大连、北京、天津、上海、苏州等地建立了200多个稳定的校外实习基地,在实习时间、实习场地、实习讲课及食宿等方面均有保障。2012年,又分3个层次分别推进21个试点专业的“卓越工程师培养计划”,在此基础上又启动了“工程领军人才培养计划”,并有4个校企合作人才培养基地获批“国家级大学生校外实践教育基地”。本硕贯通和企业联合的培养模式、工程领导力课程建设与专门项目训练、在工程领军人指导下的企业实习等环节成为哈工大培养工程领军人才的新途径。[25]

(五)不拘一格的选贤任能机制

哈工大从战略高度出发,坚持“培养与引进”双管齐下的人才队伍建设思路,始终把培养哈工大第二代、第三代“八百壮士”①作为学校一项刻不容缓的任务,并在不同历史时期,积累了许多成功经验。在“十一五”期间,学校采取了“长江学者和教学名师支持计划”“海内外优秀人才引进计划”“优秀团队支持计划”“优秀青年教师培养计划”“海外学

① “八百壮士”是哈工大教师队伍的代名词。1950年,哈工大全校只有144名教师,其中苏侨120人,中国籍教师仅24人。1957年,哈工大的教师队伍发展到856人,平均年龄27.5岁。他们承担了学校的全部教学和科研任务,并取得了可喜的成果,时任校长的李昌同志非常自豪地称赞这支年轻的教师队伍为“八百壮士”。

者兼职博士生导师及海外合约专家计划”等一系列措施，壮大了人才队伍数量，优化了梯队、职称、学历、年龄、学缘等结构，提高了主讲教师的教学水平，保证了本科教学质量。其中不拘一格选贤任能机制在哈工大人才队伍建设中发挥了重要作用。

从哈工大的发展历史来看，尊重人才，求贤若渴、不拘一格选拔、培养和任用人才，不论资排辈，敢于运用新人，唯才是举，是哈工大一贯坚持的优良传统。例如，1957 年哈工大在全国数次评定的 13 名副教授平均年龄为 27～28 岁。许多人当教研室主任、系主任时只有 20 多岁。第一代“八百壮士”平均年龄为 27.5 岁。[26] 1960 年 9 月，哈工大召开校务委员会，评定了 27 名讲师，并讨论了 40 名教师升为副教授的问题。结果一致通过 40 人评为副教授，其中受过开除团籍处分的、年仅 27 岁的数学教研室助教吴从昕，由于在教学科研上有突出成绩，被破格提升为副教授，这在严格论资排辈的年代引起了极大震动。[27] 1987 年，哈工大有 4 名青年教师被破格提升为副教授，其中年龄最小的曹珍富当年只有 25 岁，是全国最年轻的副教授。1989 年又有 22 名 35 岁以下的青年教师被破格提升为副教授，并有两名 40 以下的青年教师晋升为教授。[26] 杨士勤 45 岁任校长，是当时中国最年轻的大学校长。[27] 在新的时期，哈工大不拘一格选贤任能的传统被很好地传承下来。在行政领导岗位，马兴瑞从航天学院副院长直接晋升哈工大副校长时年仅 35 岁，王树国、王祖温、李绍斌、周玉等任副校长、副书记时，大多在 39 岁之前。[27] 全国博士支教第一人陈苏被破格提拔为校团委书记。① 在学术方面，30 岁左右的年轻教师有很多被破格提升为教授和博士生导师。例如，工程力学学科的王彪老师 1991 年被哈工大复合材料研究室聘为副教授及副主任，1992 年 12 月（29 岁）被破格晋升为教授，1995 年 12 月（32 岁）被批为博士生导师。[28] 航天学院高会军老师 29 岁（2005 年）由讲师被破格提升为教授，30 岁时（2006 年）又被破格评为博士生导师。2007 年哈工大对博士生指导教师遴选制度实行重大改革，允许具有博士学位的副教授参评博士生导师，并接受高水平大学优秀副教授申报博士生导师工作，打破了长期以来只有教授才能评博士生导师的传统局面。[29] 在当年 4 月 11 日召开的校学位委员会第 121 次会议上，11 名优秀副教授被评选为博士生导师。与此同时，打破博士生导师终身制，博士生导师招生登记工作每年或每两年进行一次，每次都会有若干名博士生导师被要求停止招生。

（六）教学队伍建设理念

哈工大历来重视教学工作，形成了对教学人员支持和鼓励的制度体系，这些制度对于形成基础扎实、水平高、素质过硬、业务精熟的教学队伍，对于推动本科教学水平的有效提高，提供了有力的保障。代表性制度包括以下几点。

第一，创立了“教学带头人”制度。哈工大于 1997 年实施“基础教学带头人”制度，按课程选拔，待遇与博士生导师相同，对于稳定基础课师资队伍发挥了关键作用。2001 年

① 陈苏博士在读期间到西部支教，博士还没有毕业就被提拔为哈工大团委书记。

哈工大又将该制度扩展到专业教学,更名为“教学带头人”制度,按课程或专业方向选拔,吸引了一批博士生导师将工作重心投向教学。“教学带头人”制度对于鼓励教授上讲台、提高本科教学质量起到了非常重要的作用。2006 年,哈工大又结合师资队伍现状和师资队伍建设规划对“教学带头人”制度进行了修订。每两年评审一次,任期 3 年。其主要评审条件包括:具有 15 年教龄,任职 3 年以上,年龄不超过 60 岁的教授(在教学中能发挥突出作用的博导可延至 65 岁);连续 4 年讲授申报课程或在申报专业方向工作,担任有 3 人以上教学团队的课程、系列课程或专业方向负责人,并在培养青年教师工作中取得突出成绩;组织所授课程的全部教学环节或所在专业方向的建设和教学改革,能把握课程或专业方向的发展趋势及课程改革的方向,对课程建设或专业建设做出突出贡献;近 5 年主编出版了相关课程的教材;在《中国大学教学》《高等工程教育》《中国高等教育》等高水平教育学刊发表相关论文;获得省或国家教学成果奖。[30]

第二,面向教授建立教学名师奖评审制度。哈工大为了加强优秀教师队伍的建设,表彰优秀教师的教育教学功绩,激励名教授上讲台,设立了“哈尔滨工业大学教学名师奖”,并以此奖作为参加省级和国家级“教学名师奖”评审的前提条件。该奖项每 3 年评选一次,面向对象是长期从事本科生和研究生第一线教学任务的具有教授职称的专任教师,应满足的主要条件包括:能够积极主动地承担本科生教学任务,近 4 年来,直接面向本科生进行课堂教学或实验教学工作;治学严谨,学风端正,深受学生爱戴,连续 3 年学生评价优秀;在教学内容、教学方法改革方面取得突出成绩,做出重要贡献;教学效果好。主讲课程在全国同领域内有一定影响,有正式出版的本门课程教材,或选用国内外先进的教材;学术造诣高,长期从事科学技术研究,并取得一定的研究成果,能够将最新研究成果和科研思想融入课堂教学。[31]

第三,设立优秀青年教师培养计划。哈工大为加速培养优秀青年教师,支持在教学科研工作中崭露头角且具有创新潜力的青年教师,促进青年拔尖人才脱颖而出,并结合“十一五”师资队伍建设规划,制定了《哈尔滨工业大学优秀青年教师培养计划实施办法》。其面向对象主要是在教学和科研一线工作、受聘讲师或副教授岗位、有发展潜力,在教学和科学研究方面有创新性构想、年龄不超过 35 周岁具有博士学位的教师。入选“优秀青年教师培养计划”的教师将获得学校 2 万至 5 万元的基金支持,期限为 3 年。学校将优先推荐入选“优秀青年教师培养计划”的教师参加国家的各项人才奖励支持计划和出国项目。

第四,以面向中青年教师为主,建立“教学优秀奖”制度。该奖项每两年评选一次,设一、二等奖,总名额为 30 名左右,奖励范围是近年来在本科和研究生课堂教学或实践教学工作中,水平高,效果出色的教师和教学辅助人员。其中,为鼓励青年教师积极钻研教学,奖励教学质量高、效果好的青年教师,在奖励名额中,青年教师(年龄在 40 周岁以下)不低于 2/3。该奖项实行提前两年申报,教学督导专家跟踪考评,调动了参评教师改进课堂教学效果的积极性。每一批申报教学优秀奖的教师约在 100 人,申报者要经过连续两年的学生评教和专家跟踪听课，才能参加最后的评审。这一制度保证了每年都有一批教师在为本科教学工作和教学改革奋力拼搏，对于提高教学水平、保证本科教学质量具有很大的推动作用。[32]

第五，开展青年教师教学基本功大赛。为了引导青年教师爱岗敬业，立志成长为新一代教育专家和教学名师，充分发挥教学经验丰富的老教师、教学带头人、教学名师的指导作用，以老带新，培养接班人，哈工大自 2005 年开始每两年举办一次青年教师课堂教学基本功比赛。学校还根据《哈尔滨工业大学优秀青年教师培养计划实施办法》组织优秀青年教师评选，根据《哈尔滨工业大学本科优秀课程评选条例》选评优秀主干课程，根据《哈尔滨工业大学课程教学设计评价指标体系》评选优秀教学设计。同时，积极响应上级有关政策，积极评选教学名师、教学团队等。通过对相关教师和团队进行表彰和奖励，有效激发了教师的教学积极性，提升了教学水平。[33]在学校的大力推动下，各院系努力加强教学队伍建设。通过新老“八百壮士”、名家名师的传帮带，一代代青年教师成长起来，一批教学经验丰富、教学效果好、受到广大学生欢迎的名师活跃在基础教学第一线，推动了教学梯队的建设，为基础教学的持续发展提供了动力。

第六，实施讲台准入制。哈工大一贯重视主讲教师的胜任能力，制定了《哈尔滨工业大学本科课堂教学准入条例》，执行严格的课堂教学准入制度。要求院系指定具有丰富教学经验的老教师对那些即将走上讲台的新教师就教学设计、教学方法传授、教学文件起草、章节试讲等进行系统的指导和传授，然后由学校教学督导委员会安排督导专家组开展备课检查和试讲考核。检查和考核均通过的教师，才能获得课堂准入资格，为本科生上课。不通过的教师，院系必须再行安排一对一辅导培训。如果再次不通过，将延迟课堂准入。对外聘副教授以下职称的教师，按新开课教师进行本科教学课堂准入考核。对外聘教授，校师资办在聘入时要组织教学能力考核，在为本科生上课前，招聘院系还要进行任课资格考核，并出具课堂教学质量考核意见，考核合格者，学校免于课堂准入考核。在保证教师准入门槛的前提下，大力开展新教师和青年教师的培训和提高。组织青年教师培训班，聘请教学名师传授教学方法，开展讲座、观摩教学、专家咨询等活动。这些措施，保证了课堂教学的严肃性、高水平和神圣性，为本科教学水平的提高和质量保障起到了把关作用。

第七，实施教师认证制度，以质量为评价核心。为了提高教育质量，哈工大参照国内外先进经验，结合学校实际，逐步建立以认证为牵引的教师教学质量认证机制。认证包括主讲教师授课资格认证和优质金牌教师认证。主讲教师授课资格认证，即对刚通过课堂准入的教师，进行强制性的、全员的质量达标考核，内容包括课堂教学效果评价、学生听课评价、教学环节安排检查、教学质量评定等，合乎要求的获得主讲教师授课资格。认证目的在于严格把关和底线质量控制，以保证最基本的教学效果，并努力帮助其改进提高。在教师岗位评聘和职称评定中，教务管理部门可根据教学质量监控的结果，将考评优秀的教师推荐给各级评委会作为优先对象，并对考评差的教师实行“一票否决”制。

第八,设立校级教学成果奖。该奖项设一、二等奖和青年教学成果奖,每两年评选一次。青年教师教学成果奖不设集体奖,由个人申报,年龄不超过40周岁。获奖总名额为30项左右,其中青年奖6项左右。奖励范围应是经过哈工大教学成果立项的研究课题中的优秀成果。奖励的对象是在研究生教育、本专科生教育及成人教育中,在教学基本建设、教学管理、教学改革等某一方面取得优秀成果的个人或集体,重点是本专科教学第一线工作的教师。在相同的条件下,对长期从事公共课、基础课和技术基础课教学工作的教师取得的成果给予优先考虑。校级教学成果奖的标准是:在教学基本建设、教学改革、教学管理等某一方面取得突出成绩并达到校内先进水平的优秀成果,且近3年一直从事教学和管理工作,教学人员的教学工作量不低于额定工作量的2/3(专业课教师的教学工作量可适当减少)。申报的成果要经过一段时期的实践检验,在一定范围内有启发、示范作用。同时,要有反映该成就的较高水平的研究成果总结或论文。[34]

(七)以科研促进教学

哈工大充分利用自身的研究优势,将研究的元素融入教学之中,推进教学水平的整体提高。哈工大以科研促进教学主要体现为两条路径。

第一,以科研丰富本科教学内容和教学模式。在课程教学方面,哈工大要求教师把科研课题、科研成果融入本科教学之中,用科研课题、科研经费扶助、支持本科教学,从而做到理论联系实际,激发学生的兴趣,活跃学生的思维,提高学生分析问题、解决问题的能力。在课程开发方面,哈工大要求教师将科技前沿知识引入教学,补充课程内容,开设新的课程。为了进一步将科研成果迅速固化到教学中去,哈工大从2006年秋开始把科技创新纳入培养计划,开设了以培养本科生科学精神和科研能力为主要授课宗旨的“创新研修课程”,2012年又实施了“基于项目的学习计划”,并将其纳入本科培养方案的新体系中。在教材建设方面,教师将科研成果固化为教材内容,产生高水平的教材。在实践教学方面,哈工大要求以科研成果丰富实验和实践教学,以科研项目作为学生毕业设计和论文题目的来源,通过实行本科生导师制和毕业设计一年制,积极推进实验室开放,本科生逐步加入导师的科研活动和参与工程实际,较早地进入实验室开展科技创新活动,使本科生的课程实习、毕业论文和设计实现了“真刀真枪”“真题真做”,提高了创新意识、动手能力和科研素质。

第二,以教育教学研究,推进教育教学改革。坚持以教育教学研究推进教育教学改革是哈工大的优良传统。哈工大早在1924年6月就建立了教学会议、学务评议会,并开始出版由本校教学人员撰写的论文集《哈尔滨中俄工业大学校报导和著作》,即学报。早在1925年12月4日就建立了17个教研室和两个教研组。[21]此后,哈工大一直把教育教学研究放在重要位置。主要表现在以下几方面:第一,一直坚持把教学研究会议作为学校工作的一项重要内容,每4年召开一届本科教育工作会议,并不定期地进行教学工作研讨会,各学院的教学研讨活动也开展得如火如荼。第二,每两年举行一次为期一学期的全校教育思想大讨论,解放思想,统一认识,不断推进教育教学改革。第三,承办和参加了国家的各种高层次的教育研究会议。第四,对于国家级、省级教学研究项目给予一定比例的经费配套支持,资助结题费用和在国家新闻出版署备案的教育类核心期刊所发表文章的版面费。[35]第五,每年都开展哈工大教学研究项目的立项与结项工作,并给予经费支持。第六,将学校内部教育类研究期刊《科教论坛》定为教师职称评定的核心期刊,鼓励教师参与教育教学研究。

自上而下和全员参与的教育教学研究推动了哈工大的教育教学改革,使哈工大在每一次国家教育改革的浪潮中都引领着时代的潮流。早在1952年哈工大就成为新中国成立后第一所学制为五年、毕业生直接授予工程师资格的试点学校。对外开放之后,哈工大自1994年起在全国率先实行硕士生培养两年制试点;2006年成为中国研究生体制改革的3所试点高校之一,是黑龙江省第一个自主选拔录取试点高校;2010年成为中国首批专业学位研究生教育综合改革试点单位;2007年国家首批启动工程教育改革和高层次工程人才教育培养基地的首批10所试点高校之一。哈工大先后于1999年、2001年、2003年、2008年、2012年等多次修订教学计划,优化培养方案。哈工大对本科生教育模式和教育方法的改革,对教学改革的探讨与教学方法的持续改进,对职称评定、研究生培养、导师遴选等方面的一系列改革,对学科建设平台及管理模式的探索、"一校三区"办学模式的探索等,都体现了哈工大教育教学改革的持续性和率先性,也体现了哈工大教育教学研究的支撑与保障作用。

(八)开放办学的"大哈工大"理念

哈工大在历史上就是一所国际化的、开放的大学,学苏联、欧美,哈工大始终走在最前列。哈工大开放办学的"大哈工大"理念主要体现在如下3个方面。

第一,开展广泛和深入的国际合作与交流。1920年建校起到新中国成立前的30年,哈工大先是俄式办学、俄语授课、俄式工业学校的体制,后因日本侵华,哈工大又转变为日语授课、日本学生、日式办学体制。之后哈工大又经历了东省特区政府的管理、苏联管理、中苏共管的变革。其间,虽然延续了俄式办学的主体思想,但由于受中苏两国的共同管理,以及朝、日、美、澳等国留学生的入学,使哈工大成为一所名符其实的国际化大学。新中国成立以后,哈工大作为新中国高等教育改造学习前苏联办学的一块样板,自1951年至1957年先后聘请了5批苏联、捷克斯洛伐克专家,其中到1960年一直在哈工大工作的苏联专家有74人,捷克斯洛伐克专家有3人。

改革开放以后,哈工大及时抓住机遇,在1979年2月邓小平访美打开通往西方大门的2个月后,哈工大在全国高校中第一批派出了由17人组成的代表团赴美考察,包括学校各方面各专业的最拔尖的优秀人才和上级领导部门的主管官员。此次访问了美国12所大学、5个研究单位和有关工厂,与斯坦福大学、MIT、哈佛大学、加州伯克利、加州理工学院、普度大学等著名大学建立起友好往来关系。[21] 1984年又第二次派出由5人组成的代表团访美。哈工大从此开始学习美国的先进办学经验和技术,校内掀起了学习英语和重视学习计算机专业知识的热潮,打开了通往西方、学习西方先进经验的道路,先后和美国多所一流大学建立了校际交流关系。访美之后,及时派出进修教师、访问学者,同时鼓励单位和个人自找途径,采取各种办法出国学习和进修。20 世纪 80 年代初,当中苏的紧张关系出现缓和时,哈工大在全国高校中第一个恢复了与前苏联高校的关系,与莫斯科鲍曼国立技术大学、圣彼得堡国立精密机械与光学学院、萨玛拉航空航天大学等 10 余所俄罗斯著名高校恢复了和建立了校际关系。[36]哈工大与俄罗斯各个高等院校之间广泛开展了互换学生和教师的合作项目。哈工大友好院校,比如远东国立大学、远东国立技术大学、哈巴罗夫斯克国立技术大学等院校也派出很多学生来哈工大学习汉语或攻读学位。中俄专家学者的频繁交往,学生的交换和交流,促进了学术交流,提高了双方的科研和教学水平。

为提高国际竞争力和影响力,以国际化建设带动学校教学、科研和人才培养,从 2003 年开始,学校专门设立每年 1 200 万元的"国际化建设基金"。2004 年学校下拨 767 万元到各院系,用于举办高水平国际学术会议、优秀青年教师到海外进修及聘请外国长期合约专家等,本着"不求所有,但求所用"的思想,制定国际合作的长期规划,引进优质教育资源,采取固定编制和流动编制的方式,聘请来自美国加州伯克利大学、卡内基梅隆大学、英国牛津大学、帝国理工大学、日本京都大学、东京大学及瑞典皇家理工学院等国际知名大学的高水平教授任兼职博士生导师。[37] 2010 年 9 月,为了重点支持人才培养体系设计、课程建设、关键管理部门科学管理,哈工大又启动了"首席国际学术顾问计划",聘请在国际排名前 150 名大学、所在学科前 100 名的学科中工作、在国际学术界具有重要影响力的国际著名学者或者资深管理专家,作为首席国际学术顾问,旨在通过聘请国际著名学者和管理专家,旨在使人才培养体系、课程建设达到国际一流学科专业的水平,与国际一流大学实现学分互认,管理部门的水平明显提高。

截至 2011 年 4 月,哈工大已与美、英、法、德、日、俄等 36 个国家和地区的 350 多所高等学校和企业建立了校际合作和交流关系,其中国际交流中交往最频繁、合作关系最稳定、交流内容最具实质性、广泛性的姊妹大学有 22 个国家和地区的 86 所大学,这些学校是当前推进学校国际化进程的重要合作伙伴,是学校国际交流工作中可供享用的有利资源。[38]哈工大国际交流工作方针是"深化独联体、拓展欧美大陆、提高亚洲效益",重点与更多国际知名大学建立实质性的友好合作关系,已实施了聘请专家学者、合作共建实验室、合作研究、师生联合培养、国际合作办学、派遣留学生、各专业与学科间的交流等多种形式的国际交流与合作。

第二,"大哈工大"的办学理念。在国际交流与合作的基础上,哈工大又将国内外的交流与合作、异地办学、社会服务以及人才培养、选拔和使用的包容性、教育制度和教学理念的包容性纳入其中,形成了面向全社会、面向全球、开放的、包容的"大哈工大"理念。王树国校长又多次对"大哈工大"的内涵进行了阐释和补充。

2002 年 8 月 19 日，王树国校长在威海分校主楼竣工剪彩仪式上的讲话中提出了“大哈工大”的概念，指出：建成世界知名的高水平大学这个任务包括哈工大总部，包括威海分校，也包括深圳研究生院，是一个“大哈工大”的概念：“‘大哈工大’理念中的‘大’，包括了区域的延伸，但又不仅仅是区域的延伸，这里的‘大’，是为社会服务，为中国服务，为海内外科学技术研究服务；‘大’，是集社会资源、集中国国内资源、集海内外全球资源为我所用，服务于社会主义经济建设。”[39]

2004 年 9 月 29 日，王树国校长做客中央电视台《东方之子》“大学校长系列人物专访”中又指出：“‘大哈工大’的概念不仅仅是一个区域的扩张，区域的扩张是一个表面现象，更重要的在于它的内涵，它的内涵就是要国际化、开放式地办学，这样才能使世界各国最优秀的东西能够在一个学校的历史文化积淀中得以与时俱进的补充。”“是通过区域延伸到世界最前沿的、最先进的教育体制、教学理念，通过这样的体制和理念来培养我们适应国际化需求的高层次人才。”[40]

王树国校长在 2005 年 3 月 13 日做客新华网时提出：大哈工大“要增加社会的包容，不能以我为中心”，“善于学习国外高等教育优秀的东西，融为哈工大的校风和传统，使我们的校风越来越好，越来越优秀。我们还要向其他兄弟单位学习”。[41]

2005 年春季学期期末，王树国校长在“201 讲坛”为学生做报告时指出：“从开放式办学来说，要站在世界的高度来看哈工大，认识我们的不足，这不完全是‘国际化’能够涵盖的概念。哈工大要培养符合世界发展需要的优秀人才，要站在世界前沿探索未来未知世界，从国家需求、世界发展的角度上推动科技成果的转化。我们与国际上很多学校建立了合作关系，在合作中我们要更加务实，要向国际上这些知名大学学习成功的办学理念，使其为我们所用，同时在国际合作中结合中国的发展实际突出我们学校的办学特色。”“‘大哈工大’不是一个空间概念，而是一个视野问题、一个观念问题、一个办学理念问题……我们要敞开胸襟、放眼世界，要站在世界的高度审视我们的教学计划、培养方案、培养目标有哪些缺点，从国际未来发展、国际对人才发展的需求来反观我们的人才培养、科学研究、社会服务的不足。”“‘大哈工大’的概念要求哈工大的每个校区都要按照这样一个世界的眼光、世界的目标来不断修正、不断完善，推动哈工大真正‘从中国之骄傲走向世界之骄傲’。”[42]

第三，从文、理、工学科，学科建设与科学研究，基础研究与应用研究以及科学与技术之间的有机联系入手，打造学科建设和科学研究的大平台。在学科建设方面，哈工大学科建设本着明确层次、突出重点，加强基础、鼓励交叉，分类指导、全面提高的原则，其总体思路是，搭建以一流的工科为主干，以强大的理科为基础，以具有特色的管理、人文社会和生命科学学科为支撑，以创新平台建设为载体的学科结构，大力扶持和促进新兴、交叉学科的崛起，形成理、工、管、文、经、法、生命科学相互支撑、结构合理、具有特色的学科布局。在上述原则和思路指导下，哈工大在学科建设上继续发挥比较优势，强化工科；加强理科建设，促进理工结合；进一步提升管理学科水平，发展特色文科和生命医学学科，增强学校的综合实力。

在平台建设方面,哈工大充分重视基础研究和原始创新,重视探索和预研工作,以获得国家自然科学奖和技术发明奖等国家大奖为标志,以增强学校的整体实力为目的,强化基础研究工作。为提升科研管理、内涵和水平,实现科研工作从量到质的转变,哈工大在探索学校科研管理体制和运行机制的基础上,于2008年初对学校的科技资源、科研管理部门进行了重要的整合与调整,正式成立了哈工大科学与工业技术研究院,旨在根据哈工大科研特色,在巩固哈工大国防科研优势的同时,加强民品科研力度,落实精细化管理,军民分线,纵向、横向、基础分类管理,提升学校的办学水平与综合实力,打造一个优势集中、资源共享的科研大平台,并以科研创新平台建设为载体,凝练重大学科方向。科学与工业技术研究院下设科学技术研究院、工程技术研究院、基础与交叉科学研究院3个大平台和1个科研生产管理中心。[43, 44]

科学技术研究院以基础和应用基础研究为主导,以公共平台建设为标志,以高水平人才培养和创新科研成果为目标,旨在打造一个能够代表国家水平的研发大平台。科学技术研究院所研究的学科、门类和研究方向,主要面向国民经济发展,包括国防建设、国防安全等所涉及的最关键的研究领域。① 它下设的机构及其职能包括:装备科研部,负责总装备部所有计划项目、总参谋部及各军兵种计划项目及其横向协作项目;军工基础与协作部,负责国防基础科研计划项目、各军工集团横向协作项目、国防科技各层次实验室、应用研究中心、研保与技术改造投资项目等;基础研究部,负责国家自然科学基金、省市各类基金、国家各类科技人才基金项目,国际科技合作与学术交流,理科、文科建设。

工业技术研究院以科学技术成果转化为重点,以工程中心建设为龙头,以市场为导向,以服务社会为目标,瞄准国家的主要行业、主要产业以及发展这些支柱产业的未来前沿性科学技术研究,旨在打造一个适应国际发展潮流的产学研大平台,其研发体系主要由工程研究中心、技术集成研发中心、技术转移中心、国家大学科技园4部分组成。它下设的机构及其职能包括:民品科研部,负责面向科技部、教育部、发改委、信息产业部、交通部等国家各部委及中央企业的纵向民品科研;科技开发部,负责面向地方政府(各省、市)和各类企业,涉及科技项目、联合机构、参展活动;其成果孵化、技术转移,按企业化运作的科研项目管理;平台及产业化项目部,负责依托学校建设的国家级、省部级重点实验室、工程实验室及工程中心,校级科研机构以及与校外单位的联合机构的立项、建设、评估、审批和管理。

基础与交叉科学研究院负责管理直属单位的综合管理,包括理学研究中心、微纳米技术研究中心、高超声速技术中心等基础、新兴和交叉科学研究的孵化与培育,人力资源

---

① 例如,由中国航天科技集团公司投资5亿元与哈工大共建的空天科学技术创新研究院,围绕世界空天技术领域发展的热点,发挥双方优势,重点开展空天飞行器系统技术、空天信息技术、空天材料技术、空天能源与动力技术等领域的研究。

管理与研究生管理、研究生培养,科学园物业管理。

科研生产管理中心负责管理科研项目的公共管理,包括科学与工业技术研究院办公室职能、重大标志性项目、批产等效益化项目的管理等。它下设综合办公室和3个专项办公室:项目管理办公室、成果与知识产权管理办公室、质量与认证中心。

三、启示

第一,以广阔的视野和包容的胸怀办学,是高校获取外部可持续养分的奥秘之一。在资源的吸纳方面,哈工大在人才培养、科学研究、学校管理等方面都本着"不求所有,但求所用"的原则,在世界范围内学习和借鉴经验,充分发掘一切可以利用的资源为其所用;在人员的培养和使用上,哈工大不拘一格,唯才是举;在教育布局方面,哈工大建立了科学技术研究院和工业技术研究院以优化学科布局,在具有地理或经济优势的深圳市、威海市建立了新校区,开创了"一校三区"的局面,弥补了校本部所处位置在地理和经济方面的不足。哈工大地处经济不甚发达的边疆城市,在生源、人才、资源方面都不占优势的今天,仍然能够保持强劲的发展势头,其广阔的视野和包容的胸怀为其发展提供了源源不断的办学资源支持。

第二,严格精细的制度文化及其有力的实施保障是办学质量保持和提升的关键。以教学为例,哈工大形成并实施了"教学带头人"制度、教学名师奖评审制度、优秀青年教师培养制度、"教学优秀奖"制度、讲台准入制度、教师认证制度、校级教学成果奖评选制度等一列严格精细的制度,有力地保障了教学队伍素质和教学质量的提升。这些精细制度的形成又源于哈工大"规格严格,功夫到家"的办学传统,这一传统与特色已经融入学校办学的各个环节之中,融入每一个哈工大师生的心中,成为办学竞争力之源,引领和规范着办学的方向。

第三,学科体系与课程体系的不断完善和创新是人才培养质量提升和发展潜力释放的必要条件。哈工大在人才培养过程中,强调专业教育与素质教育的统一,强调科技素质和人文素质的平衡,强调宽厚的理论知识基础与工程实践能力培养的有机结合;在学科建设上,重视文理科基础及其对工科的支撑,并以科学技术研究院、工业技术研究院以及基础与交叉科学研究院3个平台为载体凝练学科方向和整合优化资源。这些做法保证了学科体系以及人才培养体系的完整性,形成了哈工大持续发展的动力,也是哈工大毕业生后劲足并受用人单位好评的主要原因。

第四,以研究丰富教学内容和教学方法,以教育教学研究不断推进教育教学改革,不但可以解决科研与教学之间的矛盾冲突,而且可以成为高校保持正确办学方向的基础和保障。哈工大在长期的办学实践中坚持科技创新与人才培养"两条腿走路",教学与科研相互促进、协调发展,坚持以高水平的科研工作促进师资队伍建设,以高质量的科研成果凝练新学科和新专业,并及时地转化为教学和教材内容,使学生尽早地参与科学研究,培养了学生的创新精神、团队精神和实践能力,锻炼了师资队伍,使本科教育教学水平与质量得到了显著提高。哈工大鼓励和支持教育教学研究，不断探索和改革拔尖人才培养模式、师资建设模式、科研管理模式、国际合作模式，由此不断推进教育教学改革，使其在发展过程中保持了正确的发展方向。

第五，人才培养模式和培养路径的探索和改革，是精英人才培养模式完善和人才培养质量提升的前提和关键。哈工大在学生培养方面经历了实验学院、英才班、英才学院、基础学部和本科生院等模式的发展演变，这一探索过程是不断创新、不断积累经验并不断推广的过程。除了培养模式的探索之外，哈工大还从培养路径方面下功夫，如“真刀真枪”的专业实习与工程训练，持续的大量学术讲座、科技实践与竞赛活动，丰富的社团活动、社会实践活动，这些路径促进了学生理论联系实际、知识的整合运用以及行动与思维的活跃，提供了环境和条件基础。

第四节 华中科技大学

一、概况[①]

华中科技大学的前身的主体部分——华中工学院于1953年10月15日建校，由原武汉大学、湖南大学、广西大学的机械系全部和电机系的电力部分以及华南工学院机械系的动力部分、电力部分合并组建而成。1960年，华中工学院被国家确定为全国重点高校，有8个本科专业。1977～1979年，学校组织教师调查世界著名大学与科学技术发展的现状，认真讨论了教学与科研的关系，明确科学研究在学校中的地位和作用，努力把学校办成既是教育中心又是科研中心。1980～1983年改革学科结构，实现3个转变：一定要名符其实地把学校办成两个中心，既是教学中心，又是科研中心；把学校逐步办成由文、理、工、管4个方面综合组成的大学；在培养好大学生的同时，把研究生的培养提到主要位置上。1981年开始实行学位制度。在1981年国务院批准的第一批硕士、博士授予点中，华中工学院有27个专业有权授予硕士学位，9个专业有权授予博士学位，有12位教授担任博士生导师。1984～1986年，把工作重点转到提高质量上来。1984年7月13日，研究生院正式成立，是全国首批成立研究生院的22所大学之一。1988年1月，国家教委批准华中工学院改名为“华中理工大学”。学校开始推行学院制，对学科专业实施改善、创新、拓宽、增强适应性等大的改革动作。

2000年5月26日，由原华中理工大学、原同济医科大学、原武汉城市建设学院和科技部干部管理学院合并，成立华中科技大学，成为涵盖理、工、医、文、管等多学科的综合性大学。2001年，教育部与湖北省签署协议，决定重点共建华中科技大学，教育部将向学校投入重点建设经费3亿元，湖北省和武汉市将通过资金、项目等形式投入3亿元。湖

① 相关数据为截至2011年的数据。根据该校网站相关资料整理。

北省、武汉市都分别将华中科技大学的发展纳入了全省、全市经济和社会发展整体规划。华中科技大学校园占地 7 000 余亩,绿化覆盖率 72%,被誉为“森林式大学”。学校教学支撑体系完备,各项公共服务设施齐全。在学科建设方面,学科齐全、结构合理,基本构建起研究型大学的学科体系。截至 2011 年,华中科技大学拥有哲学、经济学、法学、教育学、文学、历史学、理学、工学、农学、医学、管理学等 11 大学科门类;设有 86 个本科专业,256 个硕士学位授权点,181 个博士学位授权点,31 个博士后科研流动站;有一级国家重点学科 7 个,二级国家重点学科 15 个(内科学、外科学按三级),国家重点(培育)学科 7 个。在科学研究方面,按照“应用领先、基础突破、协调发展”的科技发展方略,构建起了覆盖基础研究层、高新技术研究层、技术开发层 3 个层次的科技创新体系。在教学方面,建成国家精品课程 44 门(本科)、国家级教学团队 9 个、国家实验教学示范中心 6 个、国家级工科基础课教学基地 2 个。华中科技大学坚持开放式办学理念,积极开展全方位、多层次的国际交流与合作,已与世界上 26 个国家和地区的 100 多所大学建立了良好的校际交流关系,每年有约 300 批、1 500 余人次的国(境)外专家学者来校任教、合作科研和开展学术交流活动。

二、办学理念中的教与学

(一)素质教育理念

华中科技大学历来重视校园文化建设,重视为学生营造一个优良的成长环境。该校的涂又光教授有一个精辟的“泡菜”理论[45]:泡出的白菜、萝卜的味道,取决于泡菜水的味道;大学的文化氛围决定所培养的学生的素质。该校老校长杨叔子说过:“一个民族,没有科学技术,一打就跨;没有精神和文化,不打自跨。”“学生到大学来,学会做人,学会思考,是比学会专业知识更重要的事情。”他认为,在大学中开展人文素质教育不仅有助于培养他们的世界观、人生观和价值观,还有助于培养他们的创新精神。该校积极倡导全面的素质教育观,对理工科学生着重加强人文素质教育,对文科学生加强科学教育。其做法主要体现在以下几方面。

第一,开设人文讲座、企业家论坛、科技论坛、电子商务系列讲座等,出版《中国大学人文启思录》。1994 年初在杨叔子的支持下,举行了一系列的讲座,其目的是给学生以深刻的思想启迪,培养大学生的文化底蕴,具有“启迪思维、开阔视野、加强修养”的学术功能和人文教育功能。绝大多数讲座以思想性、艺术性为主要尺度,体现传统与现代、东方与西方、人文与科技、思想与现实之间的交融。这些讲座提高了学生思考的深度,扩大了人文教育的影响力。杨振宁、杜维明、杨叔子、章开沅、张岂之等一大批国内外著名的学者纷纷登上讲台、讲座,该类讲座已持续开展了 1 000 多期。该校还编辑出版了《大学人文启示录》系列丛书,深受广大师生的欢迎。[46]

第二,改革课程体系,文化素质教育进入课堂,实施大学本科教育前三学期按学科分类“打通培养”,要求理工科学生选修人文社会科学课程,文科专业学生选修自然科学课程,举行《中国语文》水平达标考试。将素质教育落实到教学计划中,在 1997 年制订本科教学计划时,确定以下原则:

(1)课程体系分为 4 部分,即通识教育课程(包括人文科技)、学科核心课程、选修课程(本科学和跨学科)及实践训练环节。

(2)文、工科本科通识课程按文、工科两大类打通 3 个学期,后 5 个学期则由各院、系按宽口径专业教育模式的课程体系要求,自行制订教学计划。

(3)允许学生跨学科选课。

(4)加强学生的工程(社会)实践能力,工科院系必须按大学科设置“工程入门”课程,设置“社会调查与活动”课程,要求学生用暑假完成,合格者给予相应的学分。

(5)各系至少要有一门课采用外文教材,并逐步过渡到用外文授课。

(6)学生在学期间,必须通过大学中国语文测试。[46]

第三,重视学生个性和创新能力的培养,面向全校学生开设“社会调查研究方法”必修课,大力开展社会实践、社团活动,将人文知识内化为人文精神。在人文教育的推动下,文化节、科技节、人文社、诗社、戏剧社、棋社、自然科学讲座、博导系列谈、院士系列讲座、十日谈等开展得如火如荼。自 1999 年以来,学校在学生中实施“新世纪辉煌工程”,开展了一系列教育、科技和文化活动,进一步活跃校园文化,努力培养学生的科学态度和献身精神。[46] 1999 年学校提出实施“新世纪辉煌工程”,其目的是使大学生把远大的理想与脚踏实地的作风紧密结合,将祖国的命运和个人的前途紧密结合,通过大学 4 年乃至一生的努力,实现个人事业的辉煌和人生辉煌,同时创建祖国辉煌。[46]

第四,在提高广大教师的文化素养上下功夫,要求教师结合专业教学进行人文教育。为此,从 2003 年起,华中科技大学面向全校教师开设《老子》《论语》等经典名著读书班,面向全校教职员工,邀请著名专家讲授。对学校这一举措,教职员工表现出极大的兴趣,理工科教师以及人事处、宣传部、外事处等部处的行政人员、系党总支书记和部处领导都纷纷报名参加。很多老师都认为,中国优秀传统文化的精华,集中体现在经典名著中,作为大学教育工作者,特别是理工科教师,当然有必要读经典名著,这对于提高自身素养和帮助专业教学都大有裨益。[47] 通过修读经典名著,理工科教师的文化素质得到了显著提高,为在专业教育中进行人文教育奠定了教师素质基础。

第五,校园环境的物质文化建设。华中科技大学非常重视校园环境的建设,致力于“绿色校园”和“数字校园”的建设,有意识地去改变学校的自然文化,烘托校园文化。重视种树、种花、种草,力求绿化、美化、净化、静化,是名副其实的“森林大学”。近些年来已经建成了世界文化名人园、建校纪念碑、碧珠长廊、智慧泉、喻园草堂、中华科技园等数十个人文景观。在建人文景观的同时,赋予各种设施以深刻的教育性和艺术性。在教室内、楼道中都张贴有著名科学家、名人的格言警句和成才事迹;学校兴建的建校纪念碑彰显着爱校热情和创业热情;世界文化名人园的圆形文化墙专门留下一道缺口,鼓励师生努力奋斗，以填补这一空白，跻身于文化名人之列；在公寓的外形景观、内部设计以及公寓的名字上都体现了艺术品位，公寓间还建起了爱因斯坦雕像、古典的欧式路灯。[48]

第六，重视对校史和传统、大学精神的挖掘、继承和创新，实现文化育人。华中科技大学非常重视宣传学校的办学思想，总结和凝练群众中生动鲜活的语言，并使之上升为学校精神和办学理念。[48]在合校之后，及时抢救、搜集和挖掘原来4个学校的校史、校风、名师大家的思想。学校投入经费建设了馆藏丰富的校史展览馆、科技成果展览馆。每年开学，参观这些展馆都被列为新生入学教育的重要一课。校领导、院士还为新生讲授学校的校史、校风、名人掌故等。青年教师入校，校长都会为他们讲解学校办学传统，传授教书育人、弘扬师德的经验。每逢校庆活动，该校都会及时推出总结学校办学精神、反映学校发展脉络的校史、画册、光盘、校报特刊、校庆网站。此外还对校训、校徽、校歌都进行了精心的设计、包装和宣传。[48]

（二）学科建设理念

在学科建设上，华中科技大学高瞻远瞩，很早就意识到合理的学科结构和一流的学科对于学校长远发展的重要性，并大胆决策，突破纯粹的单科性办学模式，向综合性大学转变。早在1977年10月该校就在给邓小平同志的信中就提出了必须改变理科、工科分家的建设。1978年8月在上报给教育部的《关于专业调整的设想方案（草案）》中，正式提出创办理科专业、增设理科系的方案。1979年，该校又向教育部正式提出“大学的学科结构要综合化”的主张。[49] 1980年，该校提出了发展目标：在10年之内把学院办成理、工、文科和管理学科相结合，教学和科学研究并重的综合大学。20世纪90年代前后，该校进一步提出了“狠抓学科建设，异军突起，出奇制胜”的办学思路。1996年，该校又提出“以‘211工程’为旗帜，全面带动学校基本建设（学科建设、队伍建设、基地建设）”的思路，明确了建设六大学科群和若干结构合理、特色明显的学科点的任务。2000年5月，该校与武汉3所高校合并，进一步优化了学科结构。[50]在新的阶段，为了建设一流学科，华中科技大学对优势学科加大了投资力度，对新兴学科和特色学科给予了建设倾斜，其中，理念和举措包括以下几点。[51]

第一，制定了一个高水平、高质量的学科建设规划，突出重点地争创若干一流学科。确立了学科发展目标：以文科、理科为基础，以工科、医科和管理学科为主导，以信息学科和生命学科为龙头，建成一流的工科、一流的医科，建设有特色的理科和文科。在具体举措上，学校提出，采取“凝练学科方向、汇聚学科队伍、构筑学科基地、营造学术氛围”来全面推进学科建设，并利用“211”工程、“985”工程建设经费对重点建设的学科给予大力扶持。

第二，倡导“学科跳远”，实现学科跨越式发展，即广纳海内外杰出人才，让这些涉足世界科技前沿的青年学者用新思维改造传统学科，用新模式发展新兴学科和边缘学科，从而实现学科跨越式发展。例如，为了加速生命学科的发展，华中科技大学聘请了哈佛大学公共卫生学院分子与细胞学实验室主任汪宁博士担任生命学院兼职副院长,密切跟踪国际生命科学最前沿。聘请留英博士为长江学者"特聘教授",开展生物医学和光学的交叉,创建了国内第一个生物医学光子学研究所,并获准设立了生物医学光子学教育部重点实验室。

第三,实施机制和制度创新,打破专业壁垒,鼓励和引导多学科实施交叉、融合、综合、集成,发展了一批新兴学科和边缘学科。例如,为促进工科、理科和医科尽快融合并产生高水平科研成果,设立了医工、医理交叉基金。通过举办"科技鹊桥会""成果推介会"等活动,为不同学科的教师开展交叉研究牵线搭桥。采取"学科嫁接"的方式发展新兴学科方向。如新闻学科和信息技术学科联合创办了"网络新闻传播"方向,共建了博士点;水电能源与能源洁净技术学科,开展了"数字流域""数字城市"研究,建成了亚洲最大的数字化仿真实验室,并在三峡工程等重大工程建设中承接了数千万元的大课题;汇聚了基础医学、临床医学、生物医学、工程技术、电力、控制、信息、化学等十多个学科方向及院系的科研力量,多学科交叉、多院系共建的华中科技大学 PET(正电子发射计算机断层显像)大科学平台。

第四,提出"入主流、倡交叉、创特色"的指导思想,大力发展文科。华中科技大学认为,没有强大的文科、理科,不成其为高水平的一流大学;没有高水平的文科、理科,应用学科的水平也难以充分提高。重视文科、发展文科,已成为全校的共识。[52]在文科建设上采取跨越式发展战略,主要建设路径包括:①从高起点研究入手,先创办硕士点、博士点,尽快进入学科前沿;②采取超常规措施,从国内外大力引进大师级学者、中青年学术骨干,集中建设若干个高水平的国内一流学科;③加大投入,迅速建设文科大楼、图书资料基地、实验基地;④紧紧依托理工科、医科的强大优势,走学科交叉之路,以特色取胜。[52]经过不懈努力,华中科技大学建成文科学院 10 余个,高等教育学、西方经济学两个文科学科进入国家重点学科的行列。

(三)师资队伍建设

华中科技大学从建校之初就确立了教师是学校办学的主体力量这一办学思路,狠抓人才队伍建设。在"文化大革命"的动荡时代,该校顶住当时极"左"思潮的压力,像保护国家珍贵财产一样保护教师。"文化大革命"结束后,学校就把师资队伍建设摆在了"四大建设"(教师队伍建设、学科建设、实验室建设、校园建设)的首位,迅速落实政策,开始实施"广积人"战略。针对在岗的全部干部、教师脱产补习或培训班,轮流接受扫"语(外语)盲"、"机(计算机)盲",补基础理论课,并且大批教师被派出到外校听课、进修,或到国外知名大学访问、留学。与此同时,不拘一格地大批引进各学科建设急需的人才。到 1981 年从全国各地引进了 600 多名各学科急需的人才,弥补了"文化大革命"期间青年教师的"断层",为实现新一轮的大发展做好了人才储备。进入 20 世纪 90 年代,该校制定了"师资工作二十条",加大了培养和引进高层次人才的力度,实施"教师博士化计划"。[50]

近年来，华中科技大学积极推进"人才强校"战略，进一步加大人才引进工作的力度。实施了"千人计划""青年千人计划"等计划，并将培养和吸纳拔尖学科带头人，作为带动学科发展、争取高层次项目的重要举措。自2001年起，有针对性地加大院士及学科带头人的培养和引进，以担任校长、院长或科研机构负责人的方式引进了樊明武、刘广润、沈蕴芬、沈绪榜、潘垣、吴中如、秦汉、叶朝辉、侯云德等一大批院士，以及骆清铭、徐涛、何光源、唐跃进、曹一家等一大批留学学成归来的"少壮派"学科带头人，不仅增强了师资的整体水平，而且带动了学科建设、科学研究及国际合作质量和水平的全面提高。[50]

(四)科研、教学和社会服务互动发展

华中科技大学在办学过程中，形成了如下重要理念：高水平的大学必须有高水平的科学研究，以服务求发展，以贡献求支持，"顶天立地"。这些理念体现了科研、教学和社会服务的互动发展的办学思路。1978年提出了"科学研究要走在教学的前面"的口号，认为科学研究是源，教学是流。到20世纪90年代中后期，该校又适时提出了育人为本，学、研、产协调发展的办学方略，实施"顶天立地"的科研工作思路，努力创新，创造世界一流的科研成果，努力将科技成果更好地转化为现实生产力，使科研和产业成为人才培养的一个重要途径。在这种思想的指导下，该校将科研与社会服务两大职能紧密结合，大力推进多学科交叉平台的建设，构建了以国家和部省重点实验室为核心的基础研究层、以国家工程研究中心为先导的高新技术研究层、以国家技术转移中心和联合实验室为重点的技术开发层3个层次纵向部署的科技创新体系，为承担和完成国家重大科研项目奠定良好基础，为培养高层次高水平拔尖创新人才创造良好条件。以此为基础，华中科技大学坚持"服务乃宗旨，贡献即发展"理念，与大部分省市签订了全面合作协议，与地方政府、企业的横向科研合作也全面展开，组建产学研联盟。例如，与地方政府共建了深圳研究院、东莞工研院、温州先进制造技术研究院、湖北省生物医药研究中心、武汉新能源研究院、武汉物联网产业技术联盟等，与业界的领头企业、骨干企业加强联系和合作，成立了有100多家企业参加的校企合作委员会，与武钢、三一集团、东方电气、格力集团等行业内的特大型企业建立了紧密合作关系。科研与社会服务的有机结合，使华中科技大学科研课题和经费大幅提升，连年获得国家级科技成果奖。

(五)开放办学理念

华中科技大学一贯重视对外交流与合作，目前已与世界上16个国家和地区的54所大学建立了良好的校际交流关系，每年聘请的长期外国专家近70人次。该校的开放办学理念主要体现在以下几点。

(1)国际化学科建设，这直接给华中大的学科建设、人才培、科学研究等方面带来了新的发展机遇。华中科技大学与国外高校、科研机构和企业共建实验室，联合培养人才，搭建起了一座"国际学术交流舞台"。每年都派出很多学者外出进修和访问，还通过举办高层次国际学术会议等提高学术水平和学术地位。

(2)积极利用外部资源,共建研究机构,开展合作研究。和中船重工集团第七研究院701所、709所、719所、武昌造船厂以及青岛海军潜艇学院等单位共同组建了华中科技大学舰船科学技术研究中心。一大批跨教研室(研究室)、跨院系、跨院校及跨国研究机构相继成立,如数量经济与金融研究中心、化工过程装备与控制研究所、医学人文学研究所、非线性与复杂系统研究中心、免疫学研究所、中英HUST-IACR作物基因工程和基因组学联合实验室、同济心理卫生研究中心、呼吸系统疾病研究所、神经科学研究所、遗传代谢性疾病诊断中心等。[53]

(3)人才培养的国际化。华中科技大学在让学生学好基础课、专业课的基础上,按国际上通行培养人才的规范,培养大学生的6种能力:自我教育的能力、对环境自我把握的能力、勇于向自然挑战的能力、竞争的能力、创业的能力和行动的能力。[53]该校在教学国际化方面的探索不遗余力,同时从全英语教学试点班入手,构建新的课程体系,引入国外先进教材,探索新的教学管理模式。除全英语教学试点班外,学校要求每个专业有6~8门课程引进国外先进教材,使用英语(双语)讲授。[51]华中科技大学与国内外高校、科研机构和企业联合培养人才,每年向新加坡南洋理工大学等国外高校派出大批毕业生深造。

三、启示

华中科技大学的发展迅猛、后劲十足的原因何在?除了与其他大学共有的成功办学经验以外,其秘密还主要在于以下几点。

第一,重视对教育规律的探索和研究,并遵循教育规律进行顶层设计和指导办学实践。华中科技大学早在20世纪70年代就组织教师调查世界著名大学的情况,并且很早就非常重视对教学与科研之间关系的讨论,很早就认识到学科的综合性对于学校长远发展和人才培养的重要性。可以说,总结办学实践经验并积极探索办学规律的行为贯穿于华中科技大学办学的整个发展过程,也正因为如此,它成为教育学领域最早具有博士点的4所院校之一。在此基础上,华中科技大学对学校的整体发展规划、学科的布局、人才培养的知识结构和课程体系进行顶层设计,保障了办学方向的正确性。这也正是华中科技大学能够健康快速发展的主要原因。

第二,重视人文素质教育。主要表现在3个方面:一是重视文科的建设。华中科技大学文科办学历史较长,在长期办学过程中积淀了一定的文科学术氛围和办学经验,提出办高水平有特色文科的战略,紧紧依靠人才引进和利用优势,在文科办学上形成了自己的风格,其文科在全国以理工为主的大学中保持领先,部分文科已经跻身全国前列。二是重视人文素质课程的建设,开设了一系列高水平的人文素质课程和讲座。三是注重校园文化建设,通过人文环境氛围来培养师生,引导个性,激发创造性,从而培育学校发展潜力和竞争优势。人文素质教育与教学的有机融合,已成为华中科技大学人才培养的一大特色。

第三，寻求跨越发展的具体路径。华中科技大学在跨越发展方面积累了大量的有益经验。在学科发展方面，以合理的学科结构为基础，以高起点的师资队伍建设为突破，广纳带头人，强调学科交叉发展和特色发展，实现学科跳远。在人才培养方面，以合理的课程体系为基础，以高层次的文化素质教育、科学研究和开放办学为途径，实现人才培养质量的提升。

第四，重视深入的开放办学。一方面，开放办学不仅包括与国外一流院校的交流与合作，还要重视对国内院校和科研院所的交流与合作。另一方面，开放办学一定要深入，其目的是以合作和贡献求得自身的发展，使国际交流合作和社会服务融入学校运转的必要活动之中，切实做到提高人才培养质量、推动学科建设、改善师资队伍质量和提高学术水平，从而实现整体办学实力的提升。

本章小结及补充性说明

本章选择了香港科技大学、南京大学、哈尔滨工业大学和华中科技大学 4 所国内著名研究型大学，对其教与学方面的相关理念进行了介绍和分析，其共性经验主要包括：遵循办学规律，重视教育教学研究与借鉴；遵循专业教育与素质教育相结合的理念，重视"完整的人"的培养和个性发掘；遵循学科建设、科学研究与人才培养相统一的理念，重视学科和科研平台的建设；遵循开放办学的理念，重视实质性的交流与合作。

本章内容成稿于 2005 年，选自作者完成的哈尔滨工业大学迎评项目《从国内外著名大学的办学理念探寻哈工大跨越发展的立足点》《规格严格、功夫到家——哈工大校训之研究》《哈工大办学传统与特色研究》等研究报告，2010 年计划收入本书稿时又做了修改和数据更新。当然，文中数据有些已过时，案例中各研究型大学大学新的举措也不断出现，但这些大学所秉持的教与学的理念是相对稳定的。本章中的案例分析主要是基于已有文献分析基础上形成的，个别案例是基于作者亲身体验基础上形成的，各案例文献资料多寡不同，因此分析深入程度也有所不同，在篇幅上也存在较大的差异。这 4 所研究型大学代表了不同的类型，与国内其他研究型大学的发展存在许多共性，因此，其在教与学方面秉持的理念对于国内其他研究型大学更具有参考与借鉴价值。

本章参考文献

[1] 孔宪铎. 改革十年、魅力十年——香港科技大学十年与大学改革[EB/OL].（2004－08－10）[2006－06－02] http://www. edu. cn.

[2] UST. 排名及奖项[EB/OL].（2010－02－25）[2010－06－02]. http://www. ust. hk/chi/about/ranking. htm.

[3] US NEWS. The UTD top 100 world rankings of business schools based on research contribution 2009－2010[EB/OL].（2009－12－06）[2010－06－2]. http://www. bm. ust. hk/research/ranking/2009_10_UTD_Rankings. pdf.

[4] UST. 理念[EB/OL]. (2010－03－01)[2010－06－2]. http://www. ust. hk/strategy/c_1. html.
[5] UST. Mission. (2010－03－01)[2010－06－2]. http://www. ust. hk/chi/about/mission_vision. htm.
[6] UST. Strategy. (2010－03－01)[2010－06－2]. http://www. ust. hk/strategy/c_5. html.
[7] 孔宪铎. 应运而生的香港科技大学[J]. 科技导报. 1996 (6):3-5.
[8] 南京大学网站[EB/OL]. (2010－05－08)[2010－06－2]. http://www. nju. edu. cn.
[9] 中国科学技术信息研究所. 中国科技论文统计结果[EB/OL]. (2009－11－27)[2010－06－3]. http://www. istic. ac. cn.
[10] 中国校友会2010中国高校 Nature &Science 论文排行榜[EB/OL]. (2010－03－06)[2010－06－03]. http://cuaa. net/cur/2010/kexue15. shtml.
[11] TIMES HIGHER EDUCATION. World university rankings[EB/OL]. (2010－03－01)[2010－06－03]. http://www. timeshighereducation. co. uk/hybrid. asp? typeCode =438.
[12] US NEWS. Asian－university－rankings[EB/OL]. (2010－03－01)[2010－06－03]. http://www. topuniversities. com/university－rankings/asian－university－rankings/overall.
[13] US NEWS. Worlds best universities top 400[EB/OL]. (2010－03－01)[2010－06－03]. http://www. usnews. com/articles/education/worlds－best－universities/2010/02/25/worlds－best－universities－top－400. html? PageNr =4.
[14] 罗静,张文江. 南京大学推动优势理科向新型工科延伸[N]. 中国教育报,2010－03－22(6).
[15]眭依凡. 大学校长的教育理念与治校[M]. 北京:人民教育出版社,2001:208.
[16] 南京大学."三三制"本科教改[EB/OL]. (2010－06－04)[2010－06－06]. http://jw. nju. edu. cn/267/menu267. html.
[17] 南京大学. 南京大学本科教学改革概况[EB/OL]. (2010－06－04)[2010－06－06]. http://jw. nju. edu. cn/NJUEducation/files/jiaogai/南京大学本科教学改革概况. pdf.
[18] 南京大学. 素质教育的模式与途径[EB/OL]. (2010－06－04)[2010－06－06]. http://jw. nju. edu. cn/RenCai/SuZhi/MoShiTuJing. htm.
[19] 南京大学. 南京大学办学成就概览[EB/OL]. (2010－06－04)[2010－06－06]. http://bkzs. nju. edu. cn/bxcj. htm.
[20] 世界企业家杂志. 2010年最具影响力中外合作MBA[EB/OL]. (2010－09－27)

[2010 - 11 - 18]. http://oxford. icxo. com/special/2010mba/waimba. htm.

[21] 何维民. 哈尔滨工业大学大事记(1920—1999)[M]. 哈尔滨:哈尔滨工业大学出版社. 2000:2-3, 6,5-7,202.

[22] 周素珍. 报春晖——校友的回忆与畅想[M]. 哈尔滨:哈尔滨工业大学出版社,2000:16-17,19-20,47-48,122,122,49.

[23] 李昌. 回忆哈工大[J]. 哈尔滨工业大学学报:社会科学版, 2000,2(1):1-6.

[24] 哈尔滨工业大学."十佳社团"颁奖典礼暨第十三届社团文化节闭幕式圆满落幕[EB/OL]. (2011 - 12 - 08)[2012 - 03 - 27] http://today. hit. edu. cn/news/2011/12 - 08/9594411221RL0. htm.

[25] 哈尔滨工业大学. 2012 年本科教学工作扎实推进成效显著[EB/OL]. (2012 - 12 - 31) [2013 - 01 - 02]. http://today. hit. edu. cn/news/2012/12 - 31/7742347121RL0. htm.

[26] 马洪舒. 风雨哈工大——"八百壮士"育高才[J]. 哈工大人,2005(1):254-256.

[27] 刘贵贤. 走进哈工大[M]. 北京:昆仑出版社,2000:72-73,161,185.

[28] 马洪舒. 哈尔滨工业大学校史(1920—1999)[M]. 哈尔滨:哈尔滨工业大学出版社,2000:393.

[29] 哈尔滨工业大学研究生院. 研究生院公布博士生指导教师遴选办法[EB/OL]. (2007 - 01 - 20)[2013 - 03 - 02]. http://news. hit. edu. cn/articles/2007/01 - 20/01190706. htm.

[30] 哈尔滨工业大学教务处. 哈尔滨工业大学"教学带头人"评选条例法[EB/OL]. (2013 - 09 - 25)[2013 - 10 - 20]. http://jyc. hit. edu. cn/news/Showzd. asp? id = 2956.

[31] 哈尔滨工业大学教务处. 哈尔滨工业大学教学名师奖评选办法[EB/OL]. (2007 - 02 - 06)[2013 - 10 - 20]. http://hituc. hit. edu. cn/news/Showzd. asp? id = 3020.

[32] 哈尔滨工业大学教务处. 哈尔滨工业大学教学优秀奖评审条例[EB/OL]. (2008 - 06 - 26)[2013 - 10 - 20]. http://hituc. hit. edu. cn/news/Showzd. asp? id = 3021.

[33] 哈尔滨工业大学教务处. 关于加强青年教师课堂教学基本功训练及举办青年教师基本功竞赛的通知:教发[2005]03[EB/OL]. (2005 - 10 - 21)[2013 - 10 - 20]. hit. edu. cn.

[34] 哈尔滨工业大学教务处. 哈尔滨工业大学教学成果奖评审条例[EB/OL]. (2005 - 12 - 16)[2013 - 10 - 20]. http://hituc. hit. edu. cn/news/Showzd. asp? id = 3012.

[35] 哈尔滨工业大学教务处. 哈尔滨工业大学本科教学研究经费资助办法[EB/OL].

(2009 - 06 - 24)[2013 - 10 - 20]. http://cetl. hit. edu. cn/news/Show. asp? id = 4120.

[36] 马洪舒. 拨乱反正恢复元气　改革开放　蓬勃发展[J]. 哈工大校友,2002(2):83-87.

[37] 邹大鹏,黄海媛. 哈工大境外兼职博导境内收徒[EB/OL](2003 - 04 - 11)[2013 - 10 - 20]. http://news. xinhuanet. com/edu/2003 - 04/11/content_826930. htm.

[38] 哈尔滨工业大学. 国际交流概况[EB/OL]. (2010 - 06 - 10)[2013 - 10 - 20]. http://www. hit. edu. cn/exchange/info. htm.

[39] 哈尔滨工业大学. 我校威海分校正式更名为"哈尔滨工业大学(威海)"[EB/OL]. (2002 - 06 - 04)[2013 - 10 - 20] http://news. hit. edu. cn/54/2002/540904091448/.

[40] 肖友. 王树国校长:打造"大哈工大"[EB/OL]. (2007 - 10 - 08)[2013 - 10 - 20]. http://news. hit. edu. cn/articles/2007/10 - 08/10132207. htm.

[41] 哈尔滨工业大学. 王树国校长做客新华网谈教育热点[EB/OL]. (2005 - 03 - 14)[2013 - 10 - 21]. http://news. hit. edu. cn/2005/03 - 14/03080858. shtml.

[42] 哈尔滨工业大学. 直言实行求发展——王树国校长访谈录[EB/OL]. (2005 - 06 - 05)[2013 - 10 - 21]. http://zsb. hit. edu. cn/gdfc7. htm.

[43] 哈尔滨工业大学. 科学与工业技术研究院简介[EB/OL]. (2009 - 11 - 05)[2013 - 10 - 21]. http://kjc. hit. edu. cn/organization. aspx.

[44] 哈尔滨工业大学. 哈尔滨工业大学基础与交叉科学研究院简介[EB/OL]. (2009 - 11 - 06)[2013 - 10 - 21]. http://afis. hit. edu. cn/introduction/index. jsp.

[45] 涂又光. 人文教育就好像是做泡菜[EB/OL]. (2004 - 11 - 15)[2013 - 10 - 21]. http://www. hustnews. com/Html/2004 - 11 - 15/15065. shtml.

[46] 陈海春,陈思中. 创造性人才的摇篮——华中理工大学全面实施素质教育纪实[J]. 学校党建与思想教育,1999,9:21-23.

[47] 华中科技大学. 我校教职人员爱《老子》[EB/OL]. (2010 - 06 - 02)[2013 - 10 - 21]. http://www. hustnews. com/hustnews/datashow. aspx? id = 7938.

[48] 刘献君,刘继文. 校园文化与一流大学创建——兼论华中科技大的校园文化建设[J]. 煤炭高等教育,2004,22(6):1-7.

[49] 万霞,周前进. 敢于竞争　善于转化——解读华中科技大学 60 年崛起之路[N]. 光明日报,2012 - 09 - 27(16).

[50] 李振文,周前进. 在共和国的旗帜下——华中科技大学建设社会主义一流大学纪实[J]. 华中科技大学学报:社会科学版,2003(6):1-6.

[51] 江洪洋,刘继文. 潮头扬帆竞百舸——华中科大改革发展纪实[N]. 光明日报,2004 - 02 - 20(A3).

[52] 刘献君. 华中科技大学文科跨越式发展的战略思考[J]. 高等教育研究,2001,9(22):35-40.

[53] 陈思中,刘继文,周前进. 探索中国高校“国际化”新模式——华中科技大学向世界知名高水平大学迈进[J]. 科学学与科学技术管理,2001(7):82-84.

第四章 国内外若干研究型大学教与学理念的启示

以上几章分别就国内外若干研究型大学个案的教与学理念进行了剖析,并从中分别得出了重要启示。本章进一步总结和凝练国内外若干研究型大学在教学理念方面达成的共识,以便为下一篇教学方法与艺术的阐述奠定前提性与可行性理论基础。

第一节 关于教学职能与教学目标的启示

一、正确认识三大职能之间的关系

在大学理念发展的过程中,关于大学的职能经过了无数次激烈的论战和实践上的反复,到目前为止虽然有一些学者把国际交流也作为大学的一种职能,但是国际交流也不过是传承和创造的一种方式;再者,大学自中世纪创建之时就是国际化的,就具有世界精神、超国界的性格。[1] 目前学者们已经基本认可大学的教学、科研和社会服务 3 大职能。遗憾的是现代的大学还没有从根本上处理好这 3 大职能之间的关系,还正在一种功利与理性的两难困境中徘徊。对于社会服务这一功能,有着不同的理解,其含义具有一定的模糊复杂性,其认可程度远低于教学和科研。像牛津大学和哈佛大学等著名的大学都没有明确提出它们具有服务社会的功能。[2] 虽然博克在哈佛、威尔逊在普林斯顿也曾提出"为国家服务的大学",但在他们看来,教学和学术研究是推动这种服务的,而不必提供这种服务。[1]

从对国内外若干大学个案的分析来看,很难将其中某种职能同其他职能分割出来,这些大学在运行过程中的各个环节都较好地做到了三大职能的交互融合,三者相互支持、相互促进,共同推动了学校的快速发展。但是,对各著名高校的案例分析表明,三大职能之间并不是平行或对等的,而是存在一定的优先序列安排:①教学就是传承知识、培养人才,是大学职能中能够统领其他职能的最重要、最核心和最基础的职能,其他职能都可以视为教学职能履行的手段和途径;②科研就是创造知识,是已被普遍认可的大学的重要职能,也是人才培养尤其是创新性人才培养的重要手段。③社会服务理应成为大学的重要职能之一,这是因为:大学是社会的一个子系统,不可避免地要与其他子系统发生关系;大学是有国界和地域特性的,大学也理应为国家和地区的发展贡献一份力量;大学是始终在理性和功利主义的激荡中成长的,从产生至今始终都根本无法回避现实功利。正如韦尔金斯所说:“大学作为知识的生产者、批发商和零售商,是摆脱不了服务职能的。”[3]

所以,高校在处理大学职能之间的关系上,应秉持如下理念:①以教学(人才培养)为核心,以知识的传承和创新为准则,有选择地开展科研和社会服务活动,保持大学最本质的属性——学术性,大学作为真理探索的场所丝毫不能动摇。②科研和社会服务等大学职能可以作为教学的重要手段、途径和场所,为丰富教学内容、教学方式方法和提升教学质量服务。③社会服务是大学的外溢功能,大学只有把教学和科研这两项职能做好了,才能有资本更好地服务社会。大学应该站在更高的思想境界中审视为社会服务的职能。大学要在不丧失自我本色、避免狭隘的功利主义的前提下,结合教学和科研的需要,满足社会的需要。大学最重要的社会服务功能应该是超前、预见性的服务社会,是批判、监督和引导社会健康快速发展。

二、以明确的培养目标指导和规范教育教学活动

由若干研究性大学办学理念的分析可知,人才培养是大学的根本使命与核心任务,只有明确了人才培养的目标,大学才能正确地执行其教学、科研和社会服务等职能。首先,只有在明确培养目标的前提下,教师才能知道为什么教以及教什么和如何教,学生才能知道如何学以及学什么。其次,只有在明确培养目标的前提下,大学才能明确培养什么样的人才以及研究如何为人才培养服务。最后,只有在明确培养目标的前提下,大学才能确定其社会服务的方式、对象和范围。无论是历史悠久的名牌大学,还是具有巨大发展潜力的大学,都必然具有明确的人才培养目标。

(一)人才培养目标的层次

人才培养目标又可以分为3个层次:第一个层次是终极目标,即一般意义上的“人”应该是什么样子的,应该造就什么样的“人”。该层次目标受整个国家历史文化和发展阶段的制约,也受整个国家教育视界的制约。第二个层次是中观目标,是就大学这一层次而言的,即特定类型的大学和特定的个体大学应该培养特定类型的人才,例如工科类大学应该培养高水平的工程技术人才;师范大学应该培养德才兼备的高水平师资;医科类大学应该培养德艺双馨的高水平医务人员,等等。该层次的目标受到特定大学文化底蕴、发展水平及其上层领导教育观和教育视野的制约。第三个层次是微观层次,是就学科和课程的层次而言的,即不同的学科和专业有不同的培养目标,不同的课程也具有不同的教与学目标。该层次目标受具体学科、专业的发展水平以及外部需求的制约。显然,第一个层次的终极目标具有统领第二、三层次目标的作用,是大学人才培养的“宪法”,决定了人才培养的根本方向,不管何种类型的大学,不管何种学科、专业和课程,其培养目标最终都是为终极目标服务的,都要回归到终极目标上来。否则,从长远来看,大

学的人才培养就会从根本上迷失方向,大学的运行必然会出现不畅。第二层次目标的作用是规范培养目标,是在特定大学背景下对终极目标的深化,是具体大学化了的目标,使第三层次目标与第一层次目标有效承接,避免偏差。第三层次目标的作用是监控培养的路径,约束具体的教学范围、内容、方法和措施等。

(二)人才培养目标的描述方式

通过对国内外大学培养目标的梳理可以发现,著名大学对其人才培养目标的描述主要有两种方式。

第一种方式是直接把宏观、中观或微观层次目标中的一个作为该大学人才培养的目标,这种方式非常明了,但存在缺陷。若直接使用终极目标,虽然简洁,但却较为抽象,在大学运行过程中,难以把握教学的内容、方式和方法。直接使用终极目标方式的一般是一些非常古老的和有深厚文化底蕴的大学,如牛津大学、哈佛大学等,这些大学在长期的发展过程中,已经形成了使其终极目标操作化的大学文化、学科体系、规章制度和教学模式,即其终极目标在大学运行过程中能够自动地分解为第二层次和第三层次的目标并得到具体实施。如果直接使用中观或微观层次的目标,虽然较为详细具体,并且很容易在教学过程中落实和实施,但在实施过程中也很容易偏离甚至扭曲人才培养的终极目标。直接使用中观和微观目标的一般是低层次的和不知名的高校,这也是这些高校难以提升办学层次和质量的根源性因素之一。

第二种方式是将终极目标和中微观层次的目标结合起来进行阐述,这是大多数国内外著名大学采取的方式。这种方式也可以进一步细分为两种模式:①先阐述终极目标,然后结合学校及其学科领域的特点对终极目标进一步解释和细化,如香港科技大学等。②将各级目标融合内化为一体,如加州理工学院、浙江大学、上海交通大学等。这种方式可以有效地化解理性主义和功利主义办学理念的矛盾,使两者达到调和与统一。

表4.1列出了国内外部分研究型大学的人才培养目标,这些大学对人才培养目标的表述有所不同,例如"完人""全人"、创新人才、领袖人才、复合型人才、有个性的人等,但实质上是一致的,都是为了促进"人"的自由和全面发展。从字面的意思来看,"完人""全人"就是"完整的人""完全的人""全面的人""独立的人",是相对于"残缺的人""片面的人""局部的人""依赖于他人的人"而言的。而"完人""全人"又必须是自由发展的人,因为只有具有独立人格的人才能得到自由地发展,而只有自由发展的人才能算完整的人。独立个性、自由发展又是创新、领导的必要条件甚至是充分条件,只有一个具备独立个性的完整的人、自由的人,才能进行独立地思考、独立地判断,才能确保做正确的事情,而做正确的事情就是领导的责任,即很多大学所定位的"领袖人才"或"领导人才"。

表 4.1　若干研究型大学的人才培养目标

大　学	人才培养目标
麻省理工学院	“为学生在毕业后适应任何领域的工作做好准备” “在确定问题并且寻找解决办法过程中发展创造性”
加州理工学院	“具有创新才能的科学家和工程师”
哈佛大学	“全面发展的人,有教养的人”[4]
牛津大学	“领袖人才”“精英”
香港科技大学	“全人”“促进学生的学习能力、创意思考及求知欲,培养终身学习的能力”
香港中文大学	“既具专精知识,又有处世智慧的人才”“完人”[5, 6]
南京大学	“领军人才和拔尖创新人才”
哈尔滨工业大学	“拔尖创新人才”“研究型、个性化、精英式的具有国际竞争力的高素质毕业生”
华中科技大学	“具有国际竞争力的高素质创新人才”[7]
西安交通大学	“崇尚科学、求实创新、勤奋踏实、富有社会责任感和高尚品质的杰出人才” “高标准、厚基础、宽口径、重实践、综合型和高素质的优秀人才”[8,9]
上海交通大学	“‘能力建设 + 知识探究 + 人格养成’三位一体的创新型领袖人才”[10]
浙江大学	“通晓国际政治、经济、文化、科学,能把握国际大势的各行各业领导人才”[11]

资料来源:除特别注明外,均来自各高校网站的学校介绍

从哲学的视角看,“人”的价值是能够创造价值的价值,它由本体性价值和工具性价值两部分构成。“人”的本体性价值关注的是人的生存的根本性意义,是使人安身立命的价值。进一步讲,“人”的本体性价值是作为主体的“人”自我实现的价值。人总是按照自己的需要,由自己去创造和占有价值,不以任何别的东西为目的,人本身就是目的。人的工具性价值是指,为了达到自己的目的,把自身作为满足主体需要的工具,能动地驾驭客体,实现人的现实价值。可见,“人”的工具性价值是本体价值向外推进的表现形式和表现结果,表明“人”本身又是实现自身目的的手段。因此,“人”的工具性价值从属于“人”的本体性,是“人”的自觉性、目的性和创造性寓于其中的工具性。“人”的本体性价值和工具性价值两者达到协调统一,并最大化地挖掘和发挥两种价值潜力,就可谓“完人”或“全人”,这就是“人”发展的终极目的,也是大学教育的终极目标。这一终极目标与联合国教科文组织的阐述是一致的。联合国教科文组织在《学会生存:教育世界的今天和明天》中指出:教育的目标就是要培养出“完善的人”“使人日臻完善;使他的人格丰富多彩,表达方式复杂多样;使他作为一个人,作为一个家庭和社会的成员,作为一个公民和生产者、技术发明者和有创造性的理想家,来承担不同的责任”。[12] 1996 年,由雅克·德洛尔任主席的“国际 21 世纪教育委员会”向联合国教科文组织提交的题为《教育——财富蕴藏其中》的报告,重申了一个基本原则:“教育应当促进每个人的全面发展,即身心、智力、

敏感性、审美意识、个人责任感、精神价值等方面的发展。应该使每个人尤其借助于青年时代所受的教育,能够形成一种独立自主的、富有批判精神的思想意识,以及培养自己的判断能力,以使由他自己确定在人生的各种不同的情况下他认为应该做的事情。”[12]该报告提出,教育应以学会认知、学会做事、学会共同生活、学会生存为支柱,培养全面发展的人。

在明确了大学人才培养的终极目标之后,各大学就可以依据此目标,根据实际情况灵活地采取各种人才培养的模式、方法和手段进行教学,大学运行尤其是教学过程中出现的各种矛盾和困惑也会迎刃而解。大学教学中一切活动和一切决策都要始终不渝地围绕着终极目标进行,只有这样大学的运行才能自然、灵活、通畅、和谐及可持续。例如,哈佛大学的核心课程设置理念基于这样的信仰:让每一位哈佛大学毕业生不仅受到专业的学术训练,而且应该受到广泛的通识教育。学生需要指导以达到目标,学院有责任和义务把他们朝着标志一个人受过良好训练的知识、智力技巧和思维习惯的方向引导。[13]其核心课程改革有四大目标:①培养全球性的公民;②发展学生适应变化的能力;③使学生理解生活的道德面向;④让学生意识到他们既是文化传统的产品,又是创造这一传统的参与者。[14]显然哈佛大学的课程改革实质上是结合时代的要求对人才培养的终极目标进行了进一步阐释和分解。

第二节 关于教育教学探索与改革的启示

一、不断探索教育教学规律,推进教育教学改革

上一章中分析的若干研究型大学办学理念中的教与学模式、措施都不是既定的和固定不变的,也不是一朝一夕形成的,都是在办学实践中不断探索教育规律、不断地总结办学经验并适时地推进教学改革的基础上形成和发展的。国内外著名大学卓越办学成就的取得,以及科学的人才培养目标、模式、方法和途径的形成都概莫能外。例如,哈佛大学教学课程改革基本上是“几年一小改,几十年一大改”,较重要的几次改革是:1869 年强调赋予学生选课自由的选修课改革,1919 年强调必修课和选修课平衡的课程集中分配制改革,1945 年强调培养自由社会公民的通识教育改革,1978 年强调赋予学生探索知识途径的核心课程改革,2002 年 10 月启动、2007 年 2 月 7 日公布的新世纪课程改革方案,旨在培养学生独立思考的能力和全球化视野。表 4.2 列出了哈佛大学、普林斯顿大学、麻省理工学院、密歇根大学、香港中文大学、台湾大学等国内外著名大学教育改革的措施和理念。对教育教学不懈探索和改革也正是这些研究型大学保持良好发展势头和旺盛生命力的重要原因所在。

表 4.2　国内外著名大学的教学改革

大学	时间	改革举措	改革理念
哈佛大学	2007	通识教育——新课程改革计划	根据“综合性、选择性、基础性、灵活性”原则改革核心课程体制，培养能引领世界、具有国际视野的各领域的领袖人物
普林斯顿大学	2006	教育使命和核心课程综合审议报告	“更灵活、更宽广、跨学科”；大力推进人文、艺术、社会科学与自然科学、工程技术学科之间的交叉
麻省理工学院	2007	本科教学改革计划	对学生实施全面教育（在科学基础上，对人类文化有很好理解），开展核心课程体系改革研究
密歇根大学	2005	跨学科协同计划	支持本科跨学科协同教学的开展，培养学生在宽广的学科视野中考虑问题的能力
香港中文大学	2002 2004	成立通识教育部 “四范围”通识课程	提出通识教育设计的两大原则：“知识的完整与普遍性”及“有教养及文化的人”
台湾大学	2004 2005	“核心课程”模式 “个别型通识教育改进计划”	使课程更多元、充实、深化，为学生提供较为广博而均衡的学习内容，培养较宏观的知识基础与独立思辨的能力

资料来源：根据各高校网站和相关报道整理

由各著名高校的教育教学改革可以得到如下启示：大学在运转过程中，要充分重视教育教学理论与实践研究的重要性。这就要求大学成立专门的高水平的高等教育教学研究机构，建立一支稳定的、具有专业高水准的、教学与管理实践经验相结合的高水平专职研究队伍，并给予政策上的支持，使其对高教理论与大学的具体办学实践长期稳定地研究下去，此外，还应该让这些人员参与人才培养、学生学习指导、心理咨询、就业指导、教师培训和学校的重大决策等工作，促进理论与实践的紧密结合，为所在大学的改革与发展决策提供了切实有效的依据和服务，在推动教育观念的转变等方面更大限度地发挥作用。与此同时，在科研方面，不能仅仅强调创造知识的理论研究和创造财富的应用研究，还要加大对能够创造大学旺盛生命奇迹的具体学科与课程教育教学研究的支持力度，形成一种全员都在研究教育教学规律和方法的繁荣局面，不断探索大学及其学科成长的规律。

二、夯实人才培养的文理基础

国内外著名大学在研究和实践探索中都达成了这样一个共识：没有强大的理科支持就不可能办出一流的工科来，没有高水平的文科和文理交融就不会推动学校的迅速发展，就很难培养出宽厚基础、持久潜力、高强创新能力的人才。从它们的办学实践看也体现到了这一点。所有的著名大学都有人文社会科学学院或人文学院、商学院，或者至少有文科类专业。MIT 的发展演变历史便是强有力的证据,该校在发展过程中逐渐认识到了理科和人文社会学科的对学校发展的重要作用,逐渐增加了理科、人文社会学科,而且所办学科都办成高水平的,所有学科相互协调、相互促进。MIT 和 CALTECH 的理工学科在世界上都是处于领先地位,这些学校的人文社会学科和管理学科,也不是同类学科的简单重复,而是与现代科学、技术和社会发展紧密相关的交叉、边缘学科,一般是在理工学科和人文社会学科的结合部寻找发展空间。例如,MIT 在管理领域取得的优势,不是传统的管理学、市场学、财会学、国际贸易等学科,而是与工业生产、工程科学联系密切的生产运行管理、运输后勤管理、信息系统管理、房地产管理等新兴学科。

国内外著名大学学科设置和发展的经验表明,以文理为基础、文理交融是一所大学发展的源源不断的动力源,而学科设置限定了教学的领域和人才培养的范围,尤其是限定了课程的学科类别。从国内外著名大学的课程设置情况来看,文理基础课程是不可或缺的构成部分,并且跨学科的课程已经成为一种趋势。国内外著名大学在人才培养方面取得的卓越成效进一步表明,夯实人才培养的文理基础是创新人才培养的关键,在人才培养中,应该合理配置课程资源,优化课程结构,强化文理基础和文理交叉性课程的地位。

三、设立教育教学实验田,探索教育教学模式

国内外著名大学都在不断地进行人才培养实验,探索和尝试更有效的人才培养模式,其共同特点有如下几点:第一,所探索的人才培养模式都是精英教育模式,大多选拔非常优秀的学生作为“试验品”,都采取小班教学。例如,浙江大学的竺可桢学院,南京大学的匡亚明学院、强化部、强化班,上海交通大学的致远学院、卓越工程师计划,复旦大学的复旦学院,哈尔滨工业大学的实验学院、英才学院、本科生院等,都是精英教育模式。第二,都重视综合素质的培养,一般都采取通识教育和专业教育相结合的方式,使专业人才的培养建立在较宽厚的基础和较开阔的学术视野之上,培养理论基础厚、综合能力强、人文修养底蕴深厚、具有多维立体知识结构的复合型人才。第三,都重视创新能力的培养和个性的培育。国内外著名大学一般都重视科研、研讨等手段的使用,很多大学在本科阶段就让学生参加科学研究。例如,麻省理工学院实施的大学生科研机会规划、实验性学习小组、地球探究、讨论班,加州理工学院设立的夏季大学生研究奖学金(SURF)计划以及开设的高级论文研究课程,南京大学开设的新生研讨课和实施的大学生创新训练计划项目等。第四,灵活地采取科研、社会实践、国际交流、校园文化等各种教与学方式和方法,正规教学(课堂教学)与非正规教学(非课堂教学)的方式相结合,因材施教,不拘一格,但是各种方式和方法都被纳入人才培养的目标体系之下,都是为了最大限度地挖掘学生的个性和潜力,促进其自由和全面发展。牛津大学的学院制和导师制便是一个典范,其学院制和导师制为学生和教师提供了充分的学术自由,学生可以不听课,教师可以不按统一的课程大纲授课,而在宴会、下午茶等环境下交流。

本章小结及补充性说明

本章是在第二章和第三章基础上得出关于教与学的宏观、中观层面的共识性启示，共包括5点：①正确认识三大职能之间的关系；②不断探索教育教学规律，推进教育教学改革；③以明确的培养目标指导和规范教育教学活动；④设立教育教学试验田，探索教育教学模式；⑤夯实人才培养的文理基础。

本章内容主要选自作者完成研究报告“从国内外著名大学的办学理念探寻哈工大跨越发展的立足点”，2010年计划收入本书稿时又做了修改和补充。当然，国内外研究型大学的共性做法不仅上述5点，但这几点在这些大学的教学和人才培养中居于核心和统领地位，诸如科研、开放办学、专业教育人素质教育相结合等理念都可以视为这几点的补充、延伸或实现手段。这几点共识也不是孤立存在的，而是相辅相成的，共同服务于人才培养这一中心，可以为我国研究型大学的教学改革和发展提供宏观层面的方向引领和借鉴。

本章参考文献

[1] 约翰·S·布鲁贝克. 高等教育哲学[M]. 2版. 王承绪，译. 杭州：浙江教育出版社，1998：17.

[2] 刘宝存. 大学理念的传统与变革[M]. 北京：教育科学出版社，2004：15, 239.

[3] KERR C. The transformation in higher education [M]. New York: State University Press, 1991: 4-5.

[4] 刘宝存. 人才培养与本科生科研[J]. 外国教育研究，2005，32(12)：39-43.

[5] 香港中文大学. 中大简介[EB/OL]. (2010-03-09)[2013-11-10]. http://translate. itsc. cuhk. edu. hk/uniTS/www. cuhk. edu. hk/chinese/aboutus/university-intro. html.

[6] 香港中文大学. 通识教育[EB/OL]. (2010-03-09)[2013-11-10]. http://translate. itsc. cuhk. edu. hk/uniTS/www. cuhk. edu. hk/chinese/admissions/general-education. html.

[7] 华中科技大学. 独具特色的本科教学模式[EB/OL]. (2010-03-09)[2013-11-10]. http://jwc. hust. edu. cn/default/benkejxgk. asp.

[8] 西安交通大学. 交大简介[EB/OL]. (2010-03-10)[2013-11-10]. http://www. xjtu. edu. cn/jdgk/1. html.

[9] 西安交通大学. 本科生教育[EB/OL]. (2010-03-10)[2013-11-10]. http://www. xjtu. edu. cn/rcpy/257. html

[10] 张杰. “三位一体”培养创新型领袖人才———上海交通大学人才培养目标探索[J]. 国家教育行政学院学报，2010(10)：3-5.

[11] 浙江大学. 浙江大学的办学理念和人才培养目标是什么? [EB/OL]. (2010 - 03 - 11) [2013 - 11 - 10]. http://zdzsc. zju. edu. cn/view. php? id = 774.

[12] 联合国教科文组织国际21世纪教育委员会. 教育:财富蕴藏其中[R]. 北京:教育科学出版社,1996:85, 86.

[13] HARVARD UNIVERSITY. Introduction to the core curriculum [EB/OL]. (2010 - 02 - 01) [2014 - 03 - 01]. http://sites. fas. harvard. edu/ ~ core/redbook. html.

[14] 薛涌. 从哈佛教改方案看大学宗旨[J]. 中国新闻周刊,2006(41): 88.

第五章 研究型教与学的理论梳理与归纳

上述各章以案例剖析为手段，分析和总结了研究型大学应该秉持的教学理念，为研究型大学研究型教学的探索和实践提供了宏观层面的理论基础。本章直接以研究型教学本身为研究对象，介绍和分析其内涵、特点、类型、发展历史、理论依据、功能、实施模式及其难点问题，以期从理论上全面深入地认识和理解研究型教学。

第一节 研究型教学的内涵、特点及类型

研究型教学的内涵、特点及类型是深入认识和理解研究型教学的基点，是学术界关注的基础内容。从已有相关研究来看，学者们一般都以传统的教学方法为比较对象，或者从适应研究型学习的角度，来分析和阐述研究型教学的内涵、类型和特点。

一、研究型教学的内涵

研究型教学，又称为研究性教学，或研究式教学，文中的三种不同的提法统一表达为研究型教学。其内涵十分丰富，学术界对于“研究型教学”内涵的限定尚未达成一致性意见。洪堡所阐述的研究型教学的经典理念主要包括如下内容（张建林，2005）：①大学在探索科学的过程中便可实现修养的目标，培养人才只有在发展科学的过程中才能实现；②师生可以“为科学而共处”，师生可以分别作为“独立的研究者（教授）”和“受到指导的研究者（学生）”而存在，教授的作用在于把科研和教学结合起来，科研活动十分恰当地成为一种教的模式和学的模式；③学生独立地探究，教授则诱导学生的研究兴趣并进一步指导并帮助学生的研究工作；④科学研究的学术自由和创新精神融入大学教学之中，意味着给教师以教和研究的自由，给学生以学和研究的自由。[1]

国内对于研究型教学内涵的认识，概括起来讲，学术界主要形成了实践观、模式观和理念观3种代表性观点。

（一）基于实践观的解释

这种观点将研究型教学理解为一种实践活动和实践过程，而这一过程以学生创新意识和创新能力的培养为核心目标，以学生的自由发展为最终目的。学术界给出的代表性定义主要有如下几种。

许晓东等(2006)认为:“研究性教学是教师为了指导和培养学生进行研究性学习,模拟科学研究活动所设计和组织的一种课堂教学,具体来讲包括教与学两方面:一方面,教师要创设良好的研究环境,给学生提供必要的指导与帮助;另一方面,学生积极主动地进行探究式学习。”[2]

陈小鸿(2008)认为:“研究性教学是在教学过程中教师创设一种类似科学研究的情境和途径,指导学生选择和确定与学科相关的问题进行研究,使学生在独立的主动探索、主动思考、主动实践的研究学习过程中,吸收知识,应用知识,解决问题,获得新颖的经验和表现具有个性特征的行为,从而提升学生各方面的素质,培养学生创造能力和创新精神的一种教与学互动的实践活动。”[3]

李宏祥等(2008)认为:“研究性教学是教师以培养学生的研究意识、研究能力和创新能力为目标,通过教学过程的研究性, 引导学生进行研究性学习,从而让学生掌握知识、培养研究能力和创新能力的教学。”[4]

贡福海(2009)认为:“研究性教学是一种以教学与科研相结合、教师和学生互动、理论与实践联系,培养学生问题意识、探究意识、创新精神和实践能力的一种教学实践活动过程。”[5]

别敦荣(2012)认为,只要是体现教师指导和组织,尤其是体现学生自主学习和自主实践教学,就是研究性教学,其目的是培养具有创新素质的人才[6]。

由上述定义可知,基于实践观的解释将研究型教学视为多种教学行为活动构成的系统过程,具体包括:①情景创设、任务组织和实施的过程;②师生互动的全员参与和体验的过程;③教与学有机融合和相互促进的教学相长过程;④学生提出问题——分析问题——解决问题的主动探索的研究性学习过程;⑤学生知识和研究经验积累以及创新能力培养的过程;⑥学生独立个性和自由精神发展的过程。显然,学者们大都将这一系统过程理解为以组织和指导学生研究性学习为手段,实现学生素质和能力提升这一最终目的的过程。

(二)基于模式观的解释

这种观点认为,研究型教学介于理论和实践之间,属于方法论体系,因此,研究型教学应属于教学模式的范畴(龙跃君,2006)[7]。这种教学模式的内涵包括以下几点。

第一,从教学方法的角度来看,研究型教学是一种研讨式、探究式的教学模式,使用诸如案例教学方法、基于问题解决的学习、基于问题的学习等方法,都是利用来自实践或从实践中提炼出来的案例或问题进行类似研究的训练(赵洪,2006)[8]。

第二,从教学过程和结果的角度来看,研究型教学是教师创设一种类似科学研究的情境和途径,以课程内容和学生的学识积累为基础,引导学生创造性地运用知识和能力,在独立的主动探索、主动思考、主动实践的研究过程中,自主地发现问题、研究问题和解决问题,在研讨中积累知识、培养创新能力和创新精神以及锻炼思维和提高综合素质的一种教学模式(韦宝平,2003;刘伟忠,2006)[9,10]。

第三,从知识和能力生产的角度来看,研究型教学是以建构主义知识观为基础的教学模式,教师要组织提供一种有利于学生自主建构知识的、良好的学习环境的设计,学生在教师引导下从问题情境出发，通过观察、实验、分析、归纳、猜想、论证、社会实践等方式进行自主学习，自主建构起知识、经验和能力结构的教学模式（胡文龙，2010；屈波等，2011）[11,12]。显然，这种以知识和能力建构为基本思想的教学模式突破了以知识传递为核心的传统教学模式的局限性，是对教学范式的突破性变革和创新。

（三）基于理念观的解释

这种观点把研究型教学视为一种与传统的"教学就是教书"的观念对立的全新的教学理念、教育观，而不是一种教学模式（王金发，2007）。[13]这种观点认为，研究型教学"没有定式，也没有套路，需要教师用心去揣摩"，故它不可能是模式（王金发，2007）[13]。与传统教学相比，研究型教学强调"教师在教学中研究，在研究中教学；学生在学习中研究，在研究中学习"①的理念（范钦珊等，2013）[14]，即教师要通过研究性教学引导学生进行探究性学习，激发学生的求知欲，调动学生探索学习的自觉性、积极性，达到知识积累、潜力释放、能力形成、学会学习、学会做事、学会做人的目的。

必须指出的是，本章将学术界对研究型教学的限定归纳为实践观、模式观、理念观3种观点，其目的是为了更好地认识和理解"研究型教学"这一概念，但并不意味着上述3种观点是相互对立的。相反，上述3种观点是难以分割和相互联系的综合体，"实践→模式→理念"的路径体现了学术界对研究型教学认识的演进逻辑（周光礼等，2009）[15]。上述3种观点是相对的，与传统的教学相比，研究型教学强调引入探究这一理念；不同的高校和不同的教师对研究型教学理念的践行则又会形成有差别的教学模式和教学活动。因此可以说，研究型教学是教学理念、教学模式和教学实践的统一体，它既是一种教育思想观念，又是一种教育教学方式（别敦荣，2012）[6]；它是一种崭新的教学理念，主要是高水平大学所特有的一种教学模式，提倡新的教学方式方法（李元元，2004）[16]。

二、研究型教学的特点

学术界主要通过与传统教学比较的角度来论述研究型教学的特点。归纳起来讲，与传统的教学特别是课堂讲授式教学相比，研究性教学突出了教学内容的问题意识、教学方法的探究性以及学生知识能力的建构性等本质属性，其主要特点包括以下几点。

第一，从构成要素来看，研究型教学与传统教学存在着根本的不同，包括探索性情景的设计，开放式的教学内容和实践活动，以及转换了角色的教师和学生、问题设计、自由的环境、相应的物质设施（别敦荣，2012）[6]。

第二，从教学目标来看，研究型教学的目的不再局限于传统教学的知识传递和知识积累，还包括激发学生探究的欲望和信心，培养学生自主学习和研究的能力、创新能力、

---

① 该理念是教育部"高等学校教学质量与教学改革工程"项目"在内容体系改革的基础上推进课程的研究型教学"课题组，经过10年在清华大学、南京航空航天大学、南京工业大学等多所高校全过程教学实践的基础上提出的。

创新意识和创新思维，更包含学生为人的自由品性（辛继湘，2009）[17]，实现了教学目标由单一性向多元性、超越性的转变（韦宝平，2002；李宏祥等，2008）[18,4]。

第三，在角色和任务定位上，研究型教学改变了传统教学中师生之间知识的纵向传递关系，形成了师生横向互动的平等关系，明确了学生的主体地位和教师的主导作用，实现了以教为中心到以学为中心的转变（韦宝平，2002；张晓宏，2007）[18,19]。

第四，从教学组织形式来看，研究型教学是一个重过程、重应用、重体验、重全员参与的探索过程，主要体现为如下特点：教学内容和教学时空的生成性、开放性和广延性，学生在教学中的主体性、参与性，学生解决问题、获取知识和能力的实践性、独立性、合作性和探索性，师生互动的灵活性、民主性和共进性（陈小鸿，2008；李宏祥等，2008；屈波等，2011；刘智运，2006；梁天珍，2013）[3,4,12,20,21]。

第五，从教学评价来看，研究型教学的教学评价由传统的"终结性"走向"发展性"（何云峰，2009）[22]，不仅关注学生的考试成绩，注重评价学生的知识掌握情况，更加关注学生的综合能力，强调评价学生的求知欲和兴趣、创新意识与创新能力以及合作能力等综合素质发展的情况。

三、研究型教学的类型

研究型教学具有多种分类方法，例如，从课程的角度可以分为专业课程、基础课程和选修课程的研究型教学；从学的角度可以分为个人独立探究型、小组合作型、集体讨论型等模式；从教学场所的角度可以划分为课堂和课外两种类型。而研究型教学与传统教学相比，其重点在于在教学中引入了研究的元素，因此，根据研究与教学两者的联系程度来分类，可以更好地认识和理解研究型教学。Griffiths（2004）[23]根据研究与教学结合程度的不同，把研究型教学划分为以下类型。

（一）研究引领的教学（Research-led Teaching）

研究引领的教学紧紧围绕学科专业，内容密切联系教师的专业研究兴趣，教学中依然保持着传统上的信息传递模式，重点在于让学生学习研究成果而非研究过程，很少尝试去捕获研究与教学互动关系的双向收益。显然，这种类型的教学仍然以学科内容为主并受教师研究兴趣和已有研究基础的影响（汪霞，2007）[24]，主要适用于那些注重研究的大学（research-intensive universities）。

（二）研究取向的教学（Research-oriented Teaching）

研究取向的教学其课程重点更多的是倾向于让学生学习已有知识的生产过程，尤其是关注探究能力的培养（Inquiry Skills）和研究精神的获得（Acquiring a 'research ethos'），教师的研究经验更多的是以一种扩散的形式呈现。

（三）研究为基础的教学（Research-based Teaching）

研究为基础的教学主要围绕探究性活动（Inquiry-based Activities）而不是学科内容来

组织课程,教师把研究过程中形成的经验广泛地整合到学生的学习活动中去,学生作为研究者学习,教师和学生间的角色边界被最小化,研究和教学之间双向交流的空间被有计划地广泛拓展。

(四)研究渗透的教学(Research-informed Teaching)

研究渗透的教学将系统探究有意识地融入教与学过程本身,其目标是突出表明和促进教学与研究相结合的创新方式。根据维基百科(Wikipedia)的词条"Research-informed teaching"[25]的解释,这种教学是高等教育领域研究与教学相结合的一种实践活动,课程大纲的结构按照教师的研究兴趣来组织安排。这种研究型教学使本科生都有机会参与科研项目或进行自己的研究,引发了本科生参与科学研究的新兴趣。研究渗透的教学活动包括(Levy 等,2007)[26]:除了学科和通用技能外,促进学生对学科研究与咨询技能的认识和理解;运用模拟研究过程的教学程序;使用包含研究过程元素的课题;给学生第一手的研究咨询经验;将教师研究/咨询的数据/成果运用到课程中。在这种类型的教学中,那些具有很强教学与科研实力的教师对学生具有潜移默化的影响。

基于 Griffiths(2004)[23]的研究,Healey (2005)[27]从学生角色(观众 VS. 参与者)和学习对象(研究内容 VS. 研究过程和问题)两个维度对研究型教学的类型进行划分(图5.1),并提出了另一种类型的研究型教学——研究辅导的教学(Research-tutored),即学生与教师通过小组讨论的形式学习研究成果。

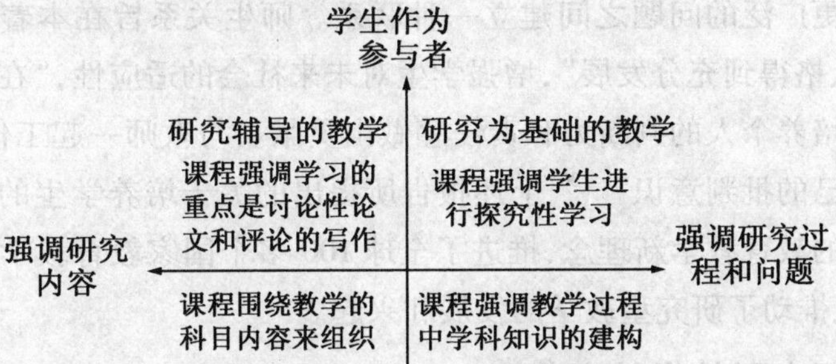

图 5.1　研究型教学的维度和类型

第二节　研究型教学的发展演进及理论依据

一、国外研究型教学的发展演进

(一)国外研究型教学的历史溯源

对于研究型教学思想和实践的起源,学术界并没有一致的说法。有的学者认为,国外研究型教学的源头最早可以追溯到苏格拉底的“问答法”教学即“产婆术”（史曼莉等，2008；辛继湘，2009）[28,17]。19世纪初德国教育家洪堡的大力改革与倡导使得“研究”成为大学的一项重要职能，提出将教学与科研结合作为大学办学的指导思想，被认为是大学开展研究型教学的先声（何云峰，2009）[22]。洪堡的教育思想对各国大学的教学产生了巨大的影响，例如美国创立研究生院，霍普金斯大学的创办把研究生教育与科学研究连接起来，形成教学－科研－学习相结合的美国大学教学模式。

1970年联合国教科文组织成立了以前法国总理、教育部部长埃德加·富尔为首的由各国著名教育专家组成的国际教育发展委员会，对苏联、美国、阿尔及利亚、新加坡、瑞典等23国教育实践以及联合国系统内有关组织进行了调查，于1972年形成并发表了联合国教科文组织的一部影响巨大的教育报告《学会生存——教育世界的今天和明天》。该报告总结了发展中国家和发达国家教育的现状，认为传统的教育方式、教育手段、教育内容、教育目的不能适应未来社会的要求、科技发展的挑战、社会公害的威胁，提出了“明天的文盲将不是目不识丁的人，而是不知道如何学习的人”[29]“教育包括培养和发展一个人全部潜能的教养过程”[29]等理念。1996年，联合国教科文组织通过对世界教育的考察又出版了具有里程碑性的德洛尔报告——《教育——财富蕴藏其中》，指出“教学是一种艺术、是一门科学”“教师的工作并非只是传授信息，甚至也不是传授知识，而是以陈述问题方式介绍这些知识，把它们置于某种条件中，并把各种问题置于未来情景中，从而使学生能在其答案和更广泛的问题之间建立一种联系。师生关系旨在本着尊重学生自主性精神，使他们的人格得到充分发展”，增强学生对未来社会的适应性，“在现代社会里就越来越需要教育为培养个人的判断力和责任感做出贡献。与教师一起工作并同他对话，有助于学生发展自己的批判意识”。[30]上述报告所提出的关于培养学生的自主性、探索性、批判性和责任感的教育教学新理念，推进了全球100多个国家教育教学的改革（侯定凯，2010）[31]，极大地推动了研究型教学的发展和兴起。

（二）国外研究型教学的兴起

现代意义上的研究型教学兴起于20世纪80年代的美国（何云峰，2009）[22]，之后便在其他国家的教育实践中被关注和倡导。随着社会的发展和科技的飞速进步，20世纪80年代初，世界各国尤其是美国对研究型大学本科教育十分重视，研究型教学成为研究型大学本科教育教学改革的主要趋势。1983年4月，美国高等教育质量委员会发表了《国家处在危机之中》的调查报告，要求学生通过调查研究和问题探讨的方式进行学习，一方面使学生获得探究能力，另一方面增强学生的探究能力、科学精神以及社会责任感和综合的社会实践能力，最大限度地提高个人的天才和能力。[32]1984年，“美国高质量高等教育研究小组”发表了题为《投身学习：发挥美国高等教育的潜力》的报告，报告建议，大学教师要“吸引学生参加教师的研究项目和学习有关过程，组织多种形式的实习和其他有严密指导的实践性学习，组织讨论小组，要求课堂发言和讨论，为个人的自修项目和有指导的独立学习创造条件”[33]。1989 年,美国联邦政府又制订了一个以探究为本的科学教育计划即著名的“2061”计划,把科学探究直接引入教学。

(三)研究型教学的发展

20 世纪 90 年代后,西方国家大学教学质量的议题逐步转向“作为学术的教学(Teaching As Scholarship)”(侯定凯,2010)[34]、以研究为本的教学。

1. 美国研究型教学的发展

美国卡内基教学促进基金会前主席欧内斯特·博耶(1990)[35]在对美国大学教师专业和学术工作调查的基础上发表了题为《学术反思》的研究报告,将教学视为更广泛意义上大学学术活动的一部分,提出了“教学学术”(Scholarship of Teaching)的概念,他将发现、整合、应用和教学 4 种不同但又交叉的活动都纳入探究性学术范畴。1995 年,卡耐基教学促进会由于不满当时美国研究型大学中本科教学忽视学生作为发现者的责任,于是倡导成立了由博耶任主席的美国研究型大学本科教育博耶委员会。1996 年,美国国家科学院制定的《美国国家科学教育标准》指出,研究可以用于科学研究、基于研究的教学或以研究为本的教学、以研究为本的学习。[36]

博耶委员会发表于 1998 年的《重建本科教育——美国研究型大学蓝图》,明确提出“探索、调查、发现是大学的核心。大学里的每一个人都应该是发现者、学习者”[37],大学应该竭尽所能为学生提供“通过探索(Inquiry)进行学习而不仅仅是简单地传授知识的机会”[37]。该报告提出了确立以研究为基础的学习、基于问题设计新生第一年的学习、消除跨学科教育障碍等 10 条基于研究的本科教育教学改革建议。[37]博耶报告公布后,美国各研究型大学掀起了本科教育改革的浪潮。2001 年,博耶委员会又发表了《重建本科教育——博耶报告三年回顾》,该报告为了解研究型大学针对博耶报告所提建议进行本科教学改革的情况,组织了针对美国百余所研究型大学的调研,发现美国博耶报告提出的建立以研究为基础的教学模式得到了各高校及其教职员工的强烈共鸣,许多大学建立了直接负责本科生研究活动的指导组织,形成了促进本科生积极参与研究的机制,但研究型教学的许多计划贯彻不彻底,且在人文社会科学领域的实施力度较小,对此该报告提出了研究型大学今后推进本科生研究实践方面所面临的 4 个挑战(伍红林,2005)[38]:如何使所有学科的更多本科生有机会参与研究与创新活动;如何建立一种吸引学生尤其是难以获得研究资助的专业的学生参与研究的新模式和教师激励机制;如何为本科生研究与创新活动提供人力和财力支持;如何使更多的学生自觉自愿地参与研究实践。报告发表后,全美舆论普遍认为其将对研究型大学本科教育进一步改革产生广泛而深远的影响。

2. 其他国家研究型教学的发展

除了美国之外,西方其他国家高校的研究型教学也取得了很大进展。下面主要介绍加拿大、英国、澳大利亚和日本 4 国研究型教学的发展情况。

在加拿大,定期举办全国范围的教学学术方面的研讨会,成立了全国性的教学学术咨询委员会,并设立专门奖项,表彰那些在教学学术方面成绩卓著者;[39] 大多数高校都成立了支持教师教学学术活动的教学发展中心和教学学术研究机构,在教师职称晋升方面明确教学学术的价值。[40]

在英国,负责高校教师专业发展和认证的国家机构——高等教育学院于2006年发布了"英国高等教育教学专业标准架构",以此作为大学教师教学能力训练和认可的基础,[41] 此后制订的"科研评估计划"(Research Assessment Exercises, RAE)则将学科教学法研究(Pedagogic Research)纳入学术研究范畴。[42]

在澳大利亚,1999年由"大学教学与教师发展委员会"发起、墨尔本皇家理工大学等4所大学参与设立了"澳大利亚教学学术计划"。该计划的目的就是通过发展教学学术来提高教学质量,认可和奖励教学工作。具体采取"学术性教学"的实践和"学术性教学"的交流两种模式。"澳大利亚学与教委员会"(Australian Learning and Teaching Council)主要通过奖励优秀教学、学者计划、项目资助等方式促进教学学术和教学创新。悉尼大学把教学学术发表作为重要的"学术指标"来评估和奖励各院系的教学学术活动。[43] 昆士兰大学于2007年设立"教学学术岗位"计划。[44] 在法国高校开展的研究型教学则着眼于打破学科专业分化的单一倾向,培养学生的自主精神、合作意识、责任感,使其具有信息收集能力、沟通能力和批判能力等多种知识和能力。

在日本,设立于1984年的直属于首相的"临时教育审议会",于1985~1987年发布了关于教育改革的4次咨询报告,提出的基本思想包括:重视发现发展学生的个性、能力和能力倾向;提高学习积极性,开展丰富的教学活动;培养创造性、思维能力和表达能力。这些思想成为日本教育进一步改革的推动力。1987年,日本成立了专门研究高等教育问题的大学教育审议会,大学教育审议会围绕着大学教育、研究的高度化、个性化、活性化这一基本主题开展审议研究,并提出了一系列作为政府高等教育政策之基础的咨询报告。大学审议会在1991年2月发布的咨询报告《改善大学教育》中提出了大学教学改革的3个主要方向:编制具有特色的课程和设计灵活而充实的教学组织;充实与提高学生的学习生活;调整一般教育与专门教育的关系。这一报告推动了日本大学内部的改革(教学改革与管理改革),很多大学开设了小班的研讨(Seminar)课程,组织新任教师研修会、定期召开有关教学问题的研讨会以及成立以提高教学质量为主要任务的研究机构等。[45] 1998年10月,日本大学审议会提交了题为《21世纪的大学与今后的改革方策——在竞争环境中充满个性的大学》的咨询报告,全面展望了21世纪初日本高等教育的发展前景及改革方针政策,认为未来的教学改革应重视培养学生的课题探索能力,提高教育研究的质量,应建立多元化的评价系统,促进大学的个性化和教育研究质量的不断改善。[46]

二、我国研究型教学的发展演进

(一)我国研究型教学的历史溯源

我国研究型教学的思想和实践可以追溯到孔子时代。孔子把教学过程视为学生学、问、思的研究性过程,具体表现在:第一,教育学生学思并重和学思结合,重研究性的学,“学而不思则罔,思而不学则殆”[47];第二,鼓励学生提出问题,强调“每事问”[48];第三,提倡启发式教学,其精髓是“博学”“切问”“近思”,强调学生自主学习、自主研究以及教师启发、诱导的作用,他提出:“不愤不启,不悱不发,举一隅不以三隅反,则不复也。”[47],即由教师来引发“愤”“悱”,从而使学生能够举一反三,触类旁通。孔子的自主学习和启发质疑的教育观被后来的学者继承和发扬。孟子强调学习过程中学生主观能动性的作用,提倡学生主动求知,“欲其自得”[48],他也提倡启发式教学,培养学生的质疑精神,主张在怀疑中思考,“尽信书,则不如无书”。[48]宋代理学大师张载认为,学习“须是自求,已能寻见义理,则自有旨趣”,同时又要具有怀疑精神,“有可疑而不疑者,不曾学;学则须疑”[47]“于不疑处有疑,方是进矣”[47]。朱熹也强调“读书无疑者,须教有疑,有疑者却要无疑,到这里方是长进”。[47]韩愈则将教学视为传道、授业、解惑三者并列而行的综合过程,“师者,所以传道授业解惑也”,认为师生关系是相对的。显然,我国古代教育家的教育观体现了研究型教学的智慧和特点。

我国古代最早的一篇专门论述教育和教学问题的论著《学记》,系统而全面地阐明了教育的目的及作用,教育和教学的制度、原则和方法,教师的地位和作用,教育过程中的师生关系以及同学之间的关系。其所阐述的许多思想和做法与目前所提倡的研究型教学的思想是一致的,主要体现在如下几方面。

第一,阐述了“教”与“学”相互促进的辩证关系,认为只有通过“学”的实践,才会看到自己学业方面的差距,只有通过“教”的实践,才会看到自己知识和经验方面的贫乏(“是故学然后知不足,教然后知困”)。看到差距,才能力求上进,看到贫乏,才能鞭策自己,从而得出“教学相长”的正确结论(“知不足,然后能自反也,知困,然后能自强也。故曰:教学相长也”)。

第二,主张教师“善喻”即启发诱导,学生养成自主学习的习惯,强调教学的循序渐进,构建和谐的师生关系。教师的教学就是让学生明白道理(“故君子之教,喻也”)。从教必须遵循的指导性原则是:恰当引导而不是威逼,充分调动学生的积极性;鼓励学生积极独立思考而不是严加管教,适当启发而不将结论和盘托出,使教学过程成为师生双边共同活动的过程(“道而弗牵,强而弗抑,开而弗达。和易以思,可谓善喻矣”);不超越学生的接受能力进行教学(“不陵节而施之谓孙”),要给学生充裕的时间按自己的意愿去学习(“未卜禘不视学,游其志也”)。只有遵循上述原则,师生关系才融洽,学生学习才会轻松愉快,学生才会用心思考(“道而弗牵则和,强而弗抑则易,开而弗达则思”)。

第三,主张课内与课外相结合,书本学习和实际训练相结合。这一观点主要表现在:①学习不能仅仅独自冥思苦想(“独学而无友,则孤陋而寡闻”),还应该从同学之间的相互学习和切磋(“相观而善之谓摩”)中取长补短,在集体的研讨、争鸣和竞争中借助集体的力量共同进步。②要求教师在教学过程中善于处理好正课学习与业余爱好之间的关系,使正课学习有主攻方向,业余爱好广泛多样,而且使业余爱好有助于正课的学习(“大学之教也,时教必有正业,退息必有居学。不学操缦,不能安弦;不学博依,不能安诗;不学杂服,不能安礼。不兴其艺,不能乐学。故君子之于学也,藏焉修焉,息焉游焉”)。

第四,强调通过学、问、思相结合来激发学生内在的学习动机,培养学生学习的自觉性,提倡因材施教,认为教师只有在学生有问题且难以解决的时候才能给予启发指导(“时观而弗语,存其心也”)。学生在学习上存在4种误区:贪多而不求甚解;不求进取;一遇到问题就问老师而不深入思考;遇到问题独自冥思苦想而从来不问师长(“学者有四失,教者必知之。人之学也,或失则多,或失则寡,或失则易,或失则止”)。这4种误区表明了学、问、思应有机结合的必要性。这4种误区产生的根源在于学生的心理特点各不相同,因此应根据学生的心理特点补救学生的过失并发扬其优点(“此四者,心之莫同也。知其心然后能救其失也。教也者,长善而救其失者也”)。认为学生应学会善问,这是增进学问的关键(“善问者如攻坚木,先其易者,后其节目,及其久也,相说以解。不善问者反此。善待问者如撞钟,叩之以小者则小鸣,叩之以大者则大鸣,待其从容,然后尽其声。不善答问者反此。此皆进学之道也”)。教师不能只为学生解说书本知识或发表自己的见解(“记问之学,不足以为人师,必也听语乎”),教师只有在学生满足如下3个条件时才能给予指导:提出了问题;非常想解决该问题;自己通过努力思考解决不了该问题(“力不能问,然后语之,语之而不知,虽舍之可也”)。

(二)我国研究型教学的兴起与发展

几乎与国际潮流同步,南京大学、清华大学、华中科技大学等少数研究型大学从20世纪80年代末期开始进行了研究型教学的探索,被认为是我国研究型教学的兴起(何云峰,2009)[22]。也有学者认为,我国的研究型教学研究和实践起步于20世纪90年代末(薛忠祥、岳伟,2012)[49]。我国研究型教学的发展得益于国家教育改革及其相关文件的推动。

2001年8月,教育部颁布《关于加强高等学校本科教学工作提高教学质量的若干意见》,该文件提出了两点与研究型教学相关的指导性意见:第一,提倡教授上讲台,要求把教授的科研体现在教学过程之中,使研究成果及时进入教学内容,使教学过程具有探究性。第二,进一步加强实践教学,注重学生创新精神和实践能力的培养,提倡实验教学与科研课题相结合,创造条件使学生较早地参与科学研究和创新活动。

2005年1月,教育部出台《关于进一步加强高等学校本科教学工作的若干意见》,指出:“积极推动研究型教学,提高大学生的创新能力。”由此,研究型教学正式上升为一种国家教育意志。该文件提出了高校开展研究型教学的指导意见,包括:①向学生开放所有实验室和图书资料室,建立大学生尽早进入实验室的基本制度和运行机制;②要增加综合性与创新性实验,提供丰富的教学参考资料;③积极推进讨论式教学、案例教学等教学方法和合作式学习方式,引导大学生了解多种学术观点并开展讨论、追踪本学科领域最新进展,提高自主学习和独立研究的能力;④让大学生通过参与教师科学研究项目或自主确定选题开展研究等多种形式,进行初步的探索性研究工作;⑤各地教育行政部门和高等学校要通过教学改革立项等机制,鼓励教师开展教学理论研究、教学实践探索和优质教学资源开发,积极探索教学规律,研究和改革教学内容与教学方法,不断提高教学水平;⑥有条件的高校要积极推行导师制,努力为学生全面发展提供优质和个性化的服务。

2007 年初,教育部、财政部启动实施“高等学校本科教学质量与教学改革工程”,国家启动了人才培养模式创新实验区项目、大学生创新性实验计划项目、国家级实验教学示范中心项目等与创新人才培养相关的教学改革项目。[50]

2011 年 7 月出台了《教育部财政部关于“十二五”期间实施“高等学校本科教学质量与教学改革工程”的意见》,要求“整合各类实验实践教学资源,建设开放共享的大学生实验实践教学平台;支持在校大学生开展创新创业训练,提高大学生解决实际问题的实践能力和创新创业能力”。

在上述文件的指导下,国内很多高校积极开展研究型教学的实践,探索相配套的制度,其中北京师范大学、宁波大学、湖南大学等一批高校从整体上推进实施研究型教学,研究型教学被认为是“创新人才培养的成功模式”[51],这些探索和实践从整体上提升了我国大学教学和人才培养的质量。

三、研究型教学的理论依据

研究型教学理念具有丰富的理论基础,目前国内研究一般把研究型教学的理论基础归结为两个:一个是布鲁纳的“发现法”教学法,一个是皮亚杰的建构主义学习理论。但是,其他方面的理论诸如人本主义教育理论、后现代教育理论、构建主义理论、大学职能理论、人才培养目标理论、终身学习和终身教育理论等,都可以为研究型教学提供深厚的理论支持。下面主要介绍和分析大学职能论、人本主义和建构主义理论为研究型教学提供的理论支持。

(一)大学职能论

现代大学的职能在不断扩展,但基本职能有 3 个:教学、科学研究和为社会服务。三大基本职能之间不可分割和相辅相成的关系表明,教学和研究之间可以形成互为渊源和相互促进的关系。教学是高校的首要职能,是人才培养的基本方式,教学为科学研究提供知识理论基础和研究的灵感与活力。科学研究的过程实际上也是人才培养的过程,科研成果可以用于教学之中,使教学更有新意和深度、广度,即“科研应该是高级教学和学习的基础”(克拉克,2001)[52]。因此,教学与研究相结合既有利于提高教学水平,成为改善教学方式、方法的有价值的手段,又有利于提高教师和学生知识巩固、运用与探索创新的能力,成为科学研究的重要支撑动力。正如德国哲学家雅斯贝尔斯(2007)指出的:“教学和科研的结合是大学至高无上而不可替代的基本原则”“教学所需要的某些生死攸关的财富,只有科研工作才能提供给它”,而“教学工作本身经常——甚至是绝大多数时候——都是科研工作的促动因素”。[53] 显然,大学职能论为研究型教学提供了可行性和必要性基础。

(二)人本主义

人本主义心理学是20世纪五六十年代在美国兴起的一种心理学思潮,七八十年代迅速发展,其主要代表人物是马斯洛(A. Maslow)和罗杰斯(C. R. Rogers)。人本主义看到了人的心理与人的本质的一致性,主张把人作为一个整体即“全人”并从人的本性出发研究人的心理,强调人的尊严、价值、创造力和自我实现。

人本主义的学习与教学观深刻地影响了世界范围内的教育改革,其主要观点包括:第一,确立以人为本的教学观念,以学生发展为中心,以培养全面发展的人为目标。第二,把尊重人、理解人、相信人提到了教育的首要位置,教师应充分相信学习者具有天生的学习愿望和潜能,并且都能以自己的方式释放自身的潜能和实现自我教育,允许学习者有选择他自己的学习方式的机会和自由(罗杰斯,1988)[54]。第三,教师应该知道如何教学生学习,强调教师的任务是以学生为中心来构建良好的学习情景,为学生提供学习的手段,教师的角色应当是学生学习的“促进者”(Rogers,1968)[55]。第四,注重启发学习者的求知欲和创造潜能引导学习者结合认知和经验,在宽松的环境中探索未知,从自己的角度感知世界,发展出对世界的理解,肯定自我,达到自我实现的最高境界。显然,人本主义的教学思想与研究型教学的思想是相通的。研究型教学提倡并注重培养学生的探索和创新精神、研究意识和研究能力,促进学生的潜能更好地发挥和发展,充分地体现了人本主义教育理论的精华。

(三)建构主义

建构主义(Constructivism)也称结构主义,是认知心理学派中的一个分支,主要代表人物包括皮亚杰(J. Piaget)、科恩伯格(O. Kernberg)、斯滕伯格(R. J. Sternberg)、卡茨(D. Katz)等人。建构主义基于内因与外因相互作用的观点来研究学习者的认知发展。其中,图式是建构主义理论的一个重要概念,它是指个体对世界的知觉理解和思考的方式,也可以将其视为心理活动的框架或组织结构。图式是认知结构的起点和核心,或者说是人类认识事物的基础,图式的形成和变化是认知发展的实质。建构主义认为,认知发展受3个过程的影响,即同化、顺化和平衡。同化是指个体把感受到的刺激纳入头脑中原有的图式之内,使其成为自身认知结构的一部分。顺应是指原有认知结构为应对外部环境发生变化而重组与改造的过程。平衡是指学习者个体通过自我调节机制使认知发展从一个平衡状态向另一个平衡状态过渡的过程。个体的认知结构在平衡→不平衡→新的平衡的循环中不断得到丰富、发展和完善。

构建主义的教学观主要有如下观点:第一,知识不是问题的最终答案,并不能绝对准确无误地概括世界的法则,知识是由学习者自身基于自己的经验背景而建构起来的,取决于特定情况下的学习活动过程,它也必将随着人们认识程度的深入而不断地更新和升华。第二,学习是由学习者自己根据自己的经验背景主动建构一个新的认知结构的过程,知识的意义是学习者通过新旧知识经验间的反复的、双向的相互作用过程而建构成的,知识建构的过程是新旧知识经验双向作用的循环过程(袁振国等,2004)[56]。第三,教师应该是学生建构知识的忠实支持者、帮助者和引导者(Holt-Reynolds,2000)[57],应该重视学生自己对各种现象的理解,倾听他们时下的看法,思考他们想法的由来,并以此为据,引发和保护学生的学习动机,使学生丰富或调整自己的解释,生长新的知识经验。在知识经验积累的过程中,教师与学生,学生与学生之间需要共同针对某些问题进行探索,并在探索的过程中相互交流和质疑,了解彼此的想法。第四,学生应该成为知识的主动探索者、主动发现者和对所学知识意义的主动建构者(袁振国等,2004)[56],应善于把当前学习内容尽量与自己已有的知识经验联系起来并认真加以思考,用探索法和发现法去建构知识的意义。第五,理想的学习情境应当包括情境、协作、交流和意义建构 4 个部分。在教学设计中,创设有利于学习者建构意义的情境是最重要的环节或方面;教师与学生之间,学生与学生之间的协作是指商榷、讨论和辩论,贯穿于整个学习活动过程中;交流,是协作过程中最基本的方式或环节,是推进学习进程的至关重要的手段;建构的意义是指事物的性质、规律以及事物之间的内在联系,意义建构是教学过程的最终目标。综上可知,建构主义的教学理论以学生为中心,重视发挥学生学习的主动性、自主性和建构性,强调师生之间、学生之间的协商与互动,这些思想显然可以为研究型教学的合法性及其实施与发展提供理论支持。

第三节　研究型教学的功能及其实施

一、研究型教学的功能和意义

研究型大学日益受到重视有着深刻的社会背景。主要表现为如下几方面。

第一,随着知识社会的到来,知识创造成为核心竞争力的来源,大学开始从社会边缘走向社会的中心,传统的知识传输式的大学教学模式日益受到挑战,适应社会创新需求成为教学改革的必然要求。

第二,随着社会民主化进程的推进,大学教学中的师生“灌输－接收”的主客体关系开始向平等化转变,学生成为教学的中心,师生关系的变化呼唤适应师生关系平等需求的新的教学理念和教学模式的出现。

第三,随着教学理论和教学技术的发展,教师职业化和专业化已成为高等教育发展的必然要求,教学方法和技巧的掌握与灵活运用成为教师职业化和专业化的重要内容及手段。研究型教学的运用和发展恰恰适应了这些背景变化的需求。

具体而言,研究型教学的功能主要体现为如下 3 个方面。

第一,有助于更新教育教学理念。研究型教学把科学研究的精神和理念引入教学之中,旨在充分调动学生在教学过程中的主动性、积极性和创造性,最大化地发掘学生的潜力,使学生成为学习的主体。这就需要教师革新教育思想、教学观念和教学策略与方法,转变其在课堂教学中的角色,成为学生主动学习的启发者、组织指导者和激励促进者。

第二,有助于创新性人才的培养。研究型教学的过程,既是学生掌握学科知识并运用学科知识的过程,又是培养学生的实践能力和创新精神的过程。研究型教学的过程既能培养学生的学习兴趣,又能激发学生的创新性思维,培养学生分析问题和解决问题的能力(夏锦文、程晓樵,2009)[58]。

第三,有助于构建和谐、融洽的师生关系,张扬学生个性。教师在研究型教学过程中主要是创设相应的教学情景并启发和引导学生学习,起主导作用,而学生在研究型教学过程中主动探索、主动思考、主动实践,发挥主体作用。研究型教学过程中形成的这种师生关系能够“唤回在传统学习文化的泛滥中悄然隐退的人的尊严”(钟启泉,2005)[59],有利于学生个性的塑造和潜力的发掘。

第四,有助于提升教师的综合素质。研究型教学对教师提出了更高的要求,包括对相关知识的系统理解、对学科问题的准确把握、对课堂教学的灵活驾驭等能力,故研究型教学的实施必然能够提升教师的综合素质和能力,促进教师职业化和专业化的发展。

二、研究型教学的实施模式

研究型教学作为一种教学理念,没有固定的实施模式。不同的教师对研究型教学有不同的理解,故在实施方法和模式上也必然存在一定的差异。国外关于研究型教学常用的实施模式是研讨课模式,这种模式产生于 19 世纪的柏林洪堡大学,后来被包括哈佛大学、加州伯克利大学、杜克大学、加州洛杉矶大学等名校在内的很多高校广泛使用和推广。研讨课模式把教授的科研兴趣集合起来,并且使学生参与科研的实践(克拉克,2001)[52]。师生通过自由的讨论和探索来发现真理、趋近真理,并完善真理。据博耶委员会 2001 年的调查,美国 80% 以上的研究型大学开设了一年级 Seminar 课程。[60]

国内学术界主要从实施过程和实施空间的角度来分析研究型教学的实施模式,主要代表性观点有:姜芳、杨晋明(2004)[61]把研究型教学的实施分为确立问题、实践体验和成果交流 3 个阶段,认为这 3 个阶段是相互交叉推进的。大部分学者则把研究型教学实施的范围从课堂拓展到课外。例如,汪劲松等(2003)[62]、刘智运(2006)[20]强调研究型教学实施的4个结合:学习、研究与实践的有机结合;集中与分散的有机结合;第一课堂与第二课堂有机结合;科学教育与人文教育的有机结合。何云峰(2009)[22]提出了由低到高的四个层次的研究型教学模式:课堂问题探讨,课内外结合专题研讨,群体研讨——成果展示,课外自主"学研"。别敦荣(2012)突出了研究型教学的3种组织形式:教师讲授与学生自主学习相结合,课内教学与课外教学相结合,书本知识学习与经验知识学习相结合。[6]

三、研究型教学实施应克服的难点问题

与传统的教学相比,研究型教学的教学要素及其组织形式发生了根本性的变化,并对师生提出了更高的要求。正是因为研究型教学的实施需要以课程内涵、师生角色、教学方法、学习模式及教学评价的转变为前提和支撑,而这些转变又不可能是一蹴而就的。因此,研究型教学的实施与传统教学相比也必然面临着诸多困难。下面主要从教师、学生以及教学评价方面归纳研究型教学实施应克服的主要困难。

(一)教师素质的适应性问题

研究型教学其教学情景的设计、教学内容的开放性、教学过程的探索性和交流性,要求教师不仅要很好地掌握本学科的理论知识和理论,还要了解本学科知识与其他学科知识之间的关系,了解理论知识在实践中的应用;不仅要求教师能够把知识和问题讲解明白,还要求教师能够根据知识点适时地设置合适的学习情景和案例来启发和引导学生主动求知和主动探索。因此,教师综合素质的提升是研究型教学实施的难点问题之一。

(二)学生参与意识和参与能力的提升问题

研究型教学强调学生的主体性,这就要求学生不仅要具备掌握和理解已有理论知识的能力,还要学会探索知识和创新知识的能力,包括:探索已有理论知识与其他学科理论知识之间的联系;探索理论知识在实践中的应用空间和应用技巧;探索已有知识的发展和完善。这些能力的获得必然要求学生具备主动参与的意识和能力。因此,与传统教学中学生参与少的情景相比,如何增强学生参与意识和参与能力是研究型教学实施必须克服的难点问题之一。

(三)教师与学生角色的转型问题

研究型教学的有效实施依赖于师生之间以及学生之间的高质量对话(赵洪,2006)[8],而这种对话则是建立在师生之间角色的转变基础之上的。在传统的课堂教学中,教师是知识的灌输者,学生是孤立的被动接收者。而在研究型教学中,教师是启发引导者,学生是学习的主体,教师和学生之间是平等的关系,师生之间以及学生之间相互交流、合作和探讨成为知识学习、知识探索和知识创新的主要途径。显然,从传统教学向研究型教学的转变,必须以师生角色的转型为前提,这是实施研究型教学必须克服的问题。

(四)教学评价问题

与传统教学相比,以案例或问题为基础的研究型教学对教师备课提出了更高的要求,教师需要花费更多的时间和精力用于教学准备,而且研究型教学的实施范围包含了课内和课外更广泛的空间,这就对教师工作量的衡量提出了挑战。如果不能对教师工作量做出公正的评价,那么必然会导致教师对教学投入不足的问题。从教学效果的评价来看,研究型教学强调内容的开放性、过程的探索性、方法的多样性,学生的能力是在教学过程中形成,作业一般都以小组形式完成且没有标准答案,考试试题的答案也是多元的、不确定的、非标准化的,如何对教学过程和教学结果的有效性做出客观公正的评价也是一个新的挑战。综上可知,如何构建一套集过程评价和结果评价为一体的研究型教学的评价体系,是研究型大学实施应解决的重要问题。

第四节　研究性学习的内涵、特征及模式

"研究性学习"是研究性教学中"学"的部分,在内涵、理论基础、特征及模式等方面与"研究性教学"密切关联,甚至有的学者不对两者做严格区分。但考虑到"研究性学习"一词在研究与实践中出现的频率较高,因此本节主要从综述的视角,对其内涵、特征及模式进行总结性阐述,以全面地认识和了解"研究性学习"这一概念。

一、研究性学习的内涵

国外教育界提出了很多与"研究性学习"相似的概念,如"探究式学习""以项目为中心的学习""以问题为中心的学习"等。多数学者认为,这些概念从根本上讲是一致的,具有相同的理念和方向(张人红,2011)[63],基本内涵都是一致的(李子建等,2004;龙慧灵等,2010)[64,65],都强调学生学习的自主探究过程(钟启泉,2003)[66],它们都鼓励学生进行跨学科的、综合性的学习任务,都主张学生以一个问题作为学习起点,自己拟定探究主题、设计探究策略与方法,然后进一步搜集资料、分析资料并做出结论。它强调学生在探究的过程中主动获取知识、应用知识、解决问题和表达学习的感受(李子建等,2004)[64]。也有的学者认为,我国学术界提出的"研究性教学"是国外探究性学习、社会探究与实践性探究的综合(辛占香,2005)[67]。

总体来看,学术界对于研究性教学内涵的认识,其分歧点主要在于姓"学"、姓"教"还是姓"课"上,主要有如下代表性观点。

第一种观点认为,研究性学习是一种学习活动、学习方式方法或学习理念。国外部分学者认为,研究性学习是一种以学生为中心,以真实生活世界的问题和兴趣为导向,以新理解、新知识和新能力的形成为目标的自主学习活动和学习过程(Alberta Learning,2004;Reger,2006)[68,69];还有研究从学习理念和方式的角度将其视为一种涉及学习的目

的、内容、过程、形式等方面的全方位的学习变革（Goodoad，1991）[70]。国内学术界给出了类似的解释（陆璟，2000；教育部，2001；文新华，2002；彭寿清，2005；刘智运，2006；周光礼、朱家德，2009）[71~74, 20, 15]，认为研究性学习是一种现代学习理念和学习观（王金发，2007）[13]，本质上是深层次的学习（泰特，2007）[75]，即学生在教师的指导和启发下，模仿科学研究的方式、方法和过程，在探究和解决特定问题的过程中理解知识、掌握知识、应用知识和探索新知识。

第二种观点认为，研究性学习是一种教学活动或教学方式方法。持这种观点的学者将研究性学习和研究性教学视为同义概念，认为研究性学习是具有研究性和探索性的一种教学模式或方法，是“研究性学习”教学模式的简称，其真实含义是“研究性教学”（宋泽成、宋唐秦，2009）[76]。这一教学模式或方法，强调教师引导学生提出各种假设并加以验证，独立地积极地思考问题、解决问题、发现真理，牢固地掌握知识和技能，发展智力、能力和创造力，养成热爱学习和研究的态度、情感和习惯，培养智能型和创造型的人才（郭戈，1986）[77]。

第三种观点认为，研究性教学是一种课程。这一观点的成因主要是实践驱动，一方面，西方发达国家高校普遍开展了以培养学生创新能力为目的科研训练课程，另一方面，我国教育部于2000年已明确将研究性学习与社会实践、社区服务、劳动技术教育共同构成“综合实践活动”，作为必修课程列入《全日制普通高级中学课程计划（试验修订稿）》[72]。部分学者依据研究性学习作为一门“面向全体高中学生的必修课”的现实来理解“研究性学习”（霍益萍、张人红，2000）[78]，并指出“研究性学习”课程是具有整体性、实践性、开放性、生成性、自主性等根本特性的迥异于学科课程的一种课程形态（张华，2001）[79]。

随着研究的推进，越来越多的学者认为，应该从学习、教学、课程以及理念等多个方面或层次来理解研究性学习。Frazier（2008）认为，研究性学习是一种有效的教学方式，能培养学生独特的探究能力，同时也是能培养深层思维的学习方式。[80]聂志成（2003）认为，研究性学习从动态的教学活动层面上看是一种学习方式，从静态的教学内容层面上看它是一门课程。[81]石中英（2002）建议应该同时从课程类型、教学组织形式、学习方式3个层面出发，更加开放地理解研究性学习的内涵。[82]周光礼、朱家德（2009）[15]认为，研究性学习既是一种新的学习观，也是一种新的教学观。它要求学生以探究的方式学习知识，教师以探究的方式组织知识；要求教学组织形式从权威控制型向平等参与型转变；要求课程组织方式由知识导向型向能力导向型转变，要求学习方式由浅层学习向深层学习转变，要求知识观由知识的旁观者向知识的参与者转变。

对于研究性学习，无论是学习观、教学观还是课程观，无论是“探究式学习”“以项目为中心的学习”，还是“以问题为中心的学习”，国内外相关研究达成了如下共识：第一，都强调研究性学习的目的是让学生通过参与同真实世界相关的学习任务来提高他们的学习和培养自主学习的兴趣与能力，包括学会与人合作、自主决策、收集信息、解决问题等技能,从而促进学生个性的健全发展(张人红,2011)[63]。第二,都将教师作为引导者和启发者,将学生作为学习的主体,学生通过自己的方式主动去开启、管理和实施学习,从而获取个人想要获取的知识和能力(Kuhn 等,2000;Barron & Darling - Hammond, 2008; Thomas, 2000)[83~85]。第三,都认为研究性学习的过程有助于学生养成科学精神和科学态度,掌握一定的科学方法,提高综合运用所学知识发现问题、提出问题、判断问题和解决问题的能力,增强社交能力和团队精神(刘智运,2006)[20],促进学生的发展并培养其创造性(王升,2002)[86]。

二、研究性学习的基本特征

从对"研究性学习"内涵的分析可知,研究性教学不同于传统教学的功能和特征,这些特征对于激活学生的自由个性、学习兴趣、内在潜力、创新精神以及培养学生的科学素养和实践能力,具有重要的价值。当然,由于研究性学习的内涵可以从不同的角度去认识和理解,研究性学习的实践根据不同的标准可以划分为不同的模式和类型,这就决定了研究性学习的特征也必然是复杂的、丰富的和多元的,难以给出一个全面的和完整的答案。例如,李子建和尹弘飚(2004)[64]从"教学"的角度理解研究性学习,系统总结了传统教学与研究性学习在基本假设、课程编制、教学重点、教学程序、教学内容、学习动机、师生角色以及评价方式等方面的显著差异,见表 5.1。

表 5.1　传统教学与研究性学习的比较

	传统教学	研究性学习
基本假设	学生是有欠缺的;教师应提示学生的不足,直接指导学生学习	学生具有潜在的学习能力与学习兴趣;教师应引导学生学习,建立(重建)学生的能力和自信
课程编制	阶梯型(目标→成就→评价)	登山型(主题→探究→表达)
教学重点	获得基本知识和技能	运用知识和技能,形成积极的情感、态度与价值观,强调知识、能力与态度的整合
教学程序	指导性的活动;封闭的、有既定的步骤	自主、开放与探究的活动;随着学生的进度而调整
教学内容	教师选择学习活动和提供合适的教材;预设的、未知的、新的学习内容	学生从教师提供的活动中有弹性地选择其学习内容和程度;与生活结合,与学生先前的经验联系
学习动机	外在学习动机为主,学生更加关注教师的赞赏与奖励	内在学习动机为主,学生因兴趣、对学习的满足感而投入学习

续表 5.1

	传统教学	研究性学习
教师角色	处于外显位置：教师是专家，教导、命令、指示、鼓励学生达到目的；知识的占有者与传播者	处于隐蔽位置：引导、建议或暗示很多可能性、倾听、提问、鼓励学生有不同的想法；探究的伙伴与促进者
学生角色	处于隐蔽位置：教学过程中的"听众"和观众	处于主导位置：学生是专家，围绕着一个自己的问题去寻找答案，做出独特的结论；知识的建构者
评价方式	重视总结性评价，以量化评价为主	重视形成性评价；强调质化评价与量化评价的结合

为了便于直观、简明地认识和理解研究性学习的内涵与机理，本节从教与学两方面，把研究性学习的一般性特征归纳如下：

在"教"的方面，研究性学习的主要特点有：①在教学内容上，突出问题和情景的设置，并将知识点隐含于问题分析的结果之中，强调知识的生成和灵活运用；②在教学方式上，突出启发性、引导性、探索性等特征；③在教学目的上，强调学生知识和技能的自主生成以及学生潜力与个性的发掘；④教师的角色体现为学生学习的倾听者、引导者、合作者和促进者。

在"学"的方面，研究性学习的主要特点有：①在学生角色上，突出学生的主体地位，强调学生学习的自主性、能动性和独立性；②在学习内容和学习目标上，强调隐性知识、研究方法、研究经验、科学态度、科学精神和自由个性等多元内容和目标；③在学习方式上，强调问题性、探索性和过程性，把学习看作学生质疑、判断、比较、选择、分析、综合、概括和得出结论的过程（刘智运，2006）[87]，把问题看作是学习的动力、起点和贯穿学习过程的主线，把学习过程看成是发现问题、提出问题、分析问题和解决问题的过程；④在学习场景上，强调师生之间、学生之间在开放、宽松、民主、平等、热烈、和谐的探索氛围中，密切合作与有机互动，共享学习成果和学习经验。

三、研究性学习的模式和类型

研究性学习的模式和类型是多样化的，体现在实践和研究两方面。

在实践方面，不同的国家和地区对研究性学习有着不同的实施模式类型（李子建等，2004）[64]，例如美国和加拿大倡导"探究学习"（inquiry-based Learning）"项目学习"（Project-based Learning）以及"基于问题的学习"（Problem-based Learning，PBL），法国实施"有指导的个人实践活动"（Travaux Personnellle Encadres，TPE），日本设置了"综合学习时间"，我国香港地区设立了"专题研习"（Project-based Learning）。不同的高校对于研究性学习有着不同的实施模式和类型,如麻省理工学院设置了本科生研究机会计划(UROP)、独立活动期计划(LAP)、工程实习项目(EIP)、综合研究项目(ISP)等实践模式,加州伯克利大学则设立了"本科生科研学徒计划"(U2RAP)、本科生研究经验计划(REU)、校长本科生研究奖学金计划(PUP)等类型。

在研究方面,不同的教师和学者对于研究性学习有着不同的认识和划分。代表性研究主要有以下几种。

Duch 等(2001)[88]归纳了美国的 4 种基于问题的研究性学习模式。

(1)医学院模式(Medical School Mode1)。这种模式较多地使用在医学院临床医学的教学中,学生通常被分成 8 ~ 10 人一个小组,由小组安排时间讨论学习材料,在小组探讨案例或者问题过程中强调以学生中心,教师主要作为指导者或主持人而很少或者根本不讲课。当班级小组数较多时,教师可以使用研究生、外聘人员等人员辅助教学。

(2)流动促进者模式(Floating Facilitator Mode1)。该模式把学生分成 4 ~ 5 人一个小组,使每个成员在各种小组活动中承担足够的学习责任,有足够的发言时间。在该模式只有一部分课堂时间用于每个小组的讨论,教师作为流动促进者从一个小组转到另一个小组,提问答疑。然后在其他时间安排每个小组分别向全班汇报或演示问题解决方法和小组讨论结果,有必要时就进行全班讨论,或者开展小型讲座,促进学生进一步的学习和交流。

(3)同学导师模式(Peertutor Mode1)。当班级较大、小组数量较多时,任课教师可以使用经过培训的优秀本科生担任导师角色,同学导师的主要作用包括:协助教师检查讨论的内容,督促小组讨论,确保讨论的深入和深化;为无经验的学生做出榜样,促进每个学生都积极参与;协助教师了解各个小组的情况,并回答学生提出的部分问题,或通过提出问题引导学生讨论。

(4)大班模式(Large Class Mode1)。对于班级规模大、小组数量多的情况,教师可以使用优秀本科生或研究生助教担任流动促进者,协助班级管理。为了防止讨论偏离主题,教师把小组讨论时间限制在 10 ~ 15 分钟,明确学生在讨论中的责任,并要求讨论结束后每个学生和每个小组都做出汇报。

Windschitl(2003)[89]从教师指导这一视角把研究性学习分为 4 种。

(1)证实经验(Confirmation Experiences),学生根据设定的程序证实已知的科学原理。

(2)结构性探究(Structured Inquiry),教师呈现给学生一个未知答案的问题,让学生按照一定的步骤去分析和解决。

(3)引导式探究(Guided Inquiry),教师提供学生一个问题去研究,但需要学生自行探索和选择解决问题的方法。

(4)开放或独立的研究(Open or Independent inquiry),教师允许学生去发展自己的问题,并设计他们的研究。

刘智运(2006)[87]则提出了4种独立的研究性学习模式。

(1)问题探讨模式,这种模式由教师在课堂上呈现需要探讨、解决的典型问题或案例,学生在教师指导下通过分析与探讨,寻求问题解决的方法与技巧,培养思维能力。

(2)课题研究模式,这种模式由教师提供课题供学生选择或学生根据各自专业和兴趣设计研究课题,并在教师的指导下自主探索,实施研究计划,完成课题研究。该模式注重学生主动探索和社会实践的能力的训练,更适用于课堂下的研究性学习,可采取实验探索或调查研究的方式进行。

(3)学习小组模式,此模式把学生分成每组4~5人的若干小组,使每个人承担所在小组的部分任务,分配一部分课堂时间用于小组内讨论,教师流动到各组问答题促进各组讨论,每个小组都要向全班汇报小组讨论结果和问题解决办法,并进行全班讨论、辩论。

(4)科技创新活动模式,可以通过开展大学生科技创新与学科竞赛活动,充分展示大学生的学习研究才能,开拓大学生的学术视野。

Levy等(2007)[26]从师生的作用(学生引领VS. 教师引领)以及知识获取方式(获取现有知识VS. 建构新知识)两个维度认识研究性学习,如图5.2所示。

师生作用维度主要用于区分学生是独立学习还是由教师引导学习,根据此维度可以把研究性学习分为两大类4种类型。

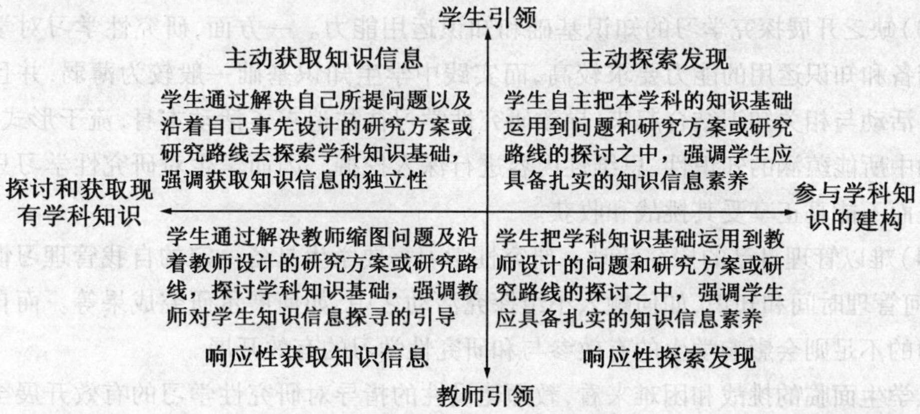

图5.2　研究性学习的维度和类型

(1)学生引领的自主学习(Student-led),强调学生学习的自主性和独立性,包括主动获取知识信息(Information-active)和主动探索发现(Discovery-active)两种学习类型。

(2)教师引领的学习(Staff-led),包括响应性获取知识信息(Information-responsive)和响应性探索发现(discovery-responsive)两种类型。

知识获取方式维度主要用于区分学生学习是获取现有知识基础(Knowledge-base)还是建构新的学科知识基础,此维度也把研究性学习分为两大类4种类型。

(1)探讨和获取现有知识(Exploring and Acquiring Existing Disciplinary Knowledge),强调以获取学科现有知识为目标,包括主动获取知识信息和响应性获取知识信息两种类型。

(2)参与学科知识的建构(Participating in Building Disciplinary Knowledge),强调以学生现有知识基础为手段和工具去探索和构建新知识,包括主动探索发现和响应性探索发现两种类型。

四、研究性学习实施过程中的难点问题

上述分析表明,作为一种深层次的学习,研究性学习具有迥异于传统学习方式的复杂特点和多样化模式。这也就意味着,研究性学习的实施也必然会面临传统学习过程中所没有的困难和挑战。相关研究主要从教师和学生两方面分析了研究性学习所面临的困难和挑战。

Krajcik(1998)[90]、Edelson(1999)[91]、Thomas(2000)[85]等学者通过录像、实地观察、访谈以及文献梳理等方法对研究性学习项目中的学生进行了研究,根据这些研究可以把学生在研究性学习中经常面临的困难归纳为如下几点。

(1)不能持续地保持探究的兴趣和动机。学生的学习兴趣和动机往往随着学习过程中困难的增多而逐渐减弱,而兴趣和动机的不足则影响研究性学习的有效实施。

(2)缺乏探究技能,包括不能提出有意义的问题,不能有效地运用科技手段,不能根据研究问题系统地收集和分析资料,不能根据资料总结研究发现、不能系统地完成学习任务等。

(3)缺乏开展探究学习的知识基础和知识运用能力。一方面,研究性学习对学生的知识储备和知识运用的能力要求较高,而实践中学生知识基础一般较为薄弱,并且不能将学习活动与相关知识结合起来,导致研究性学习往往追求了活动本身,流于形式,无法对活动中所能蕴涵的知识性、思维性内容进行深入挖掘。因而学生对研究性学习只能浅尝辄止而不能真正享受其挑战和收获。

(4)难以管理自己的探究活动。研究性学习需要学生具备一定的自我管理习惯和能力,如何管理时间和知识,如何融入小组探究活动之中,如何展示研究成果等。而自我管理能力的不足则会影响学生的有效参与和研究性学习的有效开展。

从学生面临的挑战和困难来看,教师建设性的指导对研究性学习的有效开展至关重要。根据 Thomas(2000)[85]等学者的研究,可以把教师在研究性学习实施过程中所遇到的主要困难归纳为如下几方面。

(1)需要投入过多的时间和精力。研究性学习需要教师事先设置相应的问题或情境,并将所学知识融入到要探讨的问题和案例之中,这就要求教师花费更多的时间和精力进行备课和上课,而现实中教师往往会面临教学和科研等工作之间在时间安排上的冲突。

(2)难以控制和管理研究性学习的过程。研究性学习需要教师在维持教学秩序与学生自由支配之间平衡,确保教师指导与学生探究之间的平衡和互动,而在实践中教师往往难以恰当的把握这种平衡。

(3)对教学技术和教学方法的要求更高。研究性学习要求教师掌握并灵活运用启发诱导、情景设置、问题驱动、案例分析、小组合作多样化的等教学方法和技巧，要求教师把各种现代科技手段作为认知工具充分地运用于指导学生学习之中，而现实中教师深感自身难以胜任这些要求。

(4)研究性学习的评价较为困难。教师不能设计恰当的工具和方法评价学生在学习过程中的理解程度和需要程度，从而难以在学习过程中给予学生恰当的反馈。

本章小结及补充性说明

本章从文献归纳分析以及与传统教学相比较的角度，较为全面地阐述了研究型教学的内涵、特点、类型、功能与意义、发展脉络、实施模式及其面临的难点问题。研究结果表明：第一，把研究引入教学具有较为长远的历史基础和丰富的理论基础，是发达国家理论界和实践界关注的焦点之一，也是我国教学改革和发展的必然趋势；第二，在研究性教学中，可以实现教学相长、教学研究相长，可以实现知识建构与能力发展的统一，情景体验和与目标超越的统一；第三，研究型教学有助于教育教学理念的更新、创新人才的培养、融洽师生关系的构建以及教师素质的提升，它具有多种实施模式和方法，但同时也面临着诸多需要克服的问题。

本章是全书中作者唯一不在自身研究积累基础上成稿的一章。书稿初稿中原本没有本章内容，后来考虑到内容体系的完整性以及研究型教学理论支撑的必要性，直到2013年11月底才决定增加该章内容。但由于笔者没有相应的研究积累，需要查阅大量文献，再加上教学任务繁重以及各种琐事缠身，直到2014年5月初才勉为其难地形成本章初稿。本章的理论总结和分析为我们在实践中进一步认识和实施研究型教学提供了理论指导和方向引领，为更好地理解教学实践篇中的研究型教学案例奠定理论基础。

本章参考文献

[1] 张建林. 科研引入教学过程经典理论之贯彻[J]. 江苏高教,2005(3):65-67.

[2] 许晓东,刘玉,江建军,等. 基于网络的研究性教学模式探索[J]. 高等工程教育研究,2006(1):107-110.

[3] 陈小鸿. 高校研究性教学的内涵、评价与管理[J]. 高教与经济,2008(3):7-11.

[4] 李宏祥,姚利民,史曼莉,等. 大学研究性教学内涵、特征和过程[J]. 湖南社会科学,2008(5):172-175.

[5] 贡福海. 研究性教学体系构建:点、线、面、体结合[J]. 中国大学教学,2009(4):75-76.

[6] 别敦荣. 研究性教学及其实施要求[J]. 中国大学教学,2012(8):10-12.

[7] 龙跃君. 高校研究性教学的价值反思与内涵解读[J]. 中国大学教学,2006(6):22-23.

[8] 赵洪. 实施研究性教学难点与重点[J]. 中国高等教育,2006(19):42-43.
[9] 韦宝平. 创新教育视角下的研究型教学[J]. 江苏高教,2003(4):85-86.
[10] 刘伟忠. 研究性教学中的难点与实施重点[J]. 中国高等教育,2006(24):36-37.
[11] 胡文龙. 生成性思维视域中的研究型教学探讨[J]. 教育科学,2010,26(2):46-50.
[12] 屈波,程哲,马忠. 基于自主性学习和研究性教学的本科教学模式的研究与实践[J]. 中国高教研究,2011(4):85-87.
[13] 王金发. 构建开放式研究性的教学与学习新模式[J]. 中国高等教育,2007(21):20-22.
[14] 范钦珊,殷雅俊,陈建平,等. 实施研究型教学的创新之路[J]. 中国高等教育,2013(5):23-25.
[15] 周光礼,朱家德. 重建教学:我国"研究性学习"三十年述评[J]. 高等工程教育研究,2009(2):39-49.
[16] 李元元. 积极探索建立研究型教学新模式[J]. 中国高等教育,2004(17):20.23-24.
[17] 辛继湘. 自由是研究性教学的基本精神[J]. 高等教育研究,2009,30(9):63-67.
[18] 韦宝平. 创新教育与教学模式改革——兼论研究型教学[J]. 中国成人教育,2002(11):48-49.
[19] 张晓宏. 高校研究型教学范式之探究——启发式教学[J]. 教育探索,2007(3):63-64.
[20] 刘智运. 论高校研究性教学与研究性学习的关系[J]. 中国大学教学,2006(2):24-27.
[21] 梁天珍. 研究性教学的内涵、特点及实施策略[J]. 教育与职业,2013(6):114-115.
[22] 何云峰. 大学"研究性教学"的发展路向及模式建构[J]. 中国大学教学,2009(10):81-83.
[23] GRIFFITHS R. Knowledge production and the research-teaching nexus: the case of the built environment disciplines [J]. Studies in Higher Education, 2004, 29 (6): 709-726.
[24] 汪霞. 大学研究型教学中的"研究"[J]. 教育发展研究,2007(11B):43-46.
[25] WIKIPEDIA. Research – informed teaching. [EB/OL]. (2014 – 06 – 21) [2014 – 08 – 13]. http://en.wikipedia.org/wiki/Research – informed_teaching.
[26] LEVY P, PETRULIS R. Towards transformation? first year students, inquiry – based learning and the research/teaching nexus [C] // In: Proceedings of the Annual Conference of the Society for Research into Higher Education (SRHE), Brighton, UK, 11

-13 December 2007.

[27] HEALEY M. Linking research and teaching exploring disciplinary spaces and the role of inquiry - based learning [C]// in BARNETT R. (ed.) Reshaping the university: new relationships between research, scholarship and teaching. Maidenhead: McGraw - Hill/Open University Press, 2005:30-42.

[28] 史曼莉,姚利民,康雯,等. 研究型教学思想发展初探[J]. 大学教育科学,2008(6): 35-41.

[29] 联合国教科文组织国际教育发展委员会. 学会生存——教育世界的今天和明天[M]. 北京:教育科学出版社,1996: 181,163.

[30] 单中惠,朱镜人. 外国教育经典解读[M]. 上海:上海教育出版社,2004:532.

[31] 韩普生. 教育——财富蕴藏其中[N]. 中国教育报,2001-05-24(8).

[32] 应俊峰. 研究型课程[M]. 天津: 天津教育出版社,2001:9-13.

[33] 美国高质量高等教育研究小组. 投身学习:发挥美国高等教育的潜力. 吕达,周满生. 当代外国教育改革著名文献(美国卷·第一分册)[C]. 北京:人民教育出版社,2004.37.

[34] 侯定凯. 博耶报告 20 年:教学学术的制度化进程[J]. 复旦教育论坛,2010,8(6): 31-37.

[35] BOYER E L. Scholarship reconsidered: priorities of the professoriate [R]. New Jersey: The Carnegie Foundation for the Advancement of Teaching, Princeton University Press, 1990.

[36] NATIONAL RESEARCH COUNCIL. The national science education standards[M]. Washington DC: National Academy Press, 1996: 30-45.

[37] The boyer commission on educating undergraduates in the research university. reinventing undergraduate education: a blueprint for america's research universities [EB/OL]. (2002-10-06)[2014-08-13]. http://www.sunysb.edu/press/021006-Boger.

[38] 伍红林. 从《博耶报告三年回顾》看美国研究型大学本科生研究性教学[J]. 高等工程教育研究,2005(1): 79-82.

[39] STLHE. Society for teaching and learning in higher education [R/OL]. 2009 STLHE Annual Report. [2011-07-18]. http://www.stlhe.ca/wp-content/uploads/2011/07/2009-STLHE-Annual-Report.pdf.

[40] WEIMER M E. Pedagogical scholarship: a primer on previously published Work[R]. Ontario:Workshop Handout (Presented at the University of Guelph),2005:11.

[41] THE HIGHER EDUCATION ACADEMY. The UK professional standards framework for teaching and learning in higher education [EB/OL]. (2007-05-13)[2014-08-

13]. www. heacademy. ac. uk/ourwork/policy/framework.

[42] RESEARCH ASSESSMENT EXERWSE Assessing pedagogic research: conclusions and advice [EB/OL]. (2010 - 09 - 10) [2014 - 08 - 13]. www. rae. ac. uk/aboutus/policies/pedagogic/assess. doc.

[43] THE UNIVERSITY OF SYDNEY. SCHOLARSHIP INDEX 2009 (Reference Year 2008) [EB/OL]. (2009 - 10 - 26) [2010 - 09 - 10]. http://www. usyd. edu. au/learning/quality/docs/funding/si/ref_year_2008/revised_si_criteria_reference_year_2008. pdf.

[44] THE UNIVERSITY OF QUEENSLAND. Report of the working party on diversity of academic roles [EB/OL]. (2007 - 09 - 10) [2010 - 09 - 10]. www. uq. edu. au/shared/.../DiversityofAcademicRolesReportApr07. pdf.

[45] 胡建华. 日本大学教学改革的启示[J]. 江苏高教,2001(6):108-110.

[46] 魏春燕,李林. 日本高等教育改革现状与展望[J]. 外国教育研究,2000,27(3):41-45.

[47] 孟宪承. 中国古代教育文选[M]. 北京:人民教育出版社,1979:18,19,255,254,267.

[48] 毛礼锐. 中国教育史[M]. 北京:人民教育出版社,1979:54,92,94.

[49] 薛忠祥,岳伟. "研究性教学"与"朝三暮四"式创新的思考[J]. 当代教育科学,2012(7):20-23.

[50] 唐景莉. 坚定迈出提高质量新步伐[N]. 中国教育报,2008 - 11 - 12(1).

[51] 北京师范大学教务处. 研究性教学:创新人才培养的成功模式[N]. 中国教育报,2006 - 10 - 13(4).

[52] 伯顿·克拉克. 探究的场所——现代大学的科研和研究生教育[M]. 王承绪,译. 杭州:浙江教育出版社,2001.

[53] 雅斯贝尔斯. 大学之理念[M]. 邱立波,译. 上海:上海世纪出版集团,2007:73-74.

[54] 罗杰斯. 学会自由[C]//瞿葆奎. 教育学文集,教学(上册). 北京:人民教育出版社,1988:712.

[55] ROGERS C R. Freedom to learn: a view of what education might become[M]. Columbus, Ohio: Charles E. Merrill, 1969: 18.

[56] 袁振国,巨瑛梅,刘旭东. 当代国外教学理论[M]. 北京:教育科学出版社,2004:224,237.

[57] D HOLT - REYNOLDS. What does the teacher do? Constructivist pedagogies and prospective teachers' beliefs about the role of a teacher[J]. Teaching and Teacher Education, 2000(16): 21-32.

[58] 夏锦文，程晓樵. 研究性教学的理论内涵与实践要求[J]. 中国大学教学，2009(12)：25-28.
[59] 钟启泉. "研究性学习"的基本内涵[J]. 上海教育科研，2005(2)：1.
[60] THE BOYER COMMISSION ON EDUCATING UNDEEGRADUATE IN THE RESEARCH UNIVERSITY. Reinventing undergraduate education：three years after the boyer report. [EB/OL](2002 - 10 - 06)[2014 - 08 - 13]. http://www. Sunysb. edu/press/02/006 - Boyer.
[61] 姜芳，杨晋明. 浅析研究性教学在高校教学中的运用[J]. 教育与现代化，2004(1)：25-28.
[62] 汪劲松，彭方雁，汪蕙，等. 实施研究型教学推进创新性教育[J]. 中国高等教育，2003(6)：26-28.
[63] 张人红. "研究性学习"在美国[J]. 教育发展研究，2011(8)：47-48.
[64] 李子建，尹弘飚. 研究性学习实施论纲[J]. 课程·教材·教法，2004，24(3)：22-31.
[65] 龙慧灵，熊黎，龙海明. 论研究性教学与研究性学习[J]. 社会科学家，2010(8)：119-122.
[66] 钟启泉. 研究性学习：课程文化的革命[J]. 教育研究，2003(5)：71-76.
[67] 辛占香. 研究性学习的思想渊源与实践基础[J]. 河南大学学报：社会科学版，2005，45(4)：159-162.
[68] ALBERTA. Focus on inquiry：a teacher's guide to implementing inquiry - based learning[R/OL]. Learning and Teaching Resources Branch，2004. http://education. alberta. ca/media/313361/focusoninquiry. pdf.
[69] REGER B H. How does participation in inquiry - based activities influence gifted students' higher order thinking? [M]. West Lafayette，Indiana：Purdue University，2006.
[70] GOODOAD J I. Curriculum as a field of study[C]// A. Lewy. The international Encycolpedia of curriculum. Oxford：Pergamon Press，1991：3-7.
[71] 陆璟. 研究性学习及其基本特征[J]. 教育发展研究，2000(10)：26-28.
[72] 教育部. 教育部关于印发《普通高中"研究性学习"实施指南(试行)》的通知[EB/OL]. (2001 - 04 - 09)[2011 - 03 - 22]. http://www. moe. edu. cn/publicfiles/business/htmlfiles/moe/moe_16/201001/82009. html.
[73] 文新华. 关于研究性学习的研究[J]. 教育发展研究，2002(4)：52-54.
[74] 彭寿清. 研究性学习的组织与评价[J]. 教育研究，2005(4)：68-71.
[75] [英]马尔科姆·泰特. 高等教育研究：进展与方法[M]. 侯定凯，译. 北京：北京大学出版社，2007：67.
[76] 宋泽成，宋唐秦. 谈大学数学"研究性学习"教学方法[J]. 现代教育科学，2009

(4)：98-100.

[77] 郭戈. “研究性学习法”述评——苏霍姆林斯基的教学思想[J]. 教育理论与实践,1986(6)：43-44.

[78] 霍益萍,张人红. 研究性学习的特点和课程定位[J]. 课程·教材·教法，2000(11)：8-10.

[79] 张华. 论“研究性学习”课程的本质[J]. 教育发展研究,2001(5)：14-18.

[80] FRAZIER D L. Evaluating the achievement outcomes of 5th - grade students following their enrollment in federally - funded, inquiry - based classrooms to determine program sustainability[M]. Nebraska：University of Nebraska at Omaha, 2008：40.

[81] 聂志成. 研究性学习的本质、原则及其影响因素[J]. 中国教育学刊,2003(3)：37-40.

[82] 石中英. 试论研究性学习的性质[J]. 课程教材教法,2002(8)：14-17.

[83] KUHN D, BLACK J, KESELMAN A, et al. The development of cognitive skills to support inquiry learning[J]. Cognition and Instruction, 2000, 18(4)：495-523.

[84] BARRON B, DARLING - HAMMOND L. Teaching for meaningful learning：A review of research on inquiry - based and cooperative learning[EB/OL]. (2008 - 06 - 08)[2014 - 08 - 15]. http://www. edutopia. org/pdfs/edutopia - teaching - for - meaningful - learning. pdf.

[85] THOMAS J W. A review of research on project - based learning[EB/OL]. (2004 - 07 - 29)[2014 - 08 - 15]. http://www. bobpearlman. org/BestPractices/PBL_Research. pdf.

[86] 王升. 论研究性学习[J]. 课程教材教法,2002, 22(5)：6-10.

[87] 刘智运. 构建大学生研究性学习的新体系[J]. 教学研究,2006, 29(5)：377-383.

[88] DUCH B J, GROH S E, ALLEN D E. The power of problem —based learning：a practical “how to” for teaching undergraduate courses in any discipline[M]. Sterling, Virginia：Stylus Publishing,2001：40-44.

[89] WINDESCHITL M. Inquiry projects in science teacher education：what can investigative experiences reveal about teacher thinking and eventual classroom practice? [J]. Science Education,2003, 87(1)：112-143.

[90] KRAJCIK J, BLUMENFELD P C, MARX R W, et al. Inquiry in project - based science classrooms：initial attempts by middle school students[J]. The Journal of the Learning Sciences, 1998,7(3 & 4)：313-350.

[91] EDELSON D C, GORDON D N, PEA R. Addressing the challenge of inquiry - based learning[J]. Journal of the learning science, 1999(8)：392-450.

下篇　教学实践篇

——基于美国大学教学实践的透视

本篇是作者在对美国大学教学实地考察之后的思考和建议，主要从微观层面来探讨研究型教学的方法与艺术，在内容上从课堂、课程、教材、教师、学生、教学方法、教学质量、教学评价等方面分为7章展开，以期从微观上借鉴他山之石抛砖引玉，推进我国研究型大学研究型教学的探索和创新。

本篇的主要内容包括：

◆ 第六章：课堂教学要素及其组织

◆ 第七章：教材选用与课程设计

◆ 第八章：角色定位与角色互动

◆ 第九章：课程考试与毕业答辩

◆ 第十章：学评教的组织与实施

◆ 第十一章：创新模式与荣誉制度

◆ 第十二章：培养目标与实现路径

第六章　课堂教学要素及其组织

教学改革是学校改革的主旋律,而课堂教学改革则应是这一主旋律的主题歌,课堂教学要素的重组和合理安排则是课堂教学改革的根本途径。改革开放以来,高等学校在教学改革方面取得了可喜的成绩,获得了丰富的教学改革成果。但是就总体来讲,我们的教学改革也包括课堂教学改革还不能满足21世纪对培养创造性、复合型、高素质人才的要求,不适应正在逐步形成的社会主义市场经济发展的需要,也远远跟不上进一步改革开放和走向国际化的发展步伐。本章主要从课堂教学要素的视角探讨课堂教学过程、各个环节和各个方面需要关注的问题,并以美国大学教师的教学为案例来探讨教学要素的组织方法与技巧。

第一节　高校的课堂教学缺少什么及思考

课堂教学是向学生传授知识、技能和培养各种能力的主要途径,也是进行理想道德、良好作风和心理素质教育的重要途径,可以说,搞好课堂教学改革就抓住了教学改革的龙头,就能从根本上保证学生的培养质量。课堂教学涉及教学的方方面面,诸如教育思想、教学思想、教学方法和艺术,人才培养的标准和质量,师德和教风、学风和校风,课程设置和专业,教师的水平与能力,教材改革、备课要求、课堂组织、实践环节以及考试方法、教学评估与教学研究等。因而,这项改革必须抓住重点,不断深入,也必须跳出旧的框框的束缚,做一番深入细致的调查研究。如何深化课堂教学的改革呢?从问题出发,应该是一个好方法,既找出目前课堂教学存在的问题,深入地分析和研究这些问题的原因,进而找到解决的办法,也就找到了深入教学改革的切入点。

和美国高校的课堂教学相比,我们的课堂教学有自己的特色,如知识的系统性、全面性,教学的严谨性、连续性和完备性等;也有自己的问题,主要是课堂不够活跃,缺少个性、特色和生动性、多样化,尤其是在培养创新能力和发挥学生特长方面存在相当的差距。我们的课堂教学缺少什么?这是我在听美国教授讲课时一直考虑的问题。提出这些问题并不是要否定我们多年来教学改革的成果,也不是否认我们有许多好的教师,可贵的教学经验和丰富的教学成果,只是想集中地探讨一下我们的课堂教学存在的问题,引起广大教师的共鸣和思考,算是抛砖引玉吧。况且,这些问题不是具体地针对哪一个教师或哪一节课、哪一门课,而是从总体上着眼;同时,这也不仅仅是一个学校的问题,而是全局的问题;不是一朝一夕的问题,而是长期存在的问题,从根本上说是教育思想和教学指导思想上的问题。正如教育部高等教育司张尧学司长讲的那样,“狠抓教育教学质量有深刻背景,旧教学模式有待脱胎换骨”“以高质量的高等教育迎接新世纪的挑战”“人才培养模式要尽快从旧体制的影响下摆脱出来”。[1]

一、课堂教学到底缺少什么

第一,缺少课前调课查,缺乏对学生的深入了解。不论是文科还是工科,也不管是本科生还是研究生,较少听到哪一门课在开课之前,任课教师采取各种方法了解听课者的情况,了解学生对有关知识的准备以及学风、特点和对本课程的要求与希望,知己而不知彼,知书本而不知学生,只能怎么备课怎么讲,教师讲什么,学生听什么。

第二,缺少现代化手段。虽然一些课程使用了多媒体教学等现代化教学手段,并且正在研发一些新的多媒体课件,应该说只是刚刚起步,还缺少经验,教师和学生都有一个适应的过程,有的只是把书上的知识内容搬到屏幕上,缺乏现代化手段与传统教学方法良好的结合,没有充分发挥多媒体的作用。总体来讲,大多数课程还很少应用多样的教学手段,诸如幻灯机、投影仪、对讲机、电视机、计算机、多媒体技术、信息网及其他现代化教学技术和设备,还是口干舌燥地讲,手酸臂涨地在黑板上写,从课本到笔记本的移动,缺少声、像、光、电等立体教学的效果,使课堂教学缺乏生动、直观性、鲜明性和实验论证性,缺少感观效果、说服力和吸引力。

第三,缺少高水平多样化的主教材,辅导、辅助类的教材和阅读教材及相关资料也很缺乏。一是高水平的主教材少,有的课多少年都是一本书、一类书或一种书,缺少新意,知识陈旧;二是用得少,有的教师就用一本书,即使有一些辅助教材发下来也只是摆样子,讲课不用,思考不用,作业不用,考试更不用。同时,相当多的辅助教材起不到辅助作用,图书馆又缺乏与主教材相适应的辅助辅导类书籍,学生学的往往是一种理论,一类方法,一种思维,一家之言,缺少比较对照和鉴别,不利于创新和发展,不利于能力的培养和提高。

第四,少质疑、少问题。一些课堂上,教师很少让学生提出问题,也不给学生足够的提问机会,有时教师也想提问一下,结果又事与愿违,还总怕耽误时间,影响进程,更习惯于自己讲,或者是自己问自己答,似乎书本上的全正确,老师讲的是100%的真理,学生的任务就是接受、接受、再接受,其结果必然是使学生形成了相信老师、相信书本的固定思维模式。无质疑就不会有新发现,不提出问题怎么能发展和创新,这种传递式、单向交流、无个性化教学的方式必然会抹杀学生的好奇心和创造性,对培养人才是极其有害的。

第五,少参与、少交流。一些教师习惯于满堂灌,一讲就是45分钟,学生听得无情绪,无味道,全是“别人嚼过的馍”,学生极少参与知识的形成过程,理论的创造过程,完全变成了知识接收器,无法发挥特长,产生创造思维和想象,更无批判、鉴别的空间和余地,少数老师甚至不喜欢学生参与和发表不同见解,似乎学生就是学生,不可能当老师,更不能指出老师的问题和有不同意见,既少师生间的双向交流,也少学生间的多向交流,使学生常常处在被动的学习状态,课堂气氛沉闷、死板,课堂变成了封闭式的简单循环过程。

第六,少方法和艺术。大学的课堂教学应当是丰富多彩、形式多样和充满幽默与艺术的。我们的一些课堂既缺少多样性的课堂教学方法,又缺少教学艺术。过去老师怎么教我,我就怎样教学生,上课就是背讲义、写黑板,复习就是抄写、画出题的范围,考试就是背和答,听课时学生大脑无法兴奋,激活脑细胞,更不用说集中精力跟上老师的思路,还有的课不管什么内容、什么学生,年复一年、月复一月地都是一个样地讲、一个声调、一个表情、一个模式、一个方法,缺少变化和新意,缺少魅力、魔力和吸引力。说到艺术,也不仅是讲的艺术、语言的艺术,还包括课堂教学组织的艺术,提问的艺术,教学设计的艺术,考试方法的艺术,鼓励和激励学生的艺术,巧用教材的艺术,运用各种教学手段的艺术,创造良好的教学气氛的艺术,和学生融洽相处和沟通的艺术等。

第七,少信息和信息传播。一些教师既很少参加基础研究和实践应用,也不愿进行教学科学研究和实验,靠吃老本过日子,本身信息就少,传播和交流信息的意识又不强,不善于充分利用课堂传播有利于学生成才和本课程学习的各种信息,只有书本知识,只有以前备课的内容和信息,个别课程甚至几年也没有什么新内容、新变化,更不用说本学科、本专业新的发展方向,科研前沿,新理论、新观点和新动态。

第八,少实验、少科研。一些课程缺少认真的课堂教学的实验和研究,缺少追踪分析和评估评价,少数教师不会和不热心课堂教学的实验和研究,更缺乏对课堂教学的总结、对比、分析和改进,并且缺少经常性、权威性和系统性的教学评估,一些学校和院系的评价又往往是为评职称服务,为对教师进行鉴定服务,缺乏保证课堂教学质量的有力措施,缺乏教学不断改革和创新的原动力。

第九,少理论、少创新。高水平的课堂教学需要现代教学理论的指导,从目前我国高校的情况看,多数教师都没有系统地学习过高等教育和教学的基本理论,因而既对教育的基础理论知之不多,又对教育的现代理论知之甚少;既对著名的教育家和教育大师缺乏了解,也不甚理解新的教育思想、教学方法和教学手段。因而许多课堂教学是一种简单的重复,是个人经验性的摸索和师傅带徒弟式的模仿,教学上缺少变化,更缺少创新,似乎教育理论只是指导师范类学生,只是给中小学教师用的,大学教师没有教育理论照样当好教授,这种长期形成的观念和习惯严重影响了大学课堂教学的质量,并且这些问题现在还正在影响教学的效果和质量,也阻碍了课堂教学的改革和创新。

以上"九个缺少"可能不够全面,也可能有些偏颇,或许会引起疑异和争论。不管怎么说,或多或少,或轻或重,这些问题可以在一些学校和一些学校的一些课堂上发现,特别是教学改革的一些深层次的问题还远远没有解决,我们应该持这种实事求是的态度。

二、问题的简要分析

透过上述的"九个缺少",还应当进一步分析其实质和根源,教师课堂教学中的一些表现,课堂教学上的缺少的背后,反映的应该是以教学为中心、以培养人才为根本的思想的缺少,现代教育思想和教学观念的缺少,学校和各院系在管理上、政策上和导向上对教学重视和支持的缺少,这些问题和差距可概括为如下 3 个方面。

第一,在教育思想上,还没有把培养德、智、体全面发展的复合型创新人才的思想变为每个教师的具体行动,使广大教师自觉地从完成教学任务的“教书匠”转变为全心全意培养高质量人才的教育专家,树立全新的教育思想和教学观念。这个问题可以从两个方面认识,首先,从教师个体上看,少数教师确实存在责任心、事业心不强,对教学任务应付,把教学当成了副业的状况,在一些学校里,教授不教,讲师不讲,或者教的水平越来越低,讲的质量越来越差,没有把主要时间和精力放在教学育人上,严重地损害和扭曲了教师的形象和教学的神圣。其次,作为更重要的原因,应当是领导上、政策上和管理上的问题,教学和育人在文件上、在口头上以及在总结和汇报中总是放在很重要的位置,但是在实际工作中,一些学校和院系的领导则往往认为这是软任务,是“战略”任务,总是排不上号,因而科研冲击教学,开发影响教学,教学给其他工作让位的现象时有发生。更进一步讲,由于各高校和各院系的竞争、攀比愈演愈烈,市场经济大潮影响下价值取向的扭曲,急于求成,急功近利,使得一些政策和导向对教学很不利,中心工作往往处在被照顾、被倾斜的地位,广大教师在教学上的积极性没有得到及时的保护,在教学上的创新和改革没有得到应有的支持和鼓励,一些问题长期得不到应有的解决,重数字、重开发、重眼前、重报奖,忽视服务、忽视质量、忽视基层、忽视教学第一线,忽视创造条件和培养提高,忽视甚至牺牲长远利益和全面发展。这就是为什么教育部在 2001 年专门下发 4 号文件,特别强调“教学工作始终是学校的中心工作,必须高度重视高等教育的质量建设”“把加强本科教学工作列入重要工作日程”,各学校党政一把手是教学质量的“第一责任人”的根本原因。[2]

第二,在教学思想上,还是坚持以教师为主体,以传播知识为中心的传统教学思想和模式。习惯上,教师知道如何给学生知识,如何让学生通过考试,但并不擅长和熟悉如何培养学生能力和创造性思维。过去我们讲,给学生一勺水,教师要有一桶水。现在应该是除了给水外,更应让学生知道如何自己去挑水,去找水源,更重要的是教师这桶水也应该不断更新,应该永远是鲜活的。重要的问题是使每个教师都充分理解和实践这种新的培养人才的思想观念。使教师的角色从知识的传授者转变为智力的开发者和知识的构建者,从真理的权威持有者变为和学生一起研究、探索的学习者,从学生学业成功的摆渡人变为学生人生成功的领航人。这就要求各学校必须以战略发展的高度,为教师的发展和继续教育制定终身学习的培养规划,打破传统教学观念和思想的束缚,学习和接受现代教学思想,接受现代教育教学技术和技能的训练,使教师的思想道德和业务技术素质得到全面提高。

第三,在教学的模式和方法上,还往往停留在一本书、一个教师、一个教室、一块黑板(或一张投影屏幕)、一根粉笔(或一台计算机)、一言堂、一张考卷定乾坤(七个一);以教师为中心,以书本为中心,以课堂为中心(三个中心),教材和教学内容多年不变,教学方式方法多年不变,考核成绩和人才标准多年不变的传统教学上(三个不变)。可怕的是,不仅一些教师习惯于这样的教学，许多学生也是如此，正是长期地在这种环境和气氛下学习，扼杀了青年学生的批判、探索和创新精神；泯灭了他们的好奇心、想象力和求知渴望；弱化了他们的独立性、怀疑性和竞争挑战精神，培养出的学生必然缺少棱角、个性、特色和创造力。说到传统的教学方式，并不是要全盘否定，而是要扬弃，要与时俱进，变一为多，不断地创新和改革，以适应新时代、新标准的要求。

这里有许多问题需要解决，诸如：21 世纪培养创新型人才，给学校、教师和课堂教学带来了什么新的挑战？培养学生的创新能力、教师的创新能力如何？实施素质教师，教师的素质如何？怎么注重和解决非智力因素方面的培养和教育？高质量学生的标准到底是什么？如何评价什么是最佳的课堂教学效果？教师过好教学关的具体内容和要求是什么？如何把培养新型人才分解和落实到每一个学科、每一门课程上？怎样在政策和机制上保证教学的高质量等。特别是如何适应加入 WTO、教育国际化，建设现代大学制度，进入世界人才竞争大循环的挑战。

三、几点思考

首先，学校不仅是知识的仓库、中转站和传播地，高等学校更是知识的发源地，是新思想、新观念、新技术、新方法、新理论和新标准的发明地。这个创造不仅来自教师，也应当包括学生的参与，互教互学，相辅相成，举一反三，从有人教到自己学，从在教师的指导下学，到独立的自己的探索和研究，青出于蓝而胜于蓝，这大概就是教与学的辩证法。

其次，我们必须注重学生的个性发展，在达到基本要求的基础上，充分发挥学生的特长，支持和鼓励学生在学业上的差异、特色和优势的发挥，充分尊重他们的个性和创造力，尽最大可能创造条件，挖掘学生的潜能，通过教学特别是课堂教学为学生提供尽可能多的机会和舞台，开发学生这个巨大而又广泛的智力能源，使学校的教育培养不仅管一阵子，而是终身受益。

最后，也是最重要的，人才的培养，人才素质和能力的提高，归根结底是要靠广大教师的辛勤劳动和师生的共同努力来实现的。因而，重视教学就是既要重视教，也要重视学；既要重视教师，更要重视学生；既要重视课堂教学，也要重视课外活动；既要重视智力的开发，更要重视情商的培养和全面素质能力的提高。广大教师是很辛苦的，讲好每一节课是很不容易的，绝大多数教师都是千方百计要搞好教学的，存在这些问题除了投入少，机制、政策和待遇问题，一些人经验不足，水平和能力不高和少数人责任心不强外，根本的问题是长期受传统的教育思想和教学模式的束缚，不大可能轻易地走出多年习惯的旧框框，许多东西已成为固定的模式和思维定式。这是不能强求于每个教师的，也不能强求于具体的教学管理部门和哪一所高校，这一点恰恰说明了深化教学改革的必要性、重要性、艰难性和复杂性。培养人才是学校的根本任务，教育教学质量是学校的生命线，提高教学质量，抓好教学特别是课堂教学的改革是学校永恒的主题，不能期望一次思想观念讨论，一两次评估检查或一两个文件和规定就可以一劳永逸，而是要牢固地树立以教学为中心的思想，深入细致地研究教师教学中存在的困难,研究影响教师教学积极性和创造性的不利因素,努力创造一个使教师专心、热心和安心搞好教学的环境和氛围,采取既治标更治本的根本性永久措施,长期坚持,常抓不懈,只有这样,才能从根本上保证人才培养的质量。

第二节 提高课堂教学质量和效果的4个"3"

人才培养的质量是高等学校的生命线,而提高教学质量则应当是学校教学工作的永恒主题,课堂教学是培养人才的主要形式和重要渠道,提高课堂教学的质量和效果对提高教学和培养人才的质量具有极其重要的意义。本节主要介绍美国林肯内州大学课堂教学的一些做法和特点,并在以后的章节还会进一步具体、专门地说明和讨论,希望能够为提高我国高校的课堂教学质量和效果提供参考。

一、师生双方的3种特殊见面

课堂教学是教师和学生的双向活动,共同的活动当然是要见面了,不过这里讲的不是每次 Class Meeting 的见面,而是课堂之外师生间的3种沟通和见面:课前的见面和了解;课程进行中的沟通、帮助、指导和研究,也包括教和学的及时反馈;课程结束时的集中和单独会面。

(一)课前见面

课前见面,即课前调查,了解学生的情况,使教学更具有针对性和实际性。课程选修制的实行,使学生和教师可以很方便地沟通,一则是某些课程,本身就要求学生选课时要征得教师的同意;二则是一些学生的独立性和主动性很强,许多学生喜欢和任课教师课前接触;三则是一些任课教师也愿意通过课前了解,掌握学生的基本情况、想法、要求和专业职业特点。这就使得这种见面和沟通不仅存在,而且具有极强的生命力。这种课前的沟通和了解主要有3种方式:一是电话咨询或网上沟通;二是约见面谈;三是问卷调查。问卷调查主要用于了解学生的基本信息,学习该门课程的理由、目的、目标、相关经历以及对这门课的认识、需求等信息。

(二)课程进行中的3类必须见面

课程进行中的见面,可能会根据学校的不同、年级和专业的不同以及教师的不同而有较大的差异,多数的情况如下。

教师在上课时把自己的办公的时间、地点告知学生,并明确和学生见面的具体可行的时间和联系方式,许多教师还把这些信息就写在 Syllabus 内交给学生,以方便学生随时和教师取得联系以得到帮助。

这种会面大概有3个方面的内容:一是学生主动地找老师答疑,如学生学习中有困难和问题向教师求教,或者是上课没听懂,哪一部分阅读理解有问题,或是有什么需要解释和说明的；二是教师主动地找学生，如对学生作业、考试中的问题，没有完成或达到要求和有什么突出的成绩和变化等，一般来说，每一门课进行过程中，教师至少要和学生有一次这样的见面，甚至有的学校还在这方面做出明确的规定。这两种见面通常都是单独进行的；三是教师和学生共同确定和商定的见面，主要是讨论和研究问题，如论文的选题、调查和实验工作的准备和汇报、调查报告的准备和讨论、Presentation 的指导和帮助等，这种见面既可以是单独的，也可以是教师和小组成员一起讨论和进行必要的指导和咨询，通过这样的见面，使学生和教师之间及时沟通，增进师生之间的了解和理解，及时掌握教与学中的情况和问题，促进教与学的互动互助，增强师生之间的友谊，为课堂上师生之间能更好地交流和配合奠定了基础，起到了融洽和沟通作用，对提高课堂教学的质量和效果是极其有利的。

（三）期末考试和课程结束后的独特见面

这种见面有教师和学生的单独讨论见面，主要是对成绩评定方面的咨询和探讨，内容不必过多介绍；另一种是和全体学生的见面，即考试后再上一次课。关于这次课的主要内容，详见第八章第三节的介绍。

二、教学过程中的 3 个“tion”及其细节

教学过程中的 3 个“tion”主要是指 Question，Discussion 和 Presentation。

（一）Question

Question 是美国教师上课时最喜欢的、反复多次使用的一个词汇，它反映的是一种强烈的问题意识和质疑的习惯，也是和学生进行互动和交流的很好的切入点。这里的问题，主要不是教师提问学生，检查学生学得好不好、对不对，而是给学生以充分的时间和机会提出问题和自己的看法，培养学生善于思考问题和提出与讨论问题的习惯，当然也包括学生不理解、有疑问的问题的解答和讨论，归纳起来有如下几点：一是每门课至少要重复几次，如讲课进行中，某一重要原理、方法和新的概念等讲过之后，总要向同学们询问：Question？二是每堂课后最后几分钟，一般是 10 分钟之内，专门留出时间请同学们提问题并讨论。三是积极地鼓励和支持、欢迎学生们随时提问题。明确将善于提出问题和分析问题作为积极活跃参加课堂活动的一个突出表现，并且常常请学生互答，或者引导学生回答和思考，在回答学生问题时既注重问题本身的答案，更注重培养学生的思维能力。四是不论是哪个学生提出问题，也不管问题多么简单、幼稚，或者是离题和超越课程的内容，都不会嘲笑，也不会歧视，总是公平对待，认真地回答，给予积极向上的鼓励和支持。当然并不是允许无理取闹，或远离课堂而影响正常的教学。

（二）Discussion

说到 Discussion，大家并不陌生。所不同的是尽管美国的大学主要的讲课方式仍然是 Lecture，但相当多的教师都在课堂教学中组织若干次讨论，讨论的方式、方法和内容因课而异，多种多样，如问题回答式、概念解析式、理论深化式、主题发散式、专题收敛式、双

方辩论式、分组团队式、反复评论式等。多样式的课堂讨论使每个学生都融入其中,充分发挥自己的个性和特长,挖掘自己的潜能和想象力,培养思维的敏捷性、逻辑性和语言表达能力,为每个学生都创造了发挥和表现自己才能的机会和舞台。不仅仅是在文科、管理类学科有学生的课堂讨论,理工科课堂上的讨论也是屡见不鲜,使紧张的课堂同样充满活跃的生机和民主与想象的气氛。

(三)Presentation

Presentation 简单说就是论文和报告的口头汇报和介绍,是学生当教师的一次尝试和经历。这种做法也相当普遍,笔者所选上的 11 门课中,几乎每一门课都有学生的 Presentation,有的是学生独立进行的,有的是以小组形式进行的。Presentation 的整个组织过程是这样的,首先由学生在教师确定的范围内自由选题,自己选择小组成员,一般不超过 5 人,3 人为宜,然后根据题目确定角色、分配任务、制订计划、确定实施方案、明确时间表,经过个人分头行动和工作,再与小组合作讨论反复多次,逐步完成任务。这些任务可以是实验、操作、设计制作、调查采访、数据分析、个案分析、信息通报、事实和数据比较、理论和综述等。在此过程中,需要查找资料,现场调查和实验,归纳总结,综合分析等,并多次和教师讨论、研究,得到教师的指导帮助,最后在课堂上向全班同学报告,一般不超过 10 分钟,然后回答学生的问题,并接受同学们的评估。个人的 Presentation 一般主要是自己的论文和研究项目,只不过所有的工作都是由自己一个人完成,这种作业和任务是每个学生必须参加和完成的,并且每次的 Presentation 在整个成绩评定中占有较大的比例,通过这一次次的 Presentation,学生们的综合能力和素质都有很大的提高。诸如,对问题和题目的分析理解、对信息资料的捕捉,实际调查中的动手和实践能力,对资料、数据信息的筛选、分辨、归类,对典型或个案的分析、综合、比较,对数据结果的处理,运用逻辑思维,归纳推理、判断、书面文学语言和科技论文写作初步训练,以及最后的语言表达报告及问题回答等。可以说这是使学生进入科学研究领域的基本功和基本过程的全面训练,是完全符合学生能力和素质全面提高的综合培养目标的。

三、教学管理和服务的 3 个公开

教学过程中的 3 个公开或 3 个都知道,主要是指教学管理过程中的有关信息除了教师知道外,还要向学生公开,让学生都知道。一是教学管理的所有文件、信息、会议和服务设施、项目、地点、联系方式、负责人、程序、规则办法等都尽可能公开,尽可能让学生知道。二是每一门课的各种信息,如课程的代号,开设院系、时间、日期,讲课教师,教室、办公室,学分,教材、阅读教材,参考文献,课程的目的、主要内容,前期课程的要求,各章节的内容,教学目标,教学组织的方式、进程,教学方法等。三是考试方法、成绩评定的标准、各部分的比例、对成绩有异议的申诉等,全部提前向学生公开。这些公开的信息可以从 3 个渠道获得;一是校园网;二是学校印发 Bulletin[3] 和各种装订成册的文件和散页信息资料;三是每门课都有一个 Syllabus 发到上课的学生手中,人手一份。

这里有3点特别值得提出:一是强烈的信息意识和多样化的信息传播。在美国的大学里,你会对信息社会这个词有深切的感受,各种信息、资料共享同用,广泛的传播,多渠道多方面的渗透,有关教学管理,教师和课程的信息更是如此。二是突出的民主意识。民主的重要内容就包括公开、公平、公正,有知情权、选择权、参与权和监督权。要做到这些,首先就是公开,比如任课教师的情况,任何一个学生都可以了解到他所要选课的任课教师的多方面的情况,包括人事、经历、学历、教学课程、科研方向、各种成果、论文、获奖、学生的评价,目前所进行的研究等。三是真正的服务意识。为什么要把这些信息和情况公布呢?为什么要让每个学生都知道呢?一个明确的答案就是服务,学校的一切都是为学生服务的,为学生成才服务,为学生成功服务的,而上述所有信息的公布,实际上就是一种服务的承诺,是追求达到满意服务的一种努力,是以人为本的具体体现和落实。

四、课堂教学相关内容的3个3部分

(一)教材包括必备的3部分

首先要说明,美国大学课堂教学的教材通常被称为 Textbook and Readings 或 Textbook and Materials。换句话说,就是一门课用的不只是一本书、一种教材,而是几本书和一大批参考资料。包括3个必备的组成部分:第一部分是主要教材,作为主教材的 Textbook,通常是一两本正式出版物,在课堂教学中使用得最频繁,起到主干和核心的作用。第二部分就是辅导和辅助教材,这部分教材可以是正式出版物,也可以是杂志等一些参考阅读资料,作为辅助教材,其数量的多少就因课而异、因人而异了。但作为教材的一部分,一是不可缺少,二是在教学过程中必须用到。第三部分是阅读和参考资料,由于科目和专业的不同以及教师的差别,这部分教材是无法统一的。如在 ED836 中,有27本参考阅读资料,这还不包括随时发给学生的 Additional Readings;在另一门 ED921 课程中,有67本参考书和阅读教材;在 ED996A 的一门课中,教师提供了大约200册图书和大量的参考文献供学生在课后阅读;在 ED926 课程中,所散发的随机资料和最新信息就达10厘米之厚。即使是在信息网络技术极其发达的今天,这种做法仍然坚持,许多教师还是经常为学生提供大量的书面资料和信息。

(二)成绩评定中的3个3部分

成绩评定中的3个3部分,反映了美国大学学生考试和评定学生成绩的具体做法和要求。[4]一是考试方式、方法上的多样性,考试方式上可以是口试(包括 Presentation)、笔试和实践操作3种,或者是3种的结合,如“口试+笔试”“口试+实践”“笔试+操作”等。二是笔试当中,可以是开卷和半开闭卷或家庭考试,闭卷和论文写作或报告,还有一种小组考试,这些方式和形式,都在刚开课时就公开公布,让学生都知道。三是学生的每一门课的最后成绩包括3个部分,尽管各个部分的比例因年级、学科和老师的差异而有所不同。这3个部分是课堂出席和表现,如提问、讨论发言、小组活动等;考试成绩,包括历次小测验,期中和期末考试的所有成绩的叠加;学生自己独立完成的内容,包括实验、设计、调查报告、论文、评论、综述等。

(三)教学评价的3个3部分

一是课程评价的3个"全":"第一全"是所有的课程都要进行评价,无论是博士生、硕士生还是本科、专科的课程,也不论是核心课、选修课还是入门课;"第二全"是所有的教师只要本学期授课,就全部要进行本学期的教学评价,不论你是院士、教授或者是副教授、讲师,哪怕是诺贝尔奖获得者,都一样进行教学评价;"第三全"是所有的学生都参与评价,不论是本、专科生,还是硕士、博士生,也不论是优秀学生还是学业较差的学生,都有权力、有义务参加教学评价。

二是评估的内容往往包括3个方面:第一,评价教师,主要是通过本门课程的教学来评价教师;第二,评价课程和教材,对课程的设置内容要求和教材进行综合评价;第三,评价学生和学习,不仅是教师对学生的评语、成绩的评定和试卷打分,也包括学生自己对自己学习本门课程的评价、总结和思考。注意,这里的评估、评价不是排名,也不是单纯的打分,而是多项综合的评估、评价,更包括许多评论和建议。

三是评价结果的3个知道,对任何一位教师的教学评价,学校和院系的教学管理部门和管理者要知道,教师本人要知道,学生也要知道。通过这些信息的沟通交流和前述介绍的学校的各项规章制度,要求规则和程序的公开,形成一个教学管理、监督、评价和服务的综合信息网,极大地方便了学生和教师,为促进和提高教师的教学水平,激励学生的学习积极性,方便和鼓励学生参加教学改革和管理,促进和提高课堂教学的质量和效果,起到了不可估量的积极作用。

上述方法和做法都是很简单、很具体的,并且有些在国内许多高校已经实施。问题是做得不到位,特别是在细节上和落实上差距较大,我们不仅要学习这些简单而实用的做法,更要思考和研究这些做法所体现的先进的教育思想和理念,不仅仅是简单地去模仿别人的东西,而是在学习和借鉴别人好的经验和做法的基础上,结合自己的实践,有所发现,有所发明,进而超越别人,也超越自己,并且形成不断改革和创新的内在动力。这就是所谓的"不仅学形,更要学神",如何学神呢?分析和思考上述的各种不同的做法和创意,不难得出如下结论:一是形成了一种以学生为中心的现代教育教学理念;二是创造了一种民主、平等和服务的现代教学体系;三是发展了一种不断改革创新的课堂教学。这样的课堂教学是如何构建的,是运用哪些教学理论和新的教学理念去实践和探索的,这正是值得我们进一步深入思考和探索的问题。除了学校的教育理念和管理制度与政策外,最关键的因素就在于教师,教师的师德和敬业精神、责任心如何,教师在教学上的时间和精力投入如何,教师的知识结构、教学水平和能力如何,教师对教学的不断改进和创新如何,教师自身的学习、发展和提高如何,学校为以上诸多方面创造的条件和提供的支持如何——这就是问题的核心所在。本节做以上的介绍,就是希望以此来抛砖引玉,一石激起千层浪，留给大家更多的思考空间和研讨余地，从理论和实践两个方面去进行更深入的开发和探索，真正既学到形，更努力地去学神，使我们的教学改革一步一步深入地进行下去，努力创造出适应21世纪人才培养的课堂教学的高水平、高质量。

第三节　个案分析：美国大学教师 Dr. Kizzier 的课堂教学特色

在美国访问学习期间，笔者曾选上了 Dr. Kizzier 的一门课——教育研究的调查方法（Surrey Methods in Educational Research），对 Dr. Kizzier 课堂教学的 Syllabus、课堂教学的组织和教材印象很深，简要介绍如下。

一、Syllabus 特色

美国林肯内州大学要求每位教师上课时必须自己设计一个 Syllabus，相当于我们的教学大纲和课程进度表，实际上是一个课程介绍和指南。Dr. Kizzier 的 Syllabus 有她自己的特点。

一是细致具体，集中体现了在教学准备上的精心和细心。如在成绩的评定和标准上，除了明确各部分占总成绩的比例外，还在打分上分了9个等级，并且对每一部分任务的内容、要求、评判标准都做出非常明确、清楚的规定，如期末作业评估标准，详见图6.1中的信息。

评分标准：100~99：A⁺　93~94：B⁺　83~84：C⁺　73~74：D⁺

95~98：A　85~92：B　75~82：C　65~72：D　≤64：F

各部分成绩比例：完成小组论坛任务：30%；阅读心得、综述、摘要：10%；期末大作业和考试：60%。

期末作业评估标准：作业内容为制作一份调查研究的样本，此样本应包括下列内容：

（1）陈述所研究的问题的目的，明确哪些项目与所研究问题有关。

（2）方法和过程至少应包括下列部分：

抽样设计

有效与可靠性步骤

如何分析数据（包括计划用于每一项研究的统计过程；也可以与 Near 中心商讨）

用于引导工具的过程（在作业中）以及进一步引导测试工具的其他计划

计划用于管理调查的过程（邮件、电话、采访等）

调查设计，包括材料封面（如适合的话）、调查工具以及随之而来的其他相关方面等

伦理/IRB 步骤（适当的）

采用正式的汇报格式，内容的质量比数量重要

指导教师将以各个学生的目标为基础进行评估，如学生认为有必要向指导教员陈述其项目目标，可以提供其陈述资料，例如，在本课中，某些学生为学位委员会提供项目建议书，而另一些学生准备作业所用的调查，不同目的、项目种类将有很大的区别

图6.1　Dr. Kizzier 的课程评估要求

从上面的介绍可知,作为这样一门课的考试和成绩评定内容,要分出这9个等级是很不容易的,教师必须要具有高超的评价技巧,对学生及课堂表现的充分了解及恰到好处的把握和实施评估标准。

二是明确严格,充分体现了一位教育工作者的职业修养和科学态度。这种明确严格体现在两个方面,一方面是对学生的要求明确严格,如在Syllbus中对学生的责任义务明确了如下几条。

学生的责任:①课堂出席;②按时完成阅读和作业(按规定时间);③积极参与课堂活动;④按时完成所有作业。并且明确如3次无故不出席将不做成绩评定。

在教室纪律上还特别明确"五不准":教室内禁止抽烟,在课堂上不准戴帽,不准嚼口香糖,不准吃零食,不准喝饮料。有人说美国的大学课堂比较自由,学生非常随便,教师很少管,原来不全是如此,Dr. Kizzier就是一个很好的例子,她并没有因为学术讨论的自由民主而放松课堂纪律的要求,也不怕学生给自己评价打分时产生消极影响,这才是对教学和对学生负责的态度,也是具有良好的职业道德的体现。

另一方面,Dr. Kizzier对自己要求也很严格,并且把自己的责任向学生公开,她在Syllabus中对自己的责任明确如下。

教师的责任:①安排课堂活动吸引所有学生积极参与;②及时批改发放作业;③随时帮助每个学生;④提供一个对性别、年龄、残疾、种族、肤色、宗教、物质条件、服役状况或少数民族无任何歧视的宽松、民主、平等的课堂环境。

这4条看起来很简单,要做到是很不容易的。如第③条"随时帮助每个学生",就很难做到,而第④条更是如此,"无任何歧视的宽松、民主、平等的课堂",这既是对教师的要求,实际上又是对学生的一种潜移默化的教育和影响。

三是系统、全面、清楚地展示了教师的教学基本功和深厚的教学理论功底。Dr. Kizzier的Syllabus包括课程介绍、教材要求、课程目标、课程成绩评定比例和评分标准、学生的责任、教师的责任、纪律要求,每一次课的课堂活动安排内容和学生的学习任务及作业,以及上课时间地点、日期及和教师联系方式等,不仅如此,她还把每一次的主要内容由谁讲、需要做什么前期准备,阅读哪些书籍文章都讲清楚,甚至列出所需读的文章书籍的哪一章、哪一节从多少页到多少页。此外,她还在上课时发给学生一个更全面、更系统的Table,足有20多页,这个Table把每一次课的重点、难点、学生需要掌握的及学生能达到的目标都讲得很清楚,还包括每次课的一些提示和注意事项。可见,这里没有边准备边讲课,而是经过了充分的准备和精心的设计,是在把整个课程的知识融会贯通的基础上去介绍和讲解具体的每一章、每一节的。这样就会使课程做到高屋建瓴,把握主线和总体,特别注重各章节之间的联系,使学生更能学会比较、联想的思维,学会系统的思考问题,激活学生的想象力和求知欲,学得更深入,理解得更透彻。

二、教学和组织特色

有了一个好的Syllabus,并不等于说课堂教学的质量和效果就有了绝对的保证,课堂教学的有效合理和科学的组织也是十分重要的。Dr. Kizzier 在这点上也是很注重的，从 Syllabus 我们可以看到，这门课安排了一个学生论坛，Dr. Kizzier 在学生论坛上可是下了一番功夫。首先，她把论坛的任务、要求、具体的过程、各组的责任、评分标准都明确和公开。其次，她把学生论坛作为学生小组学习的一种好方式，她特别注重发挥学生的独立性和创造性，从组建小组、选择题目、确定论坛方式、准备过程到成绩的评定，都积极促使学生参与，激励学生的热情，在必要的帮助和指导下让学生自己决定，详见图 6.2 中的信息。最后使每一个论坛都很成功，如其中一个论坛小组在演讲调查研究中的伦理道德和法律依据的专题中，不仅仅是自己一般的介绍和讲解，而且请来一位专家和他们小组一起演讲，就调查研究、采集信息和报告中涉及的伦理、隐私、人权、法律程序及各种相关文件的法律依据等多种问题展开讨论和辩论，收到了很好的效果。

每一个小组都分配有一个 60 分钟的讨论题目，讨论以公开论坛的组织形式进行，由小组带领讨论。

讲演小组的职责：

通过阅读所分配的阅读材料确定其研究问题，每一小组成员至少阅读一份课外资料（May be human resources or writen）。

以适当的策略引导讨论，使非演讲的同学们投入积极的讨论当中；向同学们提出高水平的问题，这一点几乎是必须的（那些使同学对所涉及的主题进行评论性的思考，使同学把信息应用到讨论的问题中/或应用到个人生活中）。

- 提出适当的问题供班级讨论
- 邀请外部专家协助讨论演讲题目
- 需要时与指导教师联系使其帮助确定具体方法，理解要旨和专业知识等
- 与全班共享所得到的资源（信息）
- 将所有资料汇集一起供指导教师评估，附加资料的复印件，演讲大纲，具体题目，小组成员名单以及其他演讲材料（幻灯片、多媒体课件等）

非演讲小组要做到：

- 准备演讲小组通过学习阅读作业而提出的至少一个高水平的问题，积极参加到论坛讨论当中

评估标准：（每一项占相同比率）

问题合理

高水平的问题与演讲题目相适应

使全班同学参与到与题目有关的讨论当中

精心选择的演讲资料

采用 A Peer 评估方法：每一小组成员的最后论坛成绩将被乘以平均 Peer 评估分数。

图 6.2　论坛指导

此外，Dr. Kizzier 还特别注重挖掘和利用各种资源来为课堂教学服务，比如在本课程中，她两次组织学生到著名的盖洛普公司现场教学，一次到学校数据处理中心参观和实

验,一次到世界最著名的心理测量数据信息中心——伯罗斯心理研究所实地教学,使课堂教学从一个课堂扩大到多个现场课堂,使一个教师变为多个不同的理论和实践结合的专家和教师共同上课,既提高了学生的学习兴趣,解决了许多实践和方法问题,又使得理论和实践很好地结合和应用,深化理论的理解,激励了学生的求知欲,切切实实地提高了课堂教学的质量和效果。这里仅以一次盖洛普公司的现场教学为例加以介绍。在课程讲到信息和数据采集方式和工具时, Dr. Kizzier 把大家领到了盖洛普公司的电话信息营运部,那是一个一二百信息员运用电话作工具收集各种信息数据的分公司,在具体参观和了解了实际的信息、数据采集过程后,部门经理非常友好和详细地向学生们介绍了电话工具的特点,如何把需要采集的数据和信息变成电话语言,怎样有效地、顺利地与被采访者联系并把谈话持续地进行下去,与被采访者交流的方式、特点及注意事项等,从理论、应用、情感、心理、职业、年龄、性别和技巧等多方面进行了分析介绍,并且回答了教师和学生提出的各种问题。不仅如此,Dr. Kizzier 还从课程和教学的角度又进行了很好的补充和总结,并把一些文章和书籍中的介绍和研究与这些实际操作相结合,使教学收到了意想不到的效果。

作为课堂教学内容的一部分,无论是现场教学,还是实地考察采访,都不是简单地把学生拉出去,教师把学生交给现场联系的人员就行了,而是要精心细致地安排组织,如课堂的中心和主题,理论和实践的结合,学生的兴趣和问题,现场的条件、布置,课堂中的动与静,其他方面的干扰和影响,安全问题,时间安排,注重所有人的表现、问题和讨论等。回来后,还要进行及时的总结,特别是做到与后续课程内容的衔接和联系,这整个过程的每一个细节,Dr. Kizzier 都是非常负责和认真的,这样的教学效果和质量就是显而易见的了。

三、教材运用的特色

Dr. Kizzier 在教材选择和使用上的独到之处,也令人始终难忘。

这门课堂除了选用一本正式出版的专门教材外,主要选用了 Dr. Kizzier 综合编撰的一部又厚又重的系统教材。这部教材全部是复印的,学生不必购买。上课时由教师发下,课程结束时再由学生还给老师。

教材的名称为 ED900D Readings Notebook,整个教材都是活页的,允许学生复印任何章节,不需要的可以随时取下来,新的高水平的资料信息可以及时补充上去,非常方便灵活。同时,还欢迎同学们在整个教学使用过程中提出修改和补充意见,真正体现出在教学过程中对教材的不断改革和完善。

从内容和体系上看,主要有 3 部分。第一部分是理论部分,相当于主教材,往往选择最权威、最重要的一些理论和观点,有的是原著的文章,有的是典型的论述,有的是精辟的介绍,既有经典的也有现代的,既有老专家的也有新学者的;第二部分主要是对这些理论的分析和评论,可谓百花齐放,百家争鸣,对各种理论的评论、综述、研究、分析、对比、批判及发展,各种文章应有尽有,此外还包括大量的最新研究成果和大量参考文献;第三部分是最特别、最有意义的,和所有的教材不一样,几乎全部是上几届学生写的文章,有综述、评论、读后感、个人见解、论文及报告等,甚至还有学习本课的体会经验和总结,然后是大量的作业、思考讨论题及附加材料索引。几乎每章都是按这样的顺序和内容安排的,随着课程的进行和这部特殊讲义的使用,感到它不像是一本传统的教科书,而是一部极具特色的非常实用的最好的教科书。

分析 Dr. Kizzier 的特殊教材,具有如下的特性:既具有传统教材的系统性、理论性、综合性、稳定性和适应性,又具有现代教材的应用性、创新性、多样性和独特性;方便实用,能够随时补充完善,及时把最新的研究成果、理论和创新内容分类地增加到各个适当的章节,不断扩大和变化,保持了教材不断改革不断更新的强大的生命力;它像一个浓缩的本学科领域的百科全书和学习指南,大量的文献资料索引和附录使学生用起来非常方便,又使学生在节省大量钱财的同时,达到最佳的学习效果,深受学生的欢迎和喜爱。介绍和了解这样一部特殊教材,特别是在书的每一章最后一节,选出历届学生中最好的论文、评论、学习体会和总结等,我们可以体会到 Dr. Kizzier 一颗善良、认真的极端责任心;把学生的成果编进教材,可谓一个创举,一方面可以使现任的学生向前几届的学生学习;另一方面,也形成了无形的动力,激励本届的学生努力学习,超过前几届的学生,使自己的论文、报告也有机会可能成为后届学生教材的一部分。Dr. Kizzier 这种谦虚态度和敬业精神实在令人可敬可佩,或许从这本自编的教材,从 Dr. Kizzier 的做法中,我们深刻感受到,在教材改革和使用方面,我们与美国大学之间存在实实在在的差距。

回顾 Dr. Kizzier 的教学,有许多值得思考的问题,其重要的一点就是其所具有的独到的教学特色。我们知道,课堂教学既是一门科学又是一门艺术,而作为每位教师的教学特色,则是教师多年教学经验和体会的积累和概括,是其在长期的教学工作中理论与实践结合的结晶,是个人的心理素质和品质作风在教学上的体现和升华,它的突出特征就是科学与艺术的巧妙结合,正如法国大师福楼拜讲的那样:科学和艺术虽然在山脚下分手,将来却会在山顶上会合。上述 Dr. Kizzier 教学的 3 方面特点恰恰说明了这一点。

第四节　个案分析:美国 SHU 博士生国际比较教育课程的体验

2010 年 7 月笔者再次赴美讲学和交流,参加美国的一个 ED. D 项目,同时参观考察了两所大学并和许多留美学生及美国同行进行了交流对话。笔者所讲学交流的是一门教育系统的国际比较课程,这是美国新泽西州西顿霍尔大学(Seton Hall University,SHU)教育博士培养计划中的一门专题课,它以全球化的视角,展示和研究各国教育面临的挑战和问题,主要集中在 3 个方面进行:第一,政府和决策者的角色和决策的过程和实施;第二,教育和教学的质量如何测量和评价;第三,面对全球化的挑战和人才竞争,怎样应对和改变。该课程重点是以国际经济合作与发展组织中的29个国家为比较对象,还专门邀请中国和泰国的学者参与其中。美国人特别关注亚洲尤其是中国教育和发展情况(正是这3个方面的内容,通过相互交流信息,分享经历经验,研讨观点和思想,达到多元文化交流的目的),这也正是笔者被邀请的原因和目的。

一、课堂教学的整体面貌

如果用几个词形容一下该课程的课堂教学,那就是生动、活泼、互动、多样,是一个积极学习和思考、共同研讨问题的学习共同体。首先,教室的座位是圆桌形的,大家围绕着一个中心,而不是教师始终作为主角居高临下。其次,教师的准备充分、具体、细致,特别是对所讲内容非常熟悉、熟练并运用自如。三是教师精力充沛很有热情、信心,很有激情,以带动和感染学生。四是认真学习,集中精力,无论教师的讲,还是学生的听、思考,都是学者式的、自愿的、规则程序的、积极的,是多样互动。课堂上的问与答很多,学生有问题可以举手,也可以直接问;教师可以回答,学生也可以回答,可以多个学生回答,可以不同的意见和观念讨论和辩论;许多问题教师也不能给出明确的答案,可以进行适当的讨论,当然教师要组织和把握好课堂。

二、课前的作业要求

该课程有一个作业,是课前必做的,也是开课前必交的。具体内容是从本课提供的十几个网站中选3个网站进行研究和分析,具体要求是:一是要对网站进行全面的了解和考察;二是要指出和分析网站的优势和长处;三是要提出网站的劣势和短处;四是要对3个网站进行比较;五是按比较研究的方法,提出网站的作用、功能及相关信息资料对美国教育的启示和借鉴作用,包括对教育的参与者、改革者、政策制定者、决策者和社会评论与监督者的作用;六是字数要求,每个网站的研究分析不多于5页。除了交给教师进行评定成绩外,还抽出时间分组进行交流,每个学生介绍自己的作业内容,向同组同学宣讲自己的文章和观点,请同学们评议,同学之间相互评定成绩,分为A、B、C三等。笔者也同时参加了对30多个学生作业的评判工作,整体上感觉有如下明显特点:一是学生的作业很认真,大家的学习态度和自觉性很强;二是学生从不同的角度选择和分析网站,如有的选的是联合国教科文组织的,有的选的是欧盟的教育网站,有的选的是英国的、加拿大的教育网站,还有选世界比较教育协会的、世界货币基金组织的、世界银行的、经合发展组织的,还有选牙买加的、新西兰的、新加坡的、日本的等,视野之宽,信息量之大,作业内容之具体丰富可见一斑;三是运用比较的方法,从国际化的角度出发,体现了理论和实际结合,无论从信息服务层面,技术和使用层面,还是内容和功能层面,都做了不同层次和不同水平的比较分析,自己动手,自己写作,绝无抄袭和拼凑的情况。

三、课程的最后阶段的小组 Presentation

课程的最后阶段有一个 Presentation，用了整整一天的时间，上午进行了 4 个小组，下午 3 个小组，每个小组集体演讲报告，有文字材料，有 PPT，然后回答问题。笔者参与了全过程，并和其他几位教师做一些提问和评议，学生的认真程度、敬业精神、精心准备和能力展现很让人感动，也很值得学习。随着学生的演讲和深入的问答，课堂的气氛一次次被推向高潮，精彩的演讲，各种数据资料的运用，恰到好处的解释，不同的理解和回答，各种问题和质疑，进一步的探讨和研究，都给人留下了深刻的印象。

关于 Presentation，首先是它的设计很有趣又很实用。美国的教育面对着社会的巨大压力和改革呼声，尤其是世界上其他国家教育的发展和各种竞赛成绩的排名，使许多美国人怀疑美国教育特别是基础教育的质量，奥巴马总统明确指出了教育变革的必要性，并特别为 K－12 提供了前所未有的资金支持，并且准备制订一个清晰的发展计划并希望看到可测量的结果。为此，美国已经建立了若干个定向的教育改革领导小组，在国家教育计划制订之前，提供多方面的国际比较性的研究分析材料和建议。这个 Presentation 就是假定每个学生或小组是一个被任命的教育改革领导小组的成员，要为国家计划的出台提出一个专门的研究报告，具体内容是美国教育系统与经合与发展组织中其他国家教育系统的比较。其次是对 Presentation 的要求，可以个人完成，也可以以小组形式完成，每组成员不得超过 6 人，每个 Presentation 必须明确提出目的和目标，要对和美国比较的至少两个国家的教育系统进行研究，并说明其选择的理由。三是要从某些方面入手进行细微的考察和分析比较，明确为什么这些数据和资料是关键性的，它们对另外两个国家表明了什么，对美国的教育系统改革有什么启示。四是要避免个人的情感和色彩，不要仅凭感觉和个人的认识与一些偶然的事件和经历进行分析和提出建议，而是要建立在客观的、大量的和统计的事实和数据分析基础上。

最后，学生的选题和答辩内容是：

- 关于德国、日本和美国教育改革的比较——给美国教育部的建议
- 美国在科学教育方面与澳大利亚、日本的比较——盲点、误区和问题及建议
- 教师评价的国际比较——美国、澳大利亚、新加坡的数据分析和对比
- 15 岁及以上年龄学生 PISA 的比较及细节——以美国、芬兰、新西兰为例的案例
- 妇女科学教育和科学成就的三国比较——美国、芬兰、加拿大
- 移民学生教育状况和成就的比较分析——美国、加拿大、澳大利亚

从这些题目我们就可以看到美国学生研究的国际性和全球化的视野，同时也体现了研究内容的丰富和题目的广泛。当然，他们的主要比较对象都是经济合作与发展组织的成员，因为这 29 个国家都有各种比较详细和真实的可比资料和信息，同时又都是美国所认可的所谓民主国家和市场经济体制。

四、课程结束前的学生评教

本课程结束前有一个学生评价教学的时段,每个学生都以无记名方式填一张表,这个表格分两部分:一部分是具体的评价,按 5 个等级打分,是量化的内容;另一部分是开放式的评价,主要是补充一些信息和材料,并提出建议与改进意见。下面详细介绍其具体内容。

第一部分包括 17 个小问题,分别是:

- 教师教学的兴趣和热情
- 学生是否容易与教师接近和联系
- 对作业的评判是否清楚解释和易于遵循
- 对学生提出的问题是否鼓励和回应
- 课程教学内容的组织和准备如何
- 课堂交流对话的效果
- 对本学科知识的丰富性
- 通过本课程的学习,学生的知识、思维能力和技术拓展效果如何
- 采用多种方法、技术满足学生的多方面需求
- 表明对各种背景学生的尊重和平等
- 多元文化的视角理解和讨论问题
- 课程目标清晰的确定
- 课程目标得以实现程度
- 要求阅读的材料有助于实现课程目标
- 作业的完成和课程目标相配匹
- 考试公正性,难易适当
- 对学习这门课总的经历的评价

第二部分是 3 个方面的问题:一是列出本课程中你最喜欢、收获最大的部分和内容;二是列出你认为本课程应改进和变化的方面;三是补充的评论和建议。透过这些问题,我们可以清楚地看到如何评价教学和怎样才是好的教学。特别是通过学生认真的填写和各种信息的收集整理,课程的教学就进入了一个不断改革创新的过程,每门课程都是在这个学习共同体的共同合作、学习、研讨、评价和创新中不断地完善和提高。当然,也有问题,主要是深层次的思维少,综合性联系性的问题少,这是思维方式决定的。

本章小结及补充性说明

本章的 4 节内容分别对应着作者撰写的 4 篇论文,主要探讨了课堂教学的重要元素及其组织技巧和方法。第一节突出地提出并分析了高校课堂教学存在的 9 个缺少,并从教育思想、教学思想、教学模式和方法等方面做了进一步的分析和思考。第二节介绍了

美国林肯内州大学提高课堂教学质量和效果的“4 个 3”:师生双方的 3 种课外见面,教学过程中的 3 个“tion”的细节,教学管理和服务的 3 个公开及其理念,课堂教学相关内容的 3 个 3 部分的特点。该节实质上是从师生见面、教学过程、教学管理和服务 3 个方面分析了课堂教学的 12 种要素及其组织模式与方法。第三节介绍了美国大学教师 Dr. Kizzier 课堂教学的 3 个特点,一是 Syllabus 的特色,二是教学过程中的特色,三是教材特色,这些特色集中体现了 Dr. Kizzier 的教学风格和教学元素的组织与运用技巧。第四节从课堂面貌、课程作业、课程小组报告、课程评价以及教室条件支持等方面介绍了对美国 SHU 博士生国际比较教育课程教学的亲身体验。

本章内容主要是作者基于访美期间的一些体验和调查研究撰写而成,前 3 节内容成稿于 1998 ~ 2002 年,并在黑龙江省高等教育学会 2002 年学术年会上做过交流。虽然这 3 节内容成稿已 10 年有余,但总地来看,本章所提出“9 个缺少”的问题仍然是我国高校课堂教学普遍面临的共性问题;所分析的课堂教学的“4 个 3”,以及美国教师课堂教学的案例,对于深入认识、理解和评价课堂教学的质量和效果,促进教师的教育和提高,对于推进和深化我国高校教学改革,仍然具有重要的参考价值和现实意义。第四节内容是作者 2010 年 7 月再次赴美讲学交流之后形成的文稿,介绍了美国大学课堂要素及其组织的最新经验,恰好是对前 3 节内容的进一步补充和完善。

当然,课堂教学的问题是不断发展变化的,有的问题不断强化,有的问题不断弱化,有的问题不断转化,针对具体的问题还需要深入详细的调查研究。例如,近些年来多媒体技术在教学中的广泛应用带来了教学观念、教学形式、教学方法的革命性变化,但同时也带来了课堂教学环境的新变化。目前,很多年轻教师过度依赖 PPT,很少使用粉笔板书,授课 PPT 课件更多的是对教材内容的移植或者是对网络现有资源的下载和直接使用,备课环节被严重弱化甚至缺失,且授课内容信息量变大,讲解速度变快。这些变化不但强化了灌输性教学、参与和交流少、探究和质疑少等课堂教学的传统问题,而且带来了教师教学的形式化、学生学习的消极化、教学目的的本末倒置等新的问题,进一步导致了教学质量的下滑。但这些问题不是多媒体技术本身的问题,而是教与学两方面主体的问题,需要依据特定的教学目的和教学环境分析问题的原因所在,才能引导使用者和参与者对现代教学技术的理性认识和合理使用,真正发挥现代技术在课堂教学中的作用。问题的关键是如何正确和科学地运用现代媒体网络和计算机技术,使之与传统教学技术有机结合,真正有效地提高课堂教学质量。特别需要指出的是,课堂教学问题分析和解决的根本目的在于培养符合时代需要的人才,培养钱学森先生所说的“杰出人才”。因此,教学问题分析和解决的根本途径是将教学方法、教学模式、教学行为、教学特点与教学要素有机联系起来,实现教学要素的有效组织,突出尊重个性和差异,激发兴趣,启迪智慧,这既是作者写作的初衷,也是本章给出的重要启示。

本章参考文献

[1] 浩宇，海泉．把抓教育教学质量放在更加突出的位置——教育部高等教育司司长张尧学访谈[J]．中国高等教育，2001(18)：8-12.

[2] 教育部．教育部关于印发《关于加强高等学校本科教学工作提高教学质量的若干意见》的通知，教高[2001]4 号[EB/OL]．(2003－08－04)[2011－08－28]．http://www.edu.cn/20030804/3088968.shtml.

[3] UNIVERSITY OF NEBRASKA－LIMCON. Undergraduate Bulletin 1992－1994[M]. UNL：Lincoln，Office of Publications and Photography，1992：309-311.

[4] MCKEACHIE W J. Teaching tips：a guidebook for the beginning college teacher[M]. 8th ed. Lexington，Mass.：Heath and Company，1986：46-48，85-88.

第七章　教材选用与课程设计

教材是课程内容的载体,教材选用是课堂教学的重要环节。课程的教学设计是基于教学对象和教学任务的分析而对课程的教学目标、教学方法、教学材料、教学进度以及课程的评估等做出系统设计,是对教学诸要素的有序安排和合理优化,是教材内容向教学对象有效传递的前提设计。因此,教材选用与课程教学设计是提高教与学效率的前提和保证。本章针对大学课堂教学的特点并结合我国大学课堂教学的具体情况,介绍和深入剖析美国大学的教材选用、课堂教学设计的特点、方法和技巧,以期为我国大学课堂教学提供有益的经验借鉴。

第一节　教材——不仅仅是一本教科书

在美国留学期间,笔者曾注意到课堂教学的另一方面,关于教材的情况。可以说无论是教材的选择、使用,还是不断地补充完善,林肯内州大学的教师们同样有一些自己的风格和特色。第六章第三节已经介绍了 Dr. Kizzier 的教材构成及其使用特色,本节将进一步对教材选择和使用进行介绍、分析和探讨。

一、精心选教材

我们知道,教材对于课堂教学是十分重要的,就像剧本对电视和电影一样,没有好的教材,是不可能产生高水平、高质量的课堂教学效果的。美国林肯内州大学教材选择的主要的特色如下。

第一,谁教课谁选教材。即由任课教师决定课程所选用的教科书,包括所有的教材,并且会通过一定的方式建议图书馆和校内书店订购这些教材。美国的高校多,图书出版多,教材的种类当然就更多,一种教材少则几十种几百种,多则上千种。要在这浩瀚的书海中选择合适的教材实在不容易,这就要求教师对各种相应和相关的教材和书籍都要了解和熟悉,根据课程的特色和需求进行恰当的选择。在选教材的过程中,往往一个教师要认真阅读一二百种教材和书籍,这就是精选的第一层意思。

第二,通常的教材选择往往主要有三大类:一是名人名家的专著,如在某一领域、某一方面的一些知名学者和权威人士,不乏一些诺贝尔奖获得者和国家各科学院著名院士的著述,这种教材往往具有权威性,具有理论的独特性、创新性和独自的见解,一些著名经济学家的专著就是其典型的例子。二是名牌出版社的系列教材，诸如 New York：The Free Press、New York：Longman、Jossey－Bass、Academic press，New York，London 等出版社，许多名牌出版社往往都是私立的，他们和一些名师专家联系，或者是专门征集出版，并且经过反复的筛选和比较，从学术和市场两个方面考虑出版一些高水平、高质量而又不是很昂贵的实用教材。三是一些著名高校或一些高教学术团体和机构，确立科研课题而出版的教材，这种教材往往具有综合性特点或给出大量的调查数据和结果，或反映一些最新的研究成果，这类教材与我们的统编教材有些相似。但是，在美国从来没有统编教材和统一使用的概念和要求。著名高校和高校学术团体机构的出版社很多，诸如 Oxford University Press；Johns Hopkins University Press；Harvard University Press；ASHE－ERIC Higher Education Research Report；AAHE American Council on Education；University of Illinois Press；Berkeley，California：McCutchan Publishing Corporation；Cambridge，MA MIT press；Los Angeless，CA：Education and Training Consultants Co. 等。当然，也不排除选用自我主编的教材，或者是教师选择自己特别崇拜和喜欢的老师编写的教材，例如在 ED AD836 中，教师选用的主教材就是自己主编的：Sybouts，word，Planing in school Adminstration：A Handbook（West port，CT：Greewood press，1992），是一本非常优秀的实用教材。但是，无论如何不允许任何教师和院系推销自己的教材，谋取私利。

第三，精选教材的一些相关因素：一是根据学校的特色和学科特点来选教材。如研究型大学，可授博士学位的大学，四年制本科大学和两年制社区大学当然不同。另外，本院系和专业在评估中的位置和科学研究与学术发展的特色也是一个重要的因素。如美国高校的几大著名管理学院：哈佛商学院、斯坦福商学院、宾夕法尼亚大学华顿商学院、麻省理工斯隆管理学院、芝加哥大学商学院等都各有千秋，在教材选择上的侧重点是有明显区别的。如哈佛商学院以案例教学著称，斯坦福商学院特别注重定量分析，宾夕法尼亚大学华顿商学院的金融财政特色更明显，而芝加哥大学商学院则以模型和决策方面更出色，麻省理工斯隆管理学院则在技术上要求更严。学校的这些特色就为教师选取教材提供了一个清晰而明确的背景要求。林肯内州大学是内布拉斯加州立大学的旗舰学校，公立学校的性质，地处中部的农业州，在农业、生物化学和基因工程、心理和法律等方面具有许多特色，这些情况和条件必然是影响教师选择教材的一个重要因素。二是特别注重教材的特点，并且把这种特点与本课程本学科的特色及教师个人教学的优势结合起来。三是美国高校的许多教材已有多年的历史，有的已反复出版多次，如 ED 432/832 课所用的教材（Higher Education in Transition，An American History，Jnhn S. Brubacher and Willis Rudy）就是如此。所不同的是每一次再版都有较大篇幅的修订，使这种教材既有传统特色，又极富时代气息和创新性的研究和理论。四是需要特别提及的，即美国高校的教师在教材选择上有很大的自由度，而自由度越大，精选起来就越难。就像开卷考试一样，要的是真功夫和能力。同时任何自由都是有限度的，教材可以由教师来选择，但教材选得是否合适，教材运用得是否恰当，教师把教材变成教案的水平如何，则是要由专家们和学生们去评估的。因而每个教师都会也必须认认真真地在浩瀚的书海中挑选最精美的贝壳，筛选最出色的剧本，特别注重挖掘教材的特色和独到之处，努力使之与学校培养人才的要求相结合，与本学科和本课程的要求及特色相结合，充分发挥自己的优势，通过教材的精选和很好的使用，使课堂教学收到更好的效果。因而不同的学校，或者是同一所学校的不同教师，甚至同一门课的不同教师选择不同的教材都是很正常的。当然，学校也尽可能地为教师选用教材创造条件，推荐书目或明确一个可选择的范围等。

二、灵活地使用和不断地改进和完善教材

美国作为一个移民国家，其个性化和多样性的特色十分明显，在教育方面也是如此。各州都有自己的法律、教育制度和教学规定。因而，美国既没有各高校统一的教学标准和专业课程设置要求，也就更没有统一的教材选择和使用要求，这样就为每个学校独立自主的发展提供了空间，也为每个教师在教材选择和使用上，突出自己的风格和特色创造了条件。这就要求每个大学教师必须具备把教材——这一电影文学剧本——导演和改编成分镜头拍摄剧本的功夫。毫无疑问，这也是教师适应教学的一项基本功。正是通过这样的基本功训练，才能精心地选择、灵活地使用和全面地设计——形成突出本课程、本学科特色和优势的教学方案。

首先是对教材的熟知和深刻理解。教师对所选教材的理解和认识水平，对教材的深度挖掘能力，对教材恰到好处的把握和充分利用的程度，这些可以在教学设计中突出地反映出来。美国林肯内州大学每门课都有一个 Syllabus，这在一定程度上可以反映和透视出教师对教材选择和理解的水平，对教材应用和掌握的能力。如对课程的描述和介绍，课程的目的和目标，对选用教材章节上的时间和内容安排，传授知识的具体细节、技巧和方法，学生最后能达到和期望达到的目标的程度，所选用的教材和从教材到教案的转变是否适应了这些要求等。再比如，考试的题目、内容、问题的角度、方式和深度，是否是教材的重点和核心，对理论体系的综合理解和应用，在基本理论和知识、基本技能和技巧、基本思维方式和方法等方面，是不是恰到好处地运用了所选用的教材，是不是很好地开发和扩展了教材。又比如，在给学生布置的作业，安排组织的讨论，论文的选择要求，历次考试的内容和基本知识点等方面都能体现出教师是否恰当地选择和很好地利用了所选的教材。

其次，教材的恰当补充和不断完善。由第六章第二节的介绍可知，美国大学课堂教学的教材通常被称为 Testbook and Readings 或 Textbook and Materids。一门课用的不只是一本书、一种教材，而是几本书和一大批参考资料。不同的课程所使用的教材的数量虽然不同，但很多课程的教材都有几种甚至几百种之多，另外有的课程还发放大量的随机阅读资料和信息。这种做法在国内高校的课堂里是比较罕见的。美国的大学教师为什么要这样做呢？其一，这是对主教材的一种很好的补充和完善方式。试想无论哪一种教材，即使是最著名最权威的大师的专著，最好的学校出版的教材，也会有其相应的弱点和

不足,有的理论性过强,论述过多,应用性不足;有的自成体系,但不过是一家之言,具有一定的局限性;有的是多人智慧的总结和概括,却又缺乏创意和时代感;有的提供的资料和数据,或者不够完全和具体,或者已有些过时,或者是缺乏全面客观性和不能及时反映最新成果的资料等,而且由于教材出版的周期过长和编写教材人员的某些个人主观原因,造成了教材的缺陷,不可能完全满足课堂教学的全部要求。因而,通过大量的辅助教材和阅读资料,使主教材得以充实、扩展、补充和完善,既符合客观需要,也具有可行性。可以说正确地处理好主教材和辅助教材及阅读教材的关系,使它们在课程的目标和要求下得到有机的结合和充分的利用,是大学教师课堂教学的一项基本功。辅助教材不是摆设,更不是凑数,而是一定要在教学中真正使用,让学生阅读,在各种问题讨论中体现应用和辅助的价值。这些辅助教材、阅读和参考资料紧紧地以主教材为中心,形成多方面的支撑平台,提供多种信息资料,展示出多种不同的学派、不同思想观念、理论体系和评论,创造了一种百花齐放、百家争鸣的气氛和局面,使学生在比较中学习,在分析和思考中汲取,在对照和研究中思考,在不同学派、不同观点的论述和辩论中提高,无疑培养了学生的质疑精神和科学态度。其二,极大地扩大了课堂的信息量和信息传播。美国的高校把上课称为 Class meeting。Meeting 最重要的就是在特定的时间,以特定的主题,以最有效的方式传播和交流最有价值和最需要的信息。强化信息和信息交流的意识和观念,就是要在课堂上尽可能地扩大信息的交流和传播。扩大辅助教材的使用,提出大量阅读材料的要求,在课堂上随时散发各种相关的新的信息和材料,都是扩大信息交流的极好方式。正是通过这样的方式,使学生学的不只是一家之言、一种理论、一样的思维模式和同一类的处理及解决问题的方式方法,同时又能了解到最新的理论和研究信息,逐步形成继承和批判、比较和发现的思维方式,成为社会需要的素质高、能力强、具有创新意识的人才。其三,这种教材及其内容的不断更新和完善,使其永远能反映最新的研究成果和理论,真正接触本学科领域的前沿。具体的做法就是,每门课程在新学期开始重新修订 Syllabus 时,总是要重新审视教材和各种辅助教材与阅读材料,减少和删掉过时的和不合时宜的内容,及时补充和增加新的内容。从一份不断修改和更新的 Syllabus 后面提供的参考文献,你一定会看到教学不断更新和变化的轨迹,这也正体现和记录着教学的不断发展创新和持续性的改进和完善。

最后,现代教学技术手段的使用。教育技术和手段的现代化,已对传统的教材选择和使用带来了新的挑战。教育信息化程度的提高,计算机、网络和多媒体的出现,使教育模式、教育思想,也包括课堂教学的许多方法和手段发生了革命性的变化。因而教师不仅要学会处理好主要教科书和辅学教材的关系,学会充分利用和发挥现有图书馆和现有多种文献资料的作用,还要学会运用各种现代化的教学技术和手段,扩大教学领域,改善教学环境,活跃课堂气氛,提高教学效果。正确和恰当地运用现代教学技术,补充、扩展和完善所选用的教材,这当然也是林肯内州大学教师课堂教学的一项基本功。说到现代教学技术和手段,也不必都是多媒体,都是计算机辅助教学和互联网。投影仪、幻灯片、录像带、电影电视片，各种视盘，甚至包括一些教师自己制作的图表、教具和标本等多种不同层次、不同类别的技术手段，都是林肯内州大学的教师常用的。重要的是通过这些技术和手段的采用，使之和所选用的图书类教材有机结合，或者作为支撑材料，或者使教学内容更加系统完善，或者提供翔实而准确的数据和史料，或者使讲授和论证更清晰、更生动等。哪种方法更有效，哪项技术手段更方便，哪项工具更实用，就采用哪一种。在这里教材的概念已经发生了巨大的变化，它已经从狭义的一本书、几本书和印刷好的各种文字材料而发展为广义的，通过各种媒体及工具所带来的所有的音像信息与文字图书类教材所融合而形成的集合体。那些能够弥补文字图书资料不足之处的，能使课堂教学生动、真实，丰富多彩的各种媒体信息和看似极简单而又很实用的教具、实物和模型等，理所当然地都应该被视为教材的重要组成部分。

第六章第三节介绍的 Dr. Kizzier 的教材使用的例子就是灵活使用和不断改进完善的一个典型案例，在此不再赘述。

三、5 点简单的思考

思考之一：教材绝不只是书，更不仅仅是唯一的一本教科书。如果我们还抱着一本教材打天下的观念，几年一贯制，谁来教课都是这本书，谁来选课都是这套书，不论什么学校都是一样的统编教材，是不会有好的课堂教学效果的。没有主教材和辅助教材的有机结合，没有大量文献资料信息的强有力的支撑，没有各种现代媒体技术所带来的声色并茂，立体多样的特殊效果，就不会有满足 21 世纪人才要求的课堂教学效果。因而，我们必须突破过去统编教材的框子，在继承的基础上去创新，形成教材群、教材库的意识，注重传统教材和电子教材的结合，强化和树立全新的教材观。

思考之二：精选、活用和补充完善教材，在教学中对教材进行不断的改革是每一个教师课堂教学必备的一项基本功。要扩大教材选择和使用的自主权，要突出本学科的特色和优势，不要千篇一律地使用同一种教材，更要避免把多少个教师嚼过千万遍的馍，把无可置疑的真理和结论传递给学生，也不要都使用那种统编的传统式的教材，要给学生以想象和创新的空间，要培养学生疑问和反思的习惯。要让教师具备把教材变成教案的创造性技能。要对教师进行教学设计的科学训练，使他们能够和善于在课堂教学中有机结合主辅学教材和阅读资料，不断创新，灵活运用，相辅相成。

思考之三：要充分体现教材的多样性和独创性。社会文化发展的多元化，国家建设和发展的国际化，世界经济的全球化，促使我国的高等教育和人才培养更具有开放性和国际性。21 世纪的挑战最集中的表现就是人才的竞争，社会对人才需求的多样性，要求培养人才的思维的多样性，技能的多样性，知识的多样性，理论的多样性，能力的多样性，这也必然带来教材和教学内容的多样性。如果总是一本书，总是一个模式地教学，总是教一家之言，是不能适应这种需求的。如果对各种理论、学派的基本知识都不了解，又何谈去欣赏、鉴别、批判和发展呢？没有培养不同的思维方式和不同的分析问题、解决问题的方法，又何谈创造意识和提高竞争力，特别是核心竞争力和开拓精神呢？从这一点思考，我们就会深刻地理解教育的多样性、教材的多样性、教学方法和培养人才模式的多样性和独特性是多么重要。

思考之四：学校积极鼓励和支持教师总结教学经验，编撰高水平教材和出版专著及各种音像制品，但是绝对拒绝粗制滥造，或为了评职称而随意出版误人子弟的教材，更不允许教师或院系贩卖积压的教材坑害学生，谋取私利。相反，应该努力做的是让学生如何在图书购买上节省花费，如允许使用旧书，鼓励去图书馆借书，校书店也大量收购二手书，低价卖给学生，或者允许学生购书后几天内原价退回，学生只是将自己需要的章节复印一下即可。在教材的编写出版和创新上要特别注重职业道德和学术规范，严禁抄袭、剽窃等行为，鼓励原始创新、自主创新和改革创新，弘扬和光大科学探索、实事求是、严谨认真、民主平等的精神，进行教材服务上的变革，真正为学生提供最优、最新和最适用的教材。

思考之五：教学改革也包括教材的不断改革和完善，教师固然要起到主要的作用，但学生的作用也不可忽视，不要说是研究生，即使是本科生，当他们学完每一门课，用过每一本教材后，也会提出许多较有价值的参考意见，这样的资源我们为什么不很好地利用呢？Dr. Kizzer 的做法已经为我们提供了很好的范例，这也应当是以人为本、教学相长的具体实践。学生中蕴藏的积极性和智慧正是高校改革和发展特别是教学改革不断深入和持续的巨大动力和不尽的能源。

第二节　高质量的课堂教学效果来自于精心设计

——从美国林肯内州大学课堂教学的 Syllabus 谈起

在美国林肯内州大学上课时，笔者曾注意到这样一件事，在每门课程开始时，任课教师总要发给每个学生一份 Syllabus，这既像是一个课程的 Outline，又像是一个课程的 Schedule，更像是一个课程的 Guidebook。随着课程的进展和对这种 Syllabus 的反复使用，我渐渐感到，这是一个提高教学效果和质量的好做法，值得我们学习和借鉴。

一、从 Syllabus 的内容谈起

Syllabus 的主要内容如下。

（一）关于课程的一般信息

相关信息包括：课程的代号和名称，如 ED 900K：Qualitative Approaches to Educational Rsearch，ED. AD 836：Systems Planning 等；课程的开设院系、开设学期和时间，如 Department of Educational Psychology，Teachers College January，1994；任课教师及通信地址和电话，有开课的具体日期，上课的具体时间，教师办公的具体时间和地点；课程是几个学分；

课程所用的主教材、辅助教材、阅读教材和参考文献，特别说明教材和书刊的名称、出版社、作者和出版时间等，对大量的阅读材料和参考文献则列出一个清单。

（二）对本课程的介绍

课程介绍包括开设这门课程的目的，课程的主要内容和前述课程的联系或前期课程的要求，课程的地位和作用，有的介绍得非常详细，包括章节的内容、目的、要求，教学目标或学生能达到的水准、课程的组织安排、教学的方式和方法等，这部分内容是这种 Syllabus 的最重要和核心的信息。

（三）教和学的责任和要求

本课程的教学目标既包括对教师的要求，要达到什么标准，应当怎样做，在备课、讲课、组织教学、讨论、课程安排和考试等方面的具体详细要求和责任；也包括学生的权利、义务和要求，特别是学生在出席、听课、作业、讨论设计和论文考试等方面的详细要求。

（四）评估评价

一方面是教师对学生的学习评价和成绩评定，如评定标准、原则、方法、要求，考试、测验的具体方式方法、时间安排和各种成绩的比例等；另一方面是请学生对教师和本门课程进行评估评价。

（五）本门课程所有的上课时间和活动安排

包括起止时间、节假日的处理、考试时间安排、作业、论文或课程设计的最后期限等。

当然，不同的教师，这个 Syllabus 的内容会有所不同，如有的教师还附加许多更具体详细的说明和要求。但总地说来，都包括上述 5 个方面。

二、为什么要有这样一个 Syllabus？

美国林肯内州大学的教师为什么要如此细致地设计这样一个教学安排和说明的详细提纲？

（一）安民告示，方便学生——突出地强调“服务”

学校的一切活动、一切安排都是为学生成才服务的，这既是一种办学思想，更是教学的指导思想，从上面对 Syllabus 内容的介绍，我们可以看到，它确实体现了为学生成才服务，这个 Syllabus 的内容是十分详细、具体的，几乎包括了所有有关的课程的信息，并且将其提前告诉学生，这样就形成了一个很好的“安民告示”，使学生尽早尽快地了解课程的内容安排、要求、进度和时间，比如课程所需要的教材，辅助教材和阅读资料等要及早选购和查找；比如教师办公的时间和学生约见的时间及节假日的提前安排；再比如论文、作业和考试的要求、安排和最后期限等，都不仅为学生选上和安排本课程提供了方便，更为学生调整整个学期的校园生活和节奏创造了条件。通过这个 Syllabus 的具体内容和详细安排，我们不难体会出教师在课程的设计和准备中是充分考虑到学生的，是切身从学生学处着想的,是真正把服务思想落实到教学中的。

(二)公平公正、便于监督——明确地体现“承诺”

教学和教学管理的公开透明程度是体现一个学校办学和教学水平民主化的重要标志,这个 Syllabus 就是学校对学生的一种承诺。从 Syllabus 的内容介绍中我们可以看到,在这里,教学的设计、教学的准备、课堂教学的组织、安排一切活动都是公开的,不仅仅是教师知道就行了,也不仅仅是教学管理人员知道就行了,而是让每一个上课的学生都知道;不仅仅是口头宣布就行了,还要写在纸上、印发下去,这就使得这种承诺是实在的、落实的、公开的,使得学生感受到一种责任和权力,感到自己的地位和重要。比如说,学生成绩的判定、什么标准、什么原则、如何评判,都讲得很清楚,学生可以对教师随时监督;再比如学校对教师的要求,如何讲课、如何组织教学,如何准备和安排,也让学生十分了解,使学生在学习的过程中切实感受到学校的教育教学思想和原则,是如何成为每个教师的承诺的,在本门课程中是怎样落实的,教师是如何通过自己的努力,实现这种承诺的。学生不仅参与了学习而且参与了管理,促进了教师尽职尽责地完成教学任务,同时又培养了学生的负责精神和民主意识。

(三)节省时间、有法有序——特别地重视“效率”

时间和效率的观念,是十分重要的,是要有一个形成过程的,这个 Syllabus 就起到了这样的作用。在美国的学校,学生选课主要的是注意 3 点:一是任课教师。选名教师、选自己了解和崇拜的教师,当然是教学效果好、学术水平高,富于幽默和易于融洽相处的,因为往往同一门课、同一种课可能由不同院系的几个教师来教。二是看所选的课对自己的专业发展和未来的职业发展的作用和影响,这就需要对课程有比较详细、全面的了解,包括选用的教材、教学的方式、考试的方法、课程难易程度等,选得不合适,对钱财和时间、精力都是一种浪费。三是上课的时间、地点等详细安排,在地点上有时会有不同的校区选择和变化。在时间上,一方面是上课的具体时间,如上午、下午、晚上,周末等。另一方面是开课的时间,如正常学期或是夏季短学期。有了这样一个 Syllabus,学生就可以借助它正确地选择课程,全面、系统地安排好自己一个学期的学习生活。这种全面、系统突出的体现就是高效合理,充分利用时空、井然有序的规划安排,最大限度地利用一切条件和提高效率;同时,也是显而易见的,有了这个 Syllabus,许多信息和要求都非常明确,不必事事都问老师,节省了大量的时间,学生又能在提前了解的情况下,做好充分准备,使课堂教学收到好的效果,可以说这个小小的 Syllabus 充分体现了美国学校现代化生活的时空观,也对学生培养和适应高节奏,重时效的现代生活习惯和理念,起到了重要的促进作用。

三、Syllabus 还会给我们一些什么样的思考和启示?

中国人是很聪明的,我们的高等教育也有百年的历史了,在高校的课程教学方面,我们也有许多好的做法和经验,也在千方百计地提高教学的质量和效果,但是我们为什么没有想到这样一个 Syllabus 呢?虽然我们也有许多教学文件和要求,为什么没有像 Syllabus 这样细致,这样全面,这样落实呢?换句话说,面对着这个小小的 Syllabus,我们在教学上的差距是什么呢?在教学管理和要求上,我们还缺少些什么呢?恐怕不仅仅是个方法问题,是个物件问题,而是指导思想和观念问题,而是如何使好的思想观念落到实处的问题。这大概就是在了解了 Syllabus 的内容和作用后应当进一步思考的。

(一)教学要求和教学管理的严格务实性

严格和务实在教学管理和教学要求上是十分重要的。这种严格和务实性不只是说在嘴上,写在文件里,或是应付检查和给上级看的,更重要的是要落实到每个院系、每个教师身上,具体地体现在每一门课程上。这个 Syllabus 就是这种严格务实性的一个突出表现,内容要求具体明确,每门课如此,发到每个学生手中,做到这一点确实是不容易的,而长期坚持下去更是难能可贵的。贵在坚持,持之以恒,教学管理和要求最需要的就是这种精神,提高教学质量和效果也需要这种坚持不懈的精神。美国林肯内州大学特别注意教师在教学上的基本功、基本技能和基本方法的训练和提高,把许多教学的原则和要求都融入这种训练中,设计这样一个Syllabus就是其中的一项基本功,如果教师不能对课程进行全面系统和认真细致的设计,如果这种设计不能得到专家的认可和批准,教师是不可能走上讲台的。每个学校都希望在教学上创名牌,每个教师也都想在教学上创佳绩,那就应从一点一滴做起,从设计这样一个小小文件做起,同时这种严格务实性也体现在学上,教重要,学更重要,没有在学生学上的严格要求和落实,好的教学质量和效果就是一句空话,因而,在这个 Syllabus 中,对学生学的要求也是明确的、具体的,让每个学生都充分理解和认识,清清楚楚,明明白白,并且尽可能发挥学生的主动性和自觉性,尽可能利用空间和时间,做好切实的安排和组织。教和学的要求,教和学的管理,哪一样都不可偏废。

(二)教学和教学管理的充分民主性

民主和法制建设水平,在一定程度上代表了一个国家的发展水平,这种民主的建设和发展,不仅体现在政治制度上,体现在社会经济生活和综合发展上,也应该体现在学校教育上。学校应当成为民主教育和实践的基地,而教学民主则应当是民主教育的启蒙和基础。从上面介绍的 Syllabus 内容,我们可以体会到教学和教学管理的民主思想和原则,至少这里有 3 点是很明确的:一是公开公布,让学生对教学和教学管理有知晓权、知情权。我们都很重视和强调公平、公正,没有公布和公开是不会有真正的公平和公正的。课程的安排组织、教师的职责要求,成绩评定的方式方法,教学的目的原则和要求等,没有什么秘密可言,理所当然地应当告之学生。二是认真听取学生的意见,让学生有充分的发言权和建议权。不仅每门课程结束后要请学生们认真地对教师、课程、教材和教学方法、组织安排进行全面的评价评估,平时也要让学生随时随地提出意见、要求和建议,甚至有的教师在每堂课上都这样做,充分调动学生的积极性,充分挖掘学生的潜力和智慧,帮助教师共同促进和改进教学。三是管理的参与权和教学的监督权。民主最重要的就是参与管理,参与决策。从 Syllabus 的介绍中我们可以看到,这里学生参加教学,不仅仅是以一个被动接受教育的身份,是一个知识的接收器和收录机,更是教学的主人,积极活跃地参与到教学中,教师在设计课程、组织安排教学时,要自始至终想到学生、尊重学生、服务学生、激励学生,努力从学生的角度去备课、去组织、去安排、去设计,并创造尽可能多的条件和机会让学生参与,使学生真正成为教学和教学管理的参与者和监督者。民主意识的培养靠理论教育,更靠养成和实践,创造一种良好的民主氛围,在民主式的教学中耳濡目染,对于培养学生的民主意识和民主观念的确是一种非常好的方法。

(三)教学准备和教学设计的系统完善性

从以上介绍的 Syllabus 的内容中我们可以看到,这种设计是具体的、全面的、系统的,精益求精、日渐完善。比如在教材的选用上,美国高校教学用什么教材,完全由任课教师决定,但是教材用得好不好,合适不合适,则是要由专家评议评估的,不仅是主教材,也包括辅助教材、阅读材料等,都是经过精心选择的。再比如具体的每一节课,如何讲,重点是什么,让学生学会什么,学生学习后会达到什么程度、课前要做哪些准备,课前应读哪些章节和阅读材料,作业和要求是什么等,都很清楚、明确;又比如论文和设计的要求:字数、时间、主题、具体章节要求、摘要、综述、提纲、参考书目和文献等,都规定得非常清楚、全面。这里没有一边备课一边讲课的应付,而是知识的融会贯通,没有教师的随心所欲和不负责任,而是认真准备、一丝不苟,特别是课前的组织、安排、讨论的进程变化,课堂的走向、步骤,都依照事先的设计恰到好处地完成。有的教师除了这个 Syllabus 外,还增加一些更细致的补充材料,通过学生的反馈和微调,使课堂教学的整个设计和进行更加完善和系统。一个教育大师曾经讲过,要想让学生成为什么样的人,老师就首先应当是这种人,同样,一个学校要培养学生什么样的作风和精神,学校就应当首先形成这样的风气,发扬和光大这种精神。教学设计上的精益求精和系统完善性,无疑是对学生培养这种精神的极好的促进和影响。

(四)教学质量和效果的极端重要性

培养人才的质量是学校的生命,教学的质量和效果是人才质量的核心,我们的一切教学活动和安排,一切教学管理的理论和原则都应当以此为出发点和落脚点。课堂教学无论是过去还是将来都是高校主要的教学形式,提高课堂教学质量和效果,就抓住了提高整个教学质量的中心。一方面,影响课堂教学质量和效果的因素很多,如师生关系的融洽性,教学组织和安排的合理性,教与学的沟通和互动性,教与学方法的适应性和有效性,也应当包括教学设计的合理性和系统性,教学要求的严格性和明确性等。另一方面,一门课程的质量和效果不是课程结束时才浮出水面的,才最后敲定的。它是从设计阶段开始的,没有高水平、高质量的课堂教学质量和效果的设计和要求,不可能产生预期的高水平的质量和效果,正是从这种Syllabus开始,全面而系统、周密而翔实、具体而实际,科学而逻辑,并在教学过程中不断地改革和完善,才能为课堂教学产生好的效果和高的质量提供基础保证,以下的4个方面就综合说明了这一点。

第一,从一开始就极端重视,把每个环节都当作关键的环节来对待。所谓一招不慎,全盘皆输,就是这个道理。我们知道,一个产品的质量是由组成这个产品的所有零部件的质量所决定的。同样的一门课程的质量和效果也是组成这一课程的所有环节和要素决定的,没有对每一个环节和细节的高要求和精心准备,就不会有整个课程的高质量和好效果。

第二,重视课堂教学的质量和效果,不仅要重结果,还要重过程,教学的过程本身就是一个循序渐进的过程,一个不断积累的过程,一个不断创新的过程。仅仅靠期末考试来检查和评定质量和效果是不行的,期待在最后的时刻出现奇迹是不可能的。对教学的全过程进行管理、反馈、跟踪和控制,在每个步骤上都下真功夫是十分必要的。

第三,课堂教学的质量和效果需要教和学的统一与和谐,需要教师和学生的共同配合和努力。Syllabus同样体现了这一点,它的设计过程体现了对学生的充分信任和调动,尽可能地创造学生参与课堂教学的机会和条件,充分肯定和支持学生学习的主动性、积极性和创造性。这就为提高课堂教学的质量和效果奠定了一个良好的基础。

第四,严肃性和法规性。这种Syllabus就是课堂教学的一个法规、一个大纲。无论是任课的教师还是听课的学生都要遵守,形成讲程序守规则的良好习惯,这样就自然地会促使教和学的融合、统一、补充和完善。如果我们的每一个教学文件都能具有这样的法规性,就必然会有高水平和高质量的课堂教学效果。

提高课堂教学的质量和效果是一个重大的题目,是教学研究的一个永恒课题,笔者只是借助Syllabus这个小小的元件,做一些介绍、议论和思考,希望能够起到一石激起千层浪的作用,在高校形成人人都来关注课堂教学质量和效果的风气,师生员工群策群力,共同探讨影响课堂教学质量和效果的因素,分析问题和原因,研究措施与途径,探讨方式与方法,总结理论和实践,使我国的知名高校在教学和人才培养上名符其实地创一流。

第三节 个案分析:Dr. Kizzier教学Syllabus的进一步介绍和分析

第六章第三节和本章第二节已经对美国大学教学中使用的Syllabus的内容和特点做过简要的介绍,本节将进一步全面呈现Syllabus的详细内容和整体面貌,进一步系统地分析需要解释和说明的问题,进一步总结和归纳Syllabus的特点和特色。

一、一份Syllabus的实例

下面介绍的是一份取自美国林肯内州大学的Syllabus的实例(译文),略有删节和省略。

教育900D 高等教育研究的调查方法

(一)课程一般信息

教室:532 EAST Ne Hall	教 师:Dr. Kizzier
日期:1995.01.09~1995.04.29	办公室:529A Ne Hall
学分:2	电 话:472—3647
时间:17:00~18:40	电子邮件:

课程介绍:

本课程研究采集数据调查方法的基本原理和实施过程。

所需教材:

Fowler,Floyd J. 调查研究方法,第 2 版,社会研究实用方法,第 1 卷,Newbuoy Park sage Publication ,1993.

Kizzier, Donna L 900D 阅读笔记,1995(本书可以小组的形式借阅,作为参考,学期末归还给指导教师)

(有关阅读和参考资料清单附后,教师还可随堂发一些最新资料)

课程目标:

通过学习此课,学生们将能达到:

懂得调查研究的目的,确认所研究对象的总体或全域,制订并管理和实施问卷,设计调查研究所需的所有相关内容、元素和各组成部分。

成绩评定:

完成小组论坛:30%

阅读心得、综述、摘要:10%

期末大作业,考试:60%

评分标准:

100~99:A+	93~94:B+	83~84:C+	73~74:D+	
95~98:A	85~92:B	75~82:C	65~72:D	≤64:F

学生的责任:

(1)课堂出席。

(2)按时完成阅读和预习作业(按规定时间)。

(3)积极参与课堂活动。

(4)按时完成所有学习任务。

教师的责任:

(1)安排课堂活动吸引所有学生积极参与。

(2)及时批改发放作业。

(3)随时帮助每一个学生。

(4)提供一个对性别、年龄、残疾、种族、肤色、宗教、物质条件、服役状况或少数民族无任何歧视的宽松、民主、平等的课堂。

(教室内禁止抽烟,上课时不准戴帽,不准嚼口香糖,不准吃零食,不准喝饮料,无故3次不出席将不做成绩评定)

(二)各周课堂活动和学习任务安排

1月9日

课程介绍:教师总体介绍本课内容,并说明和解释这个Syllabus

主要阅读材料:

Fowler,第1章,介绍(sage版)

Borg&Gall,“调查研究的方法与工具”第415~465页

Ruckmick,“问卷过程的利用与滥用”第32~41页

Jick,“综合质与量的方法:考虑三个方面”第602~611页

McFee,“研究中的三角问题:两种混淆”

次要阅读材料:

Hawe and Elsenhalt,“质(与量)研究的标准:绪论”第2~8页

Peshkin,“质的研究的精华”第23~29页

1月16日

介绍调查研究(接上讲)

教师讲解调查前需确定的一些重要问题

选择题目,限定问题,确定研究/数据采集技术的形式,设立论坛小组。

主要阅读材料:

Goetz and Lecompte,“研究过程的概念:理论和设计”第33~62页

Hillestad,“研究疑难问题”第1~21页

Cates,ward Mitchel,“研究过程中所采用的议题,陈述和假设”第12~22页

Fowler,chapter 4,“数据采集的方法”(sage版)

Fowler,chapter 11,“调查误差”(sage版)

Oppenhein,chapter 2,“分析的调查设计”第21~37页

次要阅读材料:

Sprow,“在组织研究中采用电子信箱收集数据”第159~168页

Borg&Gall,“制订研究计划”第47~82页

1月23日　　形式同上　　略

……　　……　　……

4月17日　　形式同上　　略

4 月 24 日：

最后一周

汇报数据(16)(论坛#4)

期末课程评估

主要阅读材料：

Fowler,第 10 章,“提供调查方法信息”,(sage)

Hillstad,“书写报告”,第 96～136 页

Stock,M.“书写研究项目”,实用研究生研究指南,第 135～164 页

次要阅读材料：

Creswell,J. W. & Kuster,C. G. 口腔教育研究中的调查实践,口腔教育期刊,47(10)第 676～680 页

Hensan,K. T.(1990),教育期刊写作,Phi Delta Kappan,71(20),第 800～804 页

Fine,M. A. & Kurdek,L. A. Reflections on Determining Authorship Credit and Authorship order on Faculty-student collaborations,美国心理学家(1993,11)第 1 141～1 147 页

Winston,R. B. A. suggested procedure for determining order of Authorship in research publications Journal of Counseling and Development, 63(1985,4)第 515～518 页

作业：规定的期末题目

注：

5 月 1 日 考试周

期末考试：下午 3:30～5:30,5 月 5 日星期五

对于成绩有疑异的学生,可通过个别会面单独讨论和协商确定其成绩(由学生自己选定)

(三)三项作业的具体说明

1. 期末大作业指导

作业内容为制作一份调查研究的样本,此样本应包括下列内容：

(1)陈述所研究的问题的目的,明确哪些项目与所研究问题有关。

(2)方法和过程至少应包括下列部分：

●抽样设计。

●有效与可靠性步骤。

●如何进行数据分析(包括计划用于每一项研究的统计过程;也可以与 Near 中心商讨)。

●用于引导工具的过程(在作业中)以及进一步引导测试工具的其他计划。

●计划用于管理调查的过程(邮件、电话、采访等)。

●调查设计,包括材料封面(如适合的话)、调查工具以及随之而来的其他相关方面等。

●伦理/IRB 步骤(适当的)。

●采用正式的汇报格式,内容的质量比数量重要。

指导教师将以各个学生的目标为基础进行评估,如学生认为有必要向指导教员陈述其项目目标,可以提供其陈述资料,例如,在本课中,某些学生为学位委员会提供项目建议书,而另一些学生准备作业所用的调查,不同目的,项目种类将有很大的区别。

2. 论坛指导

每一个小组都分配有一个 60 分钟的讨论题目,讨论应是以公开论坛的组织形式进行,由小组带领讨论。

讲演小组的职责:

通过阅读所分配的阅读材料确定其研究问题,每一小组成员至少阅读一份课外资料(May be Human Resources or Written)。

以适当的策略引导讨论,使非演讲的同学们投入积极的讨论当中;向同学们提出高水平的问题,这一点几乎是必须的(那些使同学对所涉及的主题进行评论性思考,使同学把信息应用到讨论的问题中/或应用到个人生活中)。

●提出适当的问题供班级讨论。

●邀请外部专家协助讨论演讲题目。

●需要时与指导教师联系使其帮助确定具体方法,理解要旨和专业知识等。

●与全班共享所得到的资源(信息)。

●将所有资料汇集一起供指导教师评估,附加资料的复印件、演讲大纲、具体题目、小组成员名单以及其他演讲材料(幻灯片、多媒体课件等)。

非演讲小组要做到:

●准备演讲小组通过学习阅读作业而提出至少一个高水平的问题,积极参加到论坛讨论当中。

评估标准:(每一项占相同比率)

●问题合理。

●高水平的问题与演讲题目相适应。

●使全班同学参与到与题目有关的讨论当中。

●精心选择的演讲资料。

●有益的学习经验。

●采用 A Peer 评估方法:每个小组成员的最后论坛成绩将被乘以平均 Peer 评估分数。

3. 摘要指导

选一篇适合与课程阅读材料所包括的题目之一的文章,复印该文章(或章节)。参考教科书中以前准备的摘要样例。在摘要和阅读样例中,至少应包括下列内容:

文章的简介

本人对文章的评判

引用目录

对在何时用或怎样最好地把文章应用到课堂中,提出自己的建议;确定与所选文章相关的适当的课程题目。(附录略)

二、需要解释和说明的几个问题

第一,作为一个 Syllabus,应当对课程进行很好的介绍和描述,包括课程的目的和其他课程的相关信息等,这里的介绍非常简单,仅仅用一句话概括,主要是教师在第一节课中有一个专门的、系统的介绍,以此引起学生对本门课的初步认识和兴趣,并对课程有一个宏观的、总体的了解。

第二,关于课程的教材有 3 点值得我们注意和思考:一是美国大学学生所用的教材完全是由学生自己去购买的;二是几乎所有的课程的教材都包括主教材(也就是我们通常讲的教科书)和辅助教材、阅读材料等,并且许多教师在上课时随时发给学生一些补充资料;三是对各种教材、阅读材料和参考文献,教师往往都会列出一个详细的清单。

第三,这个 Syllabus 不是制订出来应付上级检查和教师自己用的,而是要向学生说明的,教师要在第一次课上向学生解释这个 syllabus,对本门课程的安排要求做详细的介绍,为课程按计划实施和进展开一个好头。

第四,这个 Syllabus 有几点特别值得注意:一是评分等级很细。这里的评分等级从 A^+ 到 F 总共分了 9 级,教师在对学生的所有作业、论文和考试进行如此细致的评分是需要特别的认真和细致的。二是对学生要求很严。除了对学生的 4 条要求外,还特别提到几个不准:no smoking, no drinking, no chewing, no food, no cap in the class-room。教师并没有因为学生要对教师进行评价而放松对学生的要求。三是教师自己的责任非常明确,并且向学生公开,请学生监督,教师的责任这几条,说起来容易,做起来是很难的,并且它特别强调无歧视、平等和民主,这些观念在大学的课堂里是特别注重的。

第五,这门课有一个小组论坛活动,在 Syllabus 的最后,教师专门设计了论坛的指导部分,对论坛如何组织和实施进行了详细的说明,并把论坛讲演组和非讲演组的责任明确,要求规定、评估标准和方式公开,教学的公开和民主性在这里得到了进一步的具体体现,学生也能很好地体会到自己的权利和义务。

第六,不仅仅是 Syllabus 所包括的这些内容,教师在上课时还发给学生人手一册更详细的课程内容介绍,对每一章、每一节、每一次课的重点、难点、教学目标、提示点等都做了详细的说明,这些足以说明教师在教学上的责任心、事业心和在教学上下的功夫。

三、Syllabus 的五大特色

(一)教学文件——和国内的教学大纲不甚相同

国内的教学文件,都是上级制定,由下级来执行的,比如,我们所熟悉的教学大纲,是指导每一门课程教学的纲领性文件，对教学目的、要求、教学内容、教材和主要参考书等都要统一规定，甚至对各章节的讲授，从内容到要求，从难点到重点，从时间分配到作业习题等都做了统一的要求。这个刚性的文件，过去一直是由教育部统一印发的。现在已有一些学校组织高水平的教师研究制定，但无论如何，是一种指示和准则，教师的任务就是理解和贯彻，并且一经下发，就要稳定几年，不会轻易修改，这个 Syllabus 也可以看作是一个教学大纲，但它不是官方的文件，也没有统一的意思，既不是全国性的统一文件，也不是全州，甚至全校性的统一教学文件，而是任课教师自己制订的，像备课一样必须准备的一份教学文件，它反映的是教师自己对本课程的理解、认识和安排，是学校的教育教学思想在本课程中的体现和落实，同时又为教师在教学上发扬自己的特长、积极性和创造性提供了很好的机会和条件。

（二）教学要求——教师必备的教学基本功

Syllabus 是由每个教师自己制订的，换句话说，每个教师都应当具备制订这个 Syllabus 的能力，没有一个完备的、符合标准和要求的 Syllabus，教师是不可能走上讲台的，这一点是很明确的。首先，在学校的教学文件中有这样的规定，具体的要求就是教师必须在课程的第一次讲解时向学生解释和说明这个 Syllabus；第二，学校在对教师进行教学和课程评价时，Syllabus 是一个不可缺少的教学文件；第三，学生在选课时要反复地查看 Syllabus，由此可了解选课所需要的关于课程内容、安排、考试、进度等各方面的信息。在某种程度上说，Syllabus 是每个任课教师的广告，是一个教师教学水平和态度的一种体现，学生正是首先通过 Syllabus 来认识任课教师和选择这门课程的。因而每个教师要搞好教学是要首先和反复练好这项基本功的。

（三）使用对象——教师学生人手一份

把教学文件原原本本地发给学生每人一份，这个小小的 Syllabus 就是上课的教师、学生人手一份，反复使用，而且要求上课的第一天就要发到学生手里，这样就把上课的所有信息、要求和安排都向学生公开了，使教学真正实现了对学生的一种承诺和服务，可以说这是教师和学生都应当遵守的一个法规，这就使得教和学紧密地结合在一起，教师和学生都承诺自己的责任、权利和义务，这正是重视学生、尊重学生、民主教学的一种体现。

（四）特色鲜明——具体体现每一个教师个人的教学风格

Syllabus 不是千篇一面，统一规格，而是体现了每个教师的教学特色。由于是教师个人设计的结果，因而每个教师都会根据自己的教学风格，教学特色来设计和制订这个 Syllabus，把它看成是施展自己才能和水平的机会，是展现自己教学艺术的舞台，进而也就为教学的多样化和个性化创造了条件。我们知道，教学有法，教无定法，一门课程每个教师会有每个教师不同的讲法，甚至每一次讲都会有新意，有所不同，从这一点上讲，让每个教师进行 Syllabus 的自我设计，正是教师教学总结和提高的一个训练过程，也恰恰体现出教学准备和设计本身就是一个不断的改革和创新的过程，教师会在每一门课程结束后，听取学生的反馈意见,并结合自己的体会和感受,对 Syllabus 做进一步的修改和补充。如果我们把每个教师的从第一个 Syllabus 到现在经过若干次修改的 Syllabus 相比较,就不难看到这位教师在教学上不断进步和不断创新的发展足迹,也会从此轨迹看到学校教学改革进步的步伐和变化的脉搏。没有最好,只有更好,教学上的不断发展和创新正是从这个小小的 Syllabus 开始的。

(五)内容翔实——具有极强的应用和指导性

从前面的 Syllabus 介绍,我们可以看到其内容是非常丰富、翔实的,几乎包括了一门课程的所有相关信息,诸如课程的一般信息,如时间、日期、地点和进度安排;教师、学分和答疑及老师办公和约见的时间安排;课程的核心和重要信息,如教学内容、课程相关要求、教科书、辅助教材和阅读资料;作业、考试论文时间安排、要求、最后期限及课程的组织、目标、师生的责任要求等,所有信息和内容都明确具体。通过这个小小的 Syllabus,给学生一个关于课程的全面介绍,特别是通过人手一册的公布和使用,使得用起来更方便、更灵活,使之真正成为师生共同参与搞好教学的一个实用的工具和指南。

上面的 5 点也可以说是 Syllabus 所具备的 5 个特色。通过这些特色,我们不难体会到这个小小的 Syllabus 具有怎样的作用,为什么美国的林肯内州大学要求每个教师对每一门课程都要设计这样一个 Syllabus 和为什么要发到上课的学生手中人手一册。同时,我们也能从中感受和想象课堂教学的多样性、变化性和不断的创新性。正是由于这样的 Syllabus 和它的使用,才为高水平的课堂教学效果和质量奠定了一个良好的基础。

本章小结及补充性说明

本章主要介绍和探讨了美国大学教师在教材选用和教学设计两个方面的经验和技巧。其中,第一节着重讨论和介绍了美国林肯内州大学教师在运用教材方面的 3 个特色:精心选择教材、灵活运用教材、不断补充和完善教材,在此基础上进一步探讨了美国大学教材补充、完善和改革背后的教育理念及其对人才培养的作用。第二节通过对美国林肯内州大学课堂教学的 Syllabus 的内容、作用和特点的分析,透视出提高课堂教学质量和效果的一个重要思想:搞好课堂教学——首先从精心设计开始。这个思想突出地体现了服务、民主和效率的意识和理念,也更表明了教学要求和管理的严格务实性,教学准备和设计的系统完善性,教学质量和效果的极端重要性。第三节通过美国大学教学 Syllabus 的个案剖析,进一步全面系统地介绍和分析了 Syllabus 的内容构成、特点和作用。

本章的内容原文成稿时间距离较近,其中,第一节和第三节内容曾分别刊登在哈工大内刊《科教论坛》2002 年第 1 期和第 3 期;第二节内容曾发表于《高等工程教育研究》2001 年第 3 期,部分内容还在中国教育学会比较教育分会 2006 年学术年会上作为主题发言内容做过交流。第二节内容曾作为哈工大教师培训课程的内容面向多轮新进教师介绍和讲解过,引起了强烈反响,并促成了哈工大在全校开展教学设计的制度和做法,提高了教师的教学水平和教学质量，还有很多外校教师致电索取相关资料并咨询和探讨相关问题，并促进哈工大和许多高校正式开展教学设计，竞赛和研究。本章内容虽然成稿时间较早，但就教材选用和教学设计本身而言，不但没有过时，而且恰恰是当前我国大学教学工作的薄弱环节，无论对于我国大学的教学管理者进一步完善教学管理，还是对于我国大学的教师进一步提升教学水平和教学质量，均具有直接的指导和借鉴意义。

本章参考文献

[1] 加涅·R·M. 教学设计原理［M］. 皮连生，庞维国，译. 上海：华东师范大学出版社，1999.

[2] MCKEACHIE W J. Teaching tips［M］. 10th ed. New York：Houghton Mifflin company，1999.

[3] KIZZIER D L. Syllabus Ed900D survey methods in educational research［Z］. Lincoln：University of Nebraska-Lincoln，1995.

第八章　角色定位与角色互动

角色是担当，角色是责任，角色是保证。如何对教与学主体的角色进行合理的定位，如何实现教学过程中角色的互动，直接关系到教学的质量和效率，是教学目的和目标实现的根本保证。本章对美国大学教学中的角色定位和角色互动案例进行介绍与剖析，总结美国大学教学中教师和学生的角色定位特点、角色责任履行的具体要求以及角色互动的做法和经验，以期为探索培养独立个性和创新性人才的教学模式提供有益的经验和启示。

第一节　教师　主持人　多角色

——关于高校课堂教学教师角色的思考

在林肯内州大学访问期间，笔者曾选上了名称为"International Education and Multiculture"的一门课。笔者是慕名而上的，因据说任课教师是美国20世纪90年代十大杰出女性之一——Dr. Ralldle教授。开始一段时间，我似乎有些失望，主要是她上课讲得比较少，和国内的大学讲课大不相同，可是渐渐的，笔者就被这门课吸引住了，当课程结束时，仔细回味着这门课程的全过程和Dr. Randle教授的教学与安排，深思了许久，回味良多，于是就有了本节的内容。

一、个案分析：美国大学教师Dr. Randle的课堂教学

Dr. Randle教授是如何组织和讲好这门课的呢？其做法主要体现在如下几点。

（一）讲得少、讲得精

这是一门3学分的课。笔者计算了一下，Dr. Randle的讲课时间大约占了总课时的1/3。这时她是主讲人，虽然讲得少，但都是非常重要的和最基本的概念和理论，以便为本课开好头并深入发展打下良好的基础，引导同学们一步一步地走进这个领域。而对一些最重要的概念，则是少中见多，不惜多花费时间，讲得仔细、深入，同时让学生们反复思考，多次讨论，以求得更深、更有新意的理解。给笔者印象最深的是Community这个概念，按我们通常的讲法，介绍一个概念很简单，不会用多少时间也不会花很大气力。Dr. Randle就不同了，她的讲法是紧紧围绕主题——国际教育和多元文化这两个方面加以阐

述和说明,并且让学生认真地讨论,引导同学们用自己的语言和特殊的方式来解释和说明,结果学生们进行了3次讨论,一次比一次深化,最后给这个概念以与书本、字典和一般定义完全不同的、极具全新意义的综合理解的定义。

课讲到这里,确实感到了 Dr. Randle 教学的独到之处,这里看不到生硬而机械地传递知识的痕迹,也没有老师对学生的灌输和对书本的过分依赖,取而代之的是对学生想象力和潜能的调动,是对知识的阐述和理解,进而对应用的巧妙结合,是对学生思维能力的促进和对创新意识的培养激励。

(二)请专家,邀学者

请专家学者参与课堂教学是本课的又一特点,这时,任课老师是主持人,同时又是学生。

首先邀请了本校多元文化办公室主任(Multi-culture Affairs)一个黑人博士讲了大学工作中多元文化专题,然后又邀请来了联合国教科文组织的高级官员从联合国角度介绍国际教育发展的现状、问题和展望,以及多元文化的理论、对策和新的探索。如果说这两个单元是比较全面系统的讲解,那么后面的一些讲座则是来自不同侧面的研究。如德国教育官员关于文化教育的翔实介绍,爱尔兰学者有板有眼的陈述,来自中东地区约旦教育学博士的报告,来自非洲尼日利亚一位黑人教育学博士的信息,来自美洲洪都拉斯一位女博士的演讲,当然也包括亚洲学者(韩国、日本和中国)各具特色的讲演,还有来自美国印第安部落一位酋长太太的生动、有趣的嘉宾主谈。通过这些嘉宾与学者的一个个专题,透过他们带来的一幅幅照片、一张张图表、一件件实物和散发的大量信息,翔实而生动地介绍了各个不同国家、不同民族、不同肤色和不同语言的文化教育、传统风俗、思想观念、历史特色等,使同学们从不同的角度和侧面对国际教育和多元文化的理念有了极其生动形象的感性认识和多方面的深层次理解,信息量之大、材料之多、角度之新是可以想象的。弘扬和传播本民族的优秀遗产,学习和吸收兄弟国家和民族的精髓与长处,提高人们的生活质量和公民的素质,促进全世界各民族共同繁荣和发展,这就是国际教育和多元文化的真谛。

这一个个学术报告,既有理论又有实际,既有对过去的总结,又有对未来的展望,极大地丰富了课堂教学内容,对于学生们开阔眼界,增强国际意识,坚持民族平等和解放,促进全世界文化教育繁荣,起到了重要作用。这种效果是一个老师、一言堂所不可能达到的。而这时的 Dr. Randle 则和学生坐在一起,一边听一边不时地提出问题,以其独具的幽默和智慧使对话和讨论步步深入,很好地把握了课堂走向,以主持人特有的魅力和风格把课堂的气氛一次次推向高潮,给学生们留下了深刻的印象。

(三)学生当老师,课堂格外活跃、生动,使学生成为学习的真正主人

大约课程最后1/10的时间几乎全是由学生上台来讲的。由于学生来自不同的国家、地区和民族,肤色不同,语言不同,学生的讲课就变成了展现自己国家民族文化的舞台,变成了宣传本民族文化传统精髓的竞赛,变成了学生们对这门课的总结和汇报。同

学们努力用最形象的语言,最有代表性的服饰、装饰,最具特色的物品和图片,最典型的歌曲、舞蹈,最有意义的节日、婚礼习俗,最重要的理念和思维方式等,来反映本民族文化和教育的特色。强烈的民族自尊心和爱国激情溢于言表。在这样的课堂里,每个人都有机会,每个同学都被调动起来,充分发挥自己的水平和长处,把自己对一种文化的理解和对本课程的收获通过各种方式淋漓尽致地表现出来。两名幼师谈幼儿教育中的多元文化;一个大学学生工作者谈大学里留学生工作与多元文化;餐饮业的老板谈餐饮服务中的国际教育和文化;一个黑人学生谈美国社会的多元文化与种族歧视;一个印第安人谈美国多元文化发展与印第安文化史;一个留学生谈食品中的多元文化问题;一个亚洲学生谈移民国家的国际教育;此外,还有婚姻多元文化问题,法律和国际教育问题,远程教育和国际教育及多元文化,奥林匹克与多元文化等。所有这些题目都是学生自己选择的,然后和老师讨论,这时的 Dr. Randle 从台前走到幕后,做学生的顾问和教练,给学生以必要的指导和帮助,当学生讲课时,她又是最认真的学生,并不时地提问,努力把学生的讲述和主题融合在一起,使学生得到很好的锻炼与提高。

(四)许多功夫在课外

讲到这里,你似乎会觉得这样的老师太容易当了,课程大部分都由别人来讲,老师太轻松了。有这样的想法一点也不奇怪,笔者开始时也曾这样认识过,可是后来,随着时间的推移、课程的深入,笔者的认识慢慢地改变了。这里,笔者只想举三个例子来说明。

第一个例子是学生的一次课外作业,Dr. Randle 要求学生在两周内去采访和调查一个相关机构、一个文化教育团体或者是一个宗族部落,围绕国际教育和多元文化的主题从某一个侧面找出切入点,并完成约 3 000 字的调查报告或采访记录。这些报告在学生中进行了书面交流和互相评判,笔者阅读了其中的一部分,并看到了 Dr. Randle 对每一篇仔细认真的评判,那是要花费大量的时间和精力的。特别值得一提的是,对学生调查走访的每一个组织机构或团体,Dr. Randle 都非常熟悉。

第二个例子是刚开课的第一天,Dr. Randle 带来了 280 多册图书和大量刊物资料。作为本课的要求,请同学们在这门课进行期间至少选读 3 本(册)。选择哪个方面的什么书,由学生自己决定,并写出读后的评论。其要求是对本书综述评价,包括本书研究的特点、有哪些新的理论突破和问题,以及自己对这些问题的理解和思考、建议等。并特别强调,在读书中有各种问题和思考可以随时与 Dr. Randle 讨论。

第三个例子是课堂上 Dr. Randle 总是留一些时间和学生们一起讨论和辩论,鼓励学生提出多种问题,并促使在学生之间回答讨论,相当多的时候,Dr. Randle 不仅能抓住问题的实质,给学生以满意的回答,而且常常能准确地指出在哪本书、哪一章作者是怎样论述这个问题的,并告诉学生回去仔细地读读哪些书籍和文章,其准确的记忆力和对教材及各种辅导材料的熟悉程度实在令人钦佩。事实上,这 280 多册图书和大量的阅读材料,Dr. Randle 不知读了多少遍,真是太熟悉了。

这3个例子足以说明，Dr. Randle一点也不轻松，一点也不怠慢，也充分显示了她充足的教学准备和多方面的调研、实践以及深厚宽广的知识基础。至于说到学生准备的一个个专题，更是与她进行了多次讨论，得到了Dr. Randle的热心指点和精心辅导。和一个同学make a pointment3次以上是常见的。台上是学生精彩的演讲，台下包含的是老师辛勤的汗水。台上一分钟，台下十年功，要给学生一勺水，自己要有一桶水。可以说这门课正是给这两句话以极其恰当的解释和说明，这大概就是高水平教学效果的奥秘吧。

二、课堂教学中教师的多元角色及其变换

Dr. Randle的这种讲课方式，对我们有什么启示吗？

这个问题是笔者在美国留学期间上各门课时所一直考虑的一个共同问题，当然对这门课也不例外，在课间和其他时间，我总要有意识地和Dr. Randle及其他教师讨论一下，记得他们讲了这样几点。

一是这种课程不是靠老师讲出来的。老师怎么讲也离不开书，也不会比那些专家学者和从事专项工作的人讲得精彩、讲得丰富，讲得有特色，况且书上的内容既不难理解，又没有什么深奥的，学生是完全可以读懂的，完全可以接受的，这就决定了这种课不要老师讲得那么多、那么细，从课程开始的第一天一直讲到结束，而应当把独角戏变成群英会，从一言堂变为多言堂。

二是学生想要学什么，学生需要什么，不是老师最清楚，而是学生自己最清楚。尽管学生都选这一门课，但是国籍不同、民族不同、专业不同、岗位不同，必然会要求不同、需要不同，让他们自己选择、自己寻找、自己探索，找题目、查资料、做研究，这既对学生是一个锻炼，同时又让他们有内在的动力，有自觉的学习精神，当然老师决不是袖手旁观。老师主要是把关定向，指导和帮助学生，给学生必要的支持和提示。这样，学生就会收获更大。

三是面对这样的课程，涉及面极广，发展变化很快，新的理论研究和实践层出不穷，老师不会也不可能回答出学生提出的所有问题，也不能教给学生所需要和要求的所有东西，许多时候，不是给他们具体的知识，而是教他们思维、研究和创造的方式方法，或者是给他们提供线索、提供机会、提供场所和创造条件，这就是设计和组织本课教学的基本思路。

和Dr. Randle及其他教师的讨论，使笔者常常思考这样一个问题，教师在课堂教学中应扮演什么角色？这似乎是一个极简单的问题，一个古老的话题，但它又是一个非常重要的极具挑战意义的新问题，这就回到了题目，也是本章的主题和中心思想——一种新的思想或观念——教师是课堂教学的主持人，具有多个角色，也应该能够成功地扮演多个角色。按照常规和传统的观念，毫无疑问，教师在课堂教学中是主讲人，在这里笔者却觉得教师应该是主持人。从主讲人到主持人，虽然只有一字之差，其意义却是大不相同，并且反映了两种不同的教育思想和教学理念。作为主持人，它包括了主讲人，但是又不仅仅是主讲人，这样就发生了角色的变化，从单一角色变为诸多角色，Dr. Randle就是

这样做的,在她讲课时,作为课堂的主持人,她是主讲的角色,一个知识渊博、语言幽默、态度严谨的报告人和演讲者;在邀请专家学者参加课堂并给予专题讲座或演讲报告时,Dr. Randle 从主讲人变为了主持人,她从不离去,既要认真听,了解学生听课情况,又要关注学者讲的进程,恰到好处地把握课堂进程,尽可能地创造一种双向交流的气氛,在讲演者和学生之间搭起沟通的桥梁;在学生讲课时,Dr. Randle 又从幕前走到幕后,成为一名出色的指导者和教练,帮助学生选准题目设计方案,提供资料来源和线索,指导学生对材料的取舍,分析比较、归纳总结,使知识的渗透与融合、应用与实践相结合等一系列准备过程,手把手地教每位学生走上讲台。当学生做报告时,她又以一个学生的身份去细心聆听每位学生的专题汇报,以极大的热情和个人榜样风格影响和感染每位同学,并通过即席的讨论,使专题更深入,以达到预期的目的和效果;在检查、提问和考试时,Dr. Randle 又像是一个认真严肃的评委和裁判,无论是提出问题、检查作业,还是批改论文、评定成绩,言谈举止都体现了一个科学工作者的严格、严肃、严谨和严密。在与学生讨论时,又是一个谦虚的学生,以不耻下问的态度,努力从自己的学生中,从年轻人的思维和工作中,汲取营养,获得启发和新的灵感,不断改进教学。根据现代教学理论,教学过程本身就是一个师生双向互动的过程,一个思维和信息多项交流的过程。教师也不应该仅仅是或总是一个信息发布者、一个知识传播者、一个真理的持有者和一个是非的判断者。尤其是面对着思想活跃、充满朝气与创造力的大学生和研究生,他们处在知识不断更新、信息十分丰富、科技教育迅猛发展的时代,教师更应当主动地、自觉地根据课堂教学的不同要求和人才的需要,时而是一个主讲人,时而是一个组织和指导者,时而是一个发起和参与者,一个督促和鼓励者,时而又是一个热心的同事和合作者,甚至要成为一名优秀的咨询和服务者,还要特别善于成为学生的朋友和学生的学生。从根本上讲,教师只是一个职业角色,教师最根本的角色永远是一个探索创新者,一个研究者,一个一生不断追求真理永不自满的自觉的学生。可以说,在这门课程中,Dr. Randle 恰到好处地成功扮演了课堂教学主持人所需要的多种不同角色。

需要特别指出的是,教师的角色变化,使学生的角色也发生了相应的变化。学生从接受型变成了参与型,由原来一个个被动听、机械地接受那种传统意义上的学生变成课堂的主人,学生中蕴藏的潜能和积极性被充分调动起来,主动活跃地参与到课堂教学中,参与到知识理论形成的过程中,还有机会尝试一下当老师的滋味,以切身的体会感受教与学、教师与学生的不同,使课堂教学中出现了双向交流、多向交流,学生教师共同参与、互教互学,生动活泼的可喜局面,为课堂教学注入了新的生机和活力,收到了教师只当主讲人、只是一个角色的传统教学所不可想象的好效果。活跃课堂气氛,充分调动学生的积极性,参与课堂教学的一切活动,使学生成为学习的真正主人,一直是深化课堂教学改革,提高教学质量和效果的热点和难点问题。改变一言堂、满堂灌、填鸭式的传统教学方式,有许多途径和方法,但是最关键的是要教师主动地发挥作用。教师在课堂教学中改变主讲人的单一角色,就找到了解决这一问题的切入点和关键点。我们常常把课堂教学比作一个舞台，把教师比作这个舞台上的导演和主角，然而这只能是个比喻，教师在课堂教学中的表现绝不是演戏，更不是要刻意扮演某一个角色。作为课堂教学的主持人，教师最重要的就是要明确自己的角色，做好充分的准备，根据情况和条件，扮演好自己应当具备的角色。从一个主讲人变为一个主持人，从一个单一的知识传授角色变为一个成功转变多种角色的现代化教师，既会当好导演和主角，也善于做好配角和服务。毫无疑问，这对教师在课堂教学中提出了更新和更高的要求，这是21世纪教育观念大转变、深化教育改革和发展，对教师职业、素质、能力和水平的一个全新挑战。

总之，关于课堂教学中教师角色的问题是一篇大文章，既是一个重要的理论问题，更是一个不断发展的教学实践问题，这里包括许多方面，如角色概念、角色意识、角色准备、角色行为、角色作用、角色标准等，更进一层的，还会有关于角色的基本条件和要求，角色的基本功和技巧，角色的相关知识和能力，角色的设计和研究，角色的艺术，从自在角色到自为角色的转变，以及如何带动学生转变角色等一系列问题，不是简短的讨论所能完成的，也不是一个人能够完成的，所以希望热心的读者和关心课堂教学改革与研究的各位老师和同行们一起来探讨、研究、完善和补充，不断丰富课堂教学中教师角色的理论和实践，使我国高校的课堂教学在培养面向新世纪创业创新型人才中发挥更重要的作用。

作者从学生的讨论数十个结果中选取3个典型的学生定义，从不同的角度理解Community这个大家非常熟悉的社区或共同体的概念。

图8.1是M同学运用大群体理论对Community的重新定义和理解。图8.2是H同学以个人、家庭、社会和国家乃至全球化等多维度立体化地解释和定义Community。图8.3是S同学从同心圆和分层次辐射性的视角对Community给出了全新解释。从这三个图的学生创新，我们就可以理解美国大学的课堂教学对独立思维和质疑批判精神的培养及训练。

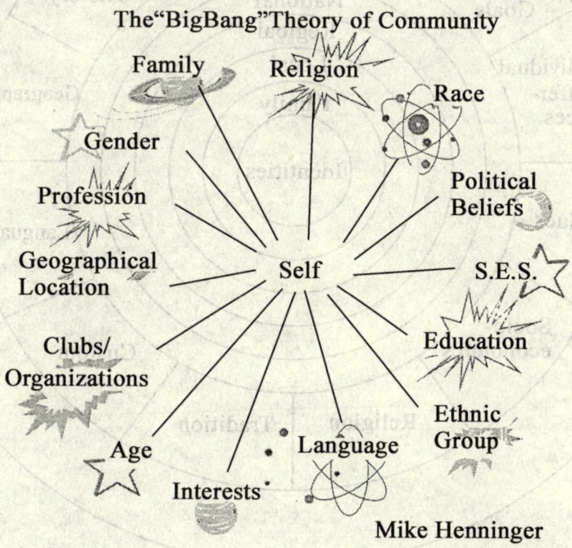

图8.1　M学生对Community的解释定义

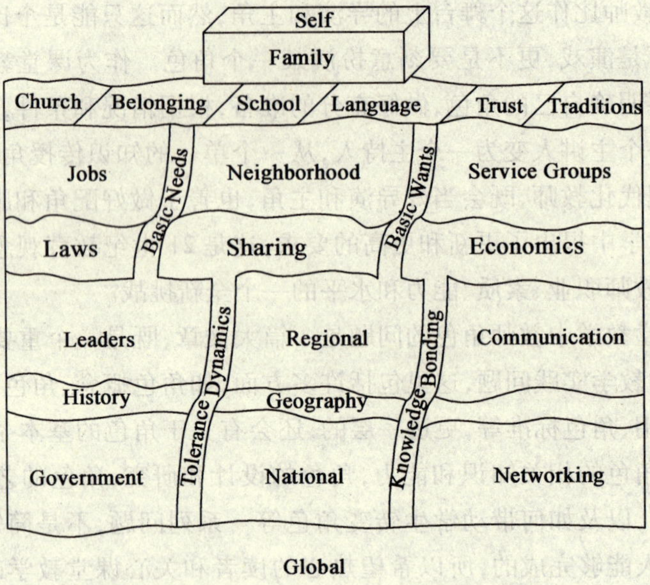

图 8.2 H 学生对 Community 的新定义

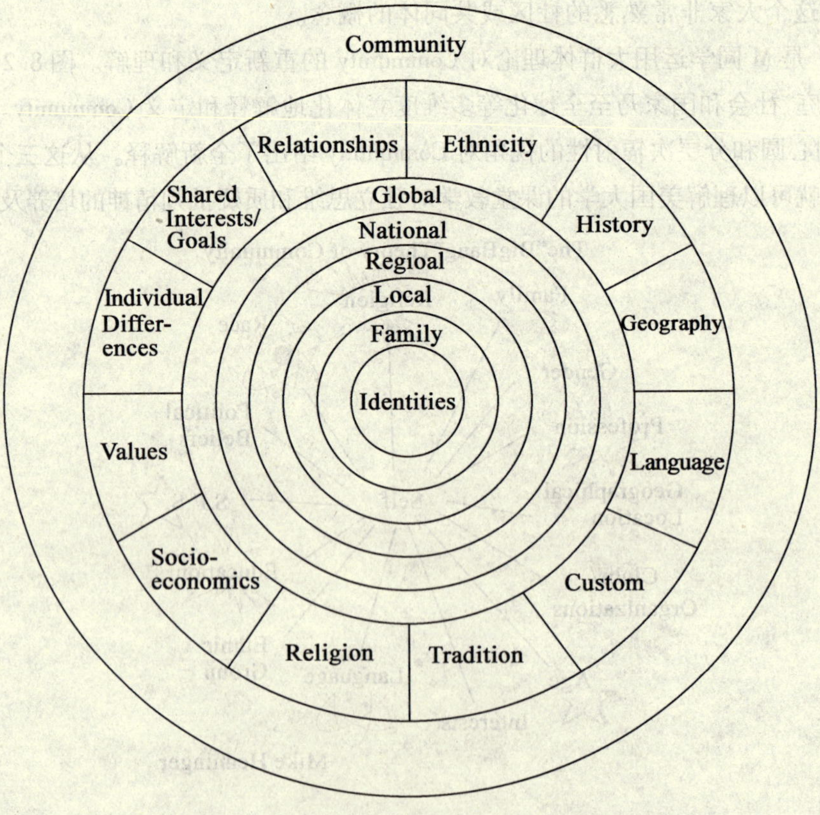

图 8.3 S 学生对 Community 的创新解释

第二节　以学生为中心

何谓以人为本？如何以人为本？近年来，自从科学发展观提出后，这是一个极热门的话题，文章论述颇多。那么大学怎样以人为本呢？有人借用“3 个一切”来表述，学校的以人为本就是一切为了学生，为了一切学生，为了学生的一切，可是什么是“一切”呢？

要回答这个问题并不容易，也不是一两句话可以说清楚的。因为，其一，以人为本不是在古今中外的故纸堆里找出处、找论述、找根据、找源头，也不是在报纸杂志上左一篇右一篇地故弄玄虚；其二，以人为本更不是广告作秀、自吹自擂和左一个典型、右一个经验地介绍，报告上反复强调，汇报中不断高喊，把它变成报功领奖的口号和工具；其三，以人为本更不是以官为本、以权为本、以风为本、以时髦为本、以钱为本、以奖励为本。其实，以人为本就是老老实实地、扎扎实实地、认认真真地按照客观规律办事；就是从学生成长、成才、成功的实际需要出发，在每个环节和每个细节上切实落实、细心耐心，做好该做的每项工作，真正让每位学生全面发展；就是规格严格，功夫到家，遵循规律，实事求是，以大爱育人，切实做好培养和服务。

一、美国的大学如何努力以学生为中心

美国的大学和中国的大学不同，它们很少讲以人为本，更没有我们这么多口号式和文本式的一系列以人为本的材料和会议，也没有那么多文章可做，但是他们却在日常工作中做了大量真正的以人为本、以学生为本的事情，这就是以学生为中心，这里仅以一些做法加以简单的介绍。

（一）大学入学考试的以学生为中心

入学考试，一年可以考多次，高中一、二、三年后都可以考，考试成绩可保留两年，自己可以选择最佳时间考试，可以选择最好的成绩，还可以有选择地考不同科目。主要是测试能力，而不是争分、争第一。

（二）选择学校的以学生为中心

学生选择学校的时间长，范围宽。一个考生可同时或不同时间段选择若干所学校，包括不同地区的不同类型、不同水平的学校，既可以选学校，也可以选学院，还可以选系和专业，学生有充分的选择权。

（三）申请录取时的以学生为中心

申请时间长，可以和多个学校反复沟通，不是在同一时间限制内，更不是死死规定在考试分数不知的情况下，而是时间宽松，不同学校有不同的阶段，有先有后，有急有缓，一个学生可以同时接受若干学校的 offer，供比较、供选择。学校选择学生，不是仅凭考试成绩和分数，而是多维考察，综合评价，真正做到精选人才，渴望人才，爱惜人才，不埋没人

才,努力做到选择最适合培养的人才。

(四)信息服务的以学生为中心

有充分的信息平台让学生了解各种各样的情况,数据真实可靠,还有许多免费的咨询机构和团体,帮助学生做出正确的选择,同时还可以选择住宿和申请奖学金,甚至可以收到不同学校和不同机构的各种奖学金和资助。

(五)招生宣传介绍的以学生为中心

在招生考试前,各大学欢迎学生到大学去参观访问和了解情况,学校有专门人员机构接待各地的学生和家长来访,特别是假期还有各种学习班和夏令营,真心实意地介绍和宣传学校,而不是为了挣钱和玩乐。招生宣传的各种资料和小册子信息全、数据真、人性化,方便服务学生。

(六)校友服务的以学生为中心

学校各地的校友会通过各种方式和途径无偿和无私地宣传学校,协助做好真实和热情的招生宣传和咨询服务工作。还有许多校友网站同样做好为学生服务的各项工作。

(七)为中学服务的以学生为中心

大学和中学的关系很紧密,大学帮助中学提高水平和质量,做许多具体实际的工作,而不仅仅是招生前的广告式的宣传。实际工作很多,如课程的建设,实验室的建设,教师的培训和提高,教师的学历教育,管理干部的培训,各种尖子人才的培养,开展多种竞赛活动、联谊,图书馆建设及信息服务等。

(八)新生入学的以学生为中心

新生入学的活动丰富多彩,主要是引导、服务、咨询,包括让学生尽快了解学校,适应大学生活;让学生根据自己的情况制订好大学生活计划;介绍学校所有的设施及其能为学生提供什么服务和帮助;学校的所有机构组织能为学生提供什么服务;学生遇到各种困难、问题向哪里求助,提供相应的地址、单位、电话、负责人、服务时间和服务程序、标准等;学校为学生提供从学习、生活、心理、法律到财政和个人特殊需求等各方面的服务和咨询工作;24 小时咨询服务电话;各种紧急情况设施和方案;主管校长和主管学生工作负责人的电话和家庭电话。

(九)专业学习的以学生为中心

学校提供各种能力和心理测试,并为每位同学安排一位学业指导教师,帮助学生制订自己的职业生涯规划。学生可以先行选择主攻方向和专业,也可以两年之后选择,还可以同时选择几个方向进行实验,可以根据情况转换不同的主攻方向和专业,也可以同时选择双专业,还可以根据自己的情况和学校一起设计自己的独特的主攻方向和专业。

(十)多种服务的以学生为中心

学校为每名新生提供住宿,住宿条件可以是单人间、双人间、多人间、夫妻间和家属间，费用不同，双方平等协商签订住宿合同，允许二年级以上学生校外租住，但应经监护人同意。校内宿舍宁静安全，规则纪律明确，图书馆、计算机房、学生活动中心条件好、设备全，提供各种相关服务，包括生活服务、心理咨询辅导以及医疗保健服务和各种文体活动，更不用说丰富多彩的住宿学院了。

（十一）学制课程的以学生为中心

学制弹性宽松，本科生可在3～6年内毕业。中间可以休学、工作和打工挣钱维持生活。学校提供大量勤工俭学的机会，如学生宿舍、学生食堂、学生活动中心和各种会议中心，校内各种机构办公室和图书馆等都是学生勤工助学的基地。休学和工作保留学籍和学分，学习跟不上者可提供咨询帮助，确实吃力或不适应者可转专业或转学，各高校均接收转学生（根据一定的学分和条件），优秀本科生可提前上硕士生的课程。

（十二）通识教育的以学生为中心

通识教育设计合理、内容丰富、目标明确且选择方便，为学生心智培养、广博知识、丰富情感、质量提高和综合能力培养奠定了基础。做人和做事相统一，知识和能力相融合，强化责任感和公民意识。

（十三）学期设置的以学生为中心

学分制、课程选修和多学期制融为一体，方便学生的课程学习和时间安排，尊重学生的个性化发展。特别是夏季短学期的实施，集中性课程和分散性课程的结合，不同时期多种多样的课程选择，为学生成才创造极好的条件。

（十四）课程教学的以学生为中心

多种不同的课堂组织方式，公开公平的课程成绩评定方式，丰富生动的教学方式方法，师生的双向多向互动和交流，多样性的考试考评方法，校内外结合的开放灵活的理论实践相结合的培养方式，造就了一批批优秀的有特色和创新的人才。

（十五）设施服务的以学生为中心

24小时开放的各种实验室、实习室和工作室，提供最长服务和多功能服务的各种图书馆、博物馆，多种多样的各种新技术、新方法免费培训班，校内各种信息网络平台，给学生成才创造多种多样的保障条件，为具备各种特长和专长的学生提供展示的舞台。

（十六）学生课外活动的以学生为中心

学生活动中心的各种设计方便实用，各种体育健身场所丰富多样，各种文化活动条件方便安全，多元文化的学生社团组织，兄弟会、姐妹会更是丰富多彩，不同国家留学生在一起生活学习，形成一个多元国际化的大熔炉，培养学生的全球视野和国际眼光，为培养领袖意识、领军人物、创新创业探索和研究奠定了基础。

（十七）学校管理的以学生为中心

学生了解学校的各种规则和制度，学生自己组织管理自己的各种活动，学生有自豪感和归属感,充分行使自己的权利和义务,学会现代社会的交流沟通方式,民主诚信、平等和规则,通过各种委员会申诉制,仲裁机构和法律咨询,解决各种矛盾和争端,学生代表参与和参加学校各级各类相关的管理机构和决策机构。

(十八)学术和就业方式的以学生为中心

为了适合每个学生的需求,为尽快工作可选些应用性、实用性的课程和专业,也可以为攻博多选些高水平的数学物理和哲学社科类课;可以选择不同的教师和不同的教学考试方式,也可以选择不同的毕业论文方式;可以选择两年毕业的硕士和三年毕业的硕士,也可以使博士毕业年限在 3 ~8 年之间。只要你努力,只要你优秀,学校就创造各种条件发挥你的特长,真正让学生能够创新、创造和发明,各种各样的研究、探索和实验实践使许多拔尖人才脱颖而出。

(十九)文化学术活动的以学生为中心

学生可以交到各种各样的朋友;可以享受丰富多彩的知识大餐,各院系、各专业学术性很强的专家学者的报告讲演,了解最新的学术动态、发明发现和创造;可以领略各行各业名流的成就和风采,了解他们的智慧和人生;还可以近距离地接触各种达官显贵、国际名人和总统元首,欣赏和挑剔他们的行为和做法,对国际大事进行品头论足;更可以和许多知名学者、教授平等讨论,求知和切磋,感受不同的人生,向各种权威挑战。

(二十)职业选择和就业服务的以学生为中心

学校为学生走向社会、求职成功和创业贡献创造多种条件。如进行各种能力测试,为学生根据自己的实际择业创业进行咨询服务,介绍各行各业、各种工作的特点、需求和条件及相关信息;学校有以州为单位的各类组织机关、团体、公司、企业的介绍和信息资料;有按行业门类的各公司、单位招聘的情况介绍;有各不同地区校友就业咨询网站;有为学生毕业设计、科技发明创新、各种产品作业的推介平台等;有和各企业公司组织的密切联系,各企业公司单位有派往学校的常驻代表;有各种不同时期的就业招聘市场,还有不同类型的学生实习实践的多种通道和公司企业平台。

(二十一)重视人才和尊重人才

特别尊重每一个人,特别尊重个性和不同,对奇才、偏才、怪才、鬼才有特殊安排和帮助。这里较少有走后门和关系网,较少有人情和裙带,较少有潜规则和惯例,较少有行贿和受贿。学生只要有能力和水平,只要有信心、决心与坚持,只要不断地努力和提高,只要是人才和天才,就总会有人支持、有人欣赏、有人重用。不需要那么多的低三下四,不需要那么多的等级官僚,不需要那么多的后门关系,不需要那么多的手段和权术,这就是美国大学如此多的校友爱捐赠母校的原因。

二、以学生为中心的思考

所有这一切的背后,是大学的文化和理念,是大学的大爱、大理想和大智慧,是大学的大责任、大眼界和大贡献，是在这些文化传统和理念基础上的实践，落实和扎实细致的长期坚持，不断努力和工作，重视每个学生，服务每个学生，让每个学生满意、成功。比较中国的以生为本和美国大学生的以学生为中心，笔者做出如下几点思考。

思考之一：如果一些大学的领导者常常追求自己个人的功名和脸面，总是眼睛向上看，许多大学的管理者如果总是考虑自己的职称、利益和得失，如果许多教师不得不忙于被动地应付各种任务、各种表格、各种形式，甚至不惜弄虚作假，我们的以学生为本就是句空话，更不会有美国大学那样的以学生为中心。

思考之二：如果我们培养的许多学生缺少理想和抱负，缺乏责任心和公民意识，不愿意为民族和社会付出和贡献，只想大城市、高收入、房子、汽车，心胸狭窄，斤斤计较，谁来追求真善美，哪会有什么人性、人本和人心，更不用谈对人民和社会的责任感和贡献力了，那就更是没有落实以学生为本。以学生为中心，就是让学生全面发展，成为一个真正的、一个适合自己特点而发展的有个性的人，成为一名有责任做贡献的公民。

思考之三：以学生为本，就要对学生负责。既要有热心周到的服务，也要有严肃认真的教育，更要有切实负责的管理，让学生养成良好的习惯，形成优良的品格，真正全面发展，育人育心，对学生的一生负责。少一些干扰和影响，少一些烦恼和闹心，少一些诱惑和刺激，少一些管、卡、压，少一些造假和功利，少一些报表和包装，少一些争名和形式；多一些民主和自由，多一些平等和公平，多一些安静和安心，多一些宽松和支持，多一些温暖和轻松，多一些细心、耐心和落实。

无论是中国的以学生为本，还是美国的以学生为中心，都告诉我们，所有这些都要求高素质、负责任的师生员工队伍；要求扎实细致，落实到各个环节和细节中的每日每时的大学教育和服务的实践；要求学校有强烈的服务意识和优良的传统理念；更需要环境建设、制度建设、文化建设的全面性和持续性。

或许读了这些，我们才会理解什么是以人为本，什么是真正的以学生为本，我们才会对自己高喊以人为本的口号而不做或少做实际的事情而汗颜，那些不是高喊口号而是实实在在行动的美国大学是很值得我们学习的，他们提出以学生为中心，就去认认真真地做，一件件地落实。他们已经做了多少年的事情，我们现在不但没有做，甚至连想都没有想过，可见，我们在以人为本方面的差距有多大，问题有多多。

当然，美国的大学在这些方面并不是都做到了，都做得很好，但至少相当多的大学做到了，并且是一直长期坚持做了下来。难道我们不应认真地、冷静地、实事求是地查找我们的问题和差距吗？值得欣慰的是，有的大学已经开始做了，并且正在带动和影响其他大学。从现在开始，真正以学生为本，切切实实做好每项工作，真正培养好每位学生，人才强国之梦才会实现。

第三节 一切教都是为了学

——美国林肯内州大学 Dr. Seagren 课堂教学的特色及思考

在美国留学期间,笔者曾选了 Dr. Seagren 的 3 门课:一是 ED921 高等教育管理,二是 ED926 高校教师的职业发展,三是 ED833 高等教育财政管理。回顾和总结这 3 门课,一个显著的特点是:既注重教,更注重学,无论是在备课中还是在讲课中,也不论是课上还是课后,Dr. Seagren 总是不仅想到教,想到教什么和怎样教,更重要的是想到学,了解学生需要什么,要求什么,特别是如何教会学生学习,教会学生思考,学会质疑和创造,学会动手和实践,使学生学得更好。一切教都是为了学,可以说这句话就是 Dr. Seagren 课堂教学特点的集中体现。

一、个例分析:美国大学教师 Dr. Seagren 的课堂教学

Dr. Seagren 课堂教学的一些做法和其他教师类似,例如,Syllabus 要让学生学得不一样,采用多种形式累加式考试方法评定成绩,让学生多参与课堂教学的活动和讨论等。除此以外,Dr. Seagren 的课堂教学的主要特色是,在体现一切教都是为了学的方面有 3 个突出的做法。这 3 个突出的做法可以概括为:知彼知己,百战不殆;不入虎穴,焉得虎子;编筐编篓,重在收口。

(一)知己知彼,百战不殆

该做法即课前调查,了解学生的情况,使教学更具有针对性和实际性。由于学分制的实行,使学生和教师可以很方便地沟通,一则是某些课程本身就要求学生选课时要征得教师的同意;二则是学生的独立性和主动性很强,许多学生喜欢和任课教师课前接触;三则是任课教师也愿意通过课前了解,掌握学生的基本情况、想法、要求和专业职业特点。这种课前的沟通和了解主要有 3 种方式:一是电话咨询,二是约见面谈,三是问卷调查。下面仅就问卷调查加以较详细的介绍。这个问卷主要有两个部分,首先是了解学生的个人情况、工作简历、学习简历、来自何专业和何院系、个人的职业要求等,然后是一些简要的问题。如 ED926 课前的调查问卷,请学生简要回答下列问题:

(1)选择这门课的原因和目的是什么?

(2)通过这门课你自己想要达到什么目标?

(3)介绍一下自己和本课相关的经历和经验。

(4)你对本课(内容、作用、任务)的理解和认识。

(5)描述你对教师角色、责任、任务和职业的理解。

(6)如何认识教师的职业发展和个人发展的关系?

(7)学校的环境与教师职业发展和要求的关系如何?

(8)教师在学校管理方面应发挥什么作用?

(9)在未来的10年中,教师在职业发展中所面临的最重要的几个问题是什么?

不仅在课程开始前进行这种了解和调查,在课程进行中,也同样有事先的了解,尽可能多地掌握学生的情况和要求,以便使后面的课讲得更好,使学生学得更好。例如,在课堂教学进行中,他还做了 Needs/Interest Assessment 调查,所有这些问卷都要求学生实事求是地回答并作为本课教学资料的一部分。不仅如此,Dr. Seagren 还把自己工作的时间明确地告诉学生,每周至少有两天时间可以和学生面谈,在课程进行中至少和每位同学答疑和面谈一次,并尽可能多地创造课下和课后与学生交流的机会。此外,为使学生能更好地理解本课内容,Dr. Seagren 把每一章每一节应阅读的材料都提前安排好,明确哪些是最重要的,哪些必须先读,甚至对应先读的部分明确到每本书的章节和页数。

(二)不入虎穴,焉得虎子

该做法即尽可能创造条件让学生在实践中学习。在讲课过程中,Dr. Seagren 总是安排学生了解和采访一些专门人员,以获得第一手资料和信息,既在实践中锻炼了能力,又可使学生学到在课堂上学不到的一些生动活泼的事例和经验,并可以通过学生的调查研究不断地丰富和改进教学。例如,在 ED921 课程进行中,Dr. Seagren 要求学生完成一项作业,让学生采访一下任何一所大学 Dean 以上的管理人员,并提出了一些明确的问题和要求:①在您所从事的管理工作中,必须解决和完成的任务或问题是什么(至少5个);②您认为过去10年中在学校管理和发展中最重要的几个概念是什么?③在您的管理经历中,最棘手的几个问题是什么?④影响这些问题的因素是什么?⑤为处理和解决这些问题,您采取了什么样的措施?结果如何?⑥面对新世纪的挑战,从管理的角度你做了哪些准备和研究?⑦管理方面应达到的最高目标和最高境界是什么?⑧对高校的最高决策层,你有什么建议和意见?⑨在未来的10年中,高校管理发展和改革的5个关键词是什么?完成采访后请学生写出一份报告,并加上自己的理解和分析,在课堂上每人给予不多于15分钟的时间做介绍并回答问题。这个报告作为学生最后成绩评定的一部分。不仅如此,学生还要完成另一项作业,就是在本门课程的学习中,请学生根据自己的时间安排有选择地至少参加一次学校管理的最高层决策会议,还要求参加和访谈州高等教育委员会的会议和负责人,并提交一份正式的报告,同样地也作为最后考核成绩的一部分。

(三)编筐编篓,重在收口

这一做法即考试后再上一次课。这次课的主要内容有3方面。

第一,请学生对老师的讲课进行综合评价,并对以后如何讲好课提出建议和意见。对教师评估包括诸多方面,如师德师风、备课情况、课堂组织、讲课方式、思维逻辑、提问和回答、公平和要求、考试题目、评分标准以及对学生的关心、帮助等。此时评价是个恰当时机,因为考试结束,成绩已判定,学生无拘无束,不存在老师打分时的不公正;同时成绩没有公布，也不会因为评定等级而影响学生情绪，给老师以不公正的评价。

第二，老师公布学生总的评分和对此课进行系统的总结、分析，包括作业和论文、课堂表现、提问和讨论、采访专题报告和考试等，进行全面的归纳、总结和对比，找出问题和差距并分析原因，从教和学两个方面谈体会和感受，不仅使学习差的同学受益匪浅，同样也使学习好的同学感到收获很大，对此门课程和许多教学内容有了一个更全面和更深刻的理解，起到了对前述课程的补充和深化作用。

第三，最后开成一个小小的联欢会，常常还有一些小食品和饮料，在欢声笑语中结束这门课程，借以进一步沟通和融洽师生关系，建立长期的友谊，使学生有一种恋恋不舍之感，把对教师的感谢和尊敬之情转化为对科学知识及对本课程的重视和珍惜，不失为师德影响学风的好方式。

二、一切教都是为了学的思考

3 个突出做法带给我们如下启示和思考。

第一，现代教育理论和教育心理学都特别强调教师要了解学生，掌握学生的多种信息，了解学生的心理和需求，特别是在教学设计中更应如此。否则，讲课本身就会有些对牛弹琴。国内一些高校也有这方面的规定和条例，但是真正落实的却比较少，除了一些学校外语分快慢班时，在课前进行一些摸底考试外，很少听到教师在课前主动去了解学生和学生面谈或进行一些问卷调查，因而课堂教学只能是教师凭自己的经验去准备、设计、安排和讲解。在这一点上美国林肯内州大学的Dr. Seagren做到了。这不仅是一个课堂教学的做法问题，还是一个重要的思想观念问题，即不仅想到教，更重要的是想到学，想到如何使学生学得多，学得好，学得满意，学得灵活，学得有兴趣，学得有用，集中起来就是一句话——一切教都是为了学。可以说，在课堂教学中 Dr. Seagren 特别注重的就是创造一个以学习者为中心的课堂环境，在知识传授过程中，特别注重教会学生学习，教会学生思维，教会学生动手和实践，教会学生努力开发和创新式地完成学习任务，把能力的培养寓于课堂教学中，贯穿在教学和育人的始终。

第二，把课堂从教室扩展延伸到校外，使学生不仅学到课堂和书本上的知识，更从调查采访中了解理论，获得理论和实践相结合的体会，这种重理论更重实际，特别注重理论和实践相结合的做法，是很值得我们学习和借鉴的。特别是让每一位学生独立自主地去调查采访，让学生自己去安排，设计调查内容和提纲，通过总结报告把所了解到的丰富生动的第一手资料进行归纳、整理和升华总结，对于锻炼学生多方面的能力是极其有利的，尤其是打破了过去的那种留作业就是教师出题学生做——在作业本上回答——再由老师判断对错这种三步曲式的传统方式，使课堂教学更具灵活性、多样性和趣味性，极大地调动了学生的学习热情和主动性，为学生创造性学习提供了有利的条件。作为高校管理类的课程，要重视理论的传授，更要重视实践性环节，Dr. Seagren 正是充分认识到这一点，并在课程设计和准备中，有意识地做了大量的基础工作。如列出了内州和林肯市在一段时间内所有关于高等教育管理最高层会议的准确时间、地点和日期，并与他们及时沟通和联系，方便学生采访和参加，使这些机构部门和会议成为本课程教学和学生社会调查实习的稳固而持久的基地。不仅是 Dr. Seagren，在 Dr. Uerling 的课程中，通过录像带把我们带到了法庭，并且学生们还到州议会去实地旁听了一次议员辩论；在Dr. Kizzer 的课堂上，曾两次组织学生到盖洛普公司进行现场教学等，这样的例子实在太多了。

第三，考试并不意味着课程的终结，考试后再上一次课是提高教学效果和质量的好方法。我们知道，高校里的许多课是讲完就考试，考完就万事大吉，老师不再找学生，学生也不再摸书本了，可是似乎这个句号并不圆满。细细想一下，一些课程是后续课的准备课、基础课，一些是下学期还在继续学的课，可以说大多数课都和以后的学业有必然的联系，怎样通过所学的课做好这种衔接呢？这是问题的一个方面。通过考试检查学生学得如何，老师教得如何，弥补讲课中的不足和问题，使学得不好的同学有个再复习、再提高的机会，即使是学得好的同学也有一个使知识进一步融合和深化的机会，这是完全必要的，这样做就应当把考试结果和情况介绍给学生，不仅仅是卷面分数，而应当是给学生综合的分析、比较和总结，这就是问题的另一个方面。这一简单的做法虽然是教师的自我行动，自己的设计和安排，却反映出一种重要的教学和育人的思想和理念，即课堂教学的一切活动、安排和计划都是为学生服务的，都是为学生成才服务的，都是为了使学生学得更好。对本课进行认真的总结是如此，倾听学生的反映和意见是如此，在总结和反馈的基础上进一步改革教学也是如此。教师正是在对本课的总结和学生的评述中，了解自己的课程到底教得如何，真正体会教的乐趣和教的责任；教师也正是在倾听学生的反映评价中，从学生的意见中吸取营养，在总结中不断提高，使今后的教学更上一层楼，这就是考试后再上一次课的好处。这里没有总是正确的老师，没有教师向学生学习的羞愧和不自然，也没有学生向老师提出意见和建议的拘束和胆怯。师生之间情感和心灵的相通，教与学的目的和目标的一致，一切教都是为了学，努力在教学中形成以学习者为中心的环境和氛围，这就是从 Dr. Seagren 的 3 门课中得到的启示和思考。

第四节　就是让学生学得不一样

——课堂教学如何培养大学生个性和特色的探讨

在美国留学期间，笔者还曾经上了 Dr. Sawyer 的一门课：Higher Education in Transition。通过这门课，对美国高等教育的发展线索、史实以及现状有了一些基本的了解。回顾这门课，印象最深的，除了任课教师渊博的学识、风趣幽默的讲解外，更多的是这位教师的教学方式方法，或者说，是从这些方式方法中体现出的一种教学思想——即他总是采取不同的方式、根据不同学生的不同要求和情况进行教学，尽可能地考虑学生的需要和发展，使学生学的有个性、有特点，一言以蔽之：就是要让学生学得不一样。

一、个案分析：美国大学教师 Dr. Sawyer 的教学特点

让我们来看这位名叫 Dr. Sawyer 的教师是如何教学的。首先应该说明的是，这是一门教育学院重要的基础课，听课学生有本科生、硕士生，也有博士生，这些学生来自不同的院系和不同的专业，换句话说，他们带来了不同的职业要求，他们选修这门课程的目的和要求也是各不相同的。Dr. Sawyer 正是在课前了解了这些情况后，实施他的使学生各取所需、使学生学得不一样的教学计划。

(一)答案标准不一样

刚一上课，Dr. Sawyer 就提出了 25 个讨论题，并告诉同学们，这些问题就是本课的主线，也是学习本课程的最基本要求，所有的问题的答案都可以在书上或课堂上找到，但又需要经过自己的思考、综合和理解。这些问题都会涉及，但又不仅仅局限于这些问题和教科书。他要求每个同学上课要认真听讲、积极思考问题、参与讨论和回答问题。他还特别强调，对于这些问题老师不给出标准答案，如何回答这些问题，要靠同学们自己的阅读、理解、归纳和总结。这既是作业，又是最后总成绩的一部分，这种做法和我们国内的许多习惯做法是大不相同的，它不能不引起我们的思考和评论。

思考和评论：我们常讲，不唯书、不唯上、不唯洋，还有一个就是不唯师，实际上就是实事求是、追求科学、追求真理，在这里我体会到了。对许多问题的理解和总结，本来就是仁者见仁，智者见智，为什么非要以老师讲的为唯一正确标准呢？为什么非要把书上写的作为唯一答案呢？无论是社会科学、人文科学，还是自然科学和工程技术，都是不断变化发展的，唯一标准答案显然是不合适的。特别是社会科学中的许多问题，一直在探索、研究、争论，与其让学生被动地接受老师一字不差的标准答案，不如让学生参加一些研究讨论，或者把各种学术观点介绍出来，让学生去识别、鉴别、欣赏和批判，让学生根据老师讲的、书上写的和自己的体会和理解，亲自动手整理一份答案，这样可能会五花八门，可能会不完善、不完全，可能会和书上不太一样，和老师的标准答案不大一样，但是它是学生自己的收获，自己的归纳和总结，是自己的思维和创造，自己的理解和探索。这对于培养学生的综合能力、批判能力、鉴别能力和创造能力，无疑是很有帮助的。况且从进入大学和进入学术界开始，就应当让学生改变过去的那种以书本为答案、以教师为标准的判别定式，懂得什么是百花齐放、百家争鸣，学习和借鉴不同学派和不同思想，进而达到发展和超越。看似极简单的做法，竟包含着这么深的育人思想，怎能不令人思考呢？

(二)考试方法不一样

开始上课时，讲到本课的期末考试问题，Dr. Sawyer 提出了 3 种方式，一是笔试答卷，像我们传统的考试一样，就这 25 个问题，以教科书、辅助、阅读材料及课堂教学内容为主，出十几道题正式考试；二是笔试加口试，由教师出一些题目，学生抽答，当面笔答或口答；三是完全面试口答，如果学生认为自己把教材及有关材料认真地读了 3 遍，又每次都

认真地听课了,可以不参加上述两种考试,到老师这里来,老师随机地提出问题请学生回答,学生如能回答得很清楚、很明确,就可以通过。这 3 种方式,由学生自己选择,学生认为自己更适合哪种方式,提前一个月通知老师即可,这就是本课程的期末考试,当然这种期末考试的成绩只占总成绩的 20%。

思考和评论:一门课,同一班的同学,采取不同的方式,而且由学生任意选择,这在国内的大学里是不多见的。不过从这种灵活的考试方式中可以看到:第一,无论是学生还是老师,都没有把考试和分数看得那么重。学生并不惧怕考试,更体会不出“考试是老师的法宝,分数是学生的命根”的气氛。第二,不是要考住学生,不是要为难学生,当然也不是放纵学生,让学生任意通过,而是发挥学生的优势,让学生学有特长,考有所长。第三,这里没有一次考试定终身,也不是临阵磨枪就可以过关的。问题很明确,首先是必须认真地上课,积极参与课堂的活动,然后才是这种每个人必须参加的考试,最后是这种考试只占总成绩的 20%。更大的比例不是在这种考卷上,换句话说,这种考试的要求是本课程的基本要求,是所谓的通行证要求,而不是优秀杰出的评价,要想获得好成绩,靠一点背功、靠考试前临时抱佛脚是不可能的,这就使得那些想侥幸过关的人不大可能成功。同时也在告诉学生,学习是踏踏实实的事情,靠捷径和运气是行不通的。

(三)论文、作业不一样

在美国的大学里,每门课都有作业,每门课都要写论文或做设计,当然这门课也不例外。和国内的学校不同的是,经常的是老师给不同的学生留不同的作业,不同的学生有不同的论文或者在同样的作业中有所侧重。比如本门课学的是美国高等教育史,Dr. Sawyer 就要求每个学生要了解本院本系本专业的发展史,并从学生喜欢的角度去写一篇与本课程相关的史料类论文。再比如,根据不同学生的情况和要求,在阅读辅助材料、参考书及查阅文献资料时,有所不同,有所侧重。又比如,在要求最后的学期大论文时,把学生的专业、未来职业的选择以及学生在某方面的爱好和兴趣与本课的要求结合起来,确立每个同学的论文,充分发挥学生的特长和积极性,结果奇迹出现了,在最后的论文介绍过程中,每个学生都充分发挥自己的优势和个性,使论文独具特色,丰富多彩。如一位会计专业的学生专门研究了高等教育会计学科的发展历史,一位来自管理学院的学生则着重谈了 MBA 的发展历程,一位中国留学生撰写了美国高等教育中留学生的发展史,另一位硕士则写了大学中学生管理工作的发展变化,来自工科院系的学生谈了产业革命的历史与高等教育发展史,一位教育系的女学生讲了远程教育的发展史,一位卫生学校的学生讲了高等教育中护士教育的历史和现状,还有妇女高等教育、黑人高等教育的发展和历史,计算机教育的发展及现状等,在这机会均等、人人必讲的几分钟里,每个人都发挥得很出色。重要的是,每个同学不仅从课堂上了解到了高等教育发展的一般情况和总的历史进程,从自己的努力中,在自己想要了解和知道的领域内进行了一些新的深入的探索和研究,更从其他同学的论文讲解中开阔了眼界,获取了新知。信息量之大,收获之多,比所有人都做一样的题目不知要强多少倍。更值得一提的是,这种学生自己动手做的论文和专题的讲解在这门课的总成绩中占的比重很大,远远超过期末考试的那份试卷,往往是一张试卷成绩的 2 ~3 倍。

思考和评论:美国是一个移民国家,是一个典型的个性化社会,这在高等教育中也体现得十分明显,因而它在个性化教学、充分体现学生的个人需要和塑造学生个性方面的特点就更十分突出。从上面的介绍中可以看到,Dr. Sawyer 的教学特别注重把本门课程和学生的前述课程结合起来,同时也很注重把本门课程和学生的专业及未来的职业结合起来,在学生学得好不好和成绩的优良之分上,主要不是看学生对老师讲的理解得如何、消化吸收了多少以及记住了多少,而更多的是看学生知识扩展如何,开阔视野、搜集资料、综合分析、研究能力如何,对学到的知识在实践中应用得如何,这就为学生今后专业的发展和职业的选择奠定了一个良好的基础。这样的教学,使学生在能达到本课程基本要求的基础上,学有特色、学有特长、学有个性,各尽所能,各取所需,形成了课程总体要求和学生个人需要的良好结合,确实值得我们学习和借鉴。不仅是这位教师,美国林肯内州大学的许多老师都有自己独特的教学方法和艺术特色。除了上述几个不一样之外,还有一些不一样,如教科书不一样、教师不一样、教学方法不一样、实践实习不一样等。这就使得培养的学生各有特色、各有特长,而不是一个模子、一副面孔、一种知识结构、一样的思维方式,从而提高了学生的竞争力和创新能力。

二、我国现实语境下的进一步思考:如何让学生学得不一样

说起来,作为一门课程,尤其是人文社科类的课程,怎么样讲,用什么方法合适,如何才能讲好,并没有固定的模式和一成不变的方法,每个高水平的教师在课堂教学中都有其独到的方法和艺术特色,我们不可能也不应该生搬硬套别人的方法和模式。但是,在这些好的方式方法和模式中体现的教育教学思想和原则却是重要的,值得我们学习和思考。

联想一下我们国内高校的课堂教学,包括人文社科类课程,也包括理工农医类,大概很少体现这样的教学意识和思想——让学生学得不一样。我们的传统和优势是什么呢?是统一、是一致、是齐步走,这在基础教学中,特别是在计划经济的条件下,对培养大批通用型人才是十分需要的,然而面对市场经济挑战的今天,如果还是过分地强调整齐划一,没有差别和特点,就会产生许多不适应,就会出现一种极端,就会形成固定的、僵化的模式和方法。一刀切、一齐上、一个标准、一个模子、一张考卷、一个答案就是其典型的表现。学生缺少个性、缺少特色、缺少差异,就是缺少创新、缺少能力,必然会使教育缺少活力,人才缺少开创精神,企业和行业缺少应变力。长此以往,国家怎么会在国际舞台上有强大的竞争力和持续发展的内动力呢?民族怎么会在世界之林中有凝聚力和向心力呢?在培养人才过程中,不仅要有求同思维,更应有求异思维,好奇心的泯灭无异于探索精神的泯灭,个性的抹杀就是创新能力的抹杀。

让学生学得不一样，不是对学生降低要求，也不是对好的学生高标准、严要求，对差的同学低要求、少要求，更不是对学生有亲有疏，有厚有薄，对一些学生很热心、多下功夫，对另一些学生放任自流、不管不问。恰恰相反，让学生学得不一样，就是要对学生全面负责，尽可能地满足每个学生的要求，尽可能地根据社会对人才的需求和学生的成才要求，恰到好处地对学生进行培养和指导，使每个学生在达到和满足每门课程基本要求的基础上，学有特长、学有特色、学有个性。让学生学得不一样，从根本上讲，这是培养人才如何有个性、有特长、有能力、有竞争力的本质和核心问题。

让学生学得不一样，不仅是一种教学的方式方法，更应当是一种教学思想，一种培养人才的重要思想，一种重要的办学思想。在美国林肯内州大学，没有学得一样的学生。学分制的实施，使学生课程选择的余地很大，学校可以根据学生成才的个性要求和社会人才需要的具体要求，把课程组成不同的套餐，以满足各种不同类型、不同人才的需要，因而就是同一个院系、同一个年级、同一个专业的学生，所选择的课程也是大不相同的。即使是选择了同一门课程，由于教师不同、选用的教材不同、讲授的方式不同等，差异也很大。从根本上说，社会不同行业需求的多样化，导致了学校培养人才的多样化，进而促进和推动教学的不断改革和发展变化的多样化。可以说，市场经济的建立，人才竞争的白热化，使得学校不可能再按部就班地以一个模式、一个面孔和多年一贯制来培养人才。我们现在面临的正是这个形势，试想，我们的各个高校，统一的大纲、统一的教材、统一的考试、统一的要求，培养人才的特色在哪里？重点大学培养的学生竞争力有多强？校内也是一样，一个专业、一个班级的同学，统一讲课、统一辅导、统一答案、统一作业、统一实习、统一实验、统一考试，学生的个性和特长在哪里？长此以往，怎么会有创造力，怎么会有开拓精神，怎么会有特长和竞争力？如果学校培养不出有创新能力、有竞争能力的人才，学校的生命力又何在？从这个意义上，我们或许能更深刻地理解到让学生学得不一样的深刻内涵和重要性。

让学生学得不一样，无疑也是对教师提出了更具体、更严格和更高深的要求，不仅包括业务素质和能力素质的要求，还包括思想和道德素质的要求，特别是责任心和敬业精神的要求。第一，教师不仅仅是完成本课程的教学任务，完成课时，让学生通过考试，取得学分，而是真正通过这具体的一门课，有特别的收获，尤其是在能力素质和个人成才创业方面，有扎扎实实的进步和提高。教师不仅仅是个教书匠，不仅仅是学生学业上的老师，还应当成为学生做人的老师，特别应当把科学上的献身精神、认真精神、求实精神、创新精神和合作精神传给学生。第二，教师不论在备课还是在课堂教学中，不仅要按照照顾大多数的原则，在教学内容和教学要求上持中难度、持中速度，坚持传统的教学原则从事教学活动，更要在此基础上设计和制订许多有针对性的、适合不同学生个性特长的、有利于学生特性发挥的教学方案和教学内容，并在讲解、答疑、讨论、作业、考试、设计、实验等诸多环节中得以实施，这就要求教师知识广博，教学方法多样，教学艺术高超、教学技能娴熟、教学内容多层次、多变化，对教学做更充分的准备。第三，要求教师对选上自己课的每个同学要逐步熟悉,加深了解,掌握他们来自不同的院系、专业,知晓他们在专业和未来职业的不同需求,洞察和区别他们的智力个性和能力上的差异,掌握他们的学习特点和个别要求,以便因材施教,充分发挥学生的潜能,真正使每个学生都学有特色、学有专长、学有个性。我们常常说到办学特色,特色不是一句口号,也不仅是为了宣传、为了扩大影响,而是实实在在、扎扎实实的功夫和业绩,并且任何学校和专业的特色都要体现到所培养的学生身上。如果我们每一门课,不论是谁来听,不管是哪个院系、哪个专业,也不管是专科生、本科生和研究生,不论是今年讲还是明年讲,都是一个讲法、一样的作业、一样的要求、一样的考试,教师既不了解也不理睬学生的个性要求和需要,采取大锅饭的办法,办学特色、培养有创新能力的优秀人才就是一句空话。没有每门课程设计的特色,没有每种教材的特色,没有每个教师备课的特色,没有每位教师课堂教学和组织的特色,没有每位教师教学方法和艺术的特色,没有每个教师对每个同学具体的要求和指导的特色,就不会有专业的特色和学校的特色,也就更不会有人才的特色。就是要让学生学得不一样,正是办学特色的最基本体现。在体育竞技中,常常有规定动作的比赛和自选动作的竞争,让学生在规定动作中各个达标,在自选动作的比赛中各有千秋,独具一格,这就是让学生学得不一样的最通俗的解释。

第五节 小组学习

小组学习是美国大学教学中重要的学习形式,其概念内涵、组织形式、任务使命及功能和作用已发展得比较完善,在高校教学实践中收到了很好的效果。小组学习的最大优点就是教和学的结合,尤其是把课堂和课后有机地结合起来,极大地提高了人才培养质量,其民主与平等、竞争与合作、自我教育与自主管理的理念和各具特色的小组文化,对我国高校教学的深化改革具有重要的指导和启示意义。

一、内涵简介——小组学习的概念和形成

说到小组学习,我们似乎并不陌生,无论小学、中学都有过许多学习小组。这种小组通常有一个小组长,小组的一切活动和安排都由教师指导,由小组长主持,小组长也自然成为这个小组的中心和权威,小组的情况和成绩由小组长向老师汇报。这种小组学习的形成更多的是机械性和行政式的,带有命令和组织的传统习惯和文化习俗。大学的情况则与之相反,当代大学生中小组的概念已经越来越淡化,除了党小组、团小组这些特定的小组形式之外,小组学习和小组活动的形式是很少的。除非做实验时,设备条件不足,不得已才几个人分为一个小组,有一两个或一部分人动手又动脑,另一些人只是观众和评判,实验结束则小组使命同时完成。由于大学组织本身的特性,通常大学的生活是比较自由的。许多大学生喜欢独来独往,不愿意受集体的约束,也不喜欢参加组织的活动,相当多的学生放单飞或者是散兵状态。除了确定的上课时间外,学生可以自己安排学习和

各项活动计划,甚至少部分学生长期把自己置身于一个极其狭窄的小圈子里——比如两个人的恋爱小圈子,比如老乡的小圈子,等等。这些小组或小团体的形式和本书探讨的美国高校教学中的小组学习(Team Work 或 Group Study)具有较大的差距。美国高校的小组学习其概念和内涵是什么呢?根据笔者在美国学习访问期间所选上的11门课中参加的一些不同的小组学习形式,美国大学的小组学习的形成可归纳为如下几点。

第一,自愿结合。不是指定搭配的,也不是长期固定的。因采用课程选修制,班级概念淡化,几乎没有长期稳定的班级集体的概念,选修哪门课,就形成了一个班级,课程结束,班级也就不复存在。在这门课进行中,就形成了学习小组,任何学生都会参加到一个小组中,同时任何人不能指派和要求某位同学必须是哪一个组的成员。

第二,人员少,规模小,无小组长和副小组长之位,是一个简单平等的或圆桌形的小组。一般这种小组3~5人,2人为最少,不超过6人为宜。同时,一个学生不能同时跨越两个或更多的小组,加入或开除小组成员应取得小组成员的一致同意。

第三,小组文化。每个小组成立的第一件事,往往是形成一种自己喜欢和认可的文化形式,如给小组起个名称,选择一个代号和标志,有的有自己的口号,有的制定一个章程或签一个协议,或者规定一些权利和义务,以此增强小组的信念和信心,增加凝聚力和认同感,不同的小组文化为今后的合作与交流创造了条件和氛围。

第四,小组是一种目的和任务比较单一的共同学习的合作组织形式。也就是说,这种学习小组的组成是由课程决定的,是与教师的要求和整个课程的进行相一致的,即根据教师在教学大纲中设计的学习任务和目标的要求而相应组成,因而小组名字、代号和学生姓名等应在任课教师处登记,教师要在教学进行中及时指导小组学习。

第五,小组考试,即小组考核或小组测验。既然有小组学习的方式,就有小组考试的形式,且以每个小组的成绩或评定等级作为每个小组成员的最终成绩,或最终成绩的一部分。同时,小组内每个人都要给小组成员评定成绩。

二、使命陈述——小组的任务和活动

成立小组的目的就是要促进教学,要使小组成员在学习上互相支持,互相帮助,互相学习,互相激励。具体的情况就是以一个学期为周期,以一门课程为基础,以一项具体任务或多项学习任务为前提。由于学生可以在同一学期选上多门课程,因而一个学生可能会在同一学期不同课程的学习中参加不同的学习小组。时间较短,目标明确,任务清晰,活动形式多样,小组成员共同努力合作完成所选择的工作任务,就是小组学习最基本的特点。首先看学习任务,通常指的是在确定的时间内,按要求和标准来完成的一个项目,这一项目既可以是一个研究题目,也可以是一个调查报告,还可以是一个案例分析,或者是一个综合实验,或者是一个课程设计等。通常情况下,是教师出题目,分配给各小组来做或者由各小组选择,有时也可由学生自己在教师确定的范围内确定题目,然后和教师协商,通过后开始工作。其次研究工作和活动,工作的过程是统一任务和目标,制订计划和程序,集体讨论和研究,发挥个人的特长和优势,分工合作,互利互补。如一个组的成员,有的擅长分析研究,有的擅长统计核算,有的喜欢搜集资料和信息,有的擅长综述归纳和整理等。总之,实行个人自愿的原则,发挥个人的特长,共同协商完成任务。大家通力合作,每个人都尽到自己的责任,做出自己应有的贡献。如果一个人没有按时完成任务,则就是小组没有完成任务,如果一个方面的工作任务质量差、水平低,就会使小组的整个成绩评定受影响,因而每个小组成员都要尽心尽责、保质保量。努力提高小组的工作水平和任务质量,是小组每个成员共同的责任。

三、特点分析——小组学习的优势和作用

美国大学的教师为什么发明了这样的学习方式,或者说,为什么这种教学的模式在美国的高校普遍实行呢?一个重要的原因,就是这种教学方式有其独到之处,有其他的教学方式所不可替代的作用,这就是小组学习的优势所在。这样的小组学习有什么特点呢?

一是强化民主平等意识。小组学习是民主平等式的学习方式,这种小组没有行政命令的痕迹,没有外来的干预和压力,没有任命的领导核心,小组的成员每个人都有机会成为核心和主持人,是一种圆桌会议学习形式,即这种无权威、无等级的团队可以发挥每个人的特长和作用,以一种民主平等的方式进行运作。小组的工作方式、规则、文化,整个的研究学习过程中的各种问题和政策都是大家一起来商量讨论,许多重要决定还可以通过举手表决来裁定,比如开除某一个成员或接受某一个成员。美国是一个崇尚民主的国家,特别强调公开、公平和平等,特别注重民主教育和民主的训练,小组学习的方式也可以称之为民主教育的初级形式。在学术活动和学习交流中,这种民主、平等、协商和规则程序的方式是最适宜的。学生们通过这种经历和训练,其民主意识在学术生涯中扎根,民主习惯和民主生活的方式渐渐养成。

二是强化自我意识,使每个学生都能更好地认识自我、评价自我,增强自信心和独立性,像一个交响乐队,每位演奏者都是平等的,都是同样重要的,都是不可替代的,同时又都有自己的位置、自己的职责、自己的贡献。

小组学习的方式为每个学生发挥和施展自己的才能提供了广泛的空间,构建了一个创造性自主学习和交流的平台,充分发挥每个人的个性和独立性,使小组成员每个人都能找准自己的位置,做出自己的贡献,各尽所能,各展其能。例如,中国学生往往数学功底较强,在小组学习中可以充分发挥数学特长;美国学生往往语言表达的天赋较好,特别是英文写作的功底强,文字的工作特别是最后的论文定稿往往由美国学生担任;而有的学生在网络、计算机的使用方面更熟悉,在小组演讲的PPT或图片、软件等的艺术加工方面就可大显身手。除了每个学生发挥自己的特长,在某一方面重点负责外,还可以通过配合和当助手的方式向同组的同学学习,使自己的弱项得以逐渐改善,在多方面有所长进和提高,使小组成员的自信心和综合能力大大增强。

三是强化责任感和事业心,在小组学习中培养一种敬业和高度负责的精神和理念。

学习小组都有自己的口号、目标、标志或名称，以此来凝聚人心和鼓舞士气，同时，由于每个人的成绩都和小组的工作水平和共同努力有关，并且全班分成了不同的小组，无形中就开始了一种竞争和比赛，各个小组都希望自己的小组是最好的，自己的工作是最棒的，最有特色和创意的。这样的一种激励作用对激发学生的学习积极性和创造性是十分有益的。美国的教育中特别突出的两点就是竞争性和标新立异的创造性，小组学习使这两点得到了强化。但是这种竞争在小组学习中不是个人之间的竞争，而是每个人尽最大的努力形成合力，使小组的工作和任务达到最佳，以小组的形式相互竞争。因而每个小组成员都十分了解自己的责任，清楚自己的任务，不拖后腿，抓紧时间，努力工作，追求卓越，力争做到最好，为小组的荣誉而战。这种集体荣誉感和合作式竞争成为开发学生的潜力和创造性的强大推动力。

四是强化理解和宽容意识，增强适应性。通过小组学习使学生真正互相理解、互相帮助，具有他人和集体意识，培养一种合作的能力和包容的胸怀。我们知道，美国是个典型的个性社会，特别推崇个人价值的实现和自我奋斗。在小组学习中，仅仅靠个人是不行的，而是要靠集体，要大家共同协商合作、互相帮助、互相支持、同心同德、取长补短，特别是在讨论和研究问题时，多个角度思考，多种方案实施，使问题逐步深入，在研讨和碰撞中收获很大。在小组学习中，大家要自觉地维护小组的形象和声誉，要使小组学习高效率、健康和谐地运转，团队精神、集体观念自然形成，同时，学生们在小组学习中自觉地培养他人观念，学会理解、宽容、包容和协调。比如，小组成员出现问题和分歧应如何处理；当个人的问题和矛盾与小组任务和目标矛盾时应怎样解决；不同地域、不同语言和习惯、不同性格的学生应如何相处等。要学会在小组学习中既坚持个人的意见，也善于接受别人的建议，吸取别人的长处，调整自我，完善自我，每个小组成员都觉得在小组学习中不断地成熟，特别是通过4年或更长时间的大学学习，参加过各种不同的小组学习，不仅交了许多朋友，结下了友谊，更在做人、做事、相处和沟通方面收获颇丰。

四、功能梳理——小组学习的启示和借鉴

(一)潜移默化、自我教育为主的育人功能

从上述可知，这种小组学习的形式可以为每个小组成员提供平等的机会，让每个成员在小组范围内轻松自如地表达自己的思想和观念，参加讨论和活动，减少自卑，增强自信心，每个人都有平等的权利，使那些平时少言寡语、不爱讲话的人有了训练的机会，特别是每个活动总要有个人来主持、组织和管理，如地点、时间的安排，场所的借用，讨论的主题和议程，记录和归纳，有时还有饮料和小食品等，每个人通过这些组织、准备和主持的过程，既得到了锻炼，又增强了责任心，并且都想把每次例会或活动都安排得很好，让每个成员都满意。同时，由于时间紧且任务明确，大家必须抓紧时间，特别强调每一项活动的重要性，时间和效率的观念和意识在活动中不断增强。每个人都明确自己的责任，

尽可能保质保量地按时完成自己的任务,做出自己的贡献。这样,小组里都是主人,都要主动地承担工作和任务,每个人的工作都和小组的声誉息息相关,因而每个人都尽自己的努力把自己的那一部分任务完成好,同时又都积极参与小组的讨论,甚至有时会因一个概念或一个问题争论得面红耳赤,在共同目标和全体努力的气氛中,通过互相学习和交流,每个人的自觉性、主动性、自信心和控制能力、管理能力都得到了提高,这是一个人独自学习和生活所无法比拟的。

(二)时空扩展、多向互动的教学功能

该功能是对课堂教学的极好的补充、完善和延伸,所体现的主要特点包括以下几点。

第一,把教和学有效地结合起来。课堂上老师讲的内容及重要的理论概念,大家可以在小组里重新讨论。课堂中理解较好的同学通过讲解和总结加深印象,学得更好;课堂上理解能力差的同学可以加深理解,从中受益。通过讨论和争论,互相补充,互相学习,达到进一步消化理解课堂内容的好效果。

第二,最突出的特点是把课堂和课后有机地统一起来,使教学的效果更好。长期以来,我们教学中的一个很大问题就是只注重课堂,而忽视了课后。学分制的要求是课内 1 个学时课后至少应有 3 个学时的支撑,但实际上往往难以做到。如何使课上和课下结合,解决过程和结果一致的问题,使学生平时就努力学习,而不仅仅是期末考试时手忙脚乱、突击完成任务,是一个长期难以解决的老问题。通过小组学习,就可以使课堂和课后有机地结合起来,就能使只注重结果、不注重过程的难题得以有效解决。小组学习活动的大部分时间都在课外,而主要任务和工作又是紧紧围绕课堂教学的内容和目标,这就使得学生在课程的进行中投入大量时间深化学习内容,理论联系实际,并在讨论研究和调查或总结中更好地理解课堂教学,而不是仅仅应付最后的期末考试。同时,小组学习的工作内容往往要求比课堂和书本上的更广泛、更实际,并且要学生各自动手去做,这就使课堂教学的许多内容得到扩展和应用,使学生动脑、动口、动笔、动眼、动手,在做中学,在实际中提高,学习的效果明显增强。

第三,极大地促进了教和学的互动。作为小组学习的形式,是在教师的指导下进行的,同时又充分发挥了学生的主观能动性,小组可以和任课教师多次沟通,共同讨论和研究某一个问题,使课堂上没有时间开展的问答和互动得以在小组学习中有效开展。由于各小组的题目不同,搜集的资料和信息更多,加上每个同学不同的理解和研究,使每个专题和任务都有所深入,甚至在某一个方面有所创新和突破,致使许多教师一个人做不来和做不完的工作由学生来完成。这些观念、报告、研究和数据反过来又充实到教学中,有力地促进了教学的深入,特别是通过每个小组的演讲和介绍,使教学的信息量更大。通过互相交流,启发思路,促进了学生的思维能力和理解水平的提高,收到了意想不到的教学效果。

第四,小组学习形式对学生的自学能力的提高和帮助极有好处。传统的教学方式是学

生被动地听课,作业交老师评判,仅仅是学生对老师的交流,缺少学生与学生之间的互动。通过小组学习,学生之间的频繁互动,参与意识增强,学习热情高涨,学生成为学习的真正主人,学生的自信心和自学能力明显提高,并且由于各个小组之间的暗中竞赛,变被动接受知识为主动的创造性学习,我要学,我能讲,我会做,主动学习,自我激励,从学会到会学,为终身学习奠定了基础。这种内在的动力,成为提高学习效果和质量的取之不尽的源泉。学生的综合能力和素质得以全面提高。

(三)伙伴意识和合作共赢的培训功能

小组学习是一种团队和协作工作的初级训练,参与学术研究的入门训练。根据团队建设的理论我们知道团队有五个要素,也就是5P,即目标(Purpose)、定位(Place)、职权(Power)、计划(Plan)和队员(People)。小组学习的模式完全可以看成是一个学习的团队,尽管是一个极其微型的、不太正规的团队,却是一个高效的、自我管理的、自我激励的研究创新式工作团队。

学生们通过小组学习的每个过程,自觉不自觉地感受集体协作的快乐和团队训练的收获。可以说,一个教师就是一个授权者,每个学习小组就是一个被授权的团队。当然,作为一个学习的小组,远没有一个正式的工作团队那样复杂,那样正规,但是从共同的学习任务和目标上看,从小组学习中的合作、协作和互动交流上看,从小组的分工和每个小组成员的角色和贡献上看,就是如此。这种合作意识的培养,个人责任感和事业心的加强,平等民主的气氛和风气,彼此之间的沟通交流和心灵碰撞,共同努力带来的共同回报,每个人积极贡献成功后的共同分享,特别是在遇到一些矛盾问题和不一致时的处理、谅解、理解和协调等,使小组成员学会了全局观念,学会了换位思考,学会了容忍和宽容,学会了支持和贡献,学会了互补和互动,学会了自尊和自强,真正懂得了团结的力量,懂得了合作和双赢。这样一种经历是幸运的,也是难忘的,在大学的学习过程中有过这样的一次或多次的经历和历练,无疑会对今后走上社会、从事学术的和管理的实际工作以及和同事共处和交流,打下一个良好的基础。小组学习确实是一种学会相处、学会共事、学会竞争、学会合作、学会适应和学会自尊的有效的演练。

联合国教科文组织曾提出教育的四大支柱,即从学习型社会、终身教育和教育的发展看,教育的目的和综合使命就是要使学生——未来社会的接班人学会学习,学会做事,学会共处,学会生存。小组学习的教学模式和方法正是这一思想的具体落实和良好实践。当然,小组学习也给学校特别是教师提出了新的挑战,如何指导小组学习,如何更好地发挥小组学习的作用,指导小组学习需要哪些知识和技巧,小组测验和小组答辩怎样更有效,如何实现小组学习和课堂教学更好的结合,怎样在小组学习中提高学生的素质和能力,小组学习应制定哪些相应的规则和程序,等等。这样的许多问题都需要广大教师在教学实践中不断地探索和实验,这也是大学教育管理者和研究者应深入研究和探讨的一个新的重要课题。

第六节 从11门课程看美国大学的教学方法和质量文化理念

笔者在美国留学访问期间共选上了11门课,当时上课的初衷,一是为了研究的需要,通过课程掌握更多的理论和知识;二是通过课程了解美国大学的教学、教师和人才培养,进而更好地理解美国大学的教育理念和办学思想;三是通过上课对教学过程和教学管理的各个环节有一个比较实际和具体的认识。虽然已经过去很久了,这种经历仍然使人难忘,翻开当时的一些笔记和材料,回顾和总结这些课程的学习过程,感到对我们今天的大学教学,特别是课堂教学和教学方法的深化改革,仍然有重要的启示意义。

一、美国大学11门课程及其教学方法的说明

笔者将所选修的11门课程及其相应的教学和考试方式方法进行了汇总整理,见表8.1。这些方法是除了教师讲授以外的各种主要方法,通过这个表格的内容介绍,我们可以对其教学和考试方式的多样性一目了然,对美国大学课堂教学的生动、丰富和互动与民主有清楚的了解。

通过这个表格,可以看到一幅美国研究型大学课堂教学的形象画面,想象师生共同参与和合作的情景,体会这样的教学会带来什么样的效果和质量,理解其中的教育和教学理念。特别是可以从一个侧面学习和研读什么是有效教学,什么是优秀教学,并从中认识我们在教学上的差距和不足。

关于表8.1的进一步说明:

(1)表格中画"√"号为采取了此种方法,画"△"为不仅采取了此种方法,而且本课程中这种方法的使用恰到好处,有独到之处。从表中可看到每位教师在教学上都有自己的特色和突出点。

(2)从表中可知,有10项是所有的课程都采用的方法,这10种方法具体是Syllabus,考试和成绩评定的多项累加式,课堂讨论,多样化的教材和参考资料,课后和学生们的见面和辅导,论文写作的要求和实施,课后的大量阅读,课堂上进行的问题和回答的师生互动、生生互动,多样化和现代教学技术的结合和学生参与评估评价。一门课程至少有10多种方法进行的教学,可见美国大学的教学方法真是多样,课堂教学真是丰富多彩,不是一言堂,而是群言堂;不是单向灌输,而是双向多向互动;不是独角戏,而是师生的共同参与和共同配合;不是单调、沉闷、平淡、乏味,而是活泼、生动、合作,充满生机活力和创造性。

(3)如此多的教学方法被采用,这说明美国大学的教师不是仅仅有了教室、有了教材、有了学生以及有了相应的学科知识就可以上课了,教师还必须懂得教育和教学,必须学习和理解教学理论,必须掌握多种教学方法,没有掌握教学的基本功和基本技能技巧

的教师是不允许走上讲台的。

(4)这些方法并非每门课程都采用,而是教师自愿选择的,这说明各种教学方式方法的选择是自主的,是由教师和课程决定的,是由教师的经验和习惯决定的,是由教师的教学风格和艺术特性决定的。同时我们也可以看到,每个教师都尽可能地发挥自己的特长,又尽可能多地选择各种教学的方式方法,以活跃和组织课堂,提高课堂教学的效果和生动性、参与性和有效性。需要特别指出的是,即使是同样的方法,在不同的教师运用上,在不同的课堂上,也是各具特色的。

(5)在其他教学方法中,除了案例教学外,各不相同,无法一一介绍,但是从这些个别的教学方法中更能体现教学的个性和多样性。

二、对相关教学方法的进一步解释和探讨

表8.1中11门课所采用的一些主要方法在各章中或是零散地提及过,或是较详细地介绍过,因此有些我们比较熟悉,有些不甚熟悉。这里仅选如下7种方法做进一步的解释和说明,以加深对美国大学课堂教学的了解和理解。

(一)Syllabus

关于Syllabus的内涵和内容在第七章已经介绍过,它是教学的一个重要文件,是教学设计的一部分,但不是完全的教学设计。在这里需要指出的是,Syllabus是教师亲自制作的,内容丰富、全面,是整个课程进行的指南。但它并不是为上级和检查评比做准备的,而是在课程进行中使用的,是发到学生手里,人手一册,并在课程进行中反复使用,可做适当调整的。同时,每门课重新开始时,要在原有的基础上改进Syllabus。因此,从历年教师的Syllabus可以看到教学改革和教师教学能力水平提高的轨迹,看到教师在教学上下的功夫和达到的水平,最后,特别强调的是,制订一个好的Syllabus,是大学教师走上讲台的基本功。

(二)关于考试多样性和累加式评定成绩

这种方法就是把考试分解为课堂出勤、课堂表现、论文和答辩、作业、调查报告、小组活动、期末考试等不同的构成部分,考试成绩即为各部分按一定比例的累加。多样化的考试考核方法,需要多样化的教学方式方法。同时,对学生的课堂参与及其主动性和积极性的评定,需要教师对学生出席和课堂情况的全面了解和公平对待,如果对学生是否出席都不了解,如果连学生的名字都叫不上来,如何进行评定呢?如果此项成绩学生都一样,又有什么意义呢?

表 8.1　美国林肯内州大学 11 门课程及其教学方法

课程代码	课程名称	主要的教学和考试方法														
		Syllabus	累加式多样考试	课堂讨论	小组学习	嘉宾论坛	课外考察调研实践	多样化教材	Presentation	课后见面	论文写作	大量阅读	学生参与评估评价	Q – A	现代多样化教学技术	案例分析等其他研究方法
EDAD926	美国大学教师发展	√	√	△	√	△	√	√	√	√	△	√	√	√	√	√
ED996A	多元文化与国际教育	√	√	△	√	△	△	√	△	√	△	√	△	√	△	△
EDAD921	美国高等教育管理	△	√	△	△	△	△	△	√	√	√	√	△	√	√	√
EDAD925	法律与高等教育	√	△	√	△		△	√	△	√	√	√	△	√	△	△
EDAD936	教育管理规划	√	√	√	√			△	√	△	√	√	√	√	△	√
EDAD922	高校财政管理	√	△	△	√	√	△	√	√	△	√	√	√	√	√	√
ED900K	质的研究方法	√	√			△	√	√		√	△	√	√	√	√	△
ED901	教育研究概论	√	√	△			√		√	√	△	√	√	√	√	
ED900D	调查研究方法	△	√	△	△	△	△	△	√	√	√	√	△	√	√	√
ED828	美国高等教育史	√	△	√			√	√	△	√	△	√	△	√	√	
ED928	美国社区学院	√	√	△	√	√	△	√		√	△	√	√	√	√	△

(三)嘉宾论坛

嘉宾论坛选择的一定是嘉宾,不是充数,更不是因出差、有事和一时无法上课而找别人代替。嘉宾应是权威人士,是在本课程的某一方面有专门研究的学者和专家,嘉宾论坛的目的是提高课堂的质量和效果,而不是官员的作秀和私人间的走穴。嘉宾论坛是有计划的,是列入教学设计的,而不是一时的冲动和提议。同时,嘉宾的讲座要有问答和讨论,并且由学生和教师进行综合评价。如果效果不好,下次就不能作为嘉宾再来上课,对学生负责是最重要的原则和前提。

(四)讨论和 Q - A

这种方法的特点包括:一是每门课程必有;二是都在教学设计中且都是精心准备和认真组织实施的;三是生动活泼形式多样。具体形式包括苏格拉底式、双方辩论式、分组团队式、鱼缸观摩式、主题发散式等。在 Q - A(Question 和 Answer)中,是自然的而不是刻意地提问检查学生,其核心是启发学生的思维,激励学生的好奇心,引导学生理解得更深、更准、更全面,培养锻炼学生的求知欲和批判精神,鼓励学生更好地学习。如何恰到好处地进行有效的讨论和 Q - A,是教师个人教学风格和艺术达到何种水平的体现。

(五)课外考察调研实践

这 11 门课程都是管理和社科人文类课程,不像自然科学和工科都有许多实验,采用课外考察调研实践的办法就弥补了这一不足。同时,课外调研和实践使教学课堂得以扩展,变一个教师为多个教师,变一个小课堂为社会的大课堂,变主要是教师的主动为学生同样是主动。其好处至少有如下几点:一是理论联系实际,把课堂学的和实际结合起来;二是使学校和社区、社会紧密联系,变封闭的课堂为开放的教学;三是要求教师对所教科目、所研究问题相对应的社会组织机构保持密切的联系;四是学生亲自动手实践,得到了全方位的锻炼和提高。即使对于工科类课程,采取课外调研实践也是极其有益的。

(六)多样化教材和大量阅读

多样化教材主要是指主教材的多样化、辅教材的多样化和阅读类教材的多样化。多样化也不仅是有和多,更主要的是有用和实用,如果不阅读、不使用,就失去了各种辅导和阅读材料的作用。比如大量阅读,带着问题课前阅读,明确到哪一章、哪一节,讨论和研究哪些问题,需要阅读哪本书的哪一章节,从多少页到多少页。把教材和各种辅助资料运用到如此细致和落实的程度,是教学功夫到家的真实体现。

(七)课后见面

课后与学生见面是学校教学的基本要求,又是教师的自觉行动。每门课程进行中,教师要每周安排至少两个单元,在自己的办公室里和学生见面,了解情况,咨询和答疑。同时,明确教师要和自己所教的每个学生至少见面一次,特别强调了公正、平等地对待每个学生。这种见面可以扩展和深化课堂教学,特别是对问题学生、个性教学和特殊才能学生极有帮助。其最重要的特点是促进了课堂上和课堂后的有机结合,加深了师生间的了解、理解、沟通和友谊,对提高教学和人才培养质量极为重要。

三、美国研究型大学教学的思想和质量文化理念

透过这11门课的教学方法,我们可以体会美国大学的一些教学思想和质量文化理念,这些思想和理念对我们深化教学改革和提高人才培养质量具有重要的启示和借鉴意义,使我们从更深层的角度理解什么是质量和什么是质量文化,应如何评价我们人才培养的标准和质量。

(一)教重要,学也重要,学比教更重要

既要重视教,更要重视学,一切教都是为了学、围绕学、鼓励学和促进学。教就是帮助学克服困难,就是为学创造条件,就是为学提供服务,就是为学指明方向、提供方法和思路。教不能代替学,更不能强迫学、压抑学和束缚学。因此,既要研究教,更要研究学,要了解和研究学生,要了解学生是如何学习的,学习上的瓶颈是什么,要研究好的学习方法,要研究成功的学习策略,要了解学生的学习动机、学习过程和学习要求,要为学生提供好的学习技巧和工具,更要充分利用学校和社会的各种资源为教学服务,在这样的基础上去教,才会有好的结果。Syllabus、嘉宾论坛和评价、课后见面、小组学习、学生的课外实践调研、Presentation、学生评估评价教学等都体现了这一思想和理念。

(二)学生是学习的真正主人,被动强迫式的学习是不会有好结果的

要让学生主动自觉地学习、创造性地学习;就是要让学生爱学、会学,有内在的学习动力,持久的学习热情,挑战性的学习目标,激励式的学习标准。教师要清楚自己的角色,明确自己的作用,把主要功夫下在怎样激励鼓励学生学习上,怎样激活学生的好奇心和求知欲,怎样在学习上为学生加油、鼓劲。多样化考试方法、课堂讨论、小组学习、课后调查、大量阅读、论文写作等都是让学生成为学习真正主人的良好实践。

(三)特别重视课堂上和课堂后的结合

课堂教学是极其重要的,但是作用有限,如何在课堂后对课堂内的教学进行补充、深化和理解,把课堂教学和课后课下的活动有机结合,就显得格外重要。美国大学的教师正是充分地认识到这一点,只有充分利用和抓紧课后的时间,组织好课后的复习和学习,才能有效地巩固和强化课堂教学的效果。小组学习、课后考察调研和实践、多样化教材和大量阅读、课后见面、论文写作要求和Presentation等方法都是这一理念的具体体现。

(四)特别强调民主、平等的教学和师生关系

美国特别强调民主教学和平等教学。民主教学,就是公开、公平、公正,就是让学生充分的知情和参与,就是充分考虑学生的意见和建议,就是充分了解学生的感受和追求。而在平等方面,不仅强调师生的平等关系,强调学生和教师在教学中的互动、合作、交流

和沟通是平等的，更强调每个人的平等权利和义务，教师为每个学生创造平等的机会，同学们之间要和谐平等的相处，不要有任何歧视、特权和等级。Syllabus、课堂讨论、小组学习、Presentation、课后见面、Q－A、和学生评估评价都处处体现了民主和平等，以期达到让学生在快乐中学习、在欣赏中学习、在理解中学习、在民主中学习、在平等中学习、在讨论中学习、在激励中学习、在批判中学习、在研究中学习、在自由中学习、在竞争中学习、在合作中学习、在实践中学习、在创造中学习、在自信中学习、在挫折和失败中学习，也在困难和挑战中学习。

（五）特别强调思维教学、能力教学，而不仅是知识教学

美国大学有一句话相对应，即有意义的学习经历。大学生活对学生来讲，不仅仅是学知识，拿到学历和学位，更重要的是人生的一种经历，应当让这种经历中有更多的回忆，有深刻的烙印，有难忘的印象，让许多事件和经验激动人心、扣人心弦、终生难忘，甚至能够影响一生。这样的认识在教学中的体现就不仅仅是传授知识，而更注重思维教学、能力教学，是一种价值观的传承，许多事情让学生自己去经历、去识别、去鉴赏、去比较、去批判、去制作、去总结。通过这样一种充分的过程和切身的体验，学生不断思考、学习和成长。多样化考试、课堂讨论、小组学习、课外调研考察实践、Presentation、论文写作、大量阅读等，都在实践这种教学理念，把教学过程变成了一种价值观的培养认识过程。

（六）有效教学更强调教师的激情和全身心投入

有效教学，优秀教学，除了教师的知识、基本功和多样化方法等，更强调富于激情的教学、全身心的投入。这就是对教学、对科学和知识的追求与探索和对学生的热爱，正是教师的这种精神和态度感染，激励了学生热爱学习、努力学习和终身学习，具体的在教学上的体现就是大量的时间投入，热心、细心的研究和准备教学的每个环节和每个细节，并在教学的过程中不断总结和创新，保证教学上的投入，既要保证物质条件上和经费资助上的投入，更要保证在时间上、精力上和智力上的投入。没有这种投入和激情，优秀教学就是一句空话。

这6个理念，归结到一点，就是以学生为中心，运用研究或教学的方法，在教和学的相辅相成中，在师生的合作互动下，不断地创新知识，不断地完善教学。以达到教学的最终目的，让每个学生都成长，都成才，都成功。或许，这正是最核心最重要的质量观和质量文化。

“985 工程”实施以来，在创建世界一流大学的进程中，许多人谈到了中国大学的最大差距是什么，曾经提出中国高校创建世界一流大学的五大差距，但是最核心和最根本的差距是人才培养的差距。认识层面上是理念问题，而实践层面则主要体现在教学上。我们在教学上的问题、差距、缺失和不适应，在人才培养上面临的挑战和考验，要求我们再一次把目标聚集在人才培养的质量和效果上，集中到教学改革的质量工程上，我们必须在教学的整个过程上下功夫，在培养人才的每个环节和每个细节上革新、完善和提高。

虽然教学是个慢功夫，人才培养是个软任务，其质量和效果有一个明显的滞后，但是这是创建一流大学、培养一流人才，进而培养世界大师，创造新知识，增强竞争力和国家综合实力，服务和贡献社会和人类的最基础、最重要的工作。美国大学 11 门课程的教学是值得我们深入学习和思考的经典案例，对于我们深化教学改革和提高人才培养质量提供了有益的经验和启示。

本章小结及补充性说明

本章主要介绍和分析了美国大学教与学案例中教师和学生两大主体角色定位与角色互动的特点、要求、方法及其所体现的质量文化。其核心思想可以归纳为如下几点：教师扮演主持人和多元角色，一切以学生为中心，一切为了提高人才培养质量，促进学生的自由发展。本章包括 6 节内容：第一节通过对美国林肯内州大学Dr. Randle的课堂教学案例的分析提出了教师是课堂教学主持人的观点和多角色变换的思想；第二节总结了美国大学以学生为中心的 21 条做法，包括从招生入学录取到学业选择、专业咨询服务和各种生活服务的多个层次和多个方面，并从中美比较的角度就如何落实以学生为中心这一问题提出了建设性的思考和思路；第三节在介绍美国林肯内州大学 Dr. Seagren 课堂教学中进行课前调查、让学生自己去实践以及考试后再上一次课等 3 个突出做法的基础上，指出并分析了这些做法所体现的教学理念——既重视教，更重视学，一切教都是为了学；第四节在介绍和评论美国林肯内州大学 Dr. Sawyer 的一门课程教学方式方法的基础上，集中讨论了一个突出的教学思想——要让学生学得不一样；第五节探讨了美国高校的小组学习这一教学方式的内涵、使命、特点和功能，指出小组学习对于促进学生学会学习、学会做事、学会共处和学会生存的价值及意义；第六节介绍了美国大学 11 门课程教学方法的运用，分析了所体现的质量理念，即紧紧围绕着“学”这个中心，在师生的有效互动下，使学生积极主动地学、创造性地学，其最终体现为学生能力和教育质量的提高。

本章第一节、第三节和第四节的部分内容分别发表于《高等工程教育研究》2002 年第 1 期、第 5 期和第 3 期。为了使相关内容进一步形成完整的体系，作者在系统回顾和总结在美国留学经历的基础上，又形成了第二节、第五节和第六节的内容。第二节内容成稿于 2010 年 8 月。第五节内容成稿于 2002 年并修改于 2007 年，在全国性的教育会议上做过交流，被多家单位索取并刊登在《西安欧亚学院学报》2008 年第 2 期。第六节内容曾在 2008 院校研究国际学术研讨会上交流过，并被刊登在《西安欧亚学院学报》2008 年第 3 期。本章的大部分内容都在哈工大新聘青年教师培训中做过介绍和交流，在青年教师中引起了较大的反响，很多青年教师在教学过程中不断尝试着本章介绍的做法和理念。教育实践是教育理念的具体落实，回归教育的本质是教学实践的根本导向。教与学中角色定位和角色互动的要求和方式方法都是以学生为中心，都是为了学生的学和更好地学，说到底都为了“‘抽引’人的潜在能力”[4]和促进学生个性的发展。正如著名教育学家斯普朗格所言，德国著名文化教育学家斯普朗格说：“教育绝非单纯的文化传递，教育之为教育,正在于它是一种人格心灵的‘唤醒’,这是教育的核心所在。”“教育的最终目的不是传授已有的东西,而是要把人的创造力量诱导出来,将生命感、价值感‘唤醒’……一直到精神生活之根。”[5]而达到这一目的,既要求建设高素质、负责任的师生员工队伍,又要求扎实细致的教学及其服务的实践,更要求学校和教师具有求真务实的作风和强烈的服务意识与制度意识,根据学生的个性特点和要求,切实改进大学的教学方法,形成教师和学生互动互学的局面,使学生各取所需,学有特色,促进学生积极主动和创造性的学习,不断培养出多层次、多特长、多个性的开拓创新型高素质人才。这也正是本章所要表达的核心思想。希望本章的内容对于深化我国的大学教学改革,形成具有中国大学特色的教与学方法和模式提供一些参考和借鉴。

本章参考文献

[1]　加涅·R·M. 教学设计原理[M]. 皮连生,庞维国,译. 上海:华东师范大学出版社,1999.

[2]　潘菽. 教育心理学[M]. 北京:人民教育出版社,1995.

[3]　周长源. 到第一线探索教程改革[J]. 电工教学,1995,17(4):5-10.

[4]　西奥多·W·舒尔茨. 教育的经济价值[M]. 曹延亭,译. 长春:吉林人民出版社,1982.

[5]　邹进. 现代德国文化教育学[M]. 太原:山西教育出版社,1992.

第九章　课程考试与毕业答辩

课程考试与毕业答辩都是大学教育的重要环节，科学的课程考试与毕业答辩是提高人才培养质量的重要保证。本章在介绍和分析美国大学课程考试与 Presentation 的具体经验和做法的基础上，结合我国大学在课程考试和毕业答辩方面存在的问题，探讨我国的研究型大学应该如何改进课程考试和毕业答辩，才能更好地提高教学水平和人才培养的质量。

第一节　这里没有“一张考卷定乾坤”

——谈美国大学如何进行课程考试

一、美国林肯内州大学教师评定成绩的案例分析

在美国留学期间，笔者曾注意到各门课程中教师是如何考核学生以及如何给学生评定成绩的。下面以 3 个例子加以说明。

在林肯内州大学，每个教师在上第一次课时，都会把学生的成绩评定讲清楚，这个问题是有要求的、有原则的、有标准的，也是公开的和接受学生监督的。请注意，这里讲的是成绩评定(Grading)，而不是分数或考试。因为这里不仅仅是考试或是一两次考试分数的叠加。考试或者说是卷面的分数只是课程成绩的一部分并且是一小部分，而真正占大头的并不是这种传统意义上的考试成绩，而是反映学生综合能力水平的其他不同方面。首先，让我们具体看一下 3 位教师成绩评定的百分比(从 11 门课中选出 3 种类型)。

☆ 课程名称：AD 836，Systems Planning in Education

授课教师：Dr. Sybouts

Grading：考试　10%　（平时、期末）

作业　5%

两个设计　50%

一个论文　25%

出席与参与课堂讨论活动　10%

☆ 课程名称：ED 900k，Qualitative Approaches to Educational Research

授课教师：Dr. Creswell

Grading：出席和参与教学活动　20%

论文和答辩 50%

考试 20%

作业 10%

☆ 课程名称:ED 926, Educational Administration

授课教师:Dr. Seagren

Grading:出席和参与教学活动 15%

开卷考试(包括所有教材与阅读材料) 15%

调查报告 15%

小组活动报告 30%

期末论文 25%

从上面的具体的学生成绩评定看,主要包括3部分。

第一部分:出席和课堂表现。出席是重要的,无故3次不出席,将不做成绩评定。但是出席不是只带着耳朵听,做个接收器,而是手写、眼看、耳听、口问、头脑思考、积极参与,主动和活跃地参与课堂的一切活动,特别是分组的操作和讨论。从百分比看其数量占总成绩的10% ~20%,一般不超过20%。

第二部分:考试成绩。即我们熟悉的考试卷上的分数,一般有期中和期末考试,也有频繁的小考,这种考试不是很难,有时还是开卷考试,即使是期末考试也不划定范围、不搞标准答案,也不是老师领着专门复习,可以说是一种按照课程基本要求进行的通过性考试,主要是考基本知识、基本原理和基本计算、基本技巧,其分数所占比例自然不会很高,约占总成绩的20%。

第三部分:包括日常作业和论文报告或课程设计,主要由学生自己独立完成。在美国林肯内州大学,几乎每门课都有论文报告或课程设计,它不同于一般的作业。一般的作业主要是根据课堂和书本的内容做题、计算或一般的阅读理解。而论文和设计或报告则是要进行认真的选题,做大量的准备,到图书馆查阅大量的资料,阅读论文参考文献,收集各种相关信息,进行一番精心设计,在调查、采访、综合、归纳、比较、分析、计算、论证等基础上,少则一两周,多则一两个月甚至更长时间才能完成的。这是对学生的一种综合训练,具有考核学生的能力和独创性的突出特点。因而这部分权重在总成绩中就显得十分突出,为60% ~70%,至少不低于50%。

通过上述介绍,我们可以看到这种成绩评定的方法至少有以下几点好处。

第一,减少了学生对考试的心理压力,由于不是一张考卷定乾坤,一次考试定命运,考试的分量、紧张感自然不突出,谁也不会把一次考分看得那么重。一方面,学生不必考前去老师那里摸底,押题划范围;也不必想尽办法逃避考试,更不会因考试紧张而带来许多心理问题;另一方面,教师也不必大讲特讲考试,划范围、搞复习、出标准答案,使学生成为分数的奴隶和考试的工具,而是在放松的情况下,以一颗平常心去对待,正常发挥自己的水平,收到良好的效果。

第二,没有师生间或学校与学生之间在考试上的对立。一方面,学生不必想办法作弊、找人替考、抄袭或想办法蒙混过关;另一方面,学校也不必大造舆论、紧张考试气氛、形成高压政策,也不必动员大量人力像抓特务抓间谍一样去抓考试作弊。而是促使学生把功夫下在平时,一点一滴地学,一步一个脚印地走,脚踏实地,扎扎实实,持之以恒,勤奋刻苦。当学生真正理解在科学上没有侥幸、没有捷径、没有运气时,就会自然形成主动自觉的内在学习动力,变被动为主动,变自然为自觉。

第三,把出席和参加课堂活动作为评定成绩的一部分,是调动学生积极性的好办法。一方面,学生明确了要求,在听课时有了一定的约束力,确保了出席和听课的效果;另一方面,也是更重要的,就是促进和鼓励学生参与教学、积极思考,配合教师活跃气氛,充分利用课堂提供的一切时机和条件,使教与学紧密地结合在一起。对于培养学生的好奇心、想象力、培养学生学习上的主人意识,增强责任心,训练语言表达和交流的能力、思维和质疑的能力以及综合和应用的能力,是极其有利的。在这里学生的学习精神、学习态度、学习热情都成为考核的重要因素。

第四,突出了学生能力的考核,使对学生能力的培养教育落到了实处。我们可以看到,论文报告或课程设计的比重最大,在每门课程中显得最重要。而这一部分恰恰是对学生综合能力的训练和考核,这种综合训练和考核既包括对本课内容的理解和吸收,也包括对本课所学知识的应用和实践,还包括一些和本课程相关的知识的综合和运用。这种综合训练和考核既有对以前所学知识的关联和深化,也有课堂和教材中涉及不到的知识的扩展,特别是为每个学生提供同等的机会和舞台,让学生充分发挥自己的特长和才华,运用自己的想象力和创造力,在学习和研究上比赛竞争,进而达到消化理解课程内容,满足本课教学要求,坚持理论实践统一,发挥和调动学生的潜能,素质和能力同步训练的目的。

综上所述,这种成绩评定的方法已经远远超出了传统的考试观念,不单单是考核学生,分个优良中差,也不仅仅是看学生学得如何,教师教得如何,而是形成了一种对学生的全方位、全过程的考评,是使教和学强有力结合的有效措施,是提高教学质量和效果的重要步骤,是调动学生学习的主动性和自觉性的正确途径,是落实教学思想和原则满足教学要求的有效方式,可以说这是学生学业成功的重要指挥棒。

二、对上述案例的进一步分析和思考

美国林肯内州大学3位教师成绩评定方法的好处是不言而喻的。但是为什么我们在如此长的时间里不愿意改变过去的考试方法,而总是恋恋不舍一张考卷定乾坤呢?为什么我们总是以一次考试的分数来评价学生的优劣呢?说到底这是一个考试观的问题。即考试的问题不是一个简单的方式方法的问题,它是教学思想、人才标准、教学原则、教学要求等许多问题的集中和具体的体现。这里包括什么是考试、怎样认识考试、考试的根本目的是什么?怎样确立考试的内容和方法?如何考核学生的能力和素质?如何把考试融入整个教学和培养人的过程中?在这些问题上,传统的考试观和现代的考试观有着极大的不同。

为了使大家能清楚地看到传统考试考核观和现代化考试考核观的区别和不同，我把两种考试考核观的各个方面一一对照，形成表9.1，对比这些差异，培养基础实、素质高、能力强的创新型人才的标准，从转变教育观念、深化教学改革、提高教学质量和效果的目的出发，深入思考和审视两种不同的考试考核观，使之对上述问题有更深刻、更清醒的认识和理解。

表9.1　传统考试考核观与现代考试考核观的比较

	传统的考试考核观	现代的考试考核观
对考试的认识	仅仅是检查学生，检查教学，给学生打分。重视分数，重视结果，学生把通过考试看成课程学习的终结和最终目标。学生是被动接受考试，教师考学生，考试是控制约束学生的方法，是教师的有力武器，考试变成教学的终结	不仅仅是检查和检测教与学，更主要的是促进教学，使教师教得更好，使学生学得更好。让学生在考试中学习，通过考试学习。不仅是学校考学生，教师考学生，更有学生自己考自己，主动积极参加和设计考试，把考试看作学习的加油站。重能力和水平，不重分数和结果
考试心理	学生有紧张心理，有抵触情绪，甚至对抗情绪，考试前后情绪波动大，有侥幸心理。学校和教师往往夸大和渲染气氛，造成考试压力	学生不惧怕考试，无过分紧张和担心，无对抗情绪，更无法侥幸过关心理。学校不必大造考试舆论，形成压力和气氛
学风考风	考风不好，考场纪律较差，学生想办法作弊甚至找人替考，考前探底和押题，不求扎扎实实学习，只求考试能通过，平时不用功，临时抱佛脚，考风不良严重影响学风。学校不得不组织大批人马监考，像抓特务一样抓作弊	考场纪律好，考风好，无需渲染考试气氛。学风也好，重在平时，重在扎扎实实学习，重在过程而不是最后的分数。学校不必组织大队人马抓作弊
考试方式方法	考前划范围、出标准答案、临阵磨枪、押题复习，考试神秘化，评判神秘化，方式单一，主要是闭卷，书面考试，一张考卷定命运，以卷面分数为标准，教师出题，学生答卷	考试方法、原则和成绩评定公开、公平，接受学生监督，可查询，可质疑，可对话。考前不必划范围、不出标准答案、学生自己总结复习。考试方式方法多样，有选择性，多次累加，全过程考核、全面考察
考试内容	学什么就考什么，怎么考就怎么复习，在考试技巧上大做文章，紧紧围绕书本考，围绕老师讲的考，答案唯一，以书本和理论为主，以知识和记忆为主，以应试方法和技巧为主，缺少实践和应用，缺少学生创新和发挥的空间，没有学生展示能力的舞台	不仅考书本和课堂上讲的，更考应用的、发挥的、扩展的、创新的。以考核能力为主，鼓励学生探索和创新，挖掘学生的潜能和特色，为学生发挥特长、展示才华提供空间和时间

续表 9.1

	传统的考试考核观	现代的考试考核观
师生关系	教师不了解学生平时的学习、状态、表现及水平,对学生上课的表现、出席不注重。课堂上师生之间极少交流,对学生的学习风格、特点、方法和要求不了解,只靠考卷分数评定学生。考完试万事大吉,学生不再找老师,老师也不再管学生	对学生平时的学习、状态以及程度和水平十分了解,注重课堂表现、出席和学习的态度,了解学生的要求和特点、因材施教,对学生平时学习的问题及时发现并及时帮助,老师和学生课上、课后交流多,考试后再上一次课,对课程、考试及教与学全面总结,师生关系持续发展
培养目标和结果	机械模仿多,死记硬背多,考完就忘,知识堆积,理论脱离实际,考试能力强,学的一样,考的一样,标准一样,思维模式一样,缺少创新能力,培养一批有技巧,拿高分,缺少个性、特色与竞争力的应试型学生。分数变成了评定人才优劣的唯一标准	积极活跃,注意个性和特色,发挥学生的积极性,让学生成为学习的主人,鼓励探索和创新,学的不一样,考的不一样,思维模式不一样,学生学有特色,注意综合素质和能力培养,培养有探索和创新精神、理论实践结合、有竞争能力的复合型学生,形成全面综合的评定人才标准

从表 9.1 我们可以体会到现代考试考核观的含义,也会深深地感到深化考试改革,建立与形成新的现代考试考核观是极其重要的。实际上,这里考试的概念已经发生了变化,可以说是根本性的变化,是对传统意义上考试概念的升华和改革。把老师出题、学生答题、最后判分来确定学生优劣的人才标准模式变为一种课程考核和对学生全面综合评定的思维和方式,这就不仅在形式上和内容上发生了变化,更重要的是在认识上和观念上的转变,可以说是人才标准的评价方式的根本转变。过去许多学校采取了各种办法和措施,严抓考风、抓作弊,分 A、B 卷,加大监考力度,或采取计算机考试的方式等,以期解决考风难题,但收效甚微、劳民伤财。应该说这些做法是有效果的、起作用的,但是并没有从根本上解决问题,没有跳出原有的框框,还是以传统的思维模式解决问题,主要是堵和管的办法,而不是疏和导的办法,更不是让学生真正从主人翁的角度、从科学的角度、从今后事业发展的角度去看待和认识这每一次考试,更没有把考试看作是一种促进和激励学生学习的方式和途径。

可见,要从根本上解决考试上的问题,就要不仅治标还要治本。这就是按照 21 世纪人才需求的标准建立和形成全新的学生课程考核的体系、方式和标准——形成现代的考试考核观。

从上述可知,建立和形成新的现代考试考核观,需要有 3 个转变。这 3 个转变是逐级递进和一环扣一环的,实现了这 3 个转变,我们就会对考试这一古老而重要的概念及其含义有一个开放的广义和更深刻的理解和认识,考试考核中的一些具体方式方法和内容形式的问题都会迎刃而解。

第一,学生的成绩不全等于卷面分数。考试绝不仅仅是教师出题和学生答卷,更不能一张考卷定乾坤。在方式方法上的转变是实施考试改革,建立新的现代化考试考核观的初级形式:在数量上,考试应由一次变为多次,所谓成绩的叠加式;在方式上,由闭卷变为开卷,由封闭的神秘式变为开放的广义式,在方法上由单纯的笔答变为口、笔、讲、操等多种形式和方式。在时空上,由特定时间阶段单一考试变为全过程、全方位的综合考评,使学生由受检查的被动式变为发挥积极性的主动式。

第二,考试的内容不全等于书本上的内容、课堂的内容和教师讲的内容。突出体现能力的考核和测试,改变完全以知识和记忆为主,以书本和老师为中心,以标准答案为唯一尺度的做法,在考核学生基本概念、基本原理、基本计算的基础上,突出强调考实践、考操作、考应用,在考思维能力、综合能力和创新能力上下功夫,像毕业答辩一样,像擂台竞赛一样,像平时的学习和讲课一样,像学生进行实验一样,为学生发挥才能和优势,发挥特长和潜能创造条件。方法是为内容服务的,重点是内容。在考核内容上的转变是建立新的考试观的主体和基本工作。完成了在内容上的突破,就基本上达到了深化考试改革和形成现代考试考核观的目的。

第三,考试考核的目的不全等于检查和分等级。考试的观念上的转变和突破是在认识上和思想上的突破,是指导和制约上述两个转变的核心问题,是贯穿考试改革始终的导向问题,也是考试改革的最关键问题。我们知道,考试的目的是看学生学得如何,教师教得如何,检验学生并分出相应的等级,应该说这是传统的考试考核观。按照新的现代化考试观,它是很不完全的或者说只是达到了考试目的的一部分,而且是很小的一部分。考试是整个教学过程中的一个环节,但不是也不应该是最后的环节,更不应该仅仅是检查和验明的环节,而应该是教和学的促进环节,是一种内动力的增压环节,是一种信心和能力的锻炼环节。因此,考试的过程应当是挖掘学生潜力的过程,对知识理解和应用深化的过程,是总结提高和综合的学习过程,是创造性和素质能力培养的竞争过程。一句话,和课堂教学的一切活动一样,考试的最根本目的就是要让学生学得更主动、更灵活、更有特色、更有积极性,达到自我挑战、自我激励、自我调节、自我控制和自我达标,这就是能力和素质考试的核心和真谛,这也就是为什么我们提出学和考分离,为什么书上的要考,书以外相关的也要考;老师讲的要考,自己学习的也要考;课程的内容要点、学习态度、学习方法、思维方式以及自信心和能力,都可以纳入考试内容的道理。从培养人的要求看,从社会对学生的评价看,从区分学生优劣的标准看,就是如此。这样我们就会对人才培养和考核的标准在考试的问题上有一个全新的认识。

这就是全过程、全方位、全素质的现代化新型考试考试观,也只有这样,才能在通过一门门课程的考试考核后,为社会输送合格、满意的人才。

第二节　美国大学课程考试方法的多样性与课程教学的适应性

——再谈美国大学如何进行课程考试

本章第一节介绍了美国大学考试和成绩考核的一些理念和做法，特别是进行了两种考试考核观的比较，提出了考试成绩的叠加式和多样化考试方法的改革。但我们必须看到，课程考试和成绩考核的深化改革，需要长时间坚持不懈的努力，还有许多工作要做。有鉴于此，有必要把美国大学如何进行课程考试的做法和过程做一详细介绍。希望通过对美国大学课程考试的一些具体做法和细节的了解和认识，特别是通过对其中的教学和考试的理念的理解和研究，为中国高校的大学教师和教学管理工作者提供一些思路、启示和借鉴，以便结合中国大学教学改革的深入，稳步深化地进行考试改革的探索和实践，真正通过考试环节的完善和创新，提高学生的分析能力和综合素质，促进和保障大学教学和人才培养的质量。

一、美国大学课程考试的多样性

考试是教学的一个重要环节，在美国大学的课程教学中，有许多考试方面的经验、总结和专门研究。这些经验、研究在指导和帮助教师的教学特别是成绩考试考核中，发挥了重要的作用，形成了多种不同的方法，使美国大学教学中的课程考试呈现出多样性。这些多样的考试考核方法，打破了传统的唯一闭卷的模式，改变了一张考卷定乾坤的定式，突破了教师的唯一考试权威性，改变了学生被动应考的局面，对培养学生的创新能力和综合素质起到了不可替代的作用。特别是论文写作的考试、答辩式考试和设计制作类考试，更是为学生发挥创造性和想象力、展示自己的才能和智慧创造了机会和条件。我们可以把这众多的考试考核方法分为不同的类型。具体地讲，可梳理出如下一些不同的考试考核方法：从考试测验的书面题型看，可分为多项选择题、是非题、配对题、论述题、简答题和写作题等；从培养学生能力和激励学习上，可分为挑战题、试答题或附加题、荣誉题；从回答的语言方式上，可分为口头测试和书面语言测试；从知识层面分，可分为理论类型考试和动口操作的实践测试；从考试的管理方式看，可分为开卷考试、半开卷考试和闭卷考试；就其结果分，可分为模拟考试、计算成绩的考核和不算成绩的考试；从考试的环境和时空看，可分为课内考试、课外考试、家庭考试和现场考试；从考场纪律看，可分为监督考试和荣誉考试；从人员的组成看，可分为单个考试、成对考试和小组考试；从考试的主体看，可分为教师出题考试、学生自主考试和学习档案累积式等。可以说，考试和成绩评定方法的多样性，是美国大学办学的多样性、人才培养的多样性、教学多样性特色的一个重要体现。

二、3 种典型的考试考核方法的介绍和分析

对于前述的多种不同类型的考试考核方法，有的我们已经很熟悉，并一直在使用和不断地改革完善，有些方法刚刚尝试，还有一些方法可能知之甚少，或者还没有被采用。下面主要选择以下 3 种方法做一些具体的介绍和初步的分析。

（一）半开卷考试

开卷考试我们了解，闭卷考试我们更熟悉。我们的大学教学课程考试普遍采用闭卷方式，在规定的时间和场地内，不允许学生带任何参考资料，也不许和任何人商量讨论或获得来自各种渠道的关于考试答题的有用信息，只能独立地完成答卷。半开卷考试则是介于闭卷和开卷之间，它不像开卷那样可以随时查阅允许的各种图书和资料，又不像闭卷那样严格要求，而是允许查阅自己准备的一张纸。通常的情况是，在考试前通知学生，本次考试为半开卷方式，学生可以自带一张同样规格尺寸的参考资料集，每位参考学生可在这张纸上写满所有重要的数字、概念、方程、公式和原理等，把自己认为和考试有关的、自己把握不准而需要参考的最重要的信息资料记在纸上，考试时学生可以反复查看自己准备的这张资料集，而不许参考别人的或进行讨论交流。

这种半开卷考试说起来很简单，可分析起来又觉得很有道理，在实践中很有效果，解决了考试中的许多弊端和问题，深受师生的欢迎。其一，解决了考试中的大量作弊问题。通常的闭卷考试，学生总是千方百计的带书、夹纸条甚至往手上写、往衣服上写，各种夹带手段多种多样，监考老师查找困难，学生偷看提心吊胆，给监考带来了许多麻烦，学生和教师常常进行猫和老鼠的游戏。现在问题解决了，学生在半开卷方式下可以公开带，大大方方地看，考起试放松自如，尤其是每个学生权利机会平等，有助于考试的公平性，融洽了学校老师和学生的关系。其二，这种半开卷考试的方法促进了学生的学习。可带纸条，规则明确，大小尺寸相等，写什么完全由学生自己做主，这就会使学生对本课程的学习进行总结，动脑筋发现问题，或者找出重点难点，或者找出自己的问题和学的差一些、记得差一些的章节或有关的知识，或者归纳总结知识的核心和关键环节并将其写在有限的纸张上。这无疑成为学生学习的动力，让学生自觉地进行总结和复习，不是把功夫下在考试的抄袭上，而是考试前的自我努力上。其三，这种考试方法提高了考试的水平和层次。由于允许学生看自己的资料纸，考试的内容中自然死记硬背的东西以及比较简单和直接给分的内容就会很少，试题的水平、出题的技巧对教师就是一个考验和挑战。教师不但要很好地研究总结课程并出好考题，还要学习和研究许多考试的新方法，在客观上也促进了教师出题考试技巧和能力的提高。

（二）小组考试或小组答辩

在美国留学访问期间，笔者曾在“高等教育与法律”和“教育调查研究方法”等课程的课堂上经历过小组考试和小组答辩的情况。这种考试方法可分为以下两个方面进行介绍。

一是小组考试或小组测验,通常是一个班级分 3 ~ 5 个小组,一个小组共同做一套题,首先是小组成员独立做题,小组成员为自己小组内的每个人评定一个成绩,然后是小组共同讨论研究,每个小组交一份统一的答卷,这份答卷的成绩和每个同学个人成绩的平均分就是这次考试或测验的成绩。

二是小组答辩。这种考试通常是在小组学习的基础上,大家共同完成一个课题、一个论文或一个项目,然后通过演讲答辩的方式向全班同学做介绍,小组外的全体同学还要提出各种问题请小组答辩的成员回答,最后以小组答辩和工作完成的水平和质量作为依据,决定每个人的成绩,由小组外的其他同学和教师评价给出。当然,小组内部每个成员也可以为每个人打分。

分析小组考核这种形式,有如下特点:一是可称为开放性考试,不仅是开卷,还可以讨论,互相启发,互相帮助,共同研究,共同提高;二是形成了生生互动,改变了过去的教师→学生单向交流、学生被动学习、被动考试的局面,多向交流使课程学习信息量大,创造性强,在互相帮助和促进中学习,在研究和探索中学习,在质疑和批判中学习,学习的质量和主动性大大提高;三是这种方法打破了教师的考试权威,过去考试成绩的评定都是由教师一个人说了算,学生答题、教师评判。教师是真理的化身,正确的代表,学生只能被动地接受裁决。小组考核的方法为学生参与评判创造了条件,每个小组的答辩考核都由全体同学参与,评价本身就是一个再学习再提高的过程,学生在评价过程中学会了比较、欣赏、区别、公平和民主,从心态上向教师靠近,从行为上向教师学习,在自我评价和评价别人中成长和提高,真正成为教和学的主人。

(三)学生出题考试

顾名思义,此方法就是调动和动员全体学生参与出题。通常有两种方式:一种是平时的学生出题,如每一章节教学过程中给学生留作业,其中一部分内容就是学生根据自己的理解和思考出若干道考题,作为作业上交;另一种是期中或期末时,尤其是期末时,教师总结课程,要求学生按课程内容和章节出一套综合考题。这些考题必须包含两个内容:一是必须出具相应的参考答案;二是必须说明为什么出此题,与课程的哪些内容有相关性。教师可以从学生出的考题中选择部分或一套题,经过适当的处理后,作为期末考试试题。这是对学生的极大信任和鼓励,也是调动学生学得好、学得多、学得活、学得透的极好手段。

这种考试方法有什么好处呢?

第一,学生参与性强。考试出题从来都是教师的专利,而改由学生出题考试无疑是对学生的信任,是学生参与教学全过程的全面体现,是学生成为教学真正主人的标志,学生积极性高,认真负责,尤其是出题被选择后更是很大的鼓舞和激励。

第二,促使学生认真学习。不学会、不学好怎么能出题呢?我们知道,出考题不是一件容易的事,出每道题都要知道为什么出、考什么、参考答案是什么。为出好题,学生要查资料、动脑筋、仔细读书、反复研究,特别是期末出题,学生会对全课程进行认真的总结分析,基本点、重点、难点要找清楚,知识的联系和相关要点弄明白,理论和实际的应用要学会,而不是消极等待教师去领着总结,帮助归纳,也不用到老师那里去问重点、找信息。学生的自学能力、总结归纳的能力自然增强,特别是要出一些综合性的既考理论又考实际能力的题目,不去认真学习和研究是不行的,是要狠下一番功夫的。

第三,学生真正地当了一回老师。学生出题,使学生转变了角色。站在教的立场上,出考题,把教和学结合起来,认真地总结学也体会教,更深刻地理解什么是考试、为什么要考试,对为什么学、什么是学会以及怎样学理解得更深刻。从更高的层次来看待学校的教学管理和考试制度,看待教师,师生关系进一步加强,主人翁意识强化,对学校的文化和规则有更多的理解和认同。

上述3种考试方法,国内较少采用,希望能让更多的教师了解,并在大学教学的课程考试中采用、借鉴、改革和创新。当然,这3种颇具特色的考试方法,还有许多具体形式和细节的不同,这里只能从一般意义上介绍。同时,这3种考试应当和其他一些考试方法结合,根据不同的课程、不同的科目和不同的讲课方式灵活使用,效果会更好。没有最好的考试方法,只有最合适的考试方法。

三、方法的多样性与课程和教学的多样性

这些不同的考试、测验和成绩考核的方式方法,是美国大学的教师多年教学实践的总结和创造,是被证明了的有效、有用的大学学生学习成绩考核和评定的方法。值得思考的是,为什么美国大学的教师会创造和发明出如此丰富多样的考试考核方法。要回答这样的问题,我们还必须更加深入地了解美国大学的教学及其特点和要求。一方面,美国的许多大学把实施有效的、公平的、实用的课程考试及成绩考核的能力和方法,看作是一个合格的大学教师教学能力和水平的基本体现,是大学教师应具备的基本功。每个教师都要学习考试方法,研究考试考核的方法,在教学实践中不断探索和创新成绩考核的方法,充分发挥师生的积极性和创造性,体现个性教学,形成自己的教学和考试方法的风格,同时在教学上大量实践,多方交流和研究,不断的学习和实践,在教学和考试考核方法上不断改进和提高。正是这种长期地重视、实行课程与教学的改革和不断完善,促成了大学课程考核的多样化结果。另一个重要的方面,就是考试考核的方法要和课程教学方法一致,或者说,是教学和课程方法的多样性带动了考试考核方法的多样性。美国大学课堂教学生动、活跃,互动性强,个性化教学突出,方式方法灵活多样,学生的参加和投入量大,就其特点而言,可概括为"八多"。

一是作业多。作业量大是一个普遍现象,特别是本科生教学以大学低年级更为突出。作业不仅是做题,更多的是提前预习,为讨论做准备,提交各种研究性方案,也包括很多动手实践的作业。

二是阅读量大。通识教育课程的阅读量总是很大,人文、社科、管理和法律类课程以

及教育心理类更是如此,即使是理工类课程也有大量文章、文献和参考书需要课后阅读。研究生的课程学习阅读量往往压得学生喘不过气来,有时一次课要求的阅读量就是几百页,许多课程的讨论都要求提前进行专门指定的阅读。笔者在选修的课程 ED926 中,仅课堂上散发的随机阅读材料就达 10 厘米,在课程 ED996A 中,教师提供了 280 多册图书和大量期刊文章要求阅读。这样的例子可以信手拈来。

三是写作多。清晰、流畅和逻辑的写作是美国大学对学生的基本能力要求,几乎每个大学都有专门的能力写作课程,并且大部分的课程都对学生有写作要求,从一般短文的小写作到正式的设计说明、调查报告、科研论文的大写作。每个学生都是通过大量的不断的写作练习,经过一门门课程的写作过程,达到写作能力的要求,特别是论文报告的写作,从一开始就严格按照科研论文的规范和要求进行,格式、摘要、综述、主体、数据、方法、文字、文献参考、结论等,要求很细。经过这么多课程反反复复的训练,养成了良好的科研写作习惯。

四是考试多。不仅有中考和期末考试,平常的小测验也不少。一位教法语的教师,在课程教学中平时的小测验就达到 8 ~ 10 次,这些测验的成绩占学生整个成绩考核的 60% ~ 80%,其目的就是促进平时的学习,注重学习的过程,而不是最后的成绩和分数。许多课程的成绩考核都采用多项累加,而许多项的考试和测验都不只一次。

五是师生互动多。美国大学课堂最大的特点就是生动、活跃,学生积极参与,师生互动、生生互动、角色扮演、情景教学、案例分析、学生当教师上讲台、Question and answer 等。重在调动学生的积极性,激起学生的好奇心和求知欲,让学生学会思考、质疑和判断。学生上课不是参加,不是仅仅接受,而是积极主动地学习和独立地思考。

六是讨论研究多。笔者在美国选修的 11 门课中,每门课都有学生讨论,这些讨论是设计在教学安排中的,是有组织有准备的,有的课达 3 次以上的讨论,每次讨论都有不同的方式方法。诸如苏格拉底式讨论、双栏辩论式讨论、学术交流讨论、分小组讨论、鱼缸参评式讨论等。这些讨论会使学生记忆得更准,理解得更深,特别是在交流和撞碰中得到启发,不断地创新和超越。

七是学生动手实践多。教学过程是师生共同参与共同完成的学习和创新过程,学生不只是听众、观众,更是直接的参与者,是学习的真正主人。让学生更多地亲自动手和直接实践,大量实验和亲身体会是极其重要的,美国大学教学特别注重这一点,不仅仅是工程类、计算机、设计类和理科类重视动手和实验(不是仅仅搞模拟),就是文管类也是如此。例如,一次调查研究方法的课,不仅是让学生学习其理论、概念、思路、方法、过程、因素、步骤、注意事项、伦理、策略和评估评价等,而是让学生直接应用所学的理论设计问卷,并用自己设计的问卷直接开展调查,在付诸实施中总结和发现问题,经过从设计开始到信息收集,再到输入数据、统计分析、综合比较的全过程。使学生更好地理解书本的知识,既学到了理论,又有了经验。这既是一种很好的学习方法,也是一种很好的考核方法。

八是评估评价多。作为教学的评估评价，既包括学生对教师和教学的评价和评估，如期中的反馈式评价、期末的总结式评价等；也包括对学生自身学习的评估评价，一方面是教师对学生的评价、考核和成绩评定，另一方面是学生参与的，学生之间的评价。例如，学生论文或调查报告的互阅互评在 ED996A 课中就曾实践过；要对学生小组答辩的评价在 Dr. Kizzier 的课堂教学中的小组论坛实施中有过很好的应用，称之为 A peer 评估等。这样的评估评价使每个人的最终学习成绩不仅仅是教师一个人的判断，而且是全体学生的参与和共同评价，极大地调动了学生们课堂参与性和主动性，并且使学生感受到教学的民主，使学生真正成为学习的主人。从某种意义上讲，正是这种教学方式方法的多样性，促成了考试方式方法的多样性，因而，考试考核方法的改革和深入应与教学模式、教学方式方法的改革同步、互补互动，对应不同的教学方式方法的引进和完善，提出与之结合和相匹配的考试考核方法。

四、关于大学教学课程考试理念的再思考

（一）什么叫重视考试

无论中国的大学还是美国的大学都很重视考试，但是重视的侧重点和方式不同，反映出考试的理念不同。对于什么叫重视考试以及如何重视考试，理解不同，方法不同，结果也会不同。重视考试不仅仅是重视分数、重视结果，更要重视考试的目的和内容，重视过程，重视方式方法，特别要重视考试与办学思想的一致，与人才培养目标的一致，与教学与课程目标的一致，与教学方式方法的一致。我们提出精英教育，培养领军人物，创建世界一流研究型大学，那就应当有相应的研究性的教学理念、教学模式、教学方法和考试方法，真正在研究型上下功夫。重视考试不仅是要组织和实施考试，更重要的是研究和发展考试，改革和完善考试。

（二）怎样理解考试的严肃性和科学性

考试是一项极其严肃认真的工作，不能因为形式的变化、方式方法的多样而放松要求，或者走过场、流于形式。在某种程度上讲，考试对教和学具有重要的导向性作用，对学生的学习态度、学习动机和学习努力程度有很大影响。如果在课程考试上放任自流，那就是放纵学生、误人子弟。同时，如果过分的严厉和简单机械，又会压抑和束缚学生，因此，形式多样并不是随意，更不能把考试当儿戏。认认真真地组织每一次考试，充分地准备和完成每一次考试，绝不让学生在考试中作弊和违纪，严格执行考试纪律和规则是十分必要的，同时，推动教学中的民主和平等，维护学生的权利和义务，研究学生、研究考试，让考试和成绩评定的方法更公平、更科学、更有效，也是同样重要的。尊重学生、民主公平、诚信规则，这是大学教师应当永远遵守的职业道德规范的重要内容。学校和教师对考试的态度是其治学态度的真实反映。

(三)要坚持考试的内容和方法不断改革和创新的实践

这是教学富有生命力和创造力的表现,如果每次考试只是把以前的考题或别人的考题照搬照抄,那是对教学和学生不负责任;如果认为只有闭卷考试才是真正的考试,才能考出学生的真正水平,则不适应当代大学教育和人才培养的新形势。市场经济、信息社会、以人为本、知识、能力、人格一体化和创新与实践综合素质能力的要求,是时代对人才培养的全新挑战,教育国际化、经济全球化和文化多元化的新格局,要求人才培养质量和目标的不断创新,大学教学水平和效果的不断创新,也包括课程考试的不断创新。

(四)把考试过程变为教育过程

考试不应该仅仅是教师的法宝,是管理控制学生的手段,千万不要搞突然袭击,把学生当敌人对待。同时,考试的目的也不仅仅是检查教和学,分出等级,打出分数,考试的过程应当是对学生教育和激励的过程,通过考试激发学生的学习热情和主动性,增强学习的自觉性和内在动力,找出差距,向更高的目标迈进。考试不是一种任务,考试结束更不是学习任务的最终完成,从这个意义上讲,考试不是也不应该是课程和科目学习的终结,而应当是新的起点和加油站。考试的过程还应当是素质和能力考核的过程,要把问题留给学生,让学生带着思考,带着挑战,带着更高更强的目标走向社会,走向未来。另一方面,把考试看作一个平台,一个给学生发挥空间的平台,一个让学生展现才能的机会,一个让学生充满竞争性和创造性的学习过程。考试不仅是考基本概念、基本理论、基本知识,更是考能力、考综合水平、考潜力和创造性,向学生提出具有挑战性和竞争性的目标,敢解难题、敢做实际项目,向科学和技术、文化与艺术的深层次和新领域进军,真正使考试促进学习、推动学习,使学生在考试中学会学习、热爱学习,进而达到终身学习。

这种具有多样性和适应性特点的考试考核方法和理念您以为如何?

第三节　三谈美国大学如何进行课程考试

——学校和教师在考试方面还应该做些什么

前面的一谈和再谈主要介绍了美国大学的课程考试观和多种多样的成绩考试与评定方法。本节的中心是学校和教师在考试方面还应当做些什么,这里的还应当做些什么,是指除了正常的出题、组织和实施考试,评卷和评定成绩,登记和存档之外,围绕着课程考试还有哪些要做的工作。或者说是除了考试时间段内的工作外,在平时还需要做些什么工作。首先,让我们先看看已经做了些什么工作。

一、目前的中国大学在课程考试方面已经做了些什么

现在学校或教学管理部门(如教务处、研究生院和各院系的教学部门)已经做了些什么,尽管各个学校有差别,但总的来说是大同小异,可归纳为如下几个方面。

目前中国各大学有关课程考试的工作,主要是依法依规进行。涉及考试的文件很多,从国家到各校的制度文件,比较全面,比较细致,也比较具体。这些法规从国家层面看,有《中华人民共和国高等教育法》《中华人民共和国教师法》《教师资格条例及普通高等学校学生管理规定》等;从学校层面看,主要是《学籍管理类条例和规定》《学位授予和奖励的管理等级和规定》《课程考核记分,成绩记载和考核》《成绩管理办法等条例》《考场纪律及考试违纪处分的规定》《学生违纪处分条例和相关考勤管理规定》《关于教学管理、考务管理和档案管理的规定》等。透过这些法规和文件,我们就可以知晓各个高校在课程课程方面的思想、原则、政策、措施和已经或正在做的工作。这些管理和规定有如下3个特点。

其一,所有的管理规定和条例主要都是硬性刚性的规则和纪律,是严肃的要求和命令,极少有帮助、咨询、辅导和服务方面的规则规定和条例,更缺少保障和激励方面的措施和办法。

其二,这些规章制度主要是围绕着考试,特别是期中和期末的大规模集中考试或四、六级等专门考试的具体规定,主要是工作程序、工作纪律、工作要求、工作办法等,诸如考试命题的方式、要求、规则、审核、检查、归档等;再比如考试的安排、组织,各级各类人员的责任,考试程序和考场纪律,对考生的一些具体明确的要求,主监考人的职责,成绩评定的过程、规则和要求,课程考核和成绩记载的分类等级,成绩归档和试卷处理等,还包括各种考场违纪的处分和缓考、补考及学生资格等规定。

其三,由于这些规定和条例细致具体,除教务处和教学秘书比较熟悉外,其他人员不是很熟悉,学生也只是了解个大概,特别是由于规定较多、较繁,且相互间还有的有冲突和矛盾,并且宣讲、解读和宣传得不够,执行起来很难,相当多条文只是停留在手册上、文件里,落实得不好。尤其是许多规定缺少人性和弹性,缺少多方面的支撑和条件,不能贯彻执行,加之评价、反馈、监测和调整较慢,使许多工作流于形式,教学和考试有脱节现象,没有达到通过考试促进教学和学习的目的,使考试变成了一种孤立的、简单的检查检验的工作。有的学校过分地强调考场纪律,使考试气氛过于紧张;有的学校则忽视和放松考场纪律,使严肃的考试失去作用。从另一方面看,就是为什么要搞如此多、如此细的规定和纪律,主要是怕学生作弊,主要是约束学生,主要是堵和防的办法,这已是一种固定的思维。过度的宽松和特别的严格两种极端的倾向仍然存在。

上述种种,是目前我国大多数高校在课程考试方面所做的工作。当然,可能不同的高校在某些方面有所侧重,有的学校还有一些特殊做法,比如教考分离,比如让教师做一些试卷和成绩的分析,还有就是试题库的建立和实验等,这些工作不仅中国的高校在做,国外的一些高校也在做,只能区分不同的情况,投入的重点不同。但是还有一些事情是我们在课程考试方面欠缺的,甚至是空白的,是我们没有做而应该做的。如果能够了解和学习这些做法,会对我们改进课程考试,提高教学质量和效果有所帮助。下面介绍的美国大学在课程考试工作方面的其他一些做法或许就会带来一些帮助和启示。

二、美国大学围绕课程考试的其他相关工作

从美国大学课程考试的相关情况看,至少包括两个方面:一是学校或者说是教学管理部门应当还做些什么工作;二是针对授课教师的课程教学及其改进与学生培养还要做哪些工作。

(一)学校和院系教学组织管理还需要做的工作

第一,为学生考试提供考试指南。通过印制小册子或出版图书将过去的考题公布于众,供学生学习和考试时参考。具体的做法是:将每年考试后的考题包括答案和相关的一些理解综合成册,放在图书馆方便学生查询,或者将某些相关院系和学科几年内比如说5年或10年的考题印制成册,作为学生学习本科课程的辅导材料。不论是像哈佛大学这样的名牌私立大学,还是内布拉斯大学这样的州立旗舰大学,都认真做好这样的工作。这样做的好处,至少有4点:一是可以了解本学科或本课程教学的历史发展和进步的状况,了解课程内容的变化,并不断地更新内容,了解教学内容的丰富性、连续性和创新性;二是可以了解和知道本课程本学科的水平和质量,并且可看到教师出题的水平和质量;三是为教师提供参考,同时也使教师不能抄袭和简单模仿过去的考题,应付考试;四是为学生学习和理解本课程和了解考试的方式方法和内容提供参考,实际上是一本作业、预习、复习和考试准备的指南,同时这也是考试公正、公平、公开的一种体现。

第二,建立学生学习考试咨询服务中心。不仅学校层面有这样的服务机构,如有的设在教与学中心,有的设在通识教育本科院,在院系或宿舍也有这样的服务中心,如不同院系组织的学习专门辅导中心。这种机构具有以下功能:①帮助学生排解在学业上的困难和问题,特别是心理障碍,使学生树立学习和考试的信心;②主要是帮助学生掌握正确的学习方法和采取适合自己的学习方法,例如,对各种不同考试方法的了解,听课记笔记的方法,复习和总结的方法,写作技巧,实验和实践环节的咨询服务,小组学习的适应性,presentation 的准备和提高等;③更细的关于不同学科学习的方法指导和专门性的辅导训练,如专门的课程和讲座,个别的咨询和辅导,写作专门辅导训练;④采取高年级带低年级以及研究生带本科生和教师指导结合的方式。

第三,考试仲裁委员会。不仅有对学生考试违纪作弊的规定和处理,也有对考试中教师和教学问题的专门委员会,如考试公平和申诉委员会或调查仲裁委员会。一般是校、院两级,这些委员会是独立于院系管理部门,由教授和学生代表组成,对学生的申诉案件进行专门调查、审理和处理的专门机构,有明确的职责权利、工作程序和规则,对考试的安排是否合理,方法是否适当,考试难度是否适合,或教师成绩评判过程是否公平,学生是否违纪等情况,根据学生的质疑、申诉,按程序进行公开的调查、评判和处理,使教学和考试的公平合理性得到切实的保障。

第四,课程考试、成绩评定和教学总结报告制。对每学期的考试和成绩评定进行认

真的总结和评估，旨在不断改进和提高，长期坚持效果甚佳。此工作包括两个方面：一是学校包括院系对本学期总的课程考试进行总结和统计。如总的课程总计多少门，选课总体人数，积累学分总量，成绩分等分类考试中的问题，各种考试方法的比较和不同，考试实验的情况，成绩和题型分析，等等。二是要求教师对每门课和每个班的考试情况进行总结，对考题、成绩和学生的表现与进步进行综合分析以及横向比较和纵向分析，而不是简单的批个卷、打个分以及分出优秀、良好、及格、不及格的比例就万事大吉，还要将成绩、分数与具体的题目相结合，和教学目标相结合，并征求学生的意见，对课程进行全面评价，并且形成本学期每门课程考试的总结报告。通过这些工作建立学校（院系）教学、课程考试的数据信息平台和教师教学档案，信息公开，方便查询。

第五，注重考试政策和相关信息的传播和落实。学校的考试政策和规定不仅是考试的安排，时间地点、科目或者是考场纪律和要求，还包括涉及成绩考试考核相关的政策、法规和程序，一些学业考试的服务项目，教师学生的权利和义务等。相关政策和信息如下：①对考试中各种违纪行为的概念定义和确切的解释、准确的说明、广泛的宣传及落到实处的措施；②考试考核中教师的权利、责任和要求，教师有不良行为和不公正的申诉程序及办法、申诉委员会的联系方式，工作程序和相关政策条文；③教学设计和大纲中教师对本课程考试的说明与要求，保密的要求，公平公正的要求，学生的权利和义务；④及时做好提醒、警示、宣传、指导、咨询和服务工作。美国高校有许多政策和中国高校不同，需要及时做工作或提早准备，比如有些特殊考试、单独考试和家庭考试，明确要求规定和程序。比如荣誉制度，大学生本科毕业要获得荣誉毕业称号，要从毕业论文设计之前的申请开始，极具竞争性，有明确的政策规定。再如，各院系对不同课程和主修有一些不同的考试规则和要求，所有这些除了有文件可以查询、有网站可以下载、在一些醒目的地方有相关通知之外，还有专门人员的指导和服务。特别是实行课程选修制后，这些方面就显得更重要。

上述种种工作，更多的是体现了服务的意识和民主平等的思想，对学生的切实帮助和负责任。

（二）课程考试作为教学工作，对教师的全面要求

其要求就是对教师进行考试测试和成绩评定等方面的系统、全面的培训，鼓励和支持教师进行多方面的考试改革研究和实验。美国大学普遍认为，如何进行考试和成绩评定是大学教师的一项基本功。许多学校在教与学中心举办各种培训班，workshop、工作坊、专题课和研讨班，进行各种层次的考试工作的指导和培训。笔者曾经调查访问过林肯内州大学的教与学中心，并曾专门了解过这方面的情况，根据他们的介绍，课程考试对教师提出的要求有以下几方面。

（1）对考试的认识，解决考试和成绩评定理念的认识问题。首先是对考试的目的、作用、功能、公平公正、效果等的认识；其次是对考试中一些概念的准确理解和定义，如考

试、小测验、中考、期末考、开卷、闭卷等;最后是考试和课程教学的关系,和教学目的、目标的关系,和人才培养目标的关系等。

(2)介绍和了解各种考题和考试方法。一是考题类型(如选择题、是非题、计算题、论述题、简答题等),各种考题的内涵和定义,特点和功能,优点和弱点,注意事项,并通过具体考题分析加深理解;二是考试方法(如论文题测试、口试测评、开卷和半开卷考试小组测试、实验操作测试等),这些不同考试方式方法的优势和劣势,特点和功能,特别是针对不同的课题内容和类型如何适应和有效的结合,不同等级和不同教学方式对应的不同考试方法等。

(3)关于成绩评定及其相关问题。一是使用具体的分数或成绩、百分制、等级制、比例和比重以及为什么;二是历次考试的叠加和比例分配;三是评定成绩的公平性、公开性和科学合理性;四是教师评定和学生参与,小组评分的做法和许多细节与技巧。

(4)和考试相关的一系列问题。一是师生关系和学生考试心理,对评分和成绩的认识;二是考试前后的一些相应工作,考试前的说明准备、复习、答辩、鼓励和针对不同学生的指导;三是考试中如何处理各种违纪情况,包括应对技巧、策略和方法;四是考试中时间的掌握和考场的组织、程序和方法;五是考试后的试卷评判和返还,课程总结和考试分析,特别是对一些对成绩有疑问的同学的接待和处理等。

(5)每门课程都有一份详细的分析报告,特别强调关于考试和测试成绩的分析。比如测试的难易度和成绩分布,区分度和考试有效性,对试题的总体评价和改进建议,和过去成绩的比较,和其他班级学生的比较,各种不同类型题目的分析,内容和覆盖面,评分标准与教学目标和课程目标等,要有一份专门的考试和成绩评定分析报告。考试后要在课堂上和学生共同进行考试测试、成绩及问题的分析,使学生对所学知识理解得更深刻,进而得到扩展和补充的机会。对学生答题中出现的一些问题特别是一些普遍和关键性的问题,由老师和学生一起进行一次总结和评定。

(6)多层次系统化研讨培训。这些培训既包括前考试工作的基础培训,也包括后考试工作的持续培训和针对性的培训,更包括不断提高课程考试效果的专题培训,特别是关于考试改革、教学与课程考试的各种实验和课程考试方法与理论的专题研讨。当然,还有学校层面的在多年考试和教学总结基础上的全面教学改革的研讨培训。

三、讨论和启示——对美国大学课程考试的再思考

(一)讨论

通过上述介绍,我们会对美国大学在课程考试方面所做的大量工作有一个初步的了解,同时也自然地会产生一些疑问和思考,下面试对一些问题进行讨论,希望借此加深对大学课程考试的理解,促进我国大学教学考试改革的深化。

第一,多样性的思维、多样性的目标和多样性的考试方式方法是美国大学课程考试

的一个基本特点。笔者对美国大学课程考试的方式方法,重点介绍了多样性的考试考核方法与教学方法及其相适应和相一致的情况,实际上这体现了如下几个关键词:个性化、灵活性、适应性、特色。这几个关键词是和人才培养目标相一致的,即教学一定要活,生动鲜活,要有生命力和创造性,只有这样才能达到个性化人才培养的目的,才能使学生更具积极性,适应性更强。课程考试也同样要活,这个活的重要体现就是多样性,没有多样性,就没有个性化,也就没有创造性和生命力。根据不同的课程内容,不同的讲授类型,不同年级层次的不同要求,选择相一致的考试测评方法,既是适应性和相匹配的表现,也是个性化、创造性的体现,只有这样,才使得教学有特色,办学有特色,人才培养有特色。

第二,美国的大学教学提出了有效考试的概念,这个概念反映出对考试的重视和深入理解,更反映出对大学课程考试的不断革新和深化发展。所谓有效考试,就是真正实现考试的目的和功能,真正使考试的目的和人才培养目标、课程教学目标尽可能的一致,就是使课程考试中的客观、公平、公正、竞争、检验得以实现,特别是通过考试形成对学生能力的培养,给学生提供许多创新和创造的机会和平台,成为深化教学的一种补充和扩展,不仅激励学生的学习,更激励教师的学习和反思,促进教学的不断提升和持续改进。

第三,在课程考试中体现民主思想,贯穿民主教育。所谓民主,就是公开、公平、公正,就是参与性和透明度,就是尊重每个人的权利和尊严,就是平等地对待每个学生。美国的大学课程考试就是尽可能地为每个学生创造这样的机会,没有教师的特权,师生可以公开、平等地讨论评判分数,学生可以参加出题和成绩评定,一切考核评定的政策、程序和标准都是公开透明的,学生通过这样的学习经历得到了较好的民主教育和熏陶,使学生对权利和义务、竞争和合作、平等和参与、规则和尊严有了更好的理解。

第四,把课程考试贯穿于课程教学的全过程,这又是一个创意。它解决了仅仅把考试作为教学的最后一个环节而且是终极环节的传统做法,使课程教学不仅重结果也重过程,特别是使学生平时就重视学习,养成良好的习惯,而不是仅仅在期末恶补,极大地减少了靠一次考核定成败而出现的作弊现象,多样性的考试考核方法、累加叠加和综合式的成绩评定,使考试测验自始至终都起到促进和帮助学生学习的作用,激励学生爱学、会学、创造性的学习,是课程考试的根本目的。

第五,在课程考试的许多细节上下功夫。大学都一样,都要进行课程考试,并且表面上看相差无几,差距在哪里,就在细节上。美国大学课程考试中值得深思和学习的是在细节上下功夫,这样才真正体现水平、体现质量、体现创新。举几个具体的例子,比如对论文考试或写作任务的要求,许多教师都会给出明确和具体的要求。比如,怎样给学生留作业,包括留作业的技巧、质和量的要求、做作业的技巧、评判的技巧和对学生不完成作业的应对。再如,怎样培养学生的思维能力,如何准备和参与讨论,怎样对别的同学进行学业评价等,都有一些非常具体的做法、步骤和可操作性规则。特别是每个教师在考试、评分和评估中细节方面的考虑和设计,具体实施过程中的注意事项和策略,都使得考试和成绩评定这一环节充分地发挥了应有的作用,收到了很好的效果。此外,为了激励学生的兴趣和创造性,有的院系还设有难题集、挑战性习题集,或挑战性考试,甚至有的院系还列出世纪难题、世界难题让有兴趣、有能力的学生试着回答或解出,对成功者给予极大的鼓励和荣誉。

和美国大学相比,在高校课程考试的工作方面,我们似乎有以下一些误区或问题。

其一,多数学校对考试还停留在传统认识上,还是做一些传统的工作,缺少改革创新和突破,特别是在培养学生的综合能力和鼓励创新方面没有取得应有的效果,其做法已经远远不适应新形势下培养人才的需要。

其二,把大学课程考试只看作是一个点、一项工作和一个环节,而没有从系统的角度出发,从培养人才和教学工作的全过程来理解考试和成绩评定,简单的、孤立的、个体的方式缺少与人才培养目标及教学目标的必然联系,缺乏对考试结果与教学过程的具体分析和总结,只是一种简单的成绩确定。

其三,在大学课程考试方面,缺乏对新老教师进行有计划的、系统的培养和提高。即使有一些关于考试的研究和实验,也往往是个别教师的自发行为,较少有学校专门系统地研究培训和组织安排。考试工作无论是理论探索还是实践创新,其深度和广度都不能令人满意。这些现状总体上是反映了大学特别是研究型大学对课程教学的重视不够,教学改革和创新的深度不够,特别是在对教学的各个环节上的落实不够。

(二)启示

综上所述,透过对大学课程考试工作的多方面比较分析和深入理解,我们至少可以得到以下两点启示。

一是在课程考试上什么是真正的以人为本,什么是真正的以学生为本和以学习为中心。不仅仅是重视知识的传授、课程的检查、成绩的好坏、分数的高低,更注重学生能力的培养和素质的提高,不仅仅是重视现在的分数,更重视学生未来的发展和人生的成功。更重要的是,在教学和课程考试的过程中把这些思想和理念具体落实,真正把考试和育人有机结合,和职业生涯的发展有机结合。

二是全面系统地认识和理解考试和成绩评定,真正使其成为教书育人的指挥棒,成为不断改进教学的指挥棒,而不是教师控制学生的指挥棒。特别是不仅把考试看作是教学的一个环节,而且从系统的观点出发,从教和学的每个环节上,每个方法上去理解考试,发挥考试的作用。这就不仅是最后的评价和反馈,而是在各个环节上的及时反馈;不是一个学期最后的迟到的调整与总结,而是在过程中的及时的自我调整和适应。通过教学全过程不同环节的反馈和变化,使考试和成绩评定达到整体上改进和创新的效果。

推动教和学的共同提高,保障育人的质量和效果,就是要在课程考试上下更多的功夫。细心准备,认真落实,注重细节,一丝不苟,精益求精,不断改革和创新,如果我们能真正理解这6个词,长期坚持做下去,不仅仅是在课程考试上,在教学和育人上,也包括在大学的其他工作中,我们的人才培养质量,我们的各项工作都会再上一个新台阶。

第四节 毕业答辩与 Presentation

在美国访问学习期间，注意到几乎每门课程都有 Presentation，并且感到在教学上有很好的效果。第六章第二节和第四节已对美国大学教学中的 Presentation 做过一些介绍和分析，在此基础上，笔者结合我国高校毕业答辩的问题和挑战，对其进行进一步的思考和探讨，于是就有了这一节内容。

一、毕业答辩的问题和困惑

毕业答辩是一种综合性的考试，多年来我们一直在坚持。这种考试以答辩的方式进行，要求学生在规定的时间里，把自己的论文或报告以口头语言的方式向答辩委员会的老师汇报，并且要回答答辩委员会成员提出的各种问题，以答辩的水平和个人的表现评判成绩，并决定能否通过答辩、获准毕业。这种通常在毕业时才进行的考试方式往往给学生和教师都带来很大压力，并且以一次答辩来决定能否毕业，也未免有些苛刻和简单。面对改革开放的新形势，市场经济和 WTO 的挑战，创新能力和综合素质的要求，传统的毕业答辩方式面临着越来越多的问题和挑战。

困惑之一是时间造成的压力。找工作、考研占了许多时间，使学生在毕业设计、毕业实验和毕业论文上的时间投入大打折扣，教师在对学生毕业设计的指导帮助上也不到位。在最后的有限时间里，看论文、改论文都相当紧张，最后在答辩上更是如此，学生时间压力大，教师时间压力大，管理者也同样时间压力大。在有限的几天甚至一两天里几百上千名学生答辩，每个学生在极短的时间内既讲解又要回答问题，气氛紧张，情绪紧张，答辩如战场，学生和教师都感到为难。

困惑之二是阅读和评定工作压力大。过去中国大学实行的是精英教育，人数不多，院系可以从容安排，教师有较充足的时间带毕业设计、评阅和修改论文。教师对每个学生都比较了解，诸如做了哪些工作，论文的水平如何，个人的能力和综合素质如何，知识掌握和实践经验如何，论文也可以经过多次讨论和修改。而现在的情况像放羊，毕业设计的各个环节水分都很大，功夫不到家，管理不到位，监督指导不力，一个教师带十几甚至几十个学生，有的教研室主任和系主任在几天的时间里看上百份论文，既没时间修改也无反馈环节，只有答辩时的了解和学生的介绍，整个答辩时间短、质量降低、要求松且越来越走过场，甚至有的高校和教师提出取消论文和答辩。

困惑之三就是竞争压力大。不仅仅由于时间紧、人数多、工作量大，更重要的是市场经济的挑战，学生就业面临着许多危机，而毕业答辩成功与否不仅关系到能不能毕业，更关系到能否找到一份工作尤其是一份好的工作。答辩优秀才有可能成为优秀毕业生，并且答辩只有一次，无法彩排也无法实验，因而造成学生心理压力很大。特别是表达能力不是很强的学生或者准备不充分的学生，更是相当紧张，因而答辩中往往不能发挥出自己应有的水平。同时，答辩委员会的教师也不愿意在答辩中提出许多问题，不愿意和学生讨论和探究，原因就是怕给学生造成压力，怕学生的答辩和成绩受影响，甚至有的院系还给教师打招呼以放松要求，这就使原本是促进学习提高能力和深化知识理解的答辩变得简单、平淡，越来越显示不出应有的作用和原本的意义。

困惑之四是质量越来越差但又无可奈何。毕业答辩的这种状态，许多学校都注意到了，并且采取了一些具体措施补救或改变，如派出巡视检查人员督促以及在答辩和管理的一些具体环节上明确要求等，但都未从根本上解决问题。一些院系的老师不愿意参加答辩，学生毕业答辩的庄严、严肃认真以及学术性、创新性的气氛越来越淡化，随之而来的是完成任务，草草了了的走过场。由于考研和就业的压力以及时间的有限，相当多的毕业论文是抄袭和拼凑的，这种质量每况愈下的趋势，不仅影响了本届的学生答辩，也给下几届学生带来了不良的影响，并且从整体影响了学风和校风。如何提高毕业答辩的质量和效果，怎样通过高质量、高水平毕业答辩环节推动全校的教学和人才培养质量的提高，成为各高校面临的一个十分棘手而急迫解决的现实问题。

如何使毕业答辩发挥应有的作用，达到预期的效果呢？怎样使毕业答辩既是考试考核的检测环节，又成为学生综合能力提高以及展现知识水平和创造力的平台和机会呢？这就要求我们转变观念和方式方法，即从只看成绩转变为不仅看成绩更重能力和素质，不仅重考核和检查，更重培养和提高，不仅重答辩结果，更重论文和培养过程，更重学生的未来和发展。下面所介绍的 Presentation 或许能够回答这一问题。

二、Presentation 的概念及内涵

由前述章节对 Presentation 的介绍可知，这一英文单词的意思就是口头报告和介绍，从英文词分析，Present 有目前、出席的意思，也有礼物和呈现的意思，而转化为名词 Presentation就是提出、介绍、显示或演示，既包括文字，也包含图像的描述和展现，将其引入到教学中就形成了 Presentation 法。这种方法就是让学生当一次老师，把自己的论文或研究在课堂上做一演讲和介绍，这种论文和报告的口头表达法和方式是学生的一种特殊经历，具体来讲，Presentation 要点包括：

（1）这一活动不是随机的、任意的，而是有组织、计划进行的，是在教学设计中安排的，是教学日程中的一部分。

（2）所有学生都要参与，每个人都有平等的机会。

（3）根据所要求的题目，可以由个人完成，也可以由小组完成。

（4）班级的其他成员可以为 Presentation 的同学评定成绩。

（5）所有题目由教师提出并由学生自我选择，或者在教师要求的范围内，由学生自行确定并征得教师的同意后进行准备和工作。

（6）Presentation 的成绩是本课程总成绩的一部分。

（7）Presentation 进行前需和教师进行讨论和咨询。

(8)Presentation 的过程几乎和毕业答辩的方式相同。

(9)Presentation 的前期工作大部分是在课后完成的,其过程是选择题目→制订计划→确定时间表→采取行动→和教师多次沟通→列出提纲→写出报告→达到要求→进行 Presentation。

(10)Presentation 前要把论文报告成文,送交任课教师审阅。

三、Presentation 的意义和作用

Presentation 究竟有什么意义呢?它在人才培养特别是提高教学质量方面能起到什么作用呢?能否解决前面所提到的毕业答辩的困惑和问题呢?根据笔者在美国留学访问期间的体会,答案是肯定的。说到 Presentation 的意义和重要性,可以总结如下。

第一,实现了学生角色的转变。学生角色的转变首先是教师角色的转变,当教师走下讲台时,学生才可以走上讲台,做一次老师让大家听自己的演讲,听自己的报告,并且每个学生都有这样的机会,使一言堂、灌输式、被动接受的课堂变成了多言堂、师生互动、生生互动,师教生、生教师、生教生的生动活泼的教学课堂新局面,角色的转变带来的生机和活动是无限的。重要的是不但在毕业前进行,而且每门课都可以实施。

第二,学生参与评定成绩,改变了过去学生的成绩评定只能由教师裁决的惯例,实现了教学上的民主和平等,更使学生感到学习主人翁的责任。Presentation 和毕业答辩不同,听众和评判除了任课教师外,全是本班的学生,每个人都有机会、有权利既作老师又做学生,既当听众又当评委,既提问题又回答问题,这不仅是形式上的转变,更是学生作为学习主人的体现。

第三,学生的学习实现了从被动到主动的转变。学生学习效果的好坏,在很大程度上取决于学生的学习动机。如何调动学生的学习积极性,让学生主动自觉地学习始终是教学上的一个重要课题。Presentation 法就是变学生被动学习为主动学习的一个良方,由于每个学生都要讲,每个学生都参与,无形中就有了竞争竞赛的韵味。青年学生都是争强好胜的,都希望自己有好的成绩,都希望在 Presentation 中展示自己最优秀、最有特色的一面,因而他们在此前的准备工作就会是主动的和要下大功夫的。每个 Presentation 都不能让别人代替,而是需要自己动手、自己准备、自我介绍和自己回答问题,这样无形中压力就变成了动力,学习的主动性、竞争性和创造性凸显,每个学生都会尽自己最大的努力去完成 Presentation 的一切工作。

第四,Presentation 法改变了信息传播的方式。从传播学的角度分析,课堂教学是一种信息的传递过程,它包括了信息源、信息、传播媒体、接收者、效果及反馈等环节,传统教学的传播模式一直都是单向广播式,教师成了唯一的信息发出者。而 Presentation 法在教学中的运用,使教学的传播模式有可能从单向广播式向双向和多向交互式信息传播模式演化。每个进行 Presentation 的学生都是一个信息源,学生通过对不同题目的研究给课堂带来了远比教师一个信息源更广泛、更多样的信息,再加上问与答的互动和思维碰撞,

使得这种方式对于智力开发和思维训练是极其有益的,大学的教学也进而从传统的灌输式变为探索和研究的方式。

第五,转变了课堂教学的封闭形式,使课上和课下结合,使有限的课堂时间和空间得以扩展。Presentation 的大部分工作是课下完成的,从查资料、搞调查、做实验,到统计、综合成文,以及在此过程中和教师的多次讨论研究,都充分利用课后的时间,就使课堂的有限时间和空间延伸、扩展,通过课后的努力和工作深化,促进了课堂教学,同时也加深了师生之间的互动和友谊。

上述的 5 个转变可以清楚地反映 Presentation 的意义和重要性,我们还可以从培养学生能力的角度进一步探讨 Presentation 的功能和作用。值得一提的是,有人可能认为,这种方式应当是研究生教学的方式,或者是在研究型大学实行。其实不然,在美国许多小学都开展这种活动,称之为 Research Presentation。笔者在访美期间了解到,一位中国朋友的仅小学四年级的孩子,其自然生物课就要求进行 Presentation,那个四年级的小学生特别喜欢恐龙,查阅了大量资料,看了 100 多本书,把自己的了解和理解按一定要求写作成文,在班级做了关于恐龙的种类和演化的介绍。还有一位中国孩子在多元文化课上,为了完成中国风筝的 Presentation,到市图书馆一次就借阅了 27 本关于风筝和中国文化的书。从阅读到提纲,从一定格式的报告到有板有眼的准备和讲解,很有一点学者的样子。从小学就开始这种训练,受益匪浅。我国部分高校确定了世界一流研究型大学的发展目标,研究型大学需要的就是研究型的教学,培养创新能力强、综合素质高、发展潜力大、有国际视野和适应性的领军人物,教学上需要做重大的改革和创新。这种 Presentation 法正是研究型大学实行研究型教学的一种好方式。

四、Presentation 法促进学生能力培养的特殊功用

最值得探讨和研究的是 Presentation 法对培养学生综合能力所发挥的作用。美国大学教师之所以如此热衷和反复采用 Presentation 法,就在于它能促进和提高学生的各种高阶能力,在能力教学中有不可替代的功用。Presentation 法至少可以在如下几方面培养学生的能力。

(一)语言表达能力的培养和训练

口头语言的表达是现代人才的一项重要能力,是现代交际交流能力的重要体现。没有准确、清晰、逻辑和恰当的口头表达,许多工作就无法进行。Presentation 法正是在训练学生的口头表达能力方面,发挥了重要的作用。狭义的 Presentation 本身就是一个口头介绍和阐述的过程,学生要通过 Presentation 把自己的研究讲给教师和学生,要注意开头和结尾,要突出重点和中心,要注重逻辑,要有实事和数据,这样的一个过程确实是学生口头表达的一次极好的锻炼机会。每个学生都利用这样的机会,促进了全体学生的演讲和雄辩能力,特别是还要回答教师和学生现场提出的各种问题,这更是对口头语言表达能

力的有效训练。传统教学主要是教师一言堂、灌输式,学生极少有机会表达和锻炼,引入Presentation法,就恰到好处地解决了这一弊端。经过许多课程的这种训练,毕业答辩就胸有成竹了。

(二)文字写作能力的训练和提高

虽然Presentation的过程主要是口述,但Presentation的前期准备则是大量写作。通常情况下,教师都要求每个做Presentation的学生要先写成论文或报告,然后再做一个Presentation的提纲,再做成PPT。由于Presentation的题目或任务是多种多样的,比如可以是一篇论文,可以是一个综述,可以是一个调查报告、访谈报告或实验报告,可以是一个设计说明或作品介绍,也可以是一个书评或读后感等。学生通过各个不同角度的Presentation,得到了写作的多方面训练,特别是许多科学论文类写作,都是按正规的写作要求进行的,这种科研论文的初步训练和实践,为今后的科学研究和论文写作奠定了基础。

(三)对学生各种能力的综合训练

对于能力这个概念我们并不陌生,并且这些年来一直在谈培养能力、能力教学。但是雷声大雨点小,总是落实不够、效果不好。究竟在教学中如何培养能力,培养哪些能力,特别是如何进行高阶能力的综合培养和训练,一直是中国高校人才培养的一个老大难问题。传统教学的长期统治,在教师中心、知识中心、课堂中心的环境下,学生变成了被统一加工的产品,一个尺寸、一个模子的培养训练,既无特色又少能力,或许Presentation法可以是一个突破口,可以是对学生的综合能力进行较全面的培养和提高的一个有效的方法。美国普林斯顿大学曾经对本科生的培养设计了12条标准,对知识能力和素质结构给予了一体化的明确界定。

(1)具有思维、谈吐、写作的能力。

(2)具有批评的、系统的推理能力。

(3)具有概念化及解决问题的能力。

(4)具有独立思考的能力。

(5)具有敢于创新和独立工作的能力。

(6)具有与他人合作和共同研究工作的能力。

(7)具有判断和理解本质和规律的能力。

(8)具有辨别能力(抽象及归纳)。

(9)熟悉不同的思维方式(定量、定性、历史、科学、道德及美学)。

(10)具有某一领域知识的深度。

(11)具有理解不同学科、理念、文化相互关系和联系的能力。

(12)具有一生求学的能力。

从Presentation法实施的过程看,正是对学生这些能力进行了比较系统的综合训练,解决了课程学习的知识总是单一的、琐碎的和分离的问题,使知识教学、能力教学、思维教学有机结合。学生通过 Presentation 法的训练,在每门课上都可以从某一个角度进行总结、归纳、综合和研究。比如,Presentation 的任务是一个实验性的项目,学生聚焦题目,选好切入点,对实验的步骤环节过程进行设计;要选择实验设备和原材料,要确定方法和技术;要明确目的,要学习和掌握理论,要明确实验操作的要领和注意事项;要从实验完成的全过程进行记录整理,要进行梳理、计算、比较、对照,必要时还要进行反复检验和校对;进而还要进行分析、综合和归纳总结,最后写成报告。进一步还要在要求的时间内把最重要、最核心、最主要的部分讲出来,要求紧扣主题、逻辑清晰、有理有据,不仅要讲得明白,更要回答清楚,对各种疑问和质疑进行解释和说明。最后,还要面对所有学生对自己的评价和打分。每个学生正是经历了这样的过程,得到了各方面能力的全面综合训练。如果 Presentation 的任务是个理论性研究,也是如此。对理论的研究和学习,对各种文献和信息的搜集和整理,对数据分类筛选梳理、归纳、综合、比较、分析等,完成按要求写成的报告后,同样要进行口头陈述,走完 Presentation 法的全过程。和前面的例子一样,正是通过 Presentation 的全过程的实践和体验,使学生接受了科学研究和论文写作的全面训练,使学生各方面的能力,诸如观察力,推理判断能力,捕捉信息的能力,批判质疑的能力,比较选择和鉴别能力,实践动手能力,操作和设计能力,归纳和综合能力,运算和统计能力,独立工作和解决问题能力,合作能力,竞争能力,应变和适应能力,组织协调能力,坚持和保持能力,探索和问题能力、自我控制和约束能力等,都得到锻炼和提高。正是如此多的机会体验、实践和锻炼,使得毕业答辩中的许多难题得到了解决。

五、总结

通过上述的介绍和探讨,我们可以得出如下结论。

第一,Presentation 法和以往的设计、大作业不同,它要求必须每个学生都做,并且向全班同学做介绍,给了每个学生同等的机会和舞台,创造了学生学术上竞争和挑战的机会,同时又让每个学生都参与评价成绩,使学生感受了民主与平等的权利。

第二,Presentation 法和以往的毕业答辩不同。毕业答辩仅有一次而 Presentation 法是多次进行,几乎每个课程中都可进行;毕业答辩是一次决定成绩,再没有反馈和学习的机会,把问题和遗憾留给了自己,而 Presentation 法不是最后一次决战,而是多次的彩排练习,学生可以在不断的反复中提高。通过和大家一起评价学习,一次比一次成熟,一次比一次有经验,一次比一次水平高,真正是在过程中学习,在训练中发展,不仅重结果更重过程。

第三,Presentation 法特别有助于独立工作能力的提高,自学能力、自立精神和自信心的培养。从 Presentation 的过程可知,一切活动,从选择题目开始,到最后回答问题结束,全是学生自己亲自动手,全是靠学生自己的努力完成,而不是靠老师的一步步紧逼,也无法找到别人代替,尽管可以向老师咨询,和同学进行交流,但最终还是要靠自己,哪怕有挫折,有失败,有许多不尽如人意,从不会到学会,从不熟悉到比较熟悉,从紧张、慌张到镇静自如,从照本宣科到精通融合,每个人都得到了特别的收获和提高,自主意识,自学能力，自强精神，越来越强化，并一步一步走向成功。如此，毕业答辩就变成了最后一次，也是最有经验和最成功的一次 Presentation。

第四，毫无疑问，Presentation 法对教师提出了挑战。要想实施 Presentation 法达到预想的效果和目的，仅仅靠照猫画虎不行，仅仅学形不学神不行，而是要经过必要的准备和训练，经历过多次的实践和提高，才能成功。不仅要求教师有渊博的知识，有很好的能力，还要做更多的准备，在教学上有更大的投入、扮演更多的角色。要求教师不仅要成为课堂教学的主讲人，还要当好主持人；要求教师不仅是知识的传授者，更是指导者和教练；要求教师不仅是课程和教材的执行者，更是研究和知识构建的主导者、咨询者、合作者；要求教师不仅是课堂教学的组织者和管理者，更学会成为学习的激励者、设计者和艺术家。如果你没有跨学科的知识结构，不了解教学和研究的各个环节细节，不能把理论和实践很好地结合，不了解企业、社会、政治、经济文化的各种进展和发展，没有国际视野和多元文化的理解，不及时了解和掌握科学技术和文化的发展和前沿，怎么指导和帮助学生呢？

人才培养的质量是大学工作的生命线，不断提高人才培养的质量是大学教学的永恒主题，教学的不断改革和创新就是在这个主题下不断地做文章，把永恒的主题变成具体的课题，变成可实践的习题，Presentation 法或许就是这样一个小小的习题，随着它的实施并且在实践中不断探索和完善，必将会对人才培养质量起到实实在在的强化作用，我们的人才质量工作也正是在这些点点滴滴的努力和实践中探索和创新，一步步提高和完善，从而为创建一流研究型大学奠定扎实的基础。

本章小结及补充性说明

本章主要介绍和分析了美国大学课程考试和 Presentation 的具体经验和做法，其核心理念可以概括为：采取多样化的方式方法以及校内多方参与，千方百计地调动学生学习的主动性、自觉性和积极性，一切为了学生能力的培养和个性的发掘。本章对于我国大学改革和改进课程考试和毕业答辩给出的有益启示是：突出学的地位，从重视知识考核向重视能力考核转变，从重视结果向重视过程转变，从学生的被动接受向学生的主动参与转变，从师生对立向师生共同提高转变，从单一方式向多元方式转变，从单方参与向多方参与转变。

本章包括 4 节内容：第一节在介绍 3 位美国教师对学生成绩判定的方式方法的基础上，比较了传统与现代两种考试观在考试认识、考核方式方法、评价标准、考试目的等方面的不同，并提出了建立和形成新的现代考试考核观所需要 3 个转变；第二节重点讨论了美国大学课程考试的多样性方法，突出介绍了半开卷考试、小组考试和学生出题考试 3 个特定方法，并在总结美国大学教学“八个多”特性的基础上，提出考试考核方法多样性和教学方法一致性的观点，分析了其中所包含的考试理念；第三节以系统的观点、质量的观点和全面的观点，针对中国高校课程考试的实际，介绍了美国大学课程考试之外的大量与教学相关的各种前考试基础性工作和后考试的扩展完善性工作及其与学校管理和教师工作的链接的做法和经验,并分析了这些外围环节的特点、作用及其对我国大学课程教学改革的启示;第四节在分析我国大学毕业答辩面临的问题和挑战的基础上,进一步介绍了美国Presentation的概念、内涵、意义和功用,旨在借鉴美国这一做法启示我国大学,可以把离校前的毕业答辩变成每门课程中的教学环节,使之贯穿于整个培养过程,从而真正达到训练和提高学生的口头表达能力、文字写作能力、实践创新能力等综合素质能力的目的。

本章内容陆续写作和完成于2000年至2010年期间。第一节内容在成稿之前就曾在哈工大新教师培训和高等教育研究所硕士生课程的教学中陆续介绍过,后来经作者整理并发表于《交通高教研究》2001年第4期,原标题是:两种考试观的比较——美国林肯内州大学没有一张考卷定乾坤。这篇文章介绍的内容和方法推动了哈工大深入开展教学和考试方法的改革,经过几年的探索和实践之后,哈工大的教学和考试取得了明显的进步和可喜的成绩。第二节和第三节内容都曾在国内的教育会议上做过交流,并被一些高校索取和使用,曾分别被刊登在《西安欧亚学院学报》2009年第2期和2010年第3期,同时还被一些高校的教务部门收集、整理和使用(如南京理工大学曾将笔者的一些论文收录其教务处网站上,其中就包括这两篇文章)[1]。2010年,时任哈工大副校长的周玉同志在调研各个院(系)本科教学方法和考试方法改革推进情况时,向各个院系以及哈工大报推荐了这两篇文章,这两篇文章的主要内容又被刊登在2010年5月10日和7月20日的《哈工大报》上以供全校教师学习借鉴,后一篇曾被中国高校报网转载。[2-4]第四节的内容成稿于2007年冬,并被刊登在《西安欧亚学院学报》2008年第4期上。虽然本章内容的成稿时间跨度近10年,但这些内容是在不断思考和实践反馈中形成的,所分析的问题也正是我国当前大学正面临和所亟待解决的,所介绍的经验和所做的思考也正是当前我国大学应该学习借鉴和进一步深入探讨的。希望本章的介绍和分析对于我国大学进一步深化课程考试和毕业答辩的改革,进而对于引导良好的考风、学风,对提高学生的培养质量和教师的教学水平与教学质量,能够提供有益的经验借鉴,能够启发具有建设性的思考。

本章参考文献

[1] 南京理工大学教务处. 考试研究与改革——美国大学课程考核方式介绍[EB/OL]. (2012-11-07)[2014-05-16]. http://jwc.njtech.edu.cn/view.asp?id=3607&class=73.

[2] 吴绍春. 学校和教师在考试方面还应该做些什么[N]. 哈工大报,2010-07-20(3).

[3] 吴绍春. 漫谈美国大学课程考试与教学方法的多样性[N]. 哈工大报,2010-05-10(3).

[4] 吴绍春. 学校和教师在考试方面还应该做些什么[EB/OL]. (2010-07-20)[2014-05-16]. http://www.cuepa.cn/cate_14/detail_23223.html.

第十章　学评教的组织与实施

学生评价教学(以下简称学评教)是根据教与学的目标,利用所有可行的评价方法及技术,由学生对教学过程及预期的一切效果给予价值判断的过程。学评教对教学具有监督、诊断、反馈、调节和强化等诸多作用,是提高教与学质量的重要手段。本章主要介绍美国大学学评教的组织与实施过程、评价量表与评价题目以及实施效果及作用,并在此基础上深入分析美国大学学评教的特点,希望能为我国大学的学评教的改革和完善提供经验借鉴。

第一节　教师教得如何　学生最有发言权

——美国大学学评教的介绍和分析

我们知道,教师教得如何,可以有多种不同的评价方式和途径。请知名的专家学者给予权威的评定是其一;组织本专业的同行从业务上进行综合评价是其二;由学校各级教学管理部门进行全面评价是其三;由教师本人进行自我客观评价是其四……然而,最重要、最有决定意义的评价应当是听课学生的评价。学生最有发言权,这是美国大学课堂教学的特色之一。

美国大学学生对教师教学的评价,由来已久,但是真正比较科学的是运用量表类工具进行的评价,这种评价是从20世纪初到20年代开始形成的。这种评价活动发展到今天,仍在不断地改革完善,理论和实践结合,几乎覆盖美国所有高校。美国林肯内州大学就是一个好的范例。在美国留学访问期间,笔者曾注意到美国林肯内州大学教学中每门课程的学生评价教学的状况,现加以简要的介绍和分析,希望能对我国大学开展的学生评价教师教学工作提供参考。

一、学评教的组织和实施过程

美国大学学生评价教学的机会很多,渠道也很多,而不仅仅是一次用量表工具的评价。通常有3种评价方式:一是随时的评价和反馈,如教师经常征询学生的意见和建议,通过个别的方式和课堂评价的方式;二是期中的评估评价,可以是很正式的专门问卷,也可以是比较开放的讨论和问答,还可以是对某一专题或某一方面的反馈;三是我们比较熟悉的期末问卷调查。这里我们重点介绍最后一种方式。

期末问卷调查的方式不仅仅是让学生填写发放的课程评卷,往往还要上最后一次课,全面总结本课程,有时还开成一个联欢会。具体的组织实施过程不是行政官方的,一般也不由教师组织,而是教师选择问卷后,交给班长或学生代表,然后教师退出教室,由学生在任课教师不在场的情况下,独立做完答题卡,再由发卷的学生(班长或课代表)统一收好,装在学校统一颁发的专用信封里,封好后交给专门的统计评价部门。现在的情况是多数已经改为网上评价,由学生输入自己的唯一号码,再按程序和要求填充评价表,然后才能查看自己的学科成绩。这种或类似的评价无论是上什么课,如文史、理工、农医、经管、政法,也不论是谁上课,如教授、副教授、助理教授、讲师,也不论是给谁上,都需要进行,本科生、硕士生、博士生每个学生人手一份,独立填写。

评价的时机是在期末考试之后,本课程的成绩公布之前。此时评价是恰当的。考试已结束,成绩已确定,学生无拘无束,不存在教师打分不公正的现象;同时,成绩没公布,也不会因为成绩影响学生情绪,给老师以不公正评价。为了使学生评价认真准确,在表的开头有文字一段,除了对本表的说明外,主要是告诉学生,你的评价很重要,将有助于教师改进教学,使课程越教越好。这种类型的评价表有许多种,基本上大同小异,它们不是哪一个教师和哪一个学校的杜撰,而是来自于教学专家立题进行专项研究、经有关教育机构和组织鉴定认可的,具有相应的实用性、权威性、统一性和科学性。

对于学生评价教学的结果是必定要公布的,只是不是简单地公布评价排序或是打分,而是通过学校评价统计中心的运算和经过适当的处理,按一定的模式或要求统计计算和比较,给出一个总的综合评价结果。过去往往是装订成册,放在图书馆供学生查阅和选课时参考。目前相当多的学校可在网上轻松的查阅,供以后的学生选课参考。同时,对新教师的评估结果的公开比较慎重,通常可以和新教师协商或适当的部分公开。此外,评价结果是学校清楚和了解,教师所在院系也掌握情况,还要专门发给教师本人一份报告,甚至还有专门的小组帮助教师分析情况、诊断问题和改进教学。美国林肯内州大学(UNL)在20世纪70年代就成立了教与学中心,这在美国大学中也是比较早的几家之一,是以提高本校教师的教学能力和水平,同时帮助和指导学生学会学习的咨询、辅导和培训性的专门机构。这个中心可以根据学生评价教学的倾向性问题和个别性情况,有针对性地开展研究、辅导和指导及培训的工作。

二、学评教的工具或量表

美国高校学评教的工具和量表很多,可谓十分丰富,笔者从UNL带回来3种测量表,一种是类似美国教育测验服务中心设计的量表,采用5个等级,分5部分包括20个问题,用铅笔涂卡,可以在计算机上解读和统计。一种是比较通用的评教量表,包括3部分16个题目,分7个等级,旨在对教师教学的一般情况收集评价信息。另外一种是比较详尽、细致的了解评价信息的量表,这种更适用于小班教学和研究性学习的量表,包括30个问题,分3~6个不同等级,是对教师教学的全方面、全过程进行评价的非常适用的评价信息工具。除此之外,美国大学中广泛应用的还有各种各类的测量工具或量表,大概可分为这样几类，按学科可分为文科类、理工科类等；按教学方法可分为讲授课类、讨论课类、研究型类等；按学历层次可分为本科生类和研究生类；按课程水平可分为通识教育类和专业教育类课程量表；按工具来源可分为各大学通用性和本大学自行开发的量表，等等。此外，还有一类特殊量表，它不是固定的一组量表，而是一个测量问题库，教师可根据自己想要了解的反馈信息和课程情况，从大量的问题库中自我选择组合成一个适用的量表。

三、学评教的内容和题目

（一）总体介绍

美国高校的评价量表种类很多，评价题目和内容也很丰富，体现为如下几个特点：第一，题目都比较细小，问题单一，容易理解，好回答；第二，无论哪种评价表格，都不是打分，而是不同等级的评定；第三，通常量表的问题都是开放性和封闭式结合，既有按等级和选择的评价，也有非封闭式、建议型和开放评论式的题目，甚至还包括举例和学生个人想要评说和补充的空间；第四，大多数评价量表的语言通俗，从学生角度出发，有良好的心理效果和促进作用；第五，有关于教师和课程的总体评估和补充意见；第六，评价内容包括学生对教师教学的评价、对课程的评价、对教材的评价、对学生自己成绩和进步的评价、对师生关系及其公开平等的评价、对学生的学习态度和学生间的合作互动的评价、对考试作业、效果的评价以及对课程价值的评价和问题建议。少有笼统和抽象的问题，也没有诸如是否板书合理、口齿清晰、教书育人，或者按时上下课，以及重点突出、结构合理等方面的问题。这些问题本身多是教师合格与否，能否上讲台之前应解决的问题，而能否教书育人的问题则太抽象和概念化了，任何教师都是教书育人的，只不过是正面效应还是负面效应的影响，这种问题是不宜在问卷中回答的。重要的问题是我们往往把学生评教的问题和专家、同行、管理者应评价的问题混为一谈。从这些方面可以清楚地看到中美学生评价教学上的差异和不同。

（二）评价的具体题目

这里我们主要介绍美国大学使用的那种比较详尽细致的了解评价信息的量表，这种量表的评价内容共10个部分，包括30个问题：

第一部分是学生对自己学习本门课程收获的评价，诸如：

(1)这门课激励和促进了我的好奇心。

(2)这门课使我学会联系起来看问题。

(3)这门课使我思考问题更清楚了。

第二部分是评价学生在本门课程中获得知识信息的过程。诸如：

(4)本课的知识信息及相互联系对我有吸引力。

(5)教师对新概念的讲解易于理解。

(6)我努力把本课和其他我已学过的知识联系起来。

第三部分是对教师讲课的一些评价,诸如:

(7)教师的讲课是否非常的热情、认真。

(8)教师对新概念和思想观点的例证、解释恰如其分。

(9)教师对细节讲得太多。

(10)学生有疑惑时教师给予帮助。

(11)教师是非常平等地对待和尊重每个学生。

第四部分是教师与学生的关系,诸如:

(12)教师能叫出每个学生的名字。

(13)教师是学生和蔼可亲的朋友。

第五部分是学生课堂活动的情况,诸如:

(14)学生能积极主动地发表自己的见解和观点。

(15)学生之间能讨论和评议彼此的意见。

(16)学生可以无拘束地和教师辩论或不同意老师的观点。

第六部分是评估课堂的难易程度,诸如:

(17)教师留的作业在数量和难度上适中。

(18)教师让学生做的事要求合理。

第七部分是对教师课程安排组织的评价,诸如:

(19)教师对课堂教学的活动安排周到细致。

(20)教师对课堂教学组织得很好。

第八部分是课堂信息反馈,诸如:

(21)教师随时鼓励每个学生取得的新的进步。

(22)教师及时表扬做得好的同学。

(23)对测验、论文和作业认真评判,迅速返回。

以上8个部分每题分7个评价档次,即:a. 几乎没有或从不;b. 极少或很少; c. 偶尔或不经常;d. 经常或较多;e. 非常多;f. 总是;g. 如不适合,请空格。

除上述7个档次外,每个问题后面还留有一定的空间。请学生们自由地发表意见、感受和进行必要的补充说明。

第九部分是评价学生自己的学习责任,诸如:

(24)我积极活跃地参加所有的课堂讨论。

(25)我努力把本课程学的知识和我自己的经验联系起来。

(26)我充分利用本课程所创造的一切学习机会。

(27)我创造性地把过去的知识和本课联系起来。

(28)我能帮助我的同学一起学习。

这部分的评价标尺变为6个,即:a. 绝对是假的;b. 假的多,真的少;c. 持中;d. 真的多,假的少;e. 完全是真的;f. 如不合适,请空格。

第十部分是对课程的总体评价,诸如:

(29)总的教学效果如何？

(30)这门课程的价值如何？

这部分的评价依次为：a. 差；b. 一般；c. 良；d. 好；e. 优秀。

每个问题后面也还留有一定的空间，把学生还想说的、题目中没有列出的内容补充进去。

为了更清楚地理解和表达美国大学学评教内容和题目的特点，本节将上述的介绍和其他一些相关情况加以总结，见表 10.1，形成中美大学学评教的比较和对照，以便于更好地分析和研究。

表 10.1　中美大学学生评价教学的比较

	项目	中国大学	美国大学
	活动性质	以行政性为主	以学术性为主
	结果使用	以管理部门用为主	以教师和学生用为主
	向教师反馈	少	一定向每位教师反馈
	学生可否查阅	几乎不能	学生和教师随时可查阅
	教师可否选择量表	不能	有多项选择
	量表样式	单一	多样多类
	是否学生都参加	不全	全
	是否课程全评价	不全	全
	是否教师全被评	不全	全
	有否会诊和研究	极少	需要时必有
组织和实施	问题处理手段	以直接行政手段为主	以研究学习为主
	主要目的	管理监督	促进和改善，支持和服务
	和其他评价综合	少	综合互补
	对新教师有区别	少	有具体区别
	不同课型区别	少	明确区别
	不同等级课区别	少，几乎没有	明确区别
	新量表开发	慢	及时，大量
	经过科学研究	少	专门课题研究
	教学效果促进	不明显	很突出
	打分	大量	分等级或评语式
	评价时机	期末	多种时机
	结果公布形式	直接公布分数	经运算处理后公布结果

续表 10.1

	项目	中国大学	美国大学
评估内容和题目	总评价	少	必有
	题目数量	较少	有多有少
	题目的大小	较大	较小
	题目的虚实	较虚	较具体
	题目的包含内容	较笼统	细致、单一
	是否易于判断	不易判断	清晰
	是否易于理解	较难以理解	易理解、易回答
	语言风格	死板	活泼
	用词类型	官方语	站在学生角度
	评教材否	少	必评
	评学生否	少	必评
	评师生关系	少	必评
	评学否	无	必评,大量
	开放性题目	少	必有
	评公平公正	无	有
	评作业考试	无	有
	评课程价值	无	有
	评实验课	无	有
	学生建议和评论	少	大量

四、评价的效果和作用

美国大学的学评教对于美国大学教学质量的保持和提升作用是显著的,主要体现在如下3个方面。

首先,对学生的督促教育作用。这个评价表是建立在对学生的充分信任和感谢基础上的,它不是把学生排除在外,让学生站在第三者的身份上去评教师评教学,而是把学生融在教学中,告诉学生要对自己负责任。当学生接到此表时,会感到这不仅仅是在评价教师,也是在评价自己。首先要对自己在本课程中的学习表现进行客观的评价,要对自己学习的收获和问题进行评估,然后再把自己上这门课的感受告之学校。这无形中就起到了对学生的督促作用和教育作用,增加了信任感,拉进了学校和学生的距离。这种作用效果将会潜移默化地成为学生努力学习、严格要求、追求科学的动力,成为对教师、对母校的敬爱之情,同时也培养了学生负责任的精神。

其次,是对课堂教学的反馈作用。这种反馈是全面的和客观的。所谓全面、客观就是说既包括教师教的方面,也包括学生学的方面;既有总体的综合方面,也有具体的细节方面;既包括成功的有益方面,也包含失败的不足方面;既有对问题的明确警示和约束性,也有对成绩的充分肯定和导向性等。通过30个大大小小的问题和不同档次的评价评估,像一面镜子一样把课堂教学从不同的角度、不同的方面进行了全方位的展示,特别是通过那些细节问题的评价评估,可以看到学校的教学思想和教学要求,尤其是培养人才的教育思想是不是在课堂教学中得到了具体的落实和体现,为教学质量和效果的不断改进和提高提供可靠的依据。

最后,也是最重要的,那就是不断改革教学的推动作用。评估评价教师是让学生知晓,不仅仅是听过课的学生,也包括以后想上课的学生;让教师知晓,不仅仅是本课教师,也包括所有其他教师;当然所在院系和学校管理部门就更清楚了。这就使得这种评估评价形成了一个闭环系统,起到了自适应调节的作用。试想一下,如果某个教师的课堂教学评价不高,以后的学生不选或少选他的课,他就有被淘汰的危险。客观的和心理的压力会促使教师自觉地改进和提高教学,这就形成了任课教师内在的积极性和不断进取的动力。这种公开和公布无疑是一种促进剂和催化剂,是比简单的行政命令更有效的方法,是提高教学水平和教学质量的真正指挥棒。可见,这种评价评估已经远远超出了对一个教师和一门课讲的好坏进行评价的意义,更不是简单地为教师鉴定,或单纯地为评奖晋级提供依据,而是促成了一种教师间自觉地进行教学试验和教学改革的可喜局面。学生评教,决不是为了把哪个老师评下去,更不是简单地为老师鉴定分级,而是充分利用学生的作用和反馈促进和改进教学。正因如此,美国林肯内州大学还专门成立了一个教与学中心,旨在帮助教师提高教学水平,改进课堂教学中存在的问题,传授课堂教学的技巧和基本功,对教师进行课堂教学方法和艺术的多种训练,使学生的评价和反馈有反响、有落实,使课堂教学的效果和质量不断提高。推动教学不断改革和创新,这才是评价评估的真正目的。

第二节 既要注重教 更要注重学

——对美国林肯内州大学评教的思考

从第一节的介绍和分析可以看到中美学评教的差异,透过这些差异,我们可以发现美国大学学评教的特点或亮点,明确地指出和清楚地认识这些特点,对我国高校的学评教工作是很有益处的。

一、美国大学学评教的突出特点

(一)美国大学学评教的第一大特点是"全"

"全"体现了平等,体现了全面,体现了民主,体现了重视和完善,更体现了规则和制度。首先是评价之全,即所有的学生都参加评价,无论是本科生还是研究生,也不管是全日制学生还是Part time学生，无论是攻读学位的学生还是进修、培训的学生，都有权利和义务对教师的教学进行评价。同时，对所有的课程都要进行评价，无论是通识类课、专业类课还是实验类课程，无论是有学分的还是无学分的课程，也无论是协士学位、学士学位、硕士学位还是博士学位的课程或者是无学位的课程，也无论是文、理、农、工、医、师、法、经、管、社等多种学科的课程，也不管是选修课还是高等级的研究课、专题课，只要是课程，就必然要进行评价。最后，所有教师都要进行评价，不管是哪位教师上课，无论是老教师还是新教师，无论是低级职称教师还是高级职称教师，无论是一般教授还是名教授，无论是院士还是诺贝尔奖获得者，只要给学生上课就要接受学生的评价，任何人和任何课程都不能例外。这种教学评价上的平等和民主，对教学质量的认真负责和对教学评价的长期坚持、持之以恒是十分值得学习的。

（二）美国大学学评教的第二个突出特点是特别注重细节

笔者对美国林肯内州大学学评教的最大感受之一就是注重细节、精雕细刻，在整个评价过程的具体细节和环节上极端认真负责。

首先，组织管理和实施上注重细节，充分体现了教师管理的人性化和以人为本。例如，相关做法和要求在学校的教学管理文件上以及在学生的权利义务条文中有明确的规定，例如，评价不是分高低和打分排序，对结果的处理要先通知教师，每次评估后都给教师一个正式的评估反馈分析报告，并且和教师讨论研究评价的结果和问题；如对新教师的教学评价是否公开有特别的明确的政策区别，对新开课程的评价也有特别的政策；再比如，对于教师教学中存在哪些突出问题或者已存在的问题，对于学生评价很差的教师或课程，有专门的帮教小组、专家会诊、专门培训提高和个别指导，特别是让教师自己选择评价量表，给教师很多主动权，使学评教成为教学的一部分，成为教师自觉的行动，是特别值得思考和借鉴的。

其次，评价过程和实施上注重细节，突出强调学生评价教学的实用性和有效性，突出对教学质量的重视和提高，如在评价时机的选择以及评价量表的文字说明，都努力使学生珍视自己的权利，认真公平地去评价，甚至有的学院还专门开会或培训学生如何进行客观、准确的评价。

最后，评价的题目和内容更能体现出教学和育人上的精益求精，精雕细刻。这些评价的问题不是抽象的、笼统的和官方的，而是非常明确和具体的，是把教学中的不同方面、不同环节、不同要求细化，把学校的办学思想原则和教学育人的要求通过课堂教师教学中的一些细节反映出来，从极细微处入手，并且考虑用什么语言最恰当，从什么角度提出问题最合适，哪些问题更有代表性，采取什么语气和词汇最易于学生接受和回答，怎样才能进行更适合于独立的、公正的、实事求是的评价，这一点，可以从许多具体案例中看得一清二楚。例如，教师对概念和理论的讲解、例证和解释是否恰如其分，学生有问题和疑惑时，可否得到教师的帮助，教师是否对作业、论文、报告认真评判，迅速反馈，教师是否细节讲得太多，教师是否能叫出每个同学的名字等。还有一些问题清楚地反映了美国林肯内州大学的一些教学理念和育人思想原则，并把其细化到教学的实践中。例如，学生有不同意见可否与教师讨论与辩论,教师是否随时鼓励学生取得的每一新的进步,教师讲课是否非常认真和富有激情,课堂教学的组织安排是否周到细致,等等。通过这些细节的评价,而不是统一、笼统的结论,使之能通过评价了解和展现一个生动的课堂和师生共同参与教学活动的总体的和具体的行为表现。

美国林肯内州大学视学评教为教学过程的一部分,其整个学评教过程正是对细节决定成败的一种最好诠释。正是这些精心的研究和细节上的功夫,才使得评价的效果越来越好,评价的针对性和实用性突出显现。

(三)美国大学学评教的最突出特点是特别强调“学”和评价“学”

既要重视教,更要注重学,把学看得比教更重要,一切教都是为了学,围绕学、支持学、促进学,这是美国大学学评教的最突出的特点之一,它使广大教师清楚地认识到,学生是学习的真正主人,学生的积极性、主动性和创造性是学习的最大动力和源泉。从评价量表的内容上,可以深刻地理解这一点,例如,评价表明确的提出是对 Learning and Teaching 的评价,而不仅仅是 Instructing 或 Teaching。教和学是不可分的,没有学的教是没有意义的。教学互动、教学结合,教学相融、教学相长,切不可分离和隔断。和我国的大学对比,我们往往注重的是教,研究的是教,评价的还是教。教学会议、教学文件、教学措施等都是围绕着教而忽略了学。学校的许多教学会议和教学研究也少有学生参加,也很少听取学生的意见,学生成了被动的受教育者、机械的被加工者和知识的接受者。从评价的题目上更能理解对学的重视和研究。如课程是否激起和促进我的好奇心,我努力把本课程的知识和当前的学习联系起来;又如,学生是否积极主动的发表自己的见解和观点;再如,我自己认为自己本课程的学习努力程度如何?花费的时间如何?是否充分利用本课程所创造的一切学习机会?能否和同学互相帮助等。整个题目中有大约一半题目是从学生学的角度来评价的。即使是评教,也有许多是从学的角度去评,注重把教和学结合起来,这和中国大学过去的学评教极少评学形成了鲜明的对照。只注重教,不注重学,不在学生的主动性、积极性和创造性上下功夫,不积极的激励和促进学生学习,不让学生学会学习,是不会有高水平高质量的教学的,引导学、促进学、研究学、评价学、一切教都是为了学,这是美国大学学评教给我们的最大启示和最宝贵的经验。

(四)美国大学学评教最大的特色是多样性

多样性是美国社会的特色,是美国大学的特色,也是美国大学学评教的最大特色。多样性才有个性,多样性才能体现特色,多样性才能不断地竞争和发展,多样性才能充分体现创造性和实效性。美国大学学评教的多样性,至少可包括目的多样性、应用多样性、题目选择多样性和评价多样性。

目的多样性主要是美国大学的学评教不仅仅是一种管理和监督、一种行政行为,不仅仅是为了教师的晋级,这只是一种参考,只是主要目的中的一小部分,更多的目的包括:一是为了了解教和学的情况,特别是通过学生的反馈意见,了解和研究整个教学过程,各个环节的情况和问题,是一种数据和信息的重要来源;二是为了帮助和促进学生的学习,让学生总结,让学生评价,既评教师也评自己,既评教也评学,以此促进学生的学习和提高;三是一种教育的过程和手段,通过评价进行学习和研究,教育和启迪。评价测量表中的许多问题既有引导作用又有促进作用,特别是通过公布和查询,促进学生学得更好,教师教得更好;四是促进教师对教学的重视,倾听学生的声音,通过学生对自己教学的评价,发现问题,总结经验,集中智慧,改进和完善教学,使整个教学活动变成一个不断总结提高、不断改革完善的自觉的创新发展过程,而决不是简单地为教师水平打分和排名或鉴定。特别是通过常年的坚持,使学评教成为促进整个学校人才培养、提高教学质量的一个重要渠道,通过综合了解学生的评价和反映,坚持不懈地对课程、教材、教学方法、教学环境、培养方案、实验环节等方面进行有的放矢的改进和完善,保持了教学的不断创新和发展。

从评价结果应用的多样性看,就是评价结果的共享共用,为教学的全面评估和决策提供参考依据,院系需要,学校管理和行政更需要;教师个人的总结、提高和不断改进教学需要,学生为了成才和选择课程更需要。尤其是通过多种形式的查询,方便学生了解课程、了解教师、了解教学的水平和相关信息,使学评教的结果成为学生选择的重要参考,其使用率相当高,充分体现了学评教的价值。

至于评价选择的多样性,前述已做了一些介绍,主要是:其一,评价方式的多样性,有专题评价、课堂评价、期中评价、期末总结性评价和随机评价等;其二,评价表格的多样性,如前述分科目、分水平的、分层次的、分类型的,分大班教学和小班教学的,还有课堂观摩研究类等,并且把学评教的结果和其他不同评价主体和不同方式的评价结果综合起来,形成对教师教学的全面评价,避免评价的单一和不客观;其三,题目和内容的多样化,如既评教师也评学生,既评教也评学,既评课程也评教材,既评课堂也评课外,既评考试也评作业,既评师生关系也评公平公正。有的从价值、组织、关心、激励、尊敬、愉快、沟通等几大要素进行评价,有的从课程和科目的特点进行评价,特别是形成的测量问卷的问题库,把教学评价相关的各种问题分类型集中起来,供教师任意选择,可以自由形成不同类型的测量表,这种多样性和自主性结合的办法是一个创举,解决了评价中单一、机械、千篇一律、无特点特色、无重点等一系列弊端,是非常值得推广和学习的。

二、对美国大学学评教特点的进一步分析

(一)明确地体现了美国林肯内州大学对教师教学的基本要求并把它具体化

这一点我们可以从评价的题目上体会到。诸如:在讲课中要全身心投入,认真负责,要把概念和原理讲得易于理解,要有例证,要使讲课有吸引力;并明确提出教师不要对细节讲得过多,应该给学生留有充分的思维和创造的时间和空间。在课堂组织中,要合理恰当地安排课程,要组织好学生的课堂讨论,尤其是一定要让学生积极参与课堂教学;让每个学生在课堂上有平等的机会表现自己。在师生的关系中,要了解学生和学生交朋友,达到能叫出每个学生的名字,对每个学生的任何一次进步都要给予及时的表扬和鼓励,绝不允许不公正和有任何歧视等。教书育人似乎是我们的专利,不过从这里也同样

看到了美国林肯内州大学对教师在教书育人方面的要求,而且很多是具体的和可操作的要求,是把教学和育人融为一体的要求。

(二)充分地反映了美国林肯内州大学的教育思想和教学原则

第一,不是以教师为中心、以教为中心、以传授知识为中心、以书本为中心,而是以学生为中心,重在培养、激励和促进学生成才,调动学生的积极性。例如,教师讲课对学生好奇心的影响,对学生思维方式的培养,使学生学会把前后的知识联系起来,让学生积极活跃地参加课堂活动的讨论,特别是让学生无拘无束地发表自己的见解,敢于提出问题,敢于和教师有不同的观点和见解等。这对促进学生的个性化发展、培养特色和竞争性、培养创新能力是极其有利的。

第二,重教与学的结合,把学看得比教更重要。不仅评教,也要评学,这就使教与学统一起来了。从教的方面评,是为了能使学生更好地学,而从学的方面评则是从另一个角度去促进教学,教学结合、教学相融,这就是教与学的相辅相成。从评价量表的题目看,是 Student Perceptions of Learning and Teaching,而不只是 Instructing 或 Teaching。从具体题目上更可以看到大约一半的题目是从学生学的角度来评价的。第一部分、第二部分、第五部分和第九部分的题目几乎全是直接对学生学的状况的评价,这大概和我们过去一些单纯评教师的做法形成了鲜明对比。即使是对教师评价的题目,也不仅评教师本身,单纯地评教师讲得如何如何,而是评通过教师的讲课对学生的影响、激励、促进以及和学生的关系与联系,这样就使得学生感到不是被动的接受,而是学习的主人,教学和教学评估不仅仅是教师的事、学校的事,而是学生自己分内的事。

第三,课堂教学是一个不断改进和发展的创新过程。在美国林肯内州大学里,课堂教学的改革和提高是无止境的,没有不能再改进和提高的课堂教学质量,也没有让学生百分之百满意的教师和课堂教学,无论是谁都要受到学生的评价,都要倾听"上帝"的声音。即使是你以前的评价评估很好,还是要坚持继续评价评估,这就是为什么要每门课都要评价评估,对每位教师都要评价评估,让每个学生都参加评价评估的道理。在教学上不断进取、不断提高、永不满足、永不松懈,没有最好,只有更好,这才是重视教学、真正把培养人才放在首位的充分体现,这才是世界一流大学课堂教学的水准和风范,也只有这样不断探索、不断追求的教师,才能培养出勇于开拓、大胆创新的优秀人才。

三、美国大学学评教的思考和启示

综上所述,美国大学的学评教经长期的实践和不断的创新完善,已经臻于系统化、科学化和多样化,并且已形成了特色和评价文化,有许多值得我们思考和研究的方面。当然,也有许多问题需要不断改进和提高,也面临许多新的挑战,如网上评教带来了一些全新的问题,大量的评估评价带来了人力、物力和时间的投资问题等,这些问题也是中国大学所必然或正在面临的问题。即使如此,我们仍然可以从前面的介绍和分析中给出如下的思考和启示。

(一)要把学评教长期不懈地坚持下去

国内大学的学评教工作已有20多年的历史,我国大多数学校也都开始了学评教工作,但是由于种种原因,似乎评价不高、研究不多、问题不少,甚至有评价不准、作用不大、信度效度不高和应当取消的呼声。从美国高校的学评教情况和经验看,我们学评教中的问题,主要是理念和认识的问题、具体操作中的方式方法问题,是在学习和发展过程中的问题,这些问题都是可以逐渐克服和不断解决的。例如,哈工大从1986年开始此项工作,经过多次在学生中的大量调查研究,不断完善和改进评价组织管理模式,评价的方式方法和测量工具,收到了很好的效果,已经成为保障和促进教育教学质量的重要方面。

(二)要引导和教育师生正确认识和参与学评教工作

要解决学评教中的对立问题、真实问题和走过场问题等,重要的是要对学生进行正确的引导和教育。学校应有正式的教学文件,向学生讲清楚学评教的目的、原则、意义、过程、方式及注意事项;要进行学生权利和义务的教育,诚信和责任的教育,特别是民主和主人的教育;同时,要把对教师的要求,对课程和教学的要求,什么是好的教学、有效教学、优秀教师的特征是什么,高质量、高水平的教学是如何描述的,优秀的本科教学有哪些突出的表现,好的研究生教学有什么基本特征等,向学生宣传,使学生既是教学的参与者和监督者,又是提高教学质量和水平的具有相当能力的能更好发挥作用的支持者和建设者。对教师的引导宣传也非常重要。要彻底改变以评教来监管教师的做法,让教师充分理解学评教的价值和意义,真正体验学评教对教师教学的支持与帮助,积极引导和促进教师充分利用学评教的报告和结果,改进和创新教学。

(三)切忌把学评教的结果绝对化、简单化

就目前中国大学学评教的总体情况看,把学评教的结果绝对化、简单化是一个突出的问题。学评教中学生最有发言权,不能理解为学生说了算,两者是大不相同的。学生参与了教学,参加了教学的各个环节,和教师共同完成了教学任务,当然是最有发言权对本课的教学进行评价、对教师和自己进行评价。但是,这种评价不是决策,不唯一,是有一定局限性的,因此不能简单地把学评教的打分一公布就完事大吉,也不能仅仅看学生的一次评价或一种评价结果就对教学做出政策性或奖惩性的结论。对教学的评价应当是教师自我评价、同行评价、专家或管理者评价与学生评价的综合和互补,应当是长期的、坚持不断的评价的追踪和总括。如果过分或简单机械,或者简单的数字比例,或者行政手段太浓,就会影响学评教的有效性和合理性,甚至造成师生的某种对立,或者严重打击教师的积极性,或者形成不良的教学和学习导向,这是应当引起高度注意的,只有坚持以人为本,通过柔性化和多样化结合,科学管理和激励支持相结合,综合考虑多种因素,以民主、平等、应用、实效为准,才能使学评教受到师生的共同欢迎,成为学生和教师的自觉行动,真正收到学评教应起到的效果和作用。

(四)以教学细节评价引导教学工作的精细化

美国大学教学评价注重细节和精雕细刻,无疑为其高质量的教学提供了督导支持。

高水平、高质量的课堂教学效果从哪里来？就是从一点一滴来，从最平凡处做起，从每个环节和每个细节的精雕细刻中来。教学工作是平凡的，这平凡中体现着极其深刻的伟大；教学工作是平常的，这平常中蕴藏着十分丰富的奥秘；教学工作又是周期循环的，而在这看似简单的循环中，包含着不断的创新、飞跃和升华。而评价本身就是对这种创新、飞跃和升华的促进。创造一流的教学最根本的就是要使每个教师都以最先进的教育思想和教学理论为指导，运用最先进的教学手段，采用最合适的方式和方法，以最大的热情和献身精神，最大限度地发挥自己的才干和创造力，尽可能地调动学生的学习积极性和创造性，去共同完成整个教学活动的每个环节、每个细节。自始至终贯穿着一个思想——精益求精、精雕细刻、力求教学效果和质量的最优最佳——对学生极其负责，不仅对现在的学生负责，也对以后的学生负责，不仅对学生的现在负责，更对学生的一生负责，这就是对国家负责，对未来负责。

(五)要特别重视学评教的科学研究和理论探索

美国高校的学评教工作，之所以能发展到今天，重要的原因之一就是有一大批教育工作者长期坚持科学研究和理论探索。如对测量工具大量开发研究，设专项课题反复实践探索；如对学生评价教学信度和效度的大量调查统计，以准确的数据和可靠的事实证明学评教的价值；如对学生评价和背景特点之间相关的十二大因素进行的大量调查研究；如对优秀教师的特点进行的反复实验，对有效教学的特征进行的广泛研究，对教学目标的反复研究，对学生学习效果的测量和调查研究等，都有大量文献可查。持续不断的研究，使得学评教工作不断完善和深化，特别是评价原则、评价理论、评价方法、评价工具的不断开发和创新，使学评教工作不断健康发展，得以及时和科学的理论指导，不断地增强了学评教的科学性、实用性和真实性。相比之下，我们在对学评教的研究方面，特别是对学生评价教学的效度和信度方面的研究和调查、数据和统计非常少，在有效教学和优秀教师的教学特征方面的研究也只是些零碎和个别的研究，还缺乏科学、系统和全面的特别是长期坚持的、深入的和有说服力的研究成果，在教学评价系统理论研究方面的创新和特色研究更是少之又少。这是中国大学提高学评教的水平和质量，深化和完善学评教工作亟待解决的重要问题。

他山之石，可以攻玉。至此，我们或许会深切地体会到，一个好的教学研究成果所具有的内在价值及其何等深远的意义和影响，同时也会慢慢地品味出我们在教学和教学研究方面实实在在的差距。

本章小结及补充性说明

本章主要介绍和分析了美国大学学评教的组织、实施过程、评价量表和具体特点，在此基础上针对中国大学教学评价给出了一些思考和启示。通过本章的介绍和分析可知，美国大学的学评教的评价内容非常全面，既注重教又注重学，在组织实施和评价内容上均注重细节，在评价方法、目的及应用等方面均体现了多样化。这些特点不仅反映了美国大学的教学质量和教学水平，也反映了美国大学对教师的严格要求，反映了美国大学对学和学生的重视,反映了美国大学的教学理念。美国大学的学评教发挥了对学生的督促教育作用、对课堂教学的反馈作用以及对教学改革的持续推动作用,成为美国大学教学质量的重要保障。这对于我国高校深化教学改革和教学评估具有重要的借鉴意义。具体而言,学评教工作应该坚持不懈、注重细节,引导师生正确认识和参与学评教,加强对学评教理论的研究和探索。

本章内容是作者在对美国大学学评教做法和经验长期思考的基础上形成的,成稿时间跨度较大,部分内容在《黑龙江高教研究》2001 年第 5 期发表,另一部分内容在国内教育会议上作过交流并被《中国教育报》以"要注重教更要注重学——对美国大学学生评教的研究和思考"为标题选登在 2007 年 12 月 24 日第 5 版。由于已发表的两部分内容存在一定程度的重复,因此本章成稿时对原有内容从结构和逻辑上进行了重新整合。

本章参考文献

[1] 顾宝炎. 美国大学管理[M]. 武汉:武汉大学出版社,1989.

[2] BRUBACHER J S. Higher education in transition[M]. New York:Willis Rudy Harper& Row Publishers, 1993.

[3] MCKEACHIE W J. Teaching tips: a guidebook for the beginning college teacher[M]. 8th ed. Lexington D. C. Heath and Company, 1986.

[4] 周长源. 讲台边上的反思[J]. 电气电子教学学报,1999,21(1):23-27.

第十一章　创新模式与荣誉制度

教学质量是高校的立校之基和生存之本，同时又是一个动态的、多维的和综合的概念，是众多因素共同影响的结果。上述各章介绍、分析和思考的内容都涉及与教学质量密切相关的因素。本章以教学质量为主题，主要从人才培养的模式、荣誉制度以及人才培养的细节等方面介绍和分析美国大学质量保障与提升的做法和经验。希望本章的介绍和分析能够引起我国高教界的争鸣，为我国大学培养创新性拔尖人才提供模式、制度和操作方面的借鉴。

第一节　提高人才培养质量的3个创新模式

一、根雕艺术的塑造模式——让每个学生都是“精品”

根雕艺术是一种奇特的造型艺术，每个根雕精品都会令人十分惊喜和赞叹，其特点是十分鲜明的：第一是独特性，既千奇百怪又独一无二，每个都无法克隆和复制；第二是天然性，充分利用了根雕原料本身的质地、形态和结构的特点，使之与艺术的生命巧妙结合，神奇和精湛的工艺，使每个都是精品。根雕艺术这种成功的奥秘，正可以移植到人才培养的过程中。首先是选料，根雕的原始基料是从泥土中挖出的树根，尽管挖出的每个树根极其粗糙、甚为难看、奇形怪状、非常不规范，挖掘者却爱不释手，看作宝贝，并且把它认作是艺术品的原型，就像我们看待学生一样，每个学生都是可塑的，每个学生都是聪明的，每个学生都是人才，这是充满爱心的、充满信心的；接下来，就是对每个根雕原型的认真揣摩、研究，认认真真、反反复复地找特点、抓中心、发现奇异、大胆想象、多方联想，给其以灵感和人性，这种研究是极其认真细致的，可以讲是用心在与之谈话，从人才培养的角度讲，就是研究学生；在此基础上就会形成对其加工制作的精心设计，这种设计体现了动与静的结合、总体与局部的一致、平面和立体的交融、神似和形似的统一，恰到好处地发挥了每个根雕原料的特色和优势，引申到育人上，就是在教学准备、教学设计中对学生有深入的了解，努力从发挥学生的特长处去设计、去准备、去组织、去完善。最后的工序也是最关键的当然是具体的加工雕塑过程。虽然每个根雕的加工过程、程序都是相似的，都要经过清洗、打磨、雕刻、浸漆、着色、特殊的精细加工等环节，但是每件艺术品所加工的具体时间和反复性、变化性却是完全不同的，这些加工力求做到画龙点睛，力求做到巧夺天工,力求做到独树一帜,力求做到妙不可言。这里有心旷神怡的灵感,有人物交融的憧憬,有鬼斧神工的塑造,更有铁棒磨针的耐心。正是由于这样的艺术加工过程,才使得根雕艺术品每个都是天下无双的,每一个都是精品,每一个都最大限度地发挥了它内在的潜力和艺术魅力,这就是根雕艺术的生命力所在,也由此可以成为人才培养的根雕模式。

这里有3点是最重要的。其一,要研究学生。爱学生,最重要的是熟悉和懂得学生,了解和尊重学生。一般的了解是自然状况的了解;更进一步的是深层的了解,如心理的了解,个性和特长的了解,追求和欲望的了解,优势和潜力的了解,也包括弱点和问题的了解。需知因材施教,张扬个性的前提,就是对学生的认真仔细的了解和研究。研究学生应该是合格教师的基本要求,是一项基本功,而我们相当长的时间以来,人才培养上最大的问题和缺陷之一就是不了解学生,缺少对学生的尊重和研究。不是把他们看作"人",而是看作"器",采取工厂里批量生产的办法,按一定分数放在相应的院系专业,一刀切、一个模式、一个标准地进行加工。其二,要激活内动力,即最大限度地发挥学生自身的优势,尽最大努力挖掘学生自身的潜能。研究学生不是目的,根本的目的是通过研究发现学生的特长、特点和自身的优势与潜力,不断地改进和调整培养模式和方案,使人才培养的每个环节和要求与学生的特点有机结合,充分发挥和挖掘学生的潜能,真正培养素质高、能力强、有创造性和有个性的学生,从根本上增强人才和科技的世界竞争力。其三,就是尊重学生的个性,认真对待每个学生。过去我们的许多教育培养,很大的问题是主要的是针对一个群体,把学生看作是一群人,一班人,一类人,而不是看作具有不同个性和差异的每个具体的人。因此,我们的教育往往是集体的教育,统一的教育,一致的教育,而特别缺少对每个人的不同的、有针对性的教育和培养,我们说让学生全面发展,学会学习,学会做事,学会相处,学会生存,也是针对每个学生。我们要了解和研究学生,也应当是了解和研究每个具体的、有个性的学生,而不是笼统的学生、年级的学生和学号代表的学生。特别需要指出的是,仅仅张扬个性还不够,还要加上约束顽性和消除劣性。这三性结合就是真正的因材施教,就是真正的尊重和培养每个学生,就是真正让每个学生都健康发展、全面发展,让每个学生的一生事业成功,生活成功。

二、自助餐式的多样选择模式——让每个学生都全面发展

自助餐如同超级市场的购物方式一样,是一种现代流行的消费方式。分析和研究自助餐所包含的优点和特点,也可以给人才培养以多方面的深刻的启示。

自助餐的模式如何呢?我们可以从饮食模式发展的历史过程中慢慢体会。初级的大锅饭形式,如过去我们办的食堂是一种包伙的方式,简单说就是有啥吃啥,没有选择的余地,以吃饱为唯一标准,其特点是做饭人说了算,每人一份,每份都一样。饭店式的点菜制,可谓中级的形式,在有限的选择范围内,点几个价格适当又可口的饭菜,既可以解决温饱的问题,又适当地解决了可口的问题,这时的标准是既吃饱又好吃。由于受价格

等因素限制,不能尽情选择,其特点是服务者和进餐者的协议方式。

而自助餐则是饮食方式的高级形式,适合了时代发展以人为本的需求。除了物美、廉价和多样化,最大的特点是进餐者有充分的选择性,既可解决吃得饱、吃得好的问题,更能解决吃的科学、合理的问题,能够充分满足每个就餐者的身体需要和饮食特点的要求,使每个就餐者根据自己的习惯和口味充分地、自主地选择和调节。丰富才能全面,自主选择才有积极性,作为人才培养的高等学校不就是应该为求学者提供这样的丰盛、多样、合适的知识大餐吗?不就是应该尽可能多地创造学生自主学习的多样选择条件吗?我们从国外学来的学分制、选课制就是要根据学生成才的个性要求和社会人才需要的具体要求,把课程在学校的必要指导和要求下透过学生的自我选择组成不同的套餐,从而形成各自不同的培养方案,以满足各种不同类型的人才培养的需要,真正促进人才的全面发展。遗憾的是,学分制和课程选修制的改革还有很长的路要走,我们往往只是学了"形",而没有学到"神",因而总是觉得深入不下去,达不到预期的效果,甚至在一些学校变成了一种"时髦"和"广告"。问题的根源在哪里呢?从自助餐或超级市场的消费方式去思考,至少有以下4点是非常值得深思和反省的。

其一是突出地强调一个"选"。自助餐最明显的特点就是充分发挥进餐者的权利,由每个人自己来挑选,最大限度地体现了自愿性、自主性。人才培养的原则也是如此,即变"要我学"为"我要学",给学生充分的选择权,包括充分的择校权,充分的选择和调整专业权,充分的选择学习科目、时间及难度的权利,选择不同教师的权利等。这就要让学生参与自己的培养计划的制订、调整和实施,提供充分的条件和机会,为自己的人生制定目标和规划,使学生真正成为主人,毫无疑问这是调动和激发学生的积极性和创造性的最佳方式。

其二是充分地体现一个"全"。无论是自助餐,还是超级市场,之所以能够流行,之所以大受欢迎,除了选择的自由外,就是丰富。这是基础,没有大量的、丰富的、多样化的、多方面的物品做基础,哪里还有什么选择的自由呢?同样,各个高校实行的课程选修制,最大问题是开不出那么多课。理工科院校,人文社科的课程少,艺术语言类的课程更少;人文综合类大学,自然科学和工程技术科学课程不多,特别是现代科学技术的课有限,不同学院不同专业交叉跨学科的课程缺乏,国际化的课程更少。正如学生所说,想学的没人教,不想学的、过时的又必须学,课程选修制有些流于形式。

美国的许多大学,其中的每个学院都能开出数百门课程,如哥伦比亚大学、耶鲁大学、普林斯顿大学、斯坦福大学、伯克利加州大学等。哈佛大学能开出近万门课程,洛杉矶加州大学夏季学期就可以开出约5 000门课程,林肯内州大学夏季学期还可以开出3 000~4 000门课程,如此宽泛的课程资源,加上不同层次、不同要求和不同的方法技术,才使得学生想学什么就能学到什么,社会需要的人才都能培养,极大地增强了学生的求知愿望。

其三是特别地注重一个"新"。作为自助餐,菜谱、烹饪方法是要不断变化、不断更新的。人才的培养更是如此,教学和课程必须不断改革和创新。没有一个新字,就不会有持久的吸引力和旺盛的生命力,也就不能适应知识爆炸、人才竞争的世界发展潮流。一是课程内容、教材的不断创新;二是教学方式、方法和技术的不断改革创新;三是新课程的不断开发。开发新课程可以说是一个教师是否合格的一条重要标准,是学校核心竞争力的重要标志。还有更重要的,人才要求和标准的不断更新,办学思路和教师队伍的不断更新,这就是与时俱进。哈佛大学之所以长期处于世界高等学校的领先地位,就是不断地改革,不断地超越自我,不断地创造奇迹。仅以教学为例,哈佛大学始终坚持课程、教学方法和教学内容的改革和创新,从课程选修制到双学位主辅修,从传统古典课程到现代科学技术,从通识教育到核心课程。即使在核心课程受到普遍赞扬和广泛推广后,哈佛还是对其不断地进行充实、改进和开发。课程在广度和深度上的不断创新,正是中国高校课程选修制深化的最艰难和最核心的问题,也是学校人才培养是否有特色的一个重要标志。如果说我们的高校缺少能力,最缺少的就是这种不断改革创新的精神和能力,不断超越自我,创造奇迹的竞争力和开发力。

四是及时地提供一个“导”。自助餐有科学搭配和营养配餐的导,有不同年龄和不同体质人的合理饮食的导,超级市场有购物指南、价格导向、新产品介绍和使用保养维修的导,分区分类及售后服务的导。作为人才培养的教学和课程选修就更需要指导、引导和领导了,中国相当多的高校在目前实施学分制和选修制的进程中最缺乏和最不成功的原因之一就是缺少这个“导”。

导什么呢?一导认识自我,帮助学生正确地、科学地、全面地认识自己和评价自己,根据自己的特点、志向和基础来制订未来的职业生涯规划和大学生活目标,懂得自己的权利、责任和义务;二导认识社会,帮助学生正确认识社会的需求,社会发展变化的趋势,社会人才和岗位要求的特点,使学生的自我要求和社会的客观要求相统一;三导认识学校,认识学校的角色和使命,认识学校的培养目标和计划,了解学校的政策、规章和要求,懂得学校的培养过程和环节,学会充分有效利用学校的一切资源和条件,辅导学生为自己的学业成功制订一个系统完善的选课计划和个人发展计划。通过这些导,达到培养目标,完成学校使命,落实国家的教育方针,促进学生的全面、健康成长。

自助餐式的多样选择模式也好,超级市场的 shopping 模式也好,虽然有许多特点和优点,而其本质特征就是上述 4 个字。这不仅仅是个方式问题,还是一场理念上的革命,其核心就是以人为本、精心设计、诚心服务、持续发展,还包括一系列管理、制度、技术的改革和创新。要成功完善一个多因素多变量的系统工程,领先的方面是思想认识和观念的转变。

三、竞技体育中规定动作和自选动作的竞争模式——让每个学生都有特色

体育作为社会生活的一部分,不仅仅是带来一些输赢的信息、球迷的反映和支持,或是通过媒体而带来的感观刺激,或是一种新的休闲和娱乐的方式,也提供了许多现代的

理念和人生辩证法。因为体育比赛比的不仅是水平和成绩，谁是冠军，谁的金牌多，更重要的是比毅力、比斗志、比精神、比心理素质、比能力、比创造，除了更高更快更强，还有更新更美和更富创造性与魅力，可以说现代竞技体育中的许多思想和原则是和教育相通的，是和人才培养一致的。这里仅仅借用一下规定动作和自选动作的概念。我们知道，许多竞技体育比赛，采取规定动作与自选动作相结合的方式，组合成不同的规则和要求，对运动员进行多方面的考验和锻炼，诸如竞技体操、跳水、花样游泳、花样滑冰等，运动员们既要通过规定动作和规定方案的要求比赛，显示自己的基本功、基本能力和基本素质，还要通过自选动作的竞争，展示自己独具特色和优势的创造性技能及吸引人的风采，更充分地显示更高、更快、更强，体现更新、更美、更好，作为高校的人才培养也是如此。

面对素质教育和创新能力型人才培养的需求，引进规定动作和自选动作的模式是十分必要的。什么是人才培养的规定动作要求呢？国家的教育方针、党和人民的期待和希望、国家高等教育法的规定和要求，是规定动作要求的基本内容；培养目标，课程计划和大纲的总体要求等是规定动作的重要内容；而不同的专业和培养阶段、不同的课程和培养环节所确定的一般要求，则是规定动作的具体内容。本科生有本科生的规定动作，研究生有研究生的规定动作，完成这些规定动作，只是达到了合格的标准。

但是，仅仅达标合格是不行的，我们固然需要大批合格的人才，但我们更需要精英，需要祖国现代化建设的大批的优秀人才，这既是矛盾所在，也是创新所在。优秀的内涵是什么呢？就是综合素质高，就是创新能力强，有极强适应性、潜在的发展性和内在的持久性，特别体现出有特长、有特色、有鲜明的个性、有独到之处，这就是自选动作的要求。每个学校要培养出有特色的人才，就首先要使自己的学风和校风有特色，办学思想和理念有特色，专业和课程设置有特色，教学和科研有特色，管理和服务有特色，这些是学校的自选动作；进一步的还要使教师的教学过程有特色，让每一门课的设计有特色，让每一种教材的编写和使用有特色，让每个教师的备课有特色，让每个教师的课堂组织和教学有特色，让每个实验、实践和教学环节有特色，让每一项考试和考核都有特色，让每一次答辩论文更有特色，这应当是教师的自选动作；最后，就是一定要落实到学生身上，让每个学生都有自己的自选动作。个人的成才计划不一样，课程选择不一样，培养方案不一样，大学生活的经历和体验不一样，课题选择不一样，技巧和能力不一样，在特定的方向上投入的时间和精力不一样。要使冠军的含金量更高，就必须在自选动作上自觉地下更大的功夫。我们需要全能冠军，但那是极少数，我们更需要单项冠军，在人才培养上，可以少一点全科优秀生，多一些其他科目平平但在一两个单项科目上痴迷、极其热爱、有深度、有潜力、有耐心和持久力的求知者和研究者。学校的自选动作、教师的自选动作和学生的自选动作一致和融合就是自选动作的系统达标，这样才能使每个学生有能力、有特色，才能使学校永远保持旺盛的生命力和吸引力，永远立于不败之地。这种规定动作与自选动作的组合、一致和双双达标，对人才培养是多么好的启发和思考啊！目前各大学最大的、最棘手的问题就是，规定动作太多，自选动作太少；规定动作太强，自选动作太弱。一是各大学习惯于跟风、跟词、跟文件,习惯于一阵风、一齐上、统一一致、千校一面的情况没有太大改变,学校缺少真正的特色,缺少大学真正的精神文化。二是近些年来大学进行了许多改革和创新,经验很多,口号和新词很多,就是落实差,细节上下的功夫不够,造成了许多空手道,花架子,表面文章多,实际效果差,真正的自选动作,真正的自我创新很少,多数都是模仿和抄袭的结果。三是自选动作的建立和实施不容易,一要冒失败的风险,二要坚持长期的实验和实践,三要有一批热心的教师的真正投入,全身心的教书育人,在人才培养的各个环节上创新手的问题。学校评价偏重科研和论文发表,目光短浅近视和注重短平快,甚至一切向钱看的急功近利,严重地妨碍了各个大学自选动作的开创和长期不断的实施。大学缺少自选动作,必然会缺少特色,也不会有人才培养的高水平、高质量。

四、实现3个模式结合,提高人才培养质量

从根雕艺术的塑形模式的理念到形成这一育人模式,并付诸实践,从自助餐式的多项选择到实施,从规定动作到自选动作的实现,还有一个转化过程或中间环节,下面提供一个框架供参考。

(1)要建立一个校级、院系级相对应的信息研究中心,形成长期坚持的,对学生进行全面了解的调查研究,对每届学生每年甚至每学期进行跟踪调查,形成分层次的数据库,以提供各级各类学生的信息供了解和研究之用。

(2)每个教师要具有合理的知识结构,要在诸如教育学、心理学、管理学、美学、交际理论、经济学、自然科学等多学科综合性的知识结构基础上,形成通识教育教师的基本素质。

(3)教师要在了解自己所教的学生的基础上,实施个性化教学,全面、细致、具体地了解学生的背景、性格、特点、优势、长处、弱点、期望与要求,有针对性地设计、安排、组织自己的教学,不同的形式,不同的考核方式,不同的论文课题,不同的目标要求,通过个别的咨询和指导,借鉴牛津大学的导师制形式。

(4)形成计算机网络的学校、院系、教师和课程介绍,政策声明,程序规则清楚,信息资料丰富的、方便实用的选择操作平台,解决技术问题和信息问题。

(5)建立课程、培养方案动态式更新和创造式开发的机制,确保课程内容的不断更新,面向市场和知识体系及科学技术的不断发展开发新的课程,不断调整和完善各层次、各方向的培养方案,形成校、院、系、教师自上而下和自下而上的改革和更新的支持及激励机制。

(6)形成学生工作和教学工作的紧密配合和融合,为每个学生配备导师,帮助每个学生形成人生职业生涯和人生发展规划,把做人教育和做事训练相结合,转变教师角色,变教书匠为人生的领路人,变单纯的知识传授者为成功人生的设计者和引导者,变学业完成者为知识能力、人格素质、综合培养教育的导演和教练。

(7)实行以学生为中心,柔性管理,个性培养,突出特色和特长,在广博和深远的结合

上下功夫。这里需要许多实实在在、细致具体的工作。比如,坚持以学生为中心,修改和完善培养计划和方案,形成以学生为中心的课程设计和改革,坚持以学生为中心,学习成效的考核和评价,形成以学生为中心的课程组织和运行过程,形成师生多项互动的学习共同体,还要丰富学生的各种实验实践活动,并充分发挥隐性课堂的影响作用,特别是学校要为学生提供多种多样的舞台,开发各种信息和服务资源,创造尽可能多的学生个性发展和全面成长的条件。

3 个模式既各有特色,似乎又毫不相干,但是在人才培养上却可以共同发挥作用。培养高素质、强能力、复合性的人才,需要的就是 3 个模式的有机结合。实行根雕艺术的培养模式,就是最大限度地挖掘自身的潜能和优势,让每个学生都是"精品",越是高层次培养,越是专业性强,根雕模式的发挥空间越大,作用也越大。实行自助餐的人才培养模式,让学生有充分的自主权、选择权,最大限度地调动学生内在的积极性和动力,达到全面和谐的同步发展,使之形成合理的知识结构、能力结构,培养完善的人格,尤其是在高等教育大众化的进行中,其优势和特点更能显著的发挥。实行竞技体育的规定和自选动作培养模式,就是让学生在达到基本要求,在通过基本训练的基础上,特色培养和个性张扬,使人才更具竞争力、创造性和适应能力。实行 3 个模式的结合,达到个性与共性的统一,知识、能力、素质的一体,学校办学特色的最终落实和体现,必会呈现出一个个性教育人才培养的新格局——就是要使学校培养的每个学生都成功,都成才,都不一样。

第二节　质量为本:美国大学人才培养的荣誉制度介绍

什么是提高人才培养质量?如何培养拔尖人才?这是国内许多大学,特别是"211 工程"高校和"985 工程"高校十分关注和重视的一个重要问题。"拔尖人才"不是一个十分科学的概念,也不会有一个大家共同认可的定义,至少,我们认为,拔尖人才就是杰出人才,就是精英,他们具有领袖的潜能,能成为各行各业的领军人物,他们是具有综合能力和创新意识的高素质人才,他们应当是知识、能力和人格全面发展的人才,他们应当是有个性、有特色、有专长的优秀人才。不仅是中国的大学注重拔尖人才的培养,美国的大学也十分重视培养拔尖人才。例如,被称为硅谷之父的美国斯坦福大学当时的工学院院长特曼教授,使工学院发展成功的重要政策之一就是培养拔尖人才。那么,怎么培养精英人才呢?重要的就是提高人才培养质量,质量为本的一个重要方面,就是要靠好的制度环境。

一、4 种荣誉制度介绍

美国大学的学生荣誉制度由来已久,并经过 300 多年的变化、发展和完善,已经形成了较完善的体系,并且在人才培养中起到了越来越突出的作用。具体来讲,美国大学的学生荣誉制度可分为 4 个方面,包括荣誉考试制度、荣誉奖励制度、荣誉毕业制度和荣誉学院制度。下面分别加以介绍。

(一)荣誉考试制度

在美国,这种制度发源于弗吉尼亚大学。荣誉考试制度的基本内容是大学生进行课程考试时不用监考,大学生自觉遵守考试纪律和规定。通常的做法是在考试前学生签字或郑重声明,在考试时遵守相关规定,不从他人那里获得任何有关考试内容和解答的信息,也不为他人提供各种信息和方便。如果发现有不遵守考试纪律或不履行自己承诺的行为,则由考试荣誉委员会进行公正的调查和处理,这种制度在弗吉尼亚大学建立至今一直实行,并且在实践中不断改进和完善。此外,在其他一些知名大学也实行这样的荣誉考试制度,如普林斯顿大学、加州理工学院和莱斯大学等。比如,加州理工学院的荣誉考试制度,考试开卷多,很少有监考,许多考试是在家里和宿舍完成的。除了作业和考试外,在整个的大学生活中,都体现这种荣誉制度的精神和理念,其核心思想就是别人对你完全信任,你就更要对自己的行为负责。

透过荣誉考试制度,我们可以看到,这种荣誉实际上是一种学生的自治和自我约束,是一种精英教育和绅士教育的体现。它包括如下几方面的内容:第一就是诚信,作为一个大学生,尤其是在科学和学术面前,要实事求是,要“知之为知之,不知为不知,是知也”。真正的荣誉,不仅仅是考试的成绩,更是做人的真实和诚实。第二,是学会自我约束。任何自由都是有限度的,我们现在常常讲张扬个性,个性的张扬也好,追求个人的自由也好,都要在一定的框架下,都要在不违背相应的规则下进行。所以,张扬个性中还应当包括约束顽性和消除劣性。荣誉考试制度的意义就在其中。第三,这种制度是一种教育,特别是对学生自我负责的教育。让大学生每个人都为自己的言行负责任,能够辨别是非,能够有很好的判断力和自控力。第四,美国大学正是通过这样的荣誉制度培养学生的自我管理、自我约束、自我教育和自我认知的能力,增强独立性和自信心,为今后走向社会奠定良好的基础。这种荣誉制度反映的是一种精英教育理念,其来源是欧洲的学生自治大学传统,而创办弗吉尼亚大学的杰弗逊也是美国精英教育的代表人物之一。这位曾任美国第三任总统的著名人士,在自己的墓铭志上写的是美国独立宣言的起草人,弗吉尼亚大学的创办人,而对自己的总统生涯只字未提。杰弗逊本人就是典型的美国精英。哈佛大学对精英教育的传统进行了发展,使之成为哈佛大学著名的三 A 原则,即学术自由、学术自治和学术中立。从中国文化传统的角度看,这种荣誉制度恰恰可以用慎独来解释说明。这些原则和优良传统既可保障教师学生的积极性和创造力,又可以有效地约束学术失范和其违规行为,使每个学生、未来的学者和精英成为具有内在约束力的人。

(二)荣誉奖励制度

荣誉奖励制度或称荣誉激励制度。这种制度与入学奖学金和助学金不同,更多的是看学生入学后的表现,在每学年给予奖励。一是给予一定的荣誉,如 Chairman's hono, Dean's honor 或 President's honor 等。二是给予一定的奖励,通常是鼓励学分,允许你选择上一些高水平的课,而不用付学费。三是保证下一年的奖学金,并且只会提高不会降低。此外,这种奖励还为其他一些荣誉奠定基础,如出国留学、参与海外项目和一些社会活动项目,也包括攻读研究生学位等,还有就是加入一些荣誉社团。美国许多高校都有 300 ~ 500 个社团,有的甚至多达1 000个学生团体,其中一些古老而著名的社团,加入的门槛很高,诸如一些兄弟会、姐妹会的社团,一些希腊会社等,还有一些具有国际影响的,出过许多著名校友的社团。此外,美国还有许多基金会赞助的和命名的全国性学生奖励或奖学金,诸如马歇尔奖学金、杜鲁门奖学金、富尔布赖特奖学金、梅隆奖学金、金水奖学金、麦克阿瑟奖学金、罗兹奖学金等,还有如杜克奖学金、霍华德奖学金(黑人)和专门为环保设立的尤道奖学金。克林顿总统当年就是在耶鲁大学因与众不同和成绩优秀而获得罗德奖去牛津大学留学两年,而诺贝尔奖得主朱棣文(1997 年)在校期间就获得过斯托达数学奖、物理奖和威尔逊奖学金。当然,也有一些国家奖学金,如国家科学基金奖学金、国家优秀奖学金、国家成就奖学金及各种体育奖学金。这些不同种类、不同层次和不同作用的奖学金,都为优秀大学生的成长和发展创造了各种各样的条件,并成为内在的激励力量。

我们可以从以下两个方面来认识和讨论这种奖励激励的制度:其一,通过各种荣誉、奖励调动学生学习和创造的积极性,挖掘他们的潜能和活力,通过公平、公正的竞争强化学生的能力,最大限度地提高学习的效率,优化教学和教育工作的产出,形成学校人才培养的公平竞争机制,为学生成长、成功、成才创造尽可能多的条件和机会。特别是由于社会和校友的不断捐赠和鼓励,形成正效应的循环。毕业的学生感激学校的激励,珍视学校的荣誉,以实际行动为母校争光、争誉,取得成绩和成功后,又反过来捐赠母校,这种持续支持母校的校友捐赠活动一代一代传下去,形成了良性发展的文化和传统。其二,捐赠母校是一种良好的时尚和社会风气。各种基金会支持大学的发展是人们推崇的,是一种美德,已经成为一种社会潮流。美国的许多大学都是私人捐赠成立的,或者是以私人捐赠者命名的。如哈佛大学、耶鲁大学、斯坦福大学、芝加哥大学、加利福尼亚理工学院、康奈尔大学、约翰霍普金斯大学、卡内基梅隆大学、杜克大学、弗吉尼亚大学、莱斯大学、范德比尔特大学、普度大学、布朗大学、犹他大学、杨伯翰大学等。除了大学,许多著名的学院,如斯隆商学院、凯洛洛商学院、普利策新闻学院、华顿商学院、安能堡传媒学院、西蒙商学院等也都是社会或校友捐赠成立的。此外,许多大学也包括公立大学的许多建筑都是私人或校友捐赠的,有的一次捐赠数千万甚至上亿美元。如哈佛大学接受过一次 1.25 亿美元的捐赠,普林斯顿大学 2008 年接到中国香港巨子合和集团胡应湘 1 亿美元的捐赠,艾莱莉大学也收到一次 1 亿美元的捐赠,斯坦福大学、芝加哥大学更是收到一次 3 亿美元的校友捐赠。这种慈善事业和校友对学校的捐赠,体现的是一种大爱,是一种对学校、对社会的感恩和回报,体现了企业家成功人士的社会责任和贡献,正像卡内基基金会的创始人卡内基先生所讲的那样,不管地球怎么转动,太阳总能照到我所捐赠建立的大学和文化医疗设施。美国许多大学的建立、发展,特别是关键时期的改革往往和这种校友的支持密不可分,这也从另一个方面体现了学校的人才培养质量。

(三)荣誉毕业制度

荣誉毕业制度既是一种荣誉,更是对学生的一种挑战。和中国大学的优秀毕业生评选不同,一是没有固定的名额和百分比,二是不是最后的确定,仅仅看论文和达标,它从一开始就具有竞争性和挑战性。比如,第一,不是到了大四或最高年级才考虑,而是要有一定的基础,积累学分达到一定标准,课程选择难度达到一定要求,才有资格申请。第二,申请荣誉毕业的学生要提出自己的毕业论文选题,做好充分的准备,开题立项由专门的委员会评定,能进入荣誉毕业候选人的比例很小。第三,不仅如此,最后在毕业论文阶段,还要请外校专家参与评价,再筛选一定的百分比,不是数量而是质量,最后有极少数的毕业生凭借优秀的有创意的论文获得这一荣誉。其中最优秀者给予毕业典礼上演讲的资格,这一荣誉对一个学生来讲,会影响一生。

荣誉毕业制度带给我们的信息和思考是什么呢?那就是给学生创造竞争和展示的平台,为学生提出挑战性的目标,让学生在最后的阶段还冲刺,完成只有尽最大努力和持续跳高才能达到的目标,用美国人的话讲就是最后阶段的高峰体验。请看,荣誉毕业是有条件的,是有基础的。首先是学习成绩好、学业难度大,特别是本科一、二年就参加一些研究课程和项目,比如每个学期的 Paper,学年 Paper,参与由教师指导的各种研究团队,并取得很好的成果,或做出应有的贡献。而在后期专业或主修选择确定后,更是持续地在主修和专业方面有突出的进步和深入的研修,特别是论文选题有新意、有独创性,尤其是理工科和工程类的许多论文和研究,会形成很好的解决方案、研究的模型和工具,或者是产品专利。从创意开始,概念、设计、方案、过程、实施、运行、评价和改进,一直到产品和结果的实现。学生通过这样的系统训练和专门的研究过程,真正理解了什么是研究和创新,并且把所学的知识综合和融会贯通,收到远远超出分数和论文的效果,为今后进入专业领域奠定了坚实的基础。这样的激励和荣誉,不仅影响了自己,也对一代一代的学生产生了深刻的影响,成为学校重要的保留节目和优良传统。

(四)荣誉学院制度

这种制度也比较普遍,只是不同的学校做法有所不同,如美国密歇根州立大学、波士顿学院、马萨诸塞州大学、华盛顿州立大学、弗吉尼亚科技大学等,都有自己的荣誉学院。一般的做法:一是把全校学习优秀的学生集中到荣誉学院,给学生以荣誉学生称号,使其有荣誉感和责任感。从新生开始,每个年级都有进入荣誉学院的学生。二是通常为学校学生的5% ~1%,组织学校的知名教授为他们开小灶,进行精英化培养,通常课程既快又深,促使他们努力向上,只能进步,不能后退。三是这些学生有更大的学习自由度和专业选择权,如专业方向的多种选择,跨院系跨学科的选择,甚至可以和学校商计自主形成专业方向,因材施教,精心培养优秀人才。四是他们有更多的机会参与教授们的研究和活动,可提前选上研究生课程,并且可以不受学制限制,提前毕业,比如 5 年获得学士和硕士两个学位,或7年获得学士和博士两个学位。

荣誉学院大部分是在公立大学开展,一些学校还在学校网页和学校招生宣传中专门介绍,并且在美国还有关于荣誉学院的评价和排名。其一,公立学校往往规模大、人数多,是大众化、普及化教育的主要力量,3万人以上的学校有30多所,研究生在6 000人以上的就有40多所,其精英教育只好通过荣誉学院进行,这和私立大学差别很大。美国好的私立大学是精英教育的主要力量,通常师生比都在1:10以内。如哈佛大学是1:8,麻省理工学院是1:6,斯坦福大学是1:7,哥伦比亚大学是1:7,芝加哥大学是1:4,普林斯顿大学是1:6,耶鲁大学是1:8,宾夕吉尼亚大学是1:7,西北大学是1:7,加州理工学院是1:10,莱斯大学是1:6,布朗大学是1:8,达特茅斯学院是1:8。而公立大学一般的师生比都在1:15以上,伯克利加州大学是1:17,伊利诺斯大学是1:20,密歇根大学是1:16,洛杉矶加州大学是1:18,普度大学是1:17。精英教育是美国大学教育的优良传统,其核心是注重本科精英教育,培养迎接世界挑战和引领未来的领袖、领导者和领军人,通过公平、公正和平等的竞争体现大学的能力,体现人才培养的质量,特别是培养拔尖创新人才。

二、美国大学荣誉制度的思考和建议

尽管这些荣誉制度都是美国大学的产物,是适应美国大学发展和社会背景的,我们不可能照搬照抄,但是至少在人才培养特别是提高质量、培养拔尖创新性人才方面,在促进个性成才和全面发展方面,是值得学习和参考的。

(一)重视本科生的培养

重视本科生的培养特别是开发本科生的潜力,为培养领军人物和创造者做好充分的准备。这种重视不是一时的,而是长期坚持。上述4种荣誉制度,主要都是针对本科生的。美国一些学校更是极端,如果不是本校本科毕业,在一些教授的眼中,不是真正的校友。只有真正的本科教育才能对学校的传统文化和精神有更深的了解和体验,并且美国许多大学对学校回报最多的、有许多突出贡献的更多的和大量的是本科生,这也反过来促成这些制度的良性循环,也使学术更注重本科教育。如耶鲁大学就是重视本科教育的典范。特别重要的是,没有优秀的本科人才,就不会有高水平的硕士、博士,更无法培养一支素质高、能力强、能创新的教师队伍,这就是问题的关键所在。中国研究型大学主要是公立学校,所以我们的精英教育如何提高,就是既要学习美国私立大学的经验,也要学习美国公立大学的做法,切实地在提高本科人才培养质量上下功夫。

(二)注重质量,要有一套良好的制度作保证

从上面介绍的4种荣誉制度可知,这些荣誉制度贯穿本科生培养的全过程,多数也覆盖了研究生的培养。从招生环节、课程选择、学业成绩考试和实践、社团活动和团队,到培养目标和责任感、竞争和创造性、诚信和领导力、挑战性和自律自强,都包含在其中。它不仅仅是一个名声的荣誉,发一点钱的奖励,而是把学校对学生培养的所有要求都融

人进去,把学生培养的各个环节都链接起来,真正从系统的高度保障人才培养的质量,为各种层次各种特色的学生创造平等竞争的机会,为所有学生创造成才、成功的平台,为各种偏才、怪才、奇才、鬼才创造多样化成长的条件,不拘一格地培养人才、选拔人才和评价人才。让学生在努力奋斗中,在自信自强中,在竞争和挑战中,在创新和实践中达到自尊、自律、成功和全面成长,这样的质量就是一种真正的人才培养的质量,而不仅仅是课程考试的质量。

(三)培养、继承和弘扬优良的办学传统

好的制度的实施,关键是长期坚持、真正落实并在实践中不断完善,使之成为学校的文化和优良的传统。比如,荣誉考试制度在弗吉尼亚大学已经有近200年的历史,仍然坚持,并在许多学校推广和传播。笔者在林肯内州大学做访问学者时就了解该大学的博士生攻读学位的资格考试(从博士生变为博士学位候选人)就是无人监督的荣誉考试。同时,许多学校还推出一些辅助措施使荣誉考试的制度更好地发挥作用,如家庭考试、宿舍考试、团队小组考试,还有许多挑战性考试和世纪难题解答等。再如,荣誉毕业的制度,那就是一个系列的挑战过程,从目标确立、资格申请到课程选题、水平评价、中间淘汰、最后评价,一步比一步要求高,一环扣一环,逐步上台阶。经历这个过程本身意义更大、更难忘,这就使得这种荣誉制度含金量更高,在对学生的培养中发挥更好的作用。这要比仅仅是最后完成时按一点比例评选的效果更佳,不要矮子里面拔大个,而是真正体现人才的质量和水平。

(四)人才培养质量多样性和全面性的统一

多样性对应的是个性,没有多样性就没有体现个性。充分地尊重个性、尊重每个人的特长和潜力,才可以使我们所说的偏才、怪才、奇才甚至鬼才有机会参加竞争,让那些偏科的、在某一方面有极特殊的能力和潜在优势的学生得到适合自己特点的充分发展,这在荣誉奖励制度中会得到体现。而全面性是促进学生的全面发展,全面发展不是全科优秀,而是全能运动员,是综合性的全身心的发展,是知识、能力和身体心理的全面提高和扩展。荣誉学院在这方面发挥了很好的作用,特别是这种荣誉学院把学生的个性培养和全面发展有机结合,收到了很好的效果。一方面,荣誉学院的学生个个学习成绩好、能力强,是来自各学校的尖子学生,学校在给他们以荣誉的同时,又向他们提出更高的目标和要求,同时又尊重他们的个人需求,尽可能地创造各种成才的条件,如专业充分优先的选择权,课程更多的选择权,允许免修课程,允许学生多修课程和提前毕业,允许学生提前选上硕士研究生的课程,允许学生设计学校没有的跨学科的学习计划和专业等。另一方面,学校选派专门的教师给他们开小灶,使他们学习的课程更难、更深、更快,知识面更宽。同时允许他们在短时间内拿到学士和博士两个学位。特别是采取因材施教的方式,帮助他们较早地选择专业主修和方向,较早地参加教师的科研团队,有更多的机会参与学术交流活动,参加各种项目和竞赛,制定适合本人特长的职业生涯规划,或有更多的机

会出国留学和参与实验实践活动，甚至可以为他们量身定做新的培养计划，或者是和其他学校一起进行联合培养等。正是这样灵活多样、弹性柔性、因人而异的好制度，使得一批批拔尖人才脱颖而出，既为学校争得了荣誉，又使人才培养的质量和特色得到加强。

值得欣慰的是，中国的大学近些年来在发展中也做了许多类似的工作，并初见成效。如哈尔滨工业大学的实验学院（英才学院）、北京大学的元培学院、中国科学技术大学的少年班学院、南京大学的匡亚明学院（强化部）、浙江大学的竺可桢学院等精英教育模式已坚持数年。尽管从总体上讲，我们在人才培养的质量上与美国高校相比还有很大差距，但至少已经初见曙光。

本章小结及补充性说明

本章主要介绍和分析了美国大学教与学质量保障的一些做法和经验。通过本章的介绍和分析可知，美国大学在教与学方面的“模式－制度－操作”3层质量保证体系有效地提升了美国大学的教学效果。

第一节结合中国的问题和美国的经验，提出了适应21世纪人才培养质量和需求的3个模式：根雕艺术的塑造模式——让每个学生都是精品；自助餐式的选择模式——让每个学生都全面发展；竞技体育的竞争模式——让每个学生都有特色。3个模式的有机结合，将会对学生的个性发展、创新能力的培养和提高具有极大的理论和实践意义。该节内容曾在2004年中国高等教育学会教师论坛上做过交流，并以“人才培养质量随想”为题发表在《高教发展与评估》2014年第3期。

第二节简要介绍了美国大学以质量为本的拔尖人才培养的荣誉制度，需要说明的是，这里所介绍的荣誉制度不是授予名人、著名校友和教师的荣誉学位的制度，而是针对学生特别是本科生的荣誉制度，包括荣誉考试制度、荣誉奖励制度、荣誉毕业制度和荣誉学院制度。这种荣誉制度对于中国研究型大学拔尖人才的培养有一定的启示作用。该节内容成稿于2011年秋，并被刊登在西安欧亚学院学报2012年第3期。

本章参考文献

[1]　霍尔姆斯·B，麦克莱恩·M. 比较课程论[M]. 张文军，译. 北京：教育科学出版，2001.

[2]　舸昕. 从哈佛到斯坦福[M]. 北京：东方出版社，1999.

[3]　舸昕. 漫步美国大学[M]. 哈尔滨：哈尔滨工业大学出版社，2000.

第十二章　培养目标与实现路径

以上各章从课堂教学要素、教材与课程、教与学的角色、考试与答辩、教学方法与能力、教与学评价、教学质量保障与提升等方面介绍和剖析了美国研究型大学教与学的经验，并就中国大学教学的实际进行了有针对性的思考和讨论。本章结合美国大学的经验，从人才培养的目标、体系、模式、学制、途径、毕业典礼以及校友会工作等方面对大学教学进行综合性的思考，以期从中观层面对我国大学教与学中的重要问题提供破解思路。

第一节　不畏浮云遮望眼，自缘身在最高层

——聚焦培养目标：两种人才培养体系的思考

一、培养目标存在的问题及理解

培养目标问题既是一个老问题，又是一种新挑战，既是理论层面的研究和思考，又是实施和培养中的实践和落实。中国的大学之所以落后，中国的高等教育之所以存在差距，从根本上讲，就是我们培养的人才水平和质量不高，特别是拔尖人才、创新人才缺乏，更不用说在世界上有影响和地位的大师级人才了。影响人才培养效果和质量的原因和因素很多，而培养目标是一个具体和现实的问题。我们的培养目标存在什么问题呢？大概可以概括为 3 个方面：一是过于笼统，我们不是没有培养目标，党的教育方针早就明确了，这是大目标、总目标，是比较笼统的，是国家对教育的总要求，是对各学校培养人才的总的原则。问题是各学校应当在此基础上说出自己的理解和认识，确定每个学校自己的培养目标，这样的目标应当是清晰明确的，有自己学校特色的，区别于其他学校的。遗憾的是我们并不很清楚。二是过于统一，这是大家的一个通病，许多学校都是如此。我们的培养目标往往是一些词，一些同样的口号，同样的话语，整齐统一，内容不清，具体内涵既缺乏研究，又不易理解，更不好落实。比如，全是创新人才、复合人才、领军人物、综合素质以及各种各样的能力等。各学校的目标都相通相容，在哪个学校都合适，看不出区别，更没有特色。三是培养目标缺少分解和落实，目标不是为了好看和壮观，不是为了跟风和显示与炫耀，也不是应付检查评估和广告作秀。培养目标是学校、教师和学生共同努力奋斗的结果，是可分解和可操作的，可测量的并能实现的，或者是对学生一生的发展和成功有促进意义的。

其实,对目标的分解和实施,就是体现了各大学对培养目标的认识理解、解释和说明,逐级分解就是完成对目标的再确定,是实现培养目标的具体实施和落实。不同培养阶段有不同的培养目标和要求,不同的培养方案有不同的培养目标和要求。这方面的例子很多,如哈佛大学通识教育的培养目标,内布拉斯加林肯内州大学各院的培养目标,如美国 ABET 所确立的工程师培养目标和标准,如普林斯顿大学的培养目标和标准,具体的可以再分解,如 CDIO 工程教育的要求,佐治亚理工机械工程专业的培养目标和评价,这些都落实到培养方案、课程体系和培养过程中,更具体的是每门课程的目标和人才培养的目标相对应、相支持、相匹配,这样才使得培养目标得以切实的落实,并且不论是本科生还是硕士生、博士生,都有明确的、分级分类的具体细致的培养目标。这实际上是一个目标树的概念,是从总的培养目标到具体的分解目标的一个大系统。美国还专门研究了教学目标编目,为广大教师教学中教学目标的确立和评价提供一种可参考的工具,这个编目为教学目标的实现给出支撑和辅助,为培养目标的最后达成做出了贡献,它们也必然成为培养目标大系统中的子系统不可或缺的部分。这样才能使人才培养的质量得到保障。例如,笔者 2010 年夏季参加的美国 SHU 大学的项目,前面已提到,其在评价教学中就有两条很明确:一是教师是否对教学目标有清楚的定义;二是通过本课程教学的进行和实施,是否达到了预先设定的目标。有目标、有实践、有检测、有评价,不仅授课教师清楚,每个学生也清楚,这样才对学生的培养和教育有利,也对学生的培养教育负责。对我们中国的大学来讲,重要的问题是,各院系是不是对学校的培养目标都了解、理解、认同和落实,同理,各学科和专业对学校和院系是否如此。更进一步,每位教师在教每门课时,是否对相应的培养目标都知道、都理解、都认同、都落实和实践。这种一个台阶一个台阶、一个环节一个环节的对应和一致,才是培养目标的真正落实。

二、关于精英人才培养

涉及培养目标的另一方面就是培养什么人才的问题。具体来说,包括两个方面:一是如何理解精英教育;二是培养学术研究型的人才还是培养应用型的人才。美国在 20 世纪 50 年代就进入了高等教育大众化阶段,又在 80 年代第一个实现高等教育的普及,它的大众化教育的任务主要是公立大学完成的,而普及化的高等教育的主力军则是社区教育学院。因此,美国的许多著名的私立大学仍然能保持传统的精英教育,其特点主要包括:①入学时精选人才,除了考试成绩外,从多个方面进行综合考察和面试,切实把好入口关。②保证较低的师生比,大部分著名的私立大学师生比都在 1:10 之内。③小班授课,相当多的研究型大学 80% ~90% 的授课是以小班进行的,其他为中班。小班的概念就是 20 人以下,中班的概念就是 20 ~50 人,无论本科生还是研究生都是如此,甚至许多四年制的私立学院,被中国人称为自由教育学院的学校更是如此。这些学院的慢火细烹的培养教育方式,当然是最符合教育规律的,所以他们的毕业生大部分成为哈佛、耶鲁等名校的研究生,当然,这种精英教育的模式在中国没有基础和条件,也很难做到。④住宿学院。⑤通识教育，即培养全人，旨在全面发展，特别是对人的心智、品行、责任、胸怀、视野、思维及价值观进行的广泛而有个性特色的综合教育。⑥公民的意识和贡献与合作精神的培养。⑦在实践中学习成长和提高，广泛的开展学业实践、社会实践和社区服务实践。⑧国际视野和多元文化的理念与实践。⑨在公开、公平、公正的民主法制环境下的竞争和能力培养，特别是领导力和服务意识培养，个性化和团队精神的培养。⑩创造力和动手实践，包括企业家精神以及参与科研、独立工作和解决问题的能力。⑪良好文化环境和服务支持（信息、资源、设施、场所、咨询、财政、人文关怀和文化引领与熏陶）。⑫终身学习的能力。当然，21 世纪，全球化和知识经济及可持续发展，已经给高校的精英教育提出了新的挑战，也需要对精英教育有新的认识和理解。

三、两种人才培养类型的讨论

还有一个问题就是培养原始创新的学术研究人才，还是培养面向实际的应用型研究人才（在博士层面）。答案是两方面的人才都需要培养，说得通俗一点，就是既要培养爱因斯坦、杨振宁，也要培养刘永坦、蔡鹤皋、王仲仁和曹喜滨[①]。问题是什么样的结构比例比较合适。此外，这两种人才的区别和培养过程的不同如何体现。说到博士，也就是 PH. D.，我们国内翻译成哲学博士，所以就有工学哲学博士、理学哲学博士、文学哲学博士、管理学哲学博士、社会学哲学博士等，甚至还有什么哲学哲学博士等，其实这是误会，或者说是翻译的偏差闹出的笑话，实际上，这里的“PH.”并非是哲学的意思，而是代表接受学校教育达到最高层次的意思，是代表知识的学习达到了博和专的程度，是传统博士学位的代号，并且这种人非常少。我们知道，科学研究有两大类，一是基础研究，二是应用研究。基础研究培养的博士主要是从事许多原始创新、理论创新的研究工作，是我们传统意义上的研究人才、学术人才，而应用研究中培养的人才主要是进行集成创新，是面对工程、技术和现实问题的解决和创新，当然这里也包括一部分 PH. D. 人才的需求，但大部分应当是专业应用型的博士，这大概也是我们进行研究生人才培养改革的目的和原因。在美国大学中，这两种人才培养的区别是很清楚的，如医学博士是主要从事医学、生理、病理研究的，是理论和机理探索的，主要是在大学和医疗研究机构工作从事科研和教学的，他们是不会看病治病的，也不从事临床工作；而医科博士则是主要进行临床培养训练的，他们的研究是面向患者和病例的，是诊断和操作的，是经验和实践的。牙医学博士和牙科博士的区别也是如此，工学博士和工程博士的区别亦然。

尽管国内少有应用型专业博士的概念，但实际上，随着研究生的大量扩招和博士和博士后的不断增多，也面临着这样的问题。我们当然要培养一批 PH. D. 的博士，无论是理学的、工学的还是管理学的，这些人的发展方面的职业定位是科学家、理论工作者和大

---

① 刘永坦、蔡鹤皋、王仲仁和曹喜滨都是哈尔滨工业大学的院士或著名学者，这些学者均侧重于应用研究。

学研究型的教师,这是我们精英教育的核心部分,是基础研究原始创新的生力军,是博士教育的品牌体现。我们更要培养一大批专业应用型的博士,他们应是现代工程师、企业家、金融家、创业人才和各行各业的领军人物,也应当是工科大学的教师。千万不要砸了博士的牌子,包括这两种博士的培养的质量和水平。通常美国的大学 PH. D. 学位大多在文理研究生院授予,当然美国大学是多样性的,名校差异很大,如 MIT 的工科几乎没有专业博士,取而代之的是工程师学位。各专业学院也授予少量的 PH. D. 。同时,专业学位和学术学位的区别,在培养目标、课程设置和毕业论文要求等方面都有所体现,比如 PH. D. 博士培养目标的要求是具有坚实而宽广的学科领域的理论基础,具有系统而深入的本学科和相关学科领域的知识及研究方法,在了解和理解本学科发展趋势和前沿领域的基础上,进行独立的创造性的科学研究和探索实践,而对其论文要求则是在学科领域内有创造性的成果,特别表现出对学科前沿的原创性研究能力和在有影响的学术期刊上报告研究成果的能力(原理、理论体系、模型、方法和工具的探索、创新研究)。而应用型专业博士的培养目标主要是综合性和解决问题的能力,如高级系统的识别能力,对大工程项目的理解分析和综合能力,对大型工程项目的计划、监督和管理能力,参与调研和具体解决重大交叉学科问题和现实现场的重大复杂的工程技术问题的能力等,其论文的评价标准主要是看其是否能创造性地运用科学和工程的技术方法解决所要求的重大问题,或者是形成重大项目和问题的解决方案,还有许多是专利产品开发和理论在工程实践方面的创造性应用。我们人才培养的改革还没有到这一步,中国目前还极少有工程博士或各种专业博士,我们的改革只是在硕士层次。但是,了解美国高层次学生培养的这种差异,对于更好地理解和改进我们的研究生培养和教育是十分有益的。记得笔者在 1993 ~ 1995 年第一次出国留学时就曾谈到这个问题,只是因为当时的情况和条件大家还不可能清楚地认识和给予足够重视。博士生的培养是这样,硕士生的培养更是如此,而且大量的硕士生的培养是应定位在专业应用型上的。

四、从职业教育角度深入理解人才培养的标准和质量

此外,还有两点需要说明,可以帮助我们更好地理解这一问题。一是对培养人才层次的理解。在美国著名的研究型大学中,本科学院主要是通识教育和专业导向的教育,如哈佛大学的哈佛学院,耶鲁大学的耶鲁学院,哥伦比亚大学的哥伦比亚学院等,而大多数的博士(PH. D.)培养是在文理研究院进行,这就是我们所称的学科。而我们所熟悉的专业和专业教育是在各种专业学院,实际是真正的职业教育学院,也是研究生院(有的也包括本科生培养),这些学院如工学院、法学院、医学院、教育学院、商学院,还有新闻学院、农业与自然资源学院、国际事务学院、家庭科学与人类服务学院、建筑学院、艺术与设计学院等,都是职业教育的学院,但这是专业教育的研究生院,是最高层次的职业教育,即专业教育基础上的职业教育(Professional Education)。所谓职业教育,就是面向实际的、面向应用的、面向社会就业的,是让学生学会相应学科专业的本领和技能的。因此,

可以说,在美国大部分硕士生的教育培养不是以基础研究学术型人才为主的,而是以应用型专业人才为主的。

再进一步说明就是要正确地理解和认识职业教育。职业教育是分层次的。具体来讲,可分为3个层次:第一个层次即低层次的职业教育,是岗位技能的教育和训练,如一般的短期培训或是职高中职技校的教育培养;中间层次的就是我们国家的高职高专,在美国的许多本专科专门学校是中层职业教育,以技术教育为主,在一定的知识和理论学习的基础上,培养的技术工作者;而最高层次的职业教育则是以研究生教育为主的职业教育,这是一种专业性的职业教育,是在系统的理论学习和专业培养基础上高层次、高水平的职业教育。因此,我们不能低估职业教育,MBA、MPA不是典型的职业教育吗?工程师、建筑师、会计师、审计师、评估师、金融师、软件师、医师、教师、企业家、咨询师的培养教育都是典型的职业教育。我们的工程院士就是大师级的工程师嘛!我们的各级管理者不就是企业事业单位的管理工程师吗?社会的精英主要就是由这些人组成的。因此,了解了这种职业教育,我们就能更深刻地理解我们的研究生教育,更理解目前进行的硕士教育的改革,也更能理解研究生教育的质量、标准、要求和规范。

研究生教育的培养目标分为学术研究型和实用研究型,是符合人才培养规律的,也是符合社会发展需求的,所要做的工作就是首先明确、清晰地确立人才培养的目标,不是一句话或几个口号,而是具体、明确、清楚地对人才培养目标的确定,如什么规格、什么就业或职业导向、什么要求等。其次就是确立相应的标准,具体的就是能力、素质、知识结构和技能上的标准达到什么程度。三是如何测量,达到什么程度为合格,什么程度为优秀,如何测量和评估,可操作性如何,测量和评估的准确性和真实性如何。四是怎样贯彻落实,从培养方案到课程,从具体的课程内容和方法到实践实验环节的具体过程都要清楚其目标、标准、要求和评价测量,使之与培养目标相适应,相一致,并且逐步达成目标。这既是一个漫长的过程,一个复杂的过程,一个要下真功夫、下细功夫来不断实现的过程,绝不是下个文件、开几次会、提一些口号和词语就能解决的。五是加强和强化师资的水平和能力,这是关键,又是软肋。切实提高教师的教学能力、科研服务能力,特别是工程实践和创造创新能力,至少有6个方面的工作要做:①一定要使教师加强企业的联系和实践,了解企业和技术的前沿和发展现状;②要不断增加实践和实际能力;③教师多元化,从大型企事业单位聘请有丰富实践经验而又胜任培养教育工作的科技人员和工程师担任兼职教师,共同培养研究生;④为教师提供更多的学习发展机会,特别是到国外著名大学进修学习;⑤培养企业家精神,支持教师的发明创造和专利;⑥从系统工程的角度,解决好改革的相应配套和服务支持问题,做好全面工作,使改革持续地进行下去。从另一个角度看,我们的这种硕士教育的改革,既可以保障学术研究型的研究生,更好地精选人才,特别是博士的培养质量,也可以更好地改革硕士生教育,使研究方向更明确、更稳定,培养人才的目标和要求更清晰,为将来的博士生教育改革奠定基础。本次参加的博士项目讲学,其培养的博士就是专业型的,以上这些认识就是基于这次讲学和美国同行共同探讨培养目标的一点思考。

他山之石,可以攻玉。美国是世界上高等教育最先进、办得最好的国家之一。如果我们每位出国的教师和管理者,每次到美国或其他国家学习或访问,都认真地学习和总结,相信总会带来一些有价值的可参考的经验和做法。中国古代有一个成语或是故事叫盲人摸象,其实去掉贬义,它讲得很正确,现在应给予新解。无数位盲人的多次摸象,把所得结果集合起来,就会了解和掌握一个真实的大象的全面完整的信息。以上笔者的这些观点和认识不也是一次比较自觉和主观的盲人摸象吗?

第二节 纸上得来终觉浅,绝知此事要躬行

——六制改革、通识教育及教学目标的思考与比较

近年来,许多中国大学都热心于通识教育,建学院、改课程、发文章,宣称开始了通识教育。虽然有许多进展和变化,但感觉还是学形而未学神,并且有许多误区。要么是水土不服,要么总有排斥反应,综合后遗症很多。下面介绍美国大学六制基础上的通识教育,或许我们才会对真正的通识教育有一个深刻而全面的理解。

一、通识教育和各种教学制度之间的联系

通识教育和六制(包括学分制、课程选修制、弹性学制、导师制、多学期制、住宿学院制或本科学院制)是相联系的。

(一)近年来我国大学六制改革的过程梳理

记得我国高校刚开始学分制改革时,热情很高,以为找到了灵丹妙药,把学分制吹得神乎其神,结果发现,学分制实行了,效果并没有出现,学习的独立性、创造性、个性化和高效率并没有实现,学生真正的自主学习、弹性学制以及转学互换学分更没有实现。原来,我们实行的不是真正的学分制改革,而是有中国特色的所谓的学分制。不过是把课时数改成学分计算罢了,这是改革的第一阶段。学分制实行一段时间后,慢慢才明白,学分制的核心是课程选修制,没有大量的课程开发和建设,没有学生的方便、自主、科学和实用的课程选择,怎么会有学分制改革的预期效果呢?真正的改革不是什么学分制改革,而是大量丰富的、高质量的课程选修的实施,并且还应伴随专业的学生选择,这是改革的第二阶段。进一步我们发现,仅仅是学分制和选课制还是不行,又开始学期制的改革,相当一部分大学实行了三学期制,实际上是美国大学普遍实行的两长一短的正常学期制,这应当算作是第三阶段。接着又进行了第四阶段的导师制,第五阶段的本科学院和住宿制改革。为什么这么多轮的改革都没有收到很好的效果呢?原因很简单,因为所有这些都是外在的、工具性的、框架式的、表层式的改革,而没有从根本上实现教育教学和人才培养的改革。试想,学分制是什么?第一,只是一种工具,一种记录和检测学生学

习工作量和等级的方法。尽管我们选出很多词来，诸如真正的学分制、完全的学分制、彻底的学分制、全面的学分制、积点学分制、标准的学分制等，还有什么年级学分制或学期学分制，都表明我们学得不像、不真、不彻底。第二，学分制还应带来管理和选课的方便。比如，以学分为单位收费，以学分数来确定课程的进展和学业水平，年级区分，同时对外交流、转学和学分互换比较方便。美国的大学之间学生的转学和转专业是很频繁的，不同的州，公立、私立大学之间，不同的层次之间的大学学生都是可以转学的，当然，是有条件的且是双向选择的。第三，学分制的另外一个特别的作用就是学制灵活，极小部分学生可以在3年内大学本科毕业，多数学生是正常的4年毕业，还有相当多的学生可以在5年或6年内毕业，并且学生可以在大学期间保留学籍，工作一年或半年，有较长的时间和机会进行正式的工作实习和实践。这些学分制的优势和特点在我们的大学中根本发挥不出来。到了第六阶段，我们的一些学校才认识到，除了学分制、选课制、弹性学制、多学期制、导师制和本科学院之外，还有课程问题，即通识教育或称核心课程，于是又开始了课程方面的改进。通过一段时间的准备、宣传和具体工作，把课程归类，在模仿美国通识教育的基础上，改改名称，变变样式，中国的一些大学就开始实施所谓的通识教育了。当然有一些实在的进展和探索，还成立所谓的本科学院，并且有的学校还模仿英国或美国的住宿学院，速度虽然很快，经验也很多，就是效果不甚理想，课程和管理水平也没有达到预期的目标，还有许多误区。

（二）学习美国大学经验的误区和特别的注意事项

其一，过于简单地模仿，采取拿来主义态度，机械地学习，简单地操作，只学动作不问机理，只求形似不求神似，结论下得太快、太绝对。

其二，过于单一，过于走形式。一刀切、齐步走、走过场是不行的。学习国外的先进经验，首先要学真、学透、学全面，不急于操作和改变。其次要了解如此做的原因、条件，是在什么情况和状况下开发和实施的。再次要更深入地了解形成此做法的文化、制度和历史过程，从更深层次去理解和分析为什么。第四要了解和研究从产生发展到实施过程中有什么问题、对策和解决方案，这样才能学到真经。第五才是真正地考虑如何应用和如何学做。以上可以称为学习国外经验的五部曲。

其三，要想真正在我们的大学里实行，还需要认真地比较、对照和分析。在前面的学习、理解、消化和全面认识的基础上，在对可能存在和遇到的各种困难问题充分估计、预测和对应准备上，认真地进行设计研究，制定相应的政策，进行初步的探索和实验，从点到面，逐步展开，并且要做好充分的人员准备、理论指导和经费与人力的投入。这里要注意6个分清：一是分清哪些是可以直接采用、简单模仿和搬来即可。二是分清哪些是需要进行适当的变化和改造就可以采用的。三是分清哪些是立即就可以行动的，哪些是现阶段不适合、待发展到某一阶段后才可实行的。四是分清哪些是虽然表面上不适合，但其精神和内在本质是非常值得学习的。五是分清中国大学和国外大学处于不同阶段和不同情况下的相同性和可比性。总之,一定要结合我们每个大学的不同实际和不同发展阶段,切不要好高骛远,好大喜功,简单鲁莽行事,或者长官意志,违背规律,弄出许多低级错误和笑话,造成事业发展不应有的损失和浪费。最后一个分清是还要特别注意哪些是由于社会制度等原因造成的,哪些是文化因素的影响,哪些是技术层面上的问题体现的差异和不同。

其四,细节很重要,万万不能粗制滥造,一定要精雕细刻。细节决定成败,细节展示水平,细节是魔鬼,细节更创造奇迹。要真正地学习和实行,就是要落实,真实,这是一定要在细节上下功夫的。国外大学很多好的做法及先进经验,我们学得很快,一个提法,一个口号,一个新词,马上就能接过来,很快就会传遍大学界,可是差别很大,效果不明显,甚至可能出现偏差和异化。其根本原因就是细节上的不同,表面上看,口号上讲,形式上学,外在的都一样,而根本的、内在的、本质上差别大得很,特别是在人员素质和执行上,在理念和真实理解上,在制度政策的实施上,在土壤环境和边界条件上,在文化精神和价值观上差别巨大。因为每个细节,虽然是一个小做法、一个小环节,却是整个工作链条上至关重要的一步,并且反映的是一个大学的哲学、使命和愿景,反映一个大学的历史、文化传统和发展变化的不同阶段。在此项工作上的具体落实,是从总目标的实现到目标分解,再到具体工作环节的一步一步的积累和达成。在细节的落实上,我们差得太远了。后面说到的目标问题就是细节的最好说明。所有这些改革都应当是自愿的、自觉的、内在的、自生的,而在压力和命令下的被动进行,以及在改革大潮中的跟风跟进,是不可能真正成功的,只有这样才能真正体现细节上的精致和完善。

其五,要特别注重综合性、系统性和联系性。美国大学的教学改革是一个持续不断改进的过程,各个大学都有自己的特色做法,并且都有一个不断完善的历史发展过程。比如,学分制是根据课程选修制的需求而产生的;学期制的改革和变化是各学校根据自己的实际自愿实行的;住宿学院和通识教育是英国的传统,同时又具有美国大学的特点并不断改进,并且是和导师制(在美国称为 Acdemic Adviser)密切相关的。所有这些做法都不是简单的先后关系或者是简单的机械组合,而是一个相辅相成的有机体,是相互适应、相互制约和相互支撑的共同体,是共生共长和缺一不可的,并且在实践发展过程中不断完善,在各种反馈中不断调整和适应的。所有这些做法都是围绕着“课程”这个中心来进行的,向各种课程要质量,不断地改进,不断地创新,而其根本是教师和学生,也就是真正回答教什么、谁来教、教给谁、怎样教、谁来学、如何学以及如何提高教与学的质量等问题,而不是就事论事,不是为了改革而改革,不是为了宣传和广告作秀,更不是跟风或搞形式主义的花架子。

二、从课程选修制和多学期制改革透视教学管理制度的改革

从课程选修制和多学期制改革看,教学管理制度改革具有复杂性、艰巨性和系统性的特点。下面就课程选修制和多学期制改革的具体实践做一些深层的分析和思考。

(一)课程选修制改革所必需的5个方面

以课程选修制改革为例,真正实行科学系统和方便实效的课程选修制,是有条件的。具体而言,包括如下5个方面。

第一方面,要有大量高质量、高水平的课程可选。其一是数量之多,类型之多。能够开出培养一流创新人才所需的各种学科的知识类课程,还包括跨学科、多元化和国际化的课程,也包括各种类型和不同层次的课程。其二是质量之高。不仅学位课程、核心课程、必修课程质量高,各类选修课也要同样保障高质量,所有的课程都是高水平和高标准的。

第二方面,要让学生有充分的选择权,学生充分的课程选择就是主动学习的内在动力,并且按课程和学分收费,可以使学生的选择和决策更慎重、更理性。中国目前的情况是必修课太多,使学生无法进行真正的选择。国外大学的许多必修课也是可以选择的,比如分几大类,形成几个课程群,或者在10门课中选5门,在8门课程中选4门等。国外大学开设大量选修课可供学生自由选择,可以跨院、跨系、跨专业进行选修,不仅是选择哪一门课,还可以选择不同难度的课程、不同教师的课程、不同学期的课程以及不同类型和方法的课程,所有这些是和学分制、多学期制、弹性学制相融合的。这样才可以使学生能够在3年、4年、5年或6年内都可以毕业。此期间可以有充足的时间,保留学籍,进行工作实践和实习,可以使学生方便地选择专业,跨院、跨系重选专业和跨校转学,真正把上课选课的自主权交给学生。

第三方面,要有一套科学、合理、全面和方便的选课服务系统,除了能够选择课程外,其作用还应包括:一是对各种课程进行分层、分型、分类,并确定明确的递进关系,或者是无递进关系的独立课程;二是对课程的目的、目标、主要内容、结构、学分、考核方法、难度、作业量、课程组织和要求等信息公开公布,方便查询和了解;三是对任课教师情况明确公布,包括经历、经验、对本课程的设计、理解和改革实验及教学研究和获奖情况等,使学生能够选择不同的授课教师并对任课教师有多方面的了解;四是及时公布往届学生对本课程的评估情况以及各种改革建议和选修建议。

第四方面,是学校要有指导,要让每个学生都有一位教师指导学生的课程选择,学业发展和职业生涯计划的规划,对大学4年本科生活进行全面的安排和设计。

第五方面,就是要不断改进和完善教学,特别是不断开发新课程。比如,与时俱进修订培养目标,3~5年进行一次培养方案的改进,对课程目标和教学目标进行持续的研究和改进,对教学设计进行不断的提升和完善,对课程的内容、方法进行不断的改进和发展,特别是要鼓励和促进广大教师不断开发新课程,建设新教材,更新观念,不断创新教学。

从以上5个方面看,课程选修制绝不是改个学分计算以及让学生选择上哪几门课那么简单,而是一个复杂的系统工程,是要做多方面准备、精心设计和研究、全面统筹和安排、不断改进和落实的过程,是学分制、选课制、弹性学制、学业导师制、多学期制统一融合和结合的过程,有许多基础工作,需要技术准备和硬件设施的建设,更需要有教育思想、观念的转变以及教学管理方式方法的推进和完善。

(二) 多学期制改革的深入思考

近些年来，中国的许多大学都开始实行多学期制的改革，多数实行的是三学期制或称两长一短学期制。欧美的许多大学都实行多学期制，如三学期制和四学期制。美国的大学多数实行的是两长一短的学期制，即一个秋季学期，一个春季学期，还有一个夏季短学期，又称 Summer Semester。比如普度大学、内布拉斯加大学实行的就是两长一短的学期制，而斯坦福大学、芝加哥大学等则实行四学期制。中国东北的一所大学曾经较早地进行了多学期制的改革，可是效果并不好，为什么呢？因为这绝不仅仅是一个学期多少和长短的变化，而是涉及许多方面共同协调改革的大工程。想当初这个学校改后的结果是学生的频繁回家和家长非常多的抱怨，“学校总是放假，一年也上不了几天课”。学校放假多了，再加上新年、春节、五一、十一等，家长的感觉就是“学生回校没几天又回来了，这样的学校能保证教学质量吗?”是呀，平时假期多，夏季又放 2 ~ 3 个月，学生真是放羊了，家长的感觉并不错。这说明我们一些大学的学期制改革是有误区的，正是对学期制改革的片面理解和简单模仿，才造成了这样或那样的问题。问题的中心是到底为什么要进行多学期制的改革？有什么好处和优势？如何发扬这些优势？需要什么条件和制度保障？前期应做哪些基础准备工作和相应的政策调整？有什么问题和不适应性？过渡期如何？会带来哪些新的挑战？教师和学生应如何适应？对课程有多大的冲击？学校管理上要做哪些相应的调整和变化？等等。这仅仅是对学校内部的考虑，此外，还有许多学校外部和社会条件的变化和适应。

至少我们可以考虑如下两个方面。

(1) 多学期制实行的十大好处。

为什么要实行多学期制改革？不能仅仅因为美欧大学都是多学期制，我们就改；也不能因为中国的清华大学、北京大学、浙江大学、复旦大学、南京大学改了，我们也改。关键的是适应性，是如何更有利于提高效益，如何更好地培养人才，如何更好地发展和建设学校。记得，十多年前在学校的一次讲座中专门讲了多学期制、夏季短学期和课程安排，介绍美国大学的管理、效益和效率，如何向管理制度要质量。比如，可以解决学生选课与上课的矛盾以及教师教学与科研的各种矛盾等，具体可归纳为如下十大好处：一则想提前毕业和提前上课的学生可在暑期多选一些课。二则课程不合格的学生可在暑期重修。三则本科生可选上一些研究生的课，研究生也可以补充一些本科的基础课。四则许多转学生、旁听生也可以利用暑期先上一些课。五则可以解决教师教学科研和服务等时间上的冲突和矛盾，教师可以在一年三个时段选择自己的开课时间，更好地协调教学、科研和服务的阶段性安排，或者在春、秋正常学期开设课程，或者在夏季短学期集中上课，其他时间可集中从事科研、学术交流或社会企业咨询服务，更能集中精力和时间做好科研项目。六则可以充分发挥学校的优势，利用暑假短学期多开设课程，面向社会，面向全球，吸引各种求学者听取学位和非学位课程,实施更好的继续教育和终身学习,真正为社区、为企业和政府机关做好培训服务。七则使假期空出的大量教室、实验室、图书馆等设施得到充分的利用,使学校的设备设施利用率大幅提高,并为学校增加收入。八则更加适应和适合教育教学和人才培养的规律,例如,有一些课程特别适合集中讲授,集中学习,同时一些学生也特别喜欢集中突击的学习和考试。暑假短学期就可以安排一些四周学习计划,五周、六周学习计划等,在一个相对较短而又集中的时间内完成课程教学和考试考核,提高课程的效果和质量,进行强化性训练和提高。九则学校可以利用暑假短学期开展各种学术交流,举办各种国际会议、学术研讨和论坛、各种夏令营、专题培训和辅导,使学校更活跃、更开放、更信息化和国际化。十则学校可以更好地统筹安排,解决一些短时间内不能解决的重要问题,比如教师的休假安排,比如学生需要较长时间的社会实践和专业实习,比如校园的道路维修,教室、实验设备和图书馆、体育馆等场所的定期维修和装修工作等,还可以集中一些大题目和长远战略进行专门讨论,解决学校的重大决策和规划调研等问题。所有这些都表明了多学期制改革的好处和重要性,也回答了到底为什么要实行和实施多学期制改革。

但是,问题并非如此简单,有机会和好处,必然也有问题和挑战,况且好处和利益不是立刻显现的,并且也不是必然的,因为处理得不好,还会有波动、有反复,有各种反映和问题,甚至适得其反,影响教育教学的正常秩序,不利于提高人才培养质量和办学效率效益。

(2)实施多学期制的七大挑战。

如何实行多学期制改革?会遇到哪些问题、阻力和挑战?我们应当做哪些充分的准备和创造什么条件?根据美国大学的经验和我国大学的实际情况,要使多学期制改革顺利实行,至少要考虑以下7个方面。

其一,要对课程进行全面的改进和创新。这绝不仅仅是个时间长短的问题,不是减少了一些课时,减少一些内容那么简单,而是要对课程进行重新调整、梳理和整合,包括课程的目标、内容结构、课程组织形式和方法、考核检测的方法等,都要进行全面的革新,尤其是教学理念的更新。

其二,要对培养方案进行再修订,包括培养目标、总体方案、各部分的关系、各阶段的衔接,课程学时压缩后的变化与挑战,不同课程的增减和实验实践教学的链接,以及课程总量和课时学分总量的重新安排等。

其三,要根据学期、课程、不同院系、不同培养目标和方案以及不同培养过程重新设定课程选择体系和教室资源配备,进行大的调整和变化,进行重新的工作量核算,进行各种资源的整合。

其四,建立一个专门的机构,承担如下职责:一是做好全校的统一改革计划和安排,综合管理和协调各种问题和各项工作;二是切实做好沟通和协商,统一思想,统一认识,形成合力,减少矛盾,和谐愉快地解决各种冲突和麻烦;三是做好大量宣传工作,转变观念,理顺思路,让全校师生员工了解、理解、乐意和服从,积极投身多学期制的改革。

其五，短学期干什么，如何安排，也许会有一个冲击。无论长短，最重要的是一定要上课。一则是学生的安排，要有大量的课程。二则让学生走向社会，进行较长时间的实践和工作，这就要求社会能够提供充足的实践和工作条件，学校做好和企业、事业单位协作的联系。三则教师的安排，一部分教师要上课，要习惯和愿意在暑期上课，并且是集中时间讲课、研讨和考试，包括一些重开课，一些新开课，还有一些特别课程的计划和安排，切实保证水平和质量。四则利用暑假短学期开展各种学生科技活动，形成校、院、系的多种项目和不同的形式，如专题调查、创新大赛、立项课题、成果展示等活动。五则大量的学术会议、各种培训班和夏令营会蜂拥而至，还会有各种留学生、国际友人和大量社会人员的到来，要做好充分的物质接待和宣传服务工作，如住宿、食堂、停车场和安全问题等。

其六，这是个系统工程，会打破以往暑假时间学校比较空、比较静的情况，也绝不是教务部门和研究生院等少数部门单位的事情，会涉及全校的上上下下和方方面面。比如各种名人、专家、学者的接待接见，如各种安全、治安、防火、防害的工作，各种信息交流和资料信息服务，各食堂、宿舍、宾馆、招待所的安排接待，还有各种教室、实验室及各种教学服务的辅助性工作。千万不要措手不及，千万不要出现危险，千万不要手忙脚乱，全面系统的统一指挥、协调和安排是必不可少的，许多事情要事先做好充分的准备和设计，有预案、有措施、有保障，还应有专门的款项投资，招募大量的学生做好各种勤工俭学的服务工作。

其七，真正实现学分制、课程选修制、弹性学制和柔性淘汰制、多学期制及导师制的协调一致统一融合，真正实现个性化、分流、淘汰、多项选择、多样化和培养拔尖创新人才的目的。

透过上述分析和说明，我们更能理解六制的教学管理的改革绝不仅仅是一个时间问题，不仅仅是一个具体的制度安排，不仅仅是发个文件和一宣布一执行就万事大吉。特别值得注意的是两个问题：第一，教学改革和人才培养不是一朝一夕的事，不是可以一蹴而就的，是一个不断改革、不断实验、不断完善的过程，要经过反反复复的实践，一代代人不懈的努力，在实际工作中的不断调整、变化、更新，在具体执行中的磨合、体会、理解、协调和改变，才能得以实现。操之过急，靠运动和口号，想一鸣惊人都是不行的，特别是许多改革和变化的效果是滞后的，是要经得起时间的考验和事实的证实的。第二，我们必须清醒地认识到，这是一项涉及学校许多机构部门的综合系统工程，仅仅依靠教学管理部门或仅有院系配合是不够的。首先必须有广大教师和学生的配合和理解，其次是学校行政部门和后勤管理服务单位的支持与配合，还有教学和科研辅助部门的支持和配合，更要有地方政府、企事业单位的合作和支持，还要争取更多的校友支持。大学的改革和创新，从来就是和国家的建设，社会经济技术发展的阶段，地方的发展和变化以及文化宣传和舆论的支持相关的。最后也还应有各大学之间的相互支持及学生家长的理解和支持。

三、关于通识教育的改革实践与培养目标的再思考

(一)对通识教育认识上的误区

近些年来,中国的一些大学开始了通识教育的实践,如北京大学、清华大学、南京大学和浙江大学,特别是复旦大学更是全面地进行了通识教育的改革和实施。但是总体上,中国的大学对通识教育的理解还有偏差,在实践中更是有许多误区,这就使得我们的通识教育不全面、不真实。这些误区主要是:一是简单地改变名称,把现实的一些课程整理分类,重新起个名,就叫通识教育了。二是把通识教育和专业教育对立起来,分隔开来。三是误以为通识教育就是一个"通"字,就是多补充课程、多学知识,理工科学生多学点人文课程,人文科学生多学点自然科学知识。四是以为通识教育就是课程的改革,加一些课、知识全面一些就是通识教育了。正是由于这些误区和不正确的认识,使我们的通识教育上得快、改变快、发展快,但就是达不到预期的效果和水平。五是通识教育主要是针对应试教育和高中过早的文理分科,是素质教育的大学形式。

(二)对通识教育全面、正确的理解的七大维度

美国的大学通识教育有其历史的渊源,从自由人文教育、博雅教育到现在的通识教育,有一个不断与时俱进、改革完善的发展过程,同时又没有固定的模式和统一的版本,不同的大学都有不同的理解和特色。这就给我们的学习和借鉴带来了困难,但同时也为我们中国大学办出有中国特色的通识教育提供了思路和榜样。纵观美国大学通识教育的发展过程和各种经验教训,我们似乎可以从如下几个维度来理解什么是真正的通识教育。

第一个维度是理念维度。通识教育首先是一种理念、一种思想、一种观点,是一个大学办学理念的体现。一个大学的通识教育体现的是大学自身的使命、宗旨和哲学,反映大学自身对教育、对人才、对知识、对自己的责任的理解和说明。为什么每个大学的通识教育各有不同?就是不同的大学对通识教育的理解不同、认识不同,理解得越深刻、越全面,大学的通识教育就越出色、越有特色。

第二个维度是培养目标的维度,即一个大学要培养什么样的人,这里既有总的培养目标,更有具体分解的培养目标,特别是对能力和素质的要求与说明。

这里可以简单介绍全人教育的思想。从人性出发,人文主义是这种教育思想的重要理论基础和来源,其主张主要是要培养完人或者是有教养的人、完整的人、全面的人或自由的人。比如,罗杰斯提出的"躯体、心智、情感、精神、心灵力量融会一体"的人。又如,联合国教科文组织国际21世纪委员会提出的"使人日臻完善,使个体的人格丰富多彩,表达复杂多样;使每一个个体成为一个真正的人,成为一个家庭和社会的成员,成为一个公民和生产者、技术发明者和有创造的理想者,各自承担自己的责任"。

最典型的是80位学者于1990年6月《在芝加哥宣言》中提出的全人教育的十大

原则：

(1)为人类的发展进行教育。

(2)视每个学习者为独立的个体。

(3)经验在教育中起到关键作用。

(4)整体和全面教育。

(5)教育实施者——教师的新角色。

(6)充分的选择和自由。

(7)为公民参与民主社会而实施教育。

(8)教育的共同目标是培养地球公民。

(9)为全球的人文关怀进行教育。

(10)为精神或灵魂的培养进行教育。

这种全人教育的思想和理念无疑会对我们实施通识教育产生重要的影响，但是不同的学校有不同的理解，各大学的历史、文化、传统、地理位置、环境生态和风格风气不同，通识教育的理念也必然不同。而所有这些原则、理念和思想的提出，是基于长期的研究、多样的调查和聚集众人的智慧并进行深入的反思、反省、总结、讨论及反复的甄别与辩论基础上的，这或许可以成为全球通识教育的一个"总目标"。

培养目标是学校办学理念的一个方面和具体体现，因这里既包括总的培养目标，也应当包括对总体培养目标的理解和分解。在培养目标上我们的主要问题是过度的统一一致，过分的笼统模糊，不清晰，无特色，由此造成的结果必然不易测量和评价，不好落实和实现，严重影响人才培养的质量，这说明过去我们对培养目标的重视不够，对培养目标重要性的理解不够，对培养目标的研究不够。大学的培养目标是总的培养目标和不同院系、不同专业学科、不同的课程教学的分解目标、分级分类实现的目标的集群或目标大系统，即通过不同的分解目标的共同指向和汇聚来完成和实现人才培养的总体目标，而通识教育既是一种阶段的培养目标，又是为达成总的培养目标的重要奠基。

美国大学的培养目标有什么特点呢？每个大学有自己明确的培养目标，并且对培养目标进行具体的分解、解释和说明。1993 年，普林斯顿大学的本科教育战略计划委员会提出了十二大能力的本科毕业生培养目标，从中我们可以体会通识教育，培养全面发展的人才的思想和理念。

1998 年，普林斯顿大学还对优秀学生提出了四项指标，即：

(1)头脑质量，主要指智商高，成绩优异，创造力强。

(2)品格质量，主要指责任感强，具有正确的价值观和判断力。

(3)能力质量，主要指对校园生活各方面的贡献力。

(4)领导质量，主要指在本学科专业和未来的领导力潜能。

再看哈佛大学的通识教育目标，哈佛大学文理学院院长罗索夫斯基在制定哈佛大学通识教育目标时提出了培养一个有教养的人的五条标准。

(1)一个有教养的人,必须能清晰而有效地思考和写作。

(2)一个有教养的人,必须对自然、社会和人文有所批判性的了解。

(3)一个有教养的人,在20世纪的最后四分之一年头,不应该有地方的褊狭性而忽视其他地区和另一时代的文化。

(4)一个有教养的人,要能了解并思考道德和伦理的问题。

(5)一个有教养的人,应在某一知识领域里有深入的研究,达到介于广泛的知识能力和专业层级之间的程度。

这样的例子还很多,关键不是仅仅提出个什么要求和什么能力,因为现在各种信息材料很多,我们可以轻松地、简单地搬来抄来。

问题的关键是美国大学的培养目标具有如下特点:其一,每个大学都有自己的明确、清晰、准确、全面的培养目标的表述和声明。其二,每个大学各有特色,既不统一,也不一致。其三,除了有总的目标,都有对总目标要求的具体解释和说明,比如对各种能力、素质的解释和理解。其四,各院系和学科专业根据学校的总目标,有自己的分目标,还有许多具体目标的分解和说明,并且有标准,是具有可操作性和可测量性,比如怎样是及格和达标,怎样是优秀,如何考核和评价。其五,所有这些目标的落实和实现都体现在各种教学和培养过程中。因此,教学目标就是各总目标的具体体现和分解,所有教学目标的集合基本上实现和完成了人才培养的总目标。其六,当然还有一些不可测量的、潜在的和隐性的培养目标是由学生工作和活动及其他方式构成和完成的,所有这些是一个闭环系统,是一个大工程,这就是总目标和分目标集合、集成度分级分布实现的总目标树或目标塔的概念。

第三个维度是课程的维度。课程是通识教育实现的载体,是通识教育最重要的一环,课程实际上包括课堂教学和课外教学两方面。"课"实际上就是我们所理解的课程概念,主要是目的、目标、内容和结构,而"程"是教学的过程,包括课堂的组织、具体的方式方法和考核评价。课程的维度就是回答教什么的问题,就是学校为学生提供什么样的教育,给他们什么知识,让他们学到什么,对中国的大学来讲,开发新课程就是一个巨大工程,是一项长期坚持、分阶段分步骤不断完成的历史工程,为什么呢?看看美国大学的通识课程就知道了。

伯克利加州大学为一年级新生开设了大约100门新生习明纳尔课程,许多课程和我们所开的课程是不一样的。例如,"美国城市探索""加利福尼亚的水:过去、现在和将来""信息时代与人文社会科学""高等教育中的民权法""电气工程师的新发明""可持续性:未来即现在""尼采论善恶""伯克利建筑一瞥""工业工程与操作概览""中国的人权""从媒体看总院选举""自然资源保护""数学和科学新发展""轮子上的艺术和科学""计算机制图工具""人与环境""道德与科技对社会的影响""曼哈顿计划的科学家们""日常生活中的中毒""新闻中的营养""荷马的《奥德赛》""物理科学中的争论""美国思想的文化假设""行为控制""记忆的混乱、恢复和错误""社团组织和非营利部门""大学生活的适应”“西班牙中世纪的魔法”“圣人的奇迹故事”“美国历史经典”“中国与西方的技术和文明”“真理、谎言和政治”“笛卡尔的沉思”“逻辑的艺术”“俄罗斯人的爱情”等。从这些课程名称就可以看到，不像我们的课程都是什么什么学，什么什么概论，什么什么欣赏，而是综合性、跨学科的、带有研究和探索性的、无标准答案的，包括各种科学文化知识和应用的、国际化全球性、多元文化的，并且是与时俱进的，这仅仅是课程的一部分。除了哈佛大学，还有斯坦福大学、杜克大学、芝加哥大学等的通识教育课程更是丰富多彩。如哈佛大学的几次重要的课程改进，在全世界影响很大，许多书籍材料都有介绍，这里不一一赘述。除了通识教育课程，还有许多跨学科的课程，还有许多跨学科的专业和学位，并且有许多通识教育课程开到学生住宿学院，称为宿舍楼习明纳尔（House Seminar）。

事实上，无论大学之间对通识教育和培养目标的理解及表述多么不同，无论把通识教育课程分为几大领域和几大方面，都是遵循一个规律或原则，这就是人才培养和成长的规律，也是人类创造知识的规律，即世界上所有的知识和知识体系都超不出人文科学、社会科学、自然和工程技术科学及哲学思维科学的范围，这是因为人的生命轨迹就是正确认识评价自我及在社会上和各种人相处，还有就是认识物质世界。人文科学就是让每个人正确地理解认识人类、自我、情感心理、语言、交流和美感，社会科学则是让学生懂得政治、经济、历史、社会，理解家庭伦理道德，明白社会公德、职业道德、章法守则，做个好公民，承担责任和义务，为民族和人类做贡献。而自然科学、数学和工程技术，就是让学生具有和物质世界打交道的本领和技能，通过自己的能力和努力，为社会创造价值和贡献。哲学、思维科学，包括系统论、控制论和信息论等，可以帮助每个人更好地把人文科学、社会科学和自然科学技术统一起来，融合综合，达到更好的理解和运用。因为虽然我们可以把知识分解为千种万种，人为地定义各种学科，但实际上我们面临的世界和我们要解决的问题从来都不是单一的、机械的、边界清晰的、理想化的、有条件的，而是混沌的、综合的、复杂的、非线性和非均衡的，是各种问题和矛盾交织在一起的共同体，这就是教育的本质和要害。更进一步要说明的是，最终的目标和目的是人类的真善美，社会和民族的真善美，世界的真善美，这是教育和人类社会不断努力的终极目标，人文科学追求的是以美为中心的真善美，社会科学追求的是以善为中心的真善美，而自然科学和工程技术则是以真为中心的真善美，核心就是不断地探索创新、创新和贡献，不断地追求卓越和和谐，所有这些都远远超出了工具技能、职业和证书获奖的境界。这就是通识教育和培养全面发展的人才的最根本的目的和理由。

因此，我们可以反省和深思，我们过去培养的人是全面发展的吗？还是半个人，如此怎么会有一代代大师呢？

第四个重要的维度当然是教学，就是回答如何教的问题，也即是课程的“程”的意思。有了如此多的课程，有了如此丰富的内容，如何呈现给学生，如何让学生快乐地、自觉地、主动地去学习、去思考，这是通识教育得以高水平实施的重要问题。过程的精彩，过程的重要，过程的细节是值得深入探究的。

我们要彻底改变教师独角戏、一言堂,把学生当容器,一味灌输的传统教学方式。尽管这种三个中心的教学模式是人们一直想改变的,可又是十分难以改变的,或许美国大学的一些做法可以给我们以帮助,美国大学课堂的特点是什么呢?可以归纳为如下5点:一是教师的热情、激情和充分的准备,对自己所讲授的学科知识特别熟悉和真诚的热爱,并以此来感染学生。二是师生之间的平等和自由。学生和教师都是独立的、自由的、平等的,学生可以和教师有不同的观点和看法,并且可以和老师公开地、面对面地、理性地辩论,教师不能把自己的观点强加于学生。三是问与答,课堂是生动的、活跃的、充满生机和活力的,用美国人的话讲就是 Activing learning,不同的观点、思维在碰撞,Question 非常多。四是师生之间的双向互动和生生之间的多向互动。学生是积极主动学习的,学生不是仅仅是出席、去听课,而是积极地参与,是自主地选择课程,是我要学。五是课堂的讨论、辩论非常多,形式多种多样,比如分组多样式讨论、情境教学、角色扮演、鱼缸观鱼式、模拟联合国式、国际研讨会式、双栏辩论式嘉宾主讲讨论式等。

对大学教学特别是课堂教学的理解,可以做如下比喻。

教学之第一个比喻,教师和学生共同欣赏一幅名画,不仅要对画的整体全面了解,还要把所有细节都研究到,教师当然要对此名画非常了解、熟悉和喜欢。可以是教师把研究的一部分教给学生,还有一部分在教师指导下的学生自主研究,还有一部分应是学生之间的共同学习。每个人的角度不同,理解不同,欣赏的效果就不同,并且除了画面、色彩、结构、笔触和布局,还要研究质地、颜色,还可以和其他名画比较,最后还应了解作画者的年代、生平和思想以及别人对此名画的评价及欣赏,教学是否就应当这样?当然,仅仅欣赏还不够,那就让师生共同创造吧。

教学之第二个比喻,教师是导游,带领学生去一个名胜景点参观旅游,尽管教师已经去过多次,对旅游景点很熟悉,仍然要像第一次一样,指点、解说、引路,并且把自己的感受和别人的评价告诉学生,同时更是指导学生自己去看、去体验、去发现、去欣赏,从不同角度和细节发现,每次都会有新灵感、新收获。正是在这一次次师生的共同知识领略中有所收益,有所创新,有所体会。浏览了一个风景,还会去领略更多的美景,教师有教师的感受,学生有学生的理解,相互交流和讨论,不断的发展和完善。人生的旅游是无止境的,学习思考和创新更是无限的。无论是自然科学、社会科学还是人文科学,都有无数的风景和奥秘等待着广大师生共同去欣赏、体验、探索和发现。

教学之第三个比喻,教师和学生共同品尝一顿大餐。教师是个烹饪能手,可以做出各种美食任学生品尝,作为一个美食家,不仅会做,还要会品,并且要教学生品尝,哪些最有营养,哪些有毒,营养如何搭配,什么比例,怎样色香味俱全,怎样消化理解。每个人的口味不同,身体条件不同,需求不同,品尝的结果也不同,不仅让学生会品尝,会点菜,更要会做,要掌握正确的方法和技术,还要有文化、有艺术性,并且要进一步了解各种原料,如何识别、采摘、加工和各种作用与特点,学会使用各种器具,自己创造出各种新的菜谱,师生动手,共同操作和学习,从欣赏到制作,从简单的加工到文化艺术的创造,不断做出有益于学生素质能力提高的一顿顿营养大餐，让学生在欢乐中学习，在真正的实践中学习，难道不是很好的教学吗？

教学之第四个比喻，教师和学生同演一出戏。教师是导演，学生发展进步后也可试着做导演，教师编制剧本，也可以师生共同写剧本，教师是主角，有时也可当配角，让每个学生都当主角，也当配角，为学生提供一个大舞台，展现自己的才华和能力。通过教师和学生的不同角色扮演，对剧本、台词的不同理解，对各种角色关系转换的不同体会，完成一幕幕精彩的演出，不但担任角色，完成演出，还做观众进行评价和评判，这不正是我们所希望的教学和课堂吗？

教学之第五个比喻，师生同舟共济，驶向知识的彼岸。教师通常是船长，也可以改变角色，而学生则分工不同，根据自己的特长和能力，可以是大副、水手、轮机长，也可以是炮手、信号员、旗手和维修工，甚至也可以试着当船长。在知识的海洋里穿行，有惊涛骇浪，也有深水旋涡，还可能有急流险滩，更会有暗礁冰川，大家齐心协力，每个人都贡献自己的力量，一起迎来朝阳，共同送走晚霞，一个学习和生活的学术共同体，在相互帮助、理解和支持过程中共同成长进步。

任何比喻都是不完全恰当的，又都是相通的，关键是细心地去体会、回味，深刻地去理解和反思，悟出其中的真谛，就能更好地理解教学和育人，使教学方法和过程融为一体，不断创新，更具特色，炉火纯青。

第五大维度当然就是教师维度。这是最核心、最关键的维度，因为一切课程的实施以及一切新课程的开发都是靠教师来完成的，中国高校实施通识教育最大的难点和弱项也是教师。

通识教育需要大量的教师，一下子招聘这么多合格的教师是不可能的，重点还是校内的培训和自我培养。美国的大学在这方面有许多可以学习的地方。最早成立教与学研究中心的密歇根大学，以创建研究型大学的教学文化，改善大学的教学与学生的学习，实验并推广教学的研究成果，以提高学生学习效率为使命，在中心开展教学能力培训、教学评估、激励教学创新、专业化教学咨询和帮助教师职业发展等5方面的任务，并专门开展对通识教育教师进行各种培训以提高工作质量。目前美国的许多著名大学都有类似的机构，如教学研究和培训中心或教学促进和发展中心，或是教师促进与发展中心，并且通过多种形式培训通识教育教师。具体做法如下。

各种教学研讨会、专门会议、研讨班和工作坊。比如新教师培训，定向式习明纳尔，教学主题会议，创新教学专题会议，包括课程设计、教学方法、考试方法和学生评价的，还有更具体的，如怎样评价学生的写作，怎样确立教学目标，如何开展网上讨论，等等。

持续性的教师教学学术能力发展的培训、交流和提高。其一，根据教师发展的不同阶段，设定不同层次，不同需求的培训方案，进行专门有针对的培养和提高。比如教师的入职适应发展期，认可和融入的发展期，稳定成熟的发展期，高峰转折的发展期以及退休准备的淡出期等，不同时期教师的压力、心理状态，需求的问题不同，需要的帮助和支持也不同。其二,各具特色、不同兴趣和有针对的培训、研讨和咨询。比如,个别咨询服务,专门的课堂评价反馈,一帮一的设计,具体教学方法的咨询,专门课程主题的评价,学校和院系结合,使各种培训研讨和咨询活动更有针对性和实用性。其三,开展各种国际专门研讨会进行教学研讨交流。其四,注重做好研究生助教的培训和指导。其五,注重同行之间的合作、交流、学习和评价。

做好各种支持和服务工作。一是教学资源和信息的服务;二是各种教学改革和实验研究的经费支持;三是档案袋和各种技术服务;四是通过学术休假支持教师教学能力发展。

美国大学没有教师队伍建设的提法,他们的关键词是教师发展,现在已经建立了校园自主、多校园和大学合作协同和专门机构中心的3种平台帮助教师发展。这种教师发展一是突出终身学习理念,贯穿教师的整个学术生涯;二是注重教师的全面发展,包括专业发展、教学发展、个人发展和组织机构的发展;三是针对性强,帮助每个教师制订自己的职业生涯发展规划,尊重不同院系,不同学科的差异性,突出人性化管理,特别注重细节和政策的明确和连续性,做好各种支持和服务;四是以激励和奖励为主,让教师主动、自觉地参与,有明确的发展目标,学校在制度上给予切实的保障,对突出贡献者给予相应的奖励和荣誉;五是特别支持和鼓励青年教师的教学学术发展。

作为通识教育的教师,有些类似中国的基础教育部的教师,但是又不尽然,因为还有相当多的通识教育课是由专业学院教师开设的,并且还有一些课程是通识教育部和专业学院教师共同完成的。

第六大维度当然是学生。学生是通识教育的参与者、接受者,也是共同完成者。因此,让学生参与通识教育方案的制定,特别是让毕业生和研究生提出各种意见和建议是很有必要的。美国布朗大学的通识教育改革方案当初就是由学生研究和设计的。我们的通识教育课,不能还像过去那样上课,必须有所改变,同时也不能是很低层次的入门课、导论课或简单的为知识介绍课、欣赏课,而是学生积极参与和互动的新型课堂和学习过程。这就有一个学生的适应问题,还要学会阅读,学会讨论,学会小组式的合作学习方式。

第七大维度就是大学的校园和文化建设。我们现在提出的是"五育人",即教书育人、管理育人、服务育人、文化育人和实践育人,所有这些就是要形成一个培养学生全面发展的全员式、全方位、全过程的立交桥,通识教育培养全人的思想理念和做法与五育人是一致的,这就包括全校所有的教职工都是育人的教师,校园的一切建筑和物质条件就应具有和符合育人的功能,学校的一切制度规章、准则都是育人的文本,学校的一切风气、传统和故事都是育人的环境和课堂。在此引用《美国大学的通识教育——美国心灵的攀登》一书的作者黄坤锦先生提出的全人教育组成结构图(图12.1),供读者学习和思考。

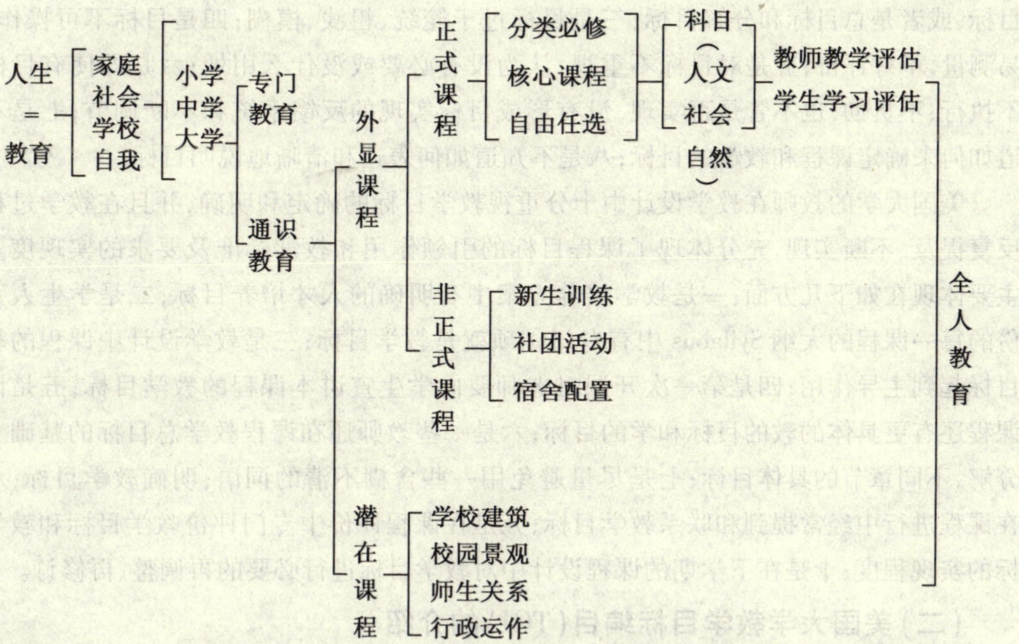

图 12.1 全人教育组成结构图

古人云："纸上得来终觉浅，绝知此事要躬行。"一种制度的改变、实施，绝不是靠文本、靠浅尝辄止，绝不是简单的模仿抄袭就行了，那种全面深刻的理解、了解和认识，那种在精心设计和充分准备后的反复实践、调整和完善，那种真正变成自己的知识和融入自己的文化的过程，真是需要一代代人的亲历躬行。

四、从通识教育到教学目标的思考

（一）从培养目标到教学目标

在某种意义上，无论哪一种教育，都是实现培养目标的过程。但真正的、百分之百的实现目标是不可能的，只能是基本上实现培养目标，这是由人才培养的复杂性、社会因素的多样性影响和教育成果和效应的滞后性所决定的，同时，这也更提醒和要求我们更好地设计培养目标，更具体地落实培养目标。比如，在我们的培养方案中，应当包括大学的使命、目的或办学宗旨，明确大学的培养目标及其相应的理解和说明。比如，下一步还应有院系的培养目标，对学校培养目标的具体分解和解读，再下一步还应有学科和专业的更具体、更细致的培养目标及其说明，越清楚越好，越可操作和可测量越好。当然，培养目标中的有一些要求是无法操作和测量的，那是大学培养的一种长远的期望和要求，也是一个人一生的追求和努力。再进一步，就是所有的目标和要求主要是通过教学和课程来实现的，因此，教学和课程目标的重要性就不言而喻了。

我们的教师在教学中对教学目标怎么看呢？或者说在确定教学目标时有什么问题呢？归纳起来主要有如下几点：一是分不清目的和目标；二是分不清最终目标和阶段性

目标,或者是总目标和分解目标;三是目标过于笼统、粗浅、模糊;四是目标不可操作,不易测量,不好评价;五是对目标不重视,认为没有必要或没什么用处;六是即使有目标也不执行,不贯彻,也不管是否实现,没有形成目标实现的反馈系统和不断调节;七是不知道如何来确定课程和教学的目标;八是不知道如何表达和清晰地说明目标。

美国大学的教师在教学设计中十分重视教学目标的确定和明确,并且在教学过程中反复提及、不断实现,充分体现了课程目标的引领作用和教学标准及要求的实现度。这主要体现在如下几方面:一是教学培养方案中有明确的人才培养目标;二是学生人手一份的每一课程的大纲 Syllabus 中有专门一项就是教学目标;三是教学设计中课程的教学目标起到主导作用;四是第一次开课时老师要向学生宣讲本课程的教学目标;五是许多课程还有更具体的教的目标和学的目标;六是一些教师还在课程教学总目标的基础上再分解,不同章节的具体目标;七是尽量避免用一些含糊不清的词语,明确教学目标;八是在课程进行中经常提到和联系教学目标;九是在课程评价中专门评价教学目标和教学目标的实现程度;十是在下学期的课程设计中对教学目标进行必要的再调整、再修订。

(二)美国大学教学目标编目(TGI)的介绍

为了帮助大学教师更好地理解和认识课程教学目标,同时帮助教师更好地制定教学目标,美国的许多高教研究组织和基金会进行了大量的调查和研究,教学目标编目(TGI)就是其中的一个代表作。美国锡拉丘兹大学副校长在他的著作《课程和课程体系的设计与评价》一书中专门介绍了 TGI(见附录 4)。请注意,TGI 所提供的目标并不是每门课程的具体目标,其特点和功能主要包括:首先,TGI 是一种教学目标调查的测量工具,并且主要是帮助教师自我评价教学目标。其次,该调查问卷确定了 50 个教学目标项目,由教师选择按 5 级计分制进行等级评定,这 5 个等级是从不适用、不重要到绝对重要。再次,TGI 把这 50 个教学目标分为 6 大类型,包括高级思维技能目标、成功学习的基本技能目标、学科知识和技能目标、人文科学和学术价值目标、工作和事业准备目标、个人发展和能力目标,并让教师选择自己的看法。透过这些题目和调查与选择,可以让教师对照、比较和反思自己的教学目标及其确定,并为教师共同讨论教学目标搭建了一个基础平台。最后,TGI 这个调查工具实际上起到了教学目标指南的作用。一是本工具把所有的教学目标进行了总体概括,6 大类型 50 个具体目标是比较全面和完整的;二是这个工具对各级各类课程确定目标有实用价值,有指导和借鉴意义;三是能让教师更好地理解什么是教学目标,并根据此工具提供的方向具体确定自己所教课程的教学目标;四是通过这些教学目标,实际上是比较系统、全面地提出了人才培养的要求,让教师更深刻地理解教书育人的责任和重要性。

第三节 问渠哪得清如许，为有源头活水来

——美国大学课程和教学相关问题的考察

笔者于2011年第三次访问美国，曾经去过美国普度大学、芝加哥大学、斯坦福大学等6所大学考察，对美国大学教学和人才培养又有了一些新的认识。本节结合我国大学进行的教学和人才培养改革，谈一谈这一次了解和考察的一些美国大学在教学和课程管理及人才培养方面的具体做法并做比较与思考，供参考和借鉴。

一、关于美国大学的课程设置和管理的几个问题的介绍

课程从名称、编号、分类到管理都体现3个方便服务：一是方便管理服务；二是方便教师教学服务；三是方便学生选课和学习服务。

（一）关于课程的选排和分类

（1）课程排编的科学性。

首先，课程的名称和编号很科学、很简便又很实用，虽然各大学的课程编号具体方法有所不同，但是都体现了这样的原则。一般来说，主要是用英文字母和数字编码结合，形成各门课程的编号，比如1000～6000是本科类课程，6001～10000是研究生课程，然后根据课程的等级，开课的学期、院系、授课的教授及课程的类别，加上不同的字母和数字，使各种课程易于输入、识别，更易于理解和确定。这样的好处，一是全校一盘棋，所有的课程资源一目了然；二是许多不分等级的课程，本科生和研究生共上，效果更好；三是许多本科生可以提早了解研究生课程资源，反之，研究生可以选上一些本科生或感兴趣的课程。

（2）课程分类的多样性。

美国大学的课程有各种各样的分类，同时也有交叉。比如大分类，高水平课程，低水平课程，通识教育核心课程，主辅修课程，必修课程和选修课程，新开设的实验性课程和实验类课程，本院课程和跨院课程，本科生课程和硕博课程，等等。进一步细分，还有多学分课程或重要课程和少学分课程或次要课程，还有基础理论性课程和技能培训型课程，以演讲为主的课程和以讨论、实践为主的课程，以题和项目为主的课程，团队训练的课程，习明纳尔课程，还有国际多元类课程，跨学科课程，还有记学分的课程和无学分的课程，考试和非考试的课程，以写作为主的课程，专门的经典阅读的课程，特殊的设计课程，调研实践的课程，还有校外、海外专修的课，案例和问题解决类的课程、高峰体验课、自学为主的课程和研究为主的课程，等等。各种不同的课程会有不同的课堂组织形式、教学方式方法和不同的考试考核方法。

（二）美国研究型大学的研究生课程相关介绍

相对于中国大学来讲，美国大学的研究生课程有以下特点：其一，研究生课程科学、

规范、系统,无论是从要求、目标、内容,还是课程讲授方式、考试考核等方面都相对比较成熟和完善,规则、标准和评价都很明确和清楚。其二,课程数量多,内容的广度和深度强。既有重要的理论性基础性课程,也有宽泛和广博的拓展性课程;既有大量的研究方法课程,也有多元化跨学科的补充性课程;既有许多习明纳尔的研究性课程,也有许多深度的专题性课程和实验实践的课程。探索未来、研究未来、预测未来的课程多,人类社会、经济技术、科学研究和环境与可持续发展大问题的课程多。许多学校可开设数千门硕士和博士的课程,研究生的课程绝大多数都是小班上课。其三,课程所有要求的基础和前续课清楚、明确,课程中要求的阅读文献量很大,论文写作的要求很高,研讨和Presentation的工作量也很多,还有许多团队合作和实际问题解决的项目。特别是许多前沿性和创造性课程最具挑战性。其四,课程组织的方法形式多样,考试考核的手段和方法多样灵活,并且博士生课程结束后往往有一个综合性的课程学习考试,作为从博士生到博士学位候选人的重要转变环节,不通过考试是无法进入论文开题和研究准备阶段的。其五,许多博士生导师多人讲授一门课程,或者邀请国内外同行的知名学者同上一门课程。课程要求高,信息量大,专业性强,许多专题课实现了深度和广度的有效结合。

(三)美国研究性大学课程及管理的特点

特别强调几点和我们大学的不同,可概括为如下几个方面:一是绝大多数本科生都是主辅修两个专业。二是许多本科生和研究生课程是相交叉的,即本科生会选上一些研究生的课程,根据需要,研究生也要上一些本科生的课程。三是本科生学习优异又有能力的可以选上本专业硕博类的课程,以获取学分、缩短读研的时间和提高学业水平,提高效率和效益。四是不同的院系、专业对课程有不同的要求,比如除了总的平均积点学分,有的要求核心课程的平均积点学分,有的要求专业和主修课程的总学分和平均积点学分水平,还有的要求某一些课程的学分比例和平均积点学分的水平等。五是所有课程形成一个大的平台,不同的课程比例和组合就构成不同的专业和主修,因此转专业、跨专业都比较容易实现,还可以根据社会的需求和学生个人的要求,形成新的专业和主修方向。六是所有的课程有一个水平和知识衔接、递增的关系,比如某一门课程的选择之前,必须具有哪些知识,或者必须先学完哪几门必要的课程做基础,并且不允许学生大量选上低水平的入门课和导论课。学校每学期或学年对学生的学业是否达标进行评估,以确定是否升级和毕业。七是每个学生入学后都保证有一名学业导师帮助其设计学业生涯规划和确定专业培养计划,指导学生的选课。八是课程介绍和教师介绍及学生评价全部上网可查,或在图书馆可查,方便学生了解和理解课程,了解和理解老师,以便做出正确的课程选择决策,许多课程可以试听课之后再做决策。九是各种课程的大纲、考试方法和成绩评定及教学方法和课后活动全部公开,方便学生选择。既鼓励学生多选择、多上课,又明确规定学生每学期最大的学分负担量,并且有专门的各种学习方法的辅导。十是美国大学对学生的奖励往往是奖励学分,一则可以让学生少交学费,因为他们是按学分交学费的。二则激励和促进学生多学习,奖励学分就是多选课、多上课。三则奖励学分不用直接发放现金,减少吃吃喝喝等浪费现象。四则奖励学分是上高水平的课程或是本科生上研究生的课程,对优秀学生提出更高的要求和期望。十一是无论是哪一类课程,都由学生自主选择,选择不同的学期、时间、地点和教师及学习的难易程度。十二是所有的课程,无论是必修课还是选修课程,无论是有学分的课程还是无学分的课程,都有明确的标准要求,确保课程的质量。所有这些政策、规定和做法都体现了科学、快捷、方便、实用性,特别是增加弹性和扩展空间,形成多层次、多类型、多选择、多分流、多渠道的格局,变独木桥为立交桥,丰富大量的课程资源和多样选择性,让每个学生都能学到自己想要学习的知识,真正以学生为中心,为学生成长、成才、成功做好教学服务。

二、关于招聘教师对教学上的明确要求和教学培训管理

(一)招聘大学教师教学上的明确要求

美国大学对招聘的各种教师,在教学上都有明确的要求。通常情况下,是一个一个招聘,而不是成批的招聘,并且每个招聘人都会有一个明确和固定的岗位。比如,是短期的或 Part time 的讲师,或 Lecturer,还是长期的助理教授、副教授和正教授,都在教学上有明确的要求。一是教学工作量的要求。一般来讲,每个教师至少要讲 3 门课(10 ~ 15 学分),教学为主的教师是至少讲 5 门课(15 ~ 18 学分),并且这些课不都是研究生的课,应该既有研究生的课,又有本科生的课,既有基础理论类的课,又有专业性或研讨专题类的课,这样的好处是所有的教授都上本科生的课,所有的教授都和本、硕、博不同层次的学生接触。同时,每位教师所授的课必须是自己的研究,并且该教师应在此方向领域有一定的建树。这样可以把科学研究和教学很好的结合和融合,形成了双向互动、双向促进的效果。二是除了本学科博士毕业,有一定的教学经验和经历等要求外,还明确能开出哪几门具体的课程,并具有不断改进、完善课程体系以及不断提高教学水平和质量的能力的要求,特别是长期聘用者的要求更明确、更清晰。比如要求参加过多种教学实验,开展过有价值的教学研究,担任过院系的教学委员会成员,或参加过教学评估活动,或者主持过院、系和专门项目的教学改革等。三是教师要具有开发新课程的能力,这是教师教学的一项基本功。四是美国的大学教师来源多样多元,既有来自大学和科研单位的,也有来自公司企业或政府机关的,还有的来自非营利组织和各种文化及社会管理和服务部门,更有来自不同国家和民族的,许多人的经历丰富,有各种实践的经验。美国大学的许多课程是一门课几位老师讲,各具特色,风格不同,内容也不同;还有就是跨院系、跨学科的讲课很多,不同学科、不同院系的老师讲同一门课,那真是教学丰富多样化,也为学生提供了更多的选择。

(二)教师教学管理培训上的特点

除了招聘时教学工作量和课程能力上的要求,美国大学还有几点做法值得学习。第

一,每个大学都建立教师发展中心或教学卓越中心或教与学研究中心,这是自密西根大学1961年首创以来,以主要承担新老教师教学研究、培训和发展为主要任务的专门机构,各大学普遍建立并坚持对教师进行入职和持续发展的长期系统培训。第二,对研究生助教进行专门系统的培训,包括教学理论、学习理论、教学方法、课程组织等具体内容,采用观摩、演讲、工作坊、研讨班和一对一帮助等多种形式。第三,许多大学都面向全校学生开设教育理论和课程指导、教学设计和教学方法、课堂组织和课外活动等方面的师范教育类课程,为有志于将来成为教师的本、硕、博学生提供专业化的训练和教育。第四,多数大学都建有学生学术辅导和咨询中心,对学生的学习进行咨询、辅导和帮助。第五,每个大学都特别鼓励教师进行各种形式的教学实验和教学研究,并有专家进行特别的指导和评价,隆重奖励优秀卓越教学的教师和学者。所有这些都已形成系统的方案,有计划、有目标、有机构、有标准、有政策、有实践、有评价、有反馈,得到了真正的落实和长期的坚持。

三、美国大学关于新课程的开发和建设的过程及要求

中国大学要开一门新课比较容易,也比较简单,没有那么多程序、过程和时间约束,似乎只要教师申请,有教材、有课程设计和准备,一经批准就可以上课了,一经排课就纳入到课程体系和人才培养方案中了。至多是几个专家看看材料、听听试讲就过关了。美国大学新课程的建立和开发比我们要严肃得多,规范得多,也科学得多。因为只有这样才能保证课程的水平和质量,并且要有投资的持续保障,这里从源头上解决课程水平和质量与需求的问题。

(一)美国大学新课程开发的3个必经阶段

一般来说,美国大学新课程的设立开发和建设分为3个阶段。第一阶段是课程提出和准备阶段,除了填补某些空白,主要的是要有需求。这期间要做大量调查研究和论证的工作,如对社会发展和科技与知识发展的了解,对用人单位和雇主的调查,对校友的调查和问询,以确定课程的需要,课程内容和新知识、新技术的渴求程度。还要根据学校的办学理念、课程系列和人才培养的目标要求,确认新课程与其他课程的关系及其在人才培养整体方案中的作用,知识体系的功能作用和创新程度等。通常至少有一年以上的调研准备和论证时间。此阶段可以开设一些相关的讲座和报告,进行适当的宣传和准备。第二阶段是课程的初试和完成阶段。前一阶段的论证调查通过后,教师对开发建设的新课按课程规定的要求进行设计和准备后,开始试讲,可以先按专题或讲座的形式进行,看学生的需求量、选课的持续人数、学生对课程的反应和态度,并对课程进行不断的完善和改进。并在此过程中形成教材,对内容、结构进行不断的调整和修订,使课程更加充实和完善。此段时间可长可短,少则一两个学期,多则3~5年。第三阶段是课程进入正式课程体系或叫新建课程阶段,比如成为某一课程计划或某一培养方案的确定性课程,或者

成为重要的核心课程或选修课程等。这时的课程名称称作试验性课程或新建型课程，有专门的序号，以方便学生选课，这个专门的序号表明课程是新建的，有待师生共同试验和补充完善，无论课程体系、内容和教学方式方法都在实验中，同时在教学评价、学生评价和课程考试方面都有一些区别和专门的政策，以利于新课程的建设。这一阶段可持续1~2年。正是通过这样3个阶段的经历，一个正式的课程才能真正建立起来，并且保持持续的改进和完善，使课程的建设过程成为知识创新和学术发展的过程，并使得每门课程都有其明确的价值、功能和作用，以便使学生获得的知识和社会的需求有一个良好的结合，增强适应性和超前性，而所有这些都对大学教师在教学上提出了明确的需求。

(二)新课程建设的一些具体问题的关注

关于新课程建设和开发的过程及要求，我们只要了解下面一些经常要回答的问题，就会得到进一步了解和理解了。比如：

(1)在什么背景和情况下开发这一新课程？

(2)校友对这一课程的评价和建议如何？

(3)企业或雇主对这一课程的评价和建议如何？

(4)开设这门课程的其他理由是什么？

(5)这门课程和其他课程的关系如何？

(6)这门课程将满足哪些学生的需要？

(7)这门课程的教学目标是什么？具体的课时和学分情况如何？

(8)这门课程的主要内容和结构是什么？如何考核和评价？

(9)学生对这门课程的反映和评估如何？对教材实验和收获的评价如何？

(10)兄弟院校开设这门课程的情况如何？

当然不止以上这些问题，需要有数据、证据和相关的调查分析，以确保新开发课程的实效、水平和质量。这样的新课程开发和建设的过程、要求和不同阶段的实验实践，是值得我们学习和借鉴的。相比之下，我们各大学的许多课程，是为了教师的工作量，是为了满足学生学分的需要，特别是一些大学的选修课，仓促上阵，质量不高，不能满足学生的实际需要，成为走过场、送学分的劣质课程，真是误人子弟呀！严重影响了教学的风气和人才培养的质量。如果我们开展通识教育，会新开发和建设许多课程，学习和借鉴美国大学的做法，坚持规则程序和高标准是十分重要的。一个新课程的建设都是如此的严格、规范、程序和高标准要求，科学的论证和调查，更不用说一个新专业乃至一个新院系的建立了。讲究规则程序，每一阶段都有科学的论证和具体的准备、实施与条件，绝不是领导拍脑袋、抢一下市场、跟一下风潮就能解决的。科学的论证，完善的规范和程序，不同阶段的达标和高标准的要求，长期的目标和可持续的发展，这些都是保障质量所必需的，或者说这是从源头上保证课程的质量。

透过以上3个方面的介绍，我们或许可以总结和归纳以下几个方面的思考和启示：

教学和课程管理的科学化、规范化和多样化;坚持以学生为中心,透过课程管理的各个环节做好为学生学业成功的服务工作;始终坚持高标准、高质量,不仅重视结果,更重视过程,每个学校都有自己的特色和独到之处;在细节上下功夫,真正做到精益求精,在每个环节上彰显大学的文化;既系统管理,又各具特色,把严格规范和个性柔性有机结合,处处体现不断创新的活力。

四、美国大学培养人才的五大基本途径

近些年来,我们特别强调创新人才的培养,并且学习和借鉴了许多不同的教学方法和模式,似乎越新越好、越奇越好、越怪越好。其实无论是中国的大学还是世界的大学,尽管培养人才的方法和方式各有不同,但是最根本的和最基本的方式方法是相通的和一致的。纵观大学教学和人才培养的多样性改革和百花齐放的经验介绍,我还是想从美国研究型大学人才培养的共性出发,特别提出和强调美国大学培养人才的五大基本途径,并且我们的差距、不足和问题也主要表现在这五大方面,这是大学人才培养的内功和基本功。举个最简单的例子,我们和美国及世界一流大学的发展是处在不同的层次、不同的阶段,就好比它们是在10米跳台跳水,而我们是在3米跳台跳水,所以不能看别人有什么动作就简单的模仿。我们重要的是做好基本功的训练,然后再冲上10米跳水,急功近利是不行的。此问题我曾思考很长时间,并在不同场合做过介绍,今天把它写出来,就是希望得到切实的重视和理解,切实通过这五大途径,真正全面提高人才培养的质量。

(一)第一大基本途径是经典阅读、强化阅读和大量阅读,让学生像大师一样思考,像大师一样质疑和探究

美国大学教学中的一个突出特点,就是大量阅读,主要表现在以下几个方面。

(1)有专门的经典阅读课,许多学校的通识教育课程中都有一些经典阅读的课程,小班上课,有一位或几位教师指导,并根据阅读中的一些问题进行交流和讨论。

(2)美国大学的图书馆,特别支持学生的阅读。图书馆的阅览室宽大、明亮、安静舒适,学习阅读非常方便,甚至可以24小时开放,同时想借阅多少书就借多少,只要在指定时间还书即可,并且可以在校园内多地自由还书,非常方便,许多学校的图书馆还经常举办各种读书演讲,新书介绍和经典著作名人讲座活动。

(3)除了经典著作的专门课程,其他课程对学生读书的要求也很明确。其一是读书量大,许多作业主要是读书,一门课读几十本书是正常的,还有大量的文献资料。其二是精读,特别强调读书的质量,就是带着问题读,从不同的角度去读,在研讨和辩论中去学习经典,读懂读通原著。

这是怎样的一种读书情境和习惯呢?其一是通读会读,真正读懂读会,至少要读3遍。其二要真正地明白理解作者的本意。其三透过每部经典著作,使教学回溯到当时的历史社会背景中,了解和理解当时社会的政治、经济、文化和社会习俗。其四,带着问题

阅读，通常教师会引导性地提出一些问题，同时更鼓励学生提出自己的问题，一边读一边思考，并逐渐寻找答案，不同的人有不同的理解，就会有不同的答案，在阅读中和作者对话交流。其五不是完全的接受作者的思想观点，也不是仅仅知道结论，而是在阅读过程中了解作者的思维过程、心路历程，体会作者的情感、精神。特别是真正学习如何发现问题，如何形成思想和理论，如何表达思想和观点，知识是怎样创建的，问题是如何分析解决的，阅读过程就是思维的训练。其六，在讨论辩论中学习，不同的观点、不同的理解相互碰撞，各种问题和差异都可以呈现，教师和学生平等讨论，从历史到现实，从过程到发展，从个人观点到各种评价，学生在此过程中既尊重大师也挑战大师，学习知识，更学会理解、分析、比较、识别和判断，进行理性的质疑和科学的批判，真正形成了能力思维的教学和训练，是一种价值观的学习和培养，正是在这种和大师的对话交流的探究式学习过程中，学生们才学会了像大师那样思考和研究，学会了如何正确地提出问题、分析问题和解决问题。不是追求统一和标准答案，而是养成独立的思考和质疑批判的精神。

（二）第二大基本途径是多次反复的讨论和发言，让每个学生都成为演说家，成为雄辩家

清晰而逻辑的表达，是美国大学通识教育的目标之一。许多美国大学教学中最重要的一条，就是想尽办法让学生尽可能多地讲、说、讨论、辩论和发言。和中国的大学不同，许多课程不是全都由老师来讲，每堂课教师都是主角，而是有时教师讲，有时学生讲，特别注重让每个学生都有平等的机会发言。其一，是特别鼓励学生提问，涉及课堂教学的任何问题，都欢迎学生提，每门课都有专门的时间留给学生，请学生提出各种问题。其二是教师提出问题，请学生回答，或者是学生提出的问题，也请学生互答。其三，各种课程提出阅读作业和问题后，有专门的课让学生讨论，学生可根据情况分组讨论或全班集体讨论，有报告专题式、学术会议式、鱼缸观鱼式、双方辩论式、苏格拉底式、变化组合式、评价发散式等多种形式。其四，几乎每门课都有学生的 presentation，有的课程要做 2 ~ 3 次 Presentation，通常有小组团队式和个人讲演式两种。每位学生在大学四年的课程中都会做几十次 Presentation，就像是毕业答辩的无数次彩排，学生既要讲得清楚明白、有逻辑性和科学性，又要回答问题和接受评价。其五，美国大学的许多课外活动、社团组织、科研参与和各种团队比赛等都很有竞争性，要求每个学生参与面试，把自己的理解、观点或者是优势、方案讲出来，讲的有说服力和影响力与感染力，等等。说，是最重要的交流，是学生走向社会，走向成功的基本功。正是这些反反复复的训练、演练，使学生能说会道，理性敏锐，思维清晰，逻辑性强，各种机会和场合的动脑动口，使学生个个都能成为演说家。

（三）第三大基本途径是开设各种不同的写作课程，长期坚持，循序渐进的写作训练，让学生学会像专家、学者，像大师一样写作，像大师一样耕耘

中国的大学特别注重英语的学习，尤其是应试考级的英语学习，而对自己的母语却很忽视。许多大学生的体会是，高中时是母语作文写得最好的时候，大学四年毕业语文写作能力衰减了许多,即使一些大学开设了大学语文课,但效果并不理想。美国的许多研究型大学,特别注重文本式的语言表达训练,开设了从初级到高级、从日常写作到科技论文写作的各种课程,让学生在大学四年中不间断地接受母语写作的训练,特别是高年级关于毕业论文、科研报告和各种科技文本写作的专门训练。比如,有的学校有专门的写作指导和研究中心,其目的是帮助学生解决在写作过程中的各种问题。比如,有的学校把写作课程列为必修,不达到标准要重修;又如,有的学校要求学生每学期要写一个学期 Paper,每学年要写一个学年 Paper;再如,许多学校几乎每门课都要求学生写论文,除了一些小论文之外,期末的大论文要求是很高的,并且在课程的成绩考核中占相当大的比重。从对写作论文的要求,我们可以很好地理解这种训练的作用和功能。无论是哈佛大学、麻省理工学院、斯坦福大学、康奈尔大学,还是加州大学、威斯康星大学、伊利诺伊大学、华盛顿大学、普度大学和内布拉斯加大学,它们都开设多种多样的技能型的写作课程,如基础性写作、分析性写作和科技性写作训练。

再如,前面所提到的学生每门课必做的 Presentation,那是要先有研究、有写作,形成论文的,再取其精华,进行 Presentation。特别需要提出的是,这种写作及其多种多样的反复训练,对提高学生的综合能力是非常有好处的,它不同于考作文、一般的写作,仅仅是词语、语法和文章结构及写作技巧的练习。因为每篇论文、每次写作都是一次研究的训练,在此之前,要有大量工作,搜集文献信息资料,做梳理,归纳和整理,进行分析比较和研究,或者是大量的访谈、调查、实验、对数据信息的处理等,在此基础上才能完成最后的写作。这样的写作无疑会对学生的捕捉信息能力、数据信息的筛选处理能力、分析比较的逻辑和判断能力、综合系统和一体化的能力以及应用理论和解决问题的能力等,都有非常到位的训练和提升,并形成良好思维和论证的习惯,质疑批判精神和创新能力就是这样训练的。让学生长期坚持,进行大量的写作训练,学会像大师一样独立思考和写作,成为思想家和哲学家。

(四)第四大基本途径就是实践或者叫做中学,让每个学生都成为发明家,让每个学生都成为创造者,成为当代爱迪生

实践不仅是检验真理的标准,也是真才实学的来源。美国的 MIT 从建校时就提出手脑并重、在做中学的重要理念,并一直坚持和发扬光大。哈工大以工程师的摇篮享誉国内外,其重要的特色和优势就是培养的学生动手能力强、上手快,并且基础扎实、有后劲,特别是能吃苦、能坚持、能创造,规格严格、功夫到家是最集中的体现。

工程师的主要任务是创造世界,而我们现在的卓越工程师培养计划可能更强调工程人才培养,要在工程实践中成长。不入虎穴,焉得虎子,没有大量的实验实践,没有学生的动手和动脑、动口、动笔、动脚的亲力亲为,没有工程现场的亲身体验和工作实际,没有生产制造第一线的摸爬滚打,没有所学的各种理论知识的真实应用,是不能培养出卓越的工程师的。没有数万小时的刻苦训练是不会出钢琴家的,没有几十万、上百万条的软件编程实践是不会成为优秀的软件工程师的。正如不亲自掌握方向盘驾驶永远也不会开车,不亲自下水总也学不会游泳,不亲自操刀和掌勺是不可能成为烹饪大师的。问题来自实践,经验来自实践,许多灵感、创意也来自实践,各种工具的实用和操作还是来自实践,创造性地解决问题的能力和各种综合能力更是来自实践。美国大学工程科技人才的培养在重实践方面有如下几点。

(1)实验实践的课程多,时间长,学分重。

(2)许多实验室24小时开放,学校的各种实验中心、研究机构全面向学生开放,学校的各种科研机构都是学生最重要的实践实习基地。

(3)学生大多数能够参加教师指导下的科研活动,学校尽可能提供大量机会让学生参加动手制作、创意和挑战性的各种科技活动。

(4)为学生各种科技活动提供资助和经费支持,具体的就是设立多种项目,采取开放和半开放的形式挑战学生,学生可以自我设计和创意,可以别出心裁,可以奇思妙想,可以与众不同,可以独树一帜,甚至可以大胆妄为,充分展示自己的个性和才能,并在实践中得到各种支持和帮助。

(5)校外各种实践广泛、多元、真实、有实效、有收获。学生可以到工厂企业和公司去实习实践,也可到政府机关,各种文化机构,如美国的白宫、议会大厦、联合国总部、许多著名的金融证券公司、慈善机构、迪士尼乐园等,都是学生实习实践的场所,还有许多车站、机场、港口、医院、市场、公园、新闻媒体等,还有许多海岛、草原、山林、部落。也都是学生实习实践的重要单位。

(6)大批大量学生有机会出国实践,到欧洲、亚洲、美洲,也包括中国在内的许多公司、企业进行长期和短期的实践。

(7)各大学甚至包括各学院都和用人单位有长期的合作关系,有多个稳定和双赢的实习实践基地,有合作共管的机构和双方的指导教师,并且有多样灵活的、全面的合作与协作关系。

(8)特别发挥校友的作用,许多校友创办的产业就是学生实习的基地。

(9)大学教师多元化,许多人有公司、企业和生产制造单位的多年实践的丰富经历,并且始终和相关行业单位保持密切的联系。

(10)学校对工程教育重视。根据社会经济发展和科学技术的不断进展和变化,坚持对工程教育进行不断的改革、调整和创新,以MIT为首的CDIO就是一个非常典型的例子。

(11)美国大学学生的许多实践活动是个体的、自愿的、自主选择的,是在激烈的竞争中实现的。因此每个实习实践的机会,每个到用人单位去工作的岗位都是十分宝贵,学生非常珍惜这样的难得机会,极少有混日子、走过场、自己糊弄自己的情况发生。

(12)国家和地方政府出台许多政策和法律,支持和促进产学研结合,也规范和管理大学生的各种社会实践和实习活动,同时各专业协会和行业组织也充分发挥自己的独特作用。

纸上得来终觉浅,绝知此事要躬行。实验实践课是正式课,绝不是补充课、辅助课和走过场课。培养高素质、强能力、能创造、有贡献的一代代工程师,从重视和强化各种实践开始,多次动手,反复实践,身心经历,让每个工科学生都成为爱迪生。

(五)第五大基本途径就是多种多样的团队合作和领导力培训,让每个学生都具有未来领袖的潜质

科学技术发展到今天,各学科之间的联系、渗透、整合和结合越来越紧密,许多新的生长点和创新点都是来自跨学科和多学科的合作和交流,一个科技工作者单打独斗进行重大科研和创新的时代已经一去不复返了。因此,科学研究和工程技术中的团队合作和协作就显得非常重要,作为现代工程师的培养,团队训练是必不可少的。美国虽然是一个崇尚个性的国度,但仍然十分重视在大学本科阶段的培养中强化团队合作的训练,其具体的做法主要有:第一,在大学新生中开设小组学习体验课程,多种多样的一年级习明纳尔课程的训练;第二,通过住宿学院对学生进行多元文化的各种交流、交往活动,培养学生的适应力和理解沟通能力;第三,大多数课程进行中都有团队合作的训练,比较典型的就是分小组完成各种调研、专题、论坛或项目作业;第四,在夏季学期开设专门的团队训练和能力拓展课,或者举办各种夏令营、沙龙和研讨班,进行集体意识、团队共赢和团队协作的专题活动和专门训练;第五,通过课外活动,特别是体育和多种社团活动,通过对学生社团组织创建人和负责人的各种多样化培训,进行专门的培养教育;第六,组建教学团队,教师和本科生和研究生共同学习和研讨。

在这些教育和活动中,美国大学还特别强调领导力,并且不断地通过各种方式和渠道培养学生的领导力。MIT 曾经发现,他们的毕业生往往在普林斯顿大学毕业生的领导下,这也促进 MIT 更强化领导力或领导潜能和素质的训练。最新一版的 CDID 大纲的方案就特别增加了工程领导力专题标准,包括 9 项具体要求及四大要素 20 个观测点。耶鲁大学更是培养领袖的园地,尤其盛产大学领导。美国历史上有 40 多所大学是耶鲁人建立的,如著名的斯坦福大学和约翰霍布金斯大学等。目前的耶鲁人还掌管着剑桥大学、杜克大学和 MIT 的大印。

首先,许多大学把自己的培养目标就确立为培养未来领导者、工程界和科技界的明天领袖,世界未来的领导者或者为未来准备世界领袖。尤其是在招生上特别强调领导力的才能和潜质。其次,许多大学专门开设开发领导力潜能、提高领导力素质的课程,甚至一些大学校长亲自为本科生或研究生开设领导力的讲座和课程。第三,对领导力或领导素质进行持续的研究,从多方面去理解和培养。第四,创造各种条件,让学生都有机会尝试成为领导者,一个学生可以是一个班级的领导者、一个社团的领导者、一个项目或一次行动的领导者,也可以通过竞争和竞选,成为学生领袖和学生会的领导者。

正是在这些课程和教育活动中,学生们学会了正确地认识和评价自我,懂得如何相处和沟通，理解什么是真正的双赢的竞争，什么是权利和义务，明白什么叫责任和贡献，体会到做一个领导者或主角的心态和一个配角与被领导的角色变化，强化合作双赢意识、时间效率观念、平等竞争意识、团队和他人意识、个性和自我意识、服务和贡献意识，对树立正确的人生观和价值观很有帮助。

总之，无论是合格人才培养，还是全面完整的人的培养，无论是创新、创业人才培养，还是现代工程师或卓越工程师的培养，其最主要、最基本又最核心的就是这五大基本途径。其他各种所谓的模式、方式和方法，不过都是这些基本途径的变化、补充和扩展，不过都是干炸肉段加点番茄酱罢了。在很大程度上，我们教学改革的基本方面，就是补好这五大途径之课，特别是在细节上下功夫。问渠哪得清如许，为有源头活水来。当我们不仅知道是什么，更了解为什么和如何时，当我们追本溯源学形更学神时，我们就走向了真正的成功的正确道路。坚持这五大基本途径，扩展和开发这五大基本途径，并在这些过程中特别注重目标的多样化、教学的个性化、教育的人性化、学制的弹性化以及学科专业的特色化，就一定能够不断地培养出一批批合格和优秀的人才。

本章小结及补充性说明

本章介绍和分析了美国大学在人才培养的目标、体系、模式与学制、途径等方面的做法和经验，并针对中国大学教与学中存在的一些重要问题提出了系统性和综合性的思考。第一节从人才培养的目标出发，介绍了美国精英人才培养的特点，讨论了研究型与应用型两种人才培养体系，并着重探讨了职业教育对人才培养质量的重要性。第二节介绍和分析了美国大学的通识教育及其与学分制、课程选修制、弹性学制、导师制、多学期制和住宿学院制或本科学院制之间的联系，并针对通识教育认识上的误区提出了正确理解通识教育的七大维度，针对确定教学目标的问题介绍和分析了美国大学教学目标编目（TGI）。第三节首先介绍和分析了美国大学课程设置和管理的几个问题，然后总结了美国大学教师招聘对教学的明确要求和教学培训的特点，以及美国大学新课程开发的 3 个必经阶段和新课程建设关注的一些具体问题，最后提出和强调美国大学培养人才的五大基本途径：大量阅读和经典阅读、多次反复的讨论和发言、写作训练、做中学以及团队合作和领导力培训。

本章内容是作者对 2010 年和 2011 年两次访美学习所做的系统思考。其中，第一节是在 2010 年 7 月赴美讲学交流之后完成的，曾被刊登在《哈工大报》2011 年 1 月 19 日第 4 版（总第 2136 期）。后两节内容均是在 2011 年第三次访美之后完成的。由于本章内容是作者基于美国较近期做法和经验的分析和思考，所以本章内容有助于我们了解美国大学教学的最新动态，对于我国大学教学管理工作的改进和完善，对于我国大学进一步明确教学的发展方向和发展思路，进而对于促进我国大学教学的健康发展，都具有重要的指导和参考价值。另一方面，通过对比本章与作者基于第一次留美经历形成的上述各章可知，美国大学在教学方面坚守的理念并没有改变，且其在教学方面的很多做法虽然在不断创新和完善,但也具有一贯性和稳定性。这表明,上述各章介绍的美国经验和做法仍然具有参考和借鉴意义。

本章参考文献

[1] 孔寒冰,邱秧琼.工程师资历框架与能力标准探索[J].高等工程教育研究,2010(6),17-18.

[2] 吴绍春.中国理工科大学如何为未果准备人才[J].高等工科教育,2014(1),55-58.

[3] 舸昕.从哈佛到斯坦福[M].北京:东方出版社,1999.

[4] 刘宝存.为未来培养领袖[M].北京:高等教育出版社,2011.

[5] 黄坤锦.美国大学的通识教育[M].北京:北京大学出版社,2006.

[6] 罗伯特·M·戴尔蒙德.课程与课程体系的设计和评价实用指南[M].修订版.徐辉主编.黄小革,译.杭州:浙江大学出版社,2006.

附录　教学资料与方法选编

本篇选编了部分教学资料和几种经典的教学方法，以供高校青年教师学习和借鉴之用，希望这些资料和方法能激发青年教师的教学兴趣，引导青年教师逐步提高教学水平和教学质量。主要内容包括：

(1)哈佛大学核心课程系统简介。

(2)美国研究型大学人才培养质量60条。

(3)《McKeachie 的教学技巧》介绍。

(4)美国大学教学目标编目(TGI)。

(5)苏格拉底式教学。

(6)习明纳尔。

(7)问题式教学 PDL。

(8)项目教学。

(9)案例教学。

附录1　哈佛大学核心课程系统简介[①]

一、引言

哈佛大学的核心课程设置理念基于这样的信仰：让每位哈佛大学毕业生不仅受到专业的学术训练，还应该受到广泛的通识教育。学生需要指导以达到目标，学院有责任和义务把他们朝标志一个人受过良好训练的知识、智力技巧和思维习惯的方向引导。

但是核心课程与其他一般教育的教学计划不同，它不限定学生达到像精通名著课程那样的知识广博程度，或消化一定的信息量，或总览某一特定学科领域的前沿知识。而是将本科教育中所必不可少的学科领域内的主要知识方法介绍给学生。它的目的在于向学生展示知识的各种门类和在这些领域内探索的形式，掌握不同的分析方法，以及这些方法是如何运用的和它们的价值所在。尽管核心课程的学科内容是不同的，但从强调特定的思维方式的意义上讲，每个领域或分支教学计划中的核心课程是平等的和相

① 参见哈佛大学网站介绍：http://sites. fas. harvard. edu/ ~core/redbook. html.

同的。

核心课程是依照下列考虑而设立的:

(1)学生应当懂得他们怎样才能得到知识,怎样把知识应用到自然界、社会和他们自身。

(2)学生应当接触其他文化和其他历史时期,使他们能更好地界定和理解他们自己在当今世界的经验。

(3)应当给学生某些练习机会,让他们严谨地思考道德和伦理问题,运用客观现实来判断各种可选择的伦理思想和实践的假定。

(4)通过研究许多课题之中的任一课题,可以培养该领域理解和评估求知之道所必不可少的严谨的识别力。经验显示,在课程中向学生介绍他们能够处理的一定量的知识,他们就能够最好地吸收必需的解决问题的工具。用专家们使用的工具在专门的指导下来解决特定领域里一些有趣的问题,最能刺激学生们的求知欲。

(5)通过解决不同领域的问题而获得的分析能力具有持久的价值,它武装学生的头脑,使他们在以后生活中,在他们必须或希望占有的领域有能力猎取更多的知识。

与哈佛以前的通识教育项目(General Education Program)相比,不论在确定学生本科教育阶段一部分必需的经验知识领域方面,还是在获取知识的方法方面,核心课程都更为明确。它引入的一些领域,如道德推理、外国文化、定量推理、音乐和视觉艺术,在以前的项目中是不要求的。即使两个项目共同要求的那些领域,如文学、历史、社会和自然科学,其安排也有所改变,以适合核心课程的统一要求,突出重要的思考方法。

核心课程的主要意义是,它代表哈佛大学始终坚持对通识教育的承诺。简单地说,核心课程是试图表明,今天受到广博的教育意味着什么,并且把它变成可评估的课程。这种课程应当引起学生的,并且同样也引起教师的兴趣。就这个意义来说,核心课程打开一扇大门,它帮助学生获得必要的条件,在21世纪能够有一个生气勃勃的头脑。同样,核心课程是哈佛范围更广和始终致力的一部分,它力求使本科教育有用,吸引人,生动活泼。

二、课程分类

哈佛大学的核心课程分为如下几类:外国文化(Foreign Cultures)、历史研究(Historical Studies)、文学和艺术(Literature and Arts)、道德推理(Moral Reasoning)、定量推理(Quantitative Reasoning)、科学(Science)及社会分析(Social Analysis)。

(一)外国文化

外国文化的所有课程的共同目的,是要拓宽学生对人们生活形成过程中文化因素重要性的理解;通过学习与美国以及不列颠群岛、加拿大、澳大利亚、新西兰这些英语为母语国家的文化有很大不同的文化,向他们自己的文化认定和传统提供新鲜观点。这部分课程会注意介绍宗教和民族的价值观，社会、经济和政治制度，知识发展趋势以及文学和艺术成就。但将始终着眼于探索一种文化的上述各个方面是如何彼此联系的。不论其主要着重于重要艺术文献和作品的分析，或者着重于历史变化，还是着重于个人或社会生活的其他基本方面，这些课程都力求阐明其他文化的思维和行为模式，从而对该种文化的结构或精髓做出解释。学生可以选择两种不同类型的课程来达到外国文化课程的要求。

(1)一个学期的专注于一种文化的文化课程或者不同于以英语为母语国家文化的文化课程。考虑到文化研究中语言的重要性，这类课程的可能以英语或者特定文化的语言授课，在法国、德国和西班牙文化的课程通常使用对应文化的语言授课。

(2)两个学期的外国文化课程下的外语课程，除了语言研究之外，该类课程的实质是为了满足外国文化准则的要求。学生选择该类课程必须完成两个学期来满足要求。

(二)历史研究

历史研究部分的各课程，其共同目的是培养学生对历史的综合理解力，这是一种研究和理解问题的方式。历史研究 A 的各课程旨在帮助学生通过历史研究理解当代世界重要事件的背景和发展。它们帮助学生通过历史理解我们这个世界的重大事件——常常是使人困惑的政策性事件。这些课程回溯现代各种文明的起源，并揭示随后的发展，经历这种发展并通过这种过程，它们成为现代的、人们熟悉的形式。历史研究 B 的各课程集中在详细了解有文献记载的古代某些主要历史事件或变化。涉及的主题均有足够的文献，使我们可以对具体条件、动机和决策进行深入的分析。其目的是培养对人类事务复杂性的理解力，了解各种力量——经济的、文化的、宗教的、政治的——怎样同个人的雄心、同个人有目的的努力相互作用，从而控制和造成了各个事件。

(三)文学和艺术

文学和艺术部分各课程的目的是培养对艺术表达的鉴别和理解，并以此为例，说明人文学科和其他领域一样，是学者们研究和探讨的舞台。与整个核心课程的特点一样，文学和艺术类的课程也要显示和分析构成各个领域知识的方方面面，即多样性、形式、范围、效用和滥用及解释方式。文学和艺术 A 的课程为学生提供各种文学批评和分析方法，并提供一系列问题的回答，例如，文学是怎样发挥作用的；文学类型和传统是怎样形成和变化的；作者、读者、文本以及文本产生的环境之间的关系如何；对过去文学的解释是怎样受到现在有关考虑的影响的？课程可能直接围绕上述问题，也可能围绕特殊的文学类型、形式或时期来安排，重点在文学的文本和文学分析方法。文学和艺术 B 的课程向学生介绍非文学的表达方式，并指导学生理解视听学科的视觉和听觉原理。课程可能围绕某一特殊流派、品种、个人或主要问题来安排。有些课程将集中在某一时期的艺术或音乐，而另一些课程将讨论不同时期和地方的范例。除了要研究视觉或音乐形式的表达及其意义外，还要强调艺术或音乐作品与其所产生的特定历史、文化时刻的不同程度的关系。文学和艺术 C 的课程研究历史上那些创造性的文化时代,并探索在一个特定社会中文学和艺术是如何发挥作用的。这些课程的研究方法往往是跨学科的,并且要探讨各种艺术形式之间的联系。它们以重要时期、风格或运动为中心描绘和分析文化是怎样产生、解释和传播的。

(四)道德推理

道德推理部分各课程的共同目的,是讨论人类经验中产生的重要而又反复发生的选择和价值问题。其目的是探索做出合理的道德或政治选择的途径。为此,这些课程力求使学生熟悉那些过去曾灌注到这种选择中的重要思想传统,并使学生更广泛地知晓人们曾经怎样理解道德生活的性质。这些课程期望将帮助学生认识到,合理地思考和表达如正义、义务、公民职责和权利、忠诚、勇敢及个人责任是可能的。有关这些问题的课程内容通常是从西方思想传统吸取来的,但也探讨非西方传统的推理。道德推理的课题并不意味着要把哲学、法学、伦理学或宗教所教的所有或大部分这类问题都综合进来。而只涉及这些学科的有关部分,目的是解释个人怎样才能合理地把握有关道德选择的问题和正确行动的性质。讲课主要是说明哲学分析的方法,而哲学、政治或宗教思想的历史,或关于宗教的和伦理学传统的深入研究将不在这部分核心课程范围之内。

(五)定量推理

定量推理部分的课程的共同目的是向学生介绍数学的或定量的思考模型。有些课程着重数学或统计的理论方面,如数论或演绎逻辑就属于此类课程。这部分的其他课程则探讨把定量方法应用于解决自然科学、社会科学或人文学科的问题。例如,也关于不确定条件下的决策或人口趋势分析的课程。

(六)科学

科学部分各课程的共同目的是传授对科学的一般理解,获得观察我们自身和我们世界的方法。这个世界包括极小的——基本粒子、核子、原子、基因和细胞;极大的——地球、太阳系和宇宙;以及包括人类在内的有生命的东西。每门课程在某种程度上讲授其中一个或几个上述课题。学生参与解决问题,在实验室做实验,进行观察。这些课程将培养学生科学方面的读写能力和计算能力,从而使他们更好地理解今天这个技术和科学导向的社会。科学 A 的各课程主要与物理学有关,通过定量描述和对单个要素的综合来分析自然现象。科学 B 的各课程着重生物、进化和环境的科学,对那些还不能以单个要素为基础进行充分分析的复杂系统给以半定量的和往往是描述性的解释。

(七)社会分析

社会分析部分各课程的共同目的是使学生熟悉社会科学的某些主要的概念和方法,并显示这些方法怎样加强我们对当代人类行为的理解。这部分核心课程将提供与经验数据有系统性联系的前后一贯的分析方法。社会分析课程并不全面研究某个特殊学科,而是显示如何把分析方法应用到与人和机构相关的重要问题。

三、课程结构及选课要求

在哈佛大学，毕业学分是按全课程（Full Courses）计算的，全课程从秋季学期开始，延伸到春季学期结束。《学生手册》规定学生“必须通过16门全课程”方可毕业。按照全年课程计算学分可能产生混淆。因为核心课程和其他许多必修课是用叫作“半课程”的学分来计算的。“半课程”的意思是它只进行秋季或春季一个学期。事实上，文理学院提供的大多数课程是半课程。

为了解释核心课程的要求，并把它安排到为期4年的课程结构中，我们在用到“课程”这个词时，指的是一学期的课程，即《学生手册》中的“半课程”就是说，你必须通过32门课程才能毕业。

你必须读32门课程，但这32门课程不是随意选的。哈佛希望，实际上是要求，你选课的结果形成一个模式。大体上，一半的课程（16门课程）必须用来满足你专业的要求。在其他16门课程中，你要选8门课以满足你的核心课程的要求。于是，通常的模式是，你要用一半的时间来满足你专业的要求，而专业以外的课业，其中一半要用在满足核心课程的要求。

核心课程不是满足学位要求的唯一非专业课程。所有新生必须学习说明文写作（Expository Writing）的一门课程，并且还必须选读1～2门课程以满足语言要求。总计32门课程，在此之外剩下的课程，将由你自由选择，也就是说，那些课程根据你追求的学习兴趣由你自由挑选。

专业课（Concentration）、核心课（Core）和任选课（Electives）这个模式，只是一个粗略的样式，可以有许许多多的变形。安排16门专业必选的课程，你就可以有机会争取到你所学专业的优等成绩。大多数专业要求学习16门课程才能达到优等成绩，有些则要求少一点。如果你不打算取得专业的优等成绩，那么必选的课程可以是12～13门，这样你可以有更多的时间去读任选课。在有些情况下，核心课程计入专业课程。如果你选了这样的课程，由于与专业课重叠，你的任选课中要加上另一门课程。

学生必须在11类核心课程中的8类选课，以满足核心课程的要求。因为核心课程的目的是扩展学生的视野，学生必须在8类课程的每类选1门课，而这8类被认定跟他们所学专业离得最远的。每个专业都确定有3类课程免选（Exempt）。

附录2　美国研究性大学人才培养质量60条[①]

1. 低生师比——10:1之内，私立大学。

2. 小班授课——20人之内，大多数研究型大学。

3. 海外学习项目——以欧洲名校和世界著名企业公司为主。

4. 充分的奖学金和贷款资助——每人每年8 000～20 000元。

5. 荣誉制度——精英人才的培养。

6. 每生必需的学业指导——导师制，学术型。

7. 多项综合咨询服务——突出以学生为中心的服务。

8. 各种信息服务平台和支撑系统——公开、公正、公平，及时、方便、准确。

9. 24小时开放的实验室、图书馆和工作室——基本条件。

10. 多种多样的学生科技活动——集中与分散，不是为了比赛。

11. 丰富的学生社团和文化生活——学生主体创造的。

12. 良好的学术氛围和学校传统——归属感和融入感。

13. 学生学习的充分选择权——专业的、时空的与教师指导的。

14. 各项规章制度的保障服务和方便安静的校园——人手一册。

15. 多种多样的教材和辅助资料——大量阅读和思考。

16. 多向互动的教学方式方法——多种能力的培养。

17. 多样化的教学组织方式——丰富和实际的学习体验。

18. 校内外结合的丰富实践活动——长期与短期的真实践。

19. 充分全面的学生动手机会和实验体验——机会平等，做中学。

20. 大量的写作和思维训练——专门课程和渐近性。

21. 多样化、累加式的考核与成绩评定方法——学业评估、测量和学习激励。

22. 不断完善的课程改进和提高——内在的自我超越，改革动力之一。

23. 持续的课程开发和创新——与时俱进的发展。

24. 对教师教学能力和知识系统的全面培训，也包括对研究生助教的系统培训——持续性、综合性、实效性。

25. 学生对教学改革和管理的充分参与——改革动力之二。

26. 行之有效的教学评价系统——重要改革与创新的发展，改革动力之三。

27. 灵活多样，又独具特色的学生选课系统——学生学习的主动权。

28. 弹性多样的学期制——以生为本的，效率、效益与资源配置。

---

① 该60条是作者在美国考察和学习的基础上总结形成的，成稿于2011年4月，并被某些高校作为内部资料交流使用，如：http://gjs.wzmc.edu.cn/web1/UploadFiles/20121110131927290.doc。

29. 对学生的充分研究和了解及对毕业生的持续调查——多种调查和研究，科学决策。

30. 对学生学习方式方法的辅导和帮助——方便实用的,重在会学和创造。

31. 专业调整和转换的充分可能性——公平平等的竞争选择。

32. 充分的学生发言和讨论的机会——质疑批判精神和个性发展。

33. 明确和清晰的培养目标和要求——全面发展的育人。

34. 对学生提出激励性的挑战目标——创造性和领导力。

35. 让学生对自己负责和评价——责任意识和反思。

36. 教师的热情、激情、责任心和时间的充分投入——教书育人真正的落实。

37. 必要的学业警告和学术审查——学术的严肃性和认真精神。

38. 丰富的课程学术资源——一切为学生成才服务。

39. 与企业、社会的密切联系和结合——理论与实际的紧密联系,改革动力之四。

40. 最大程度和有效利用校内外各种资源和设施——高效率高效益。

41. 充分的校友支持和捐赠——荣誉感和文化传承,改革动力之五。

42. 以服务为中心的管理和协调——学校管理水平的体现。

43. 高质量高水平的教师队伍与学生的有效充分接触——育人为本的落实。

44. 系统完善不断改进的培养方案——人才培养质量的不断提升。

45. 严格的考核和学业淘汰制度——对个人负责,更对民族和社会负责。

46. 诚信和学术规范具体有效的教育——科学精神与学术道德的体现。

47. 不断完善和改进的通识教育——为成长和成功奠基,突出人的教育。

48. 公民道德价值观与责任的培养——有文化讲贡献的公民。

49. 各种现代理念和意识的培养——多元意识和终身学习能力。

50. 体育和健康的多种活动——事业成功之基础。

51. 组织管理和领导力的培养训练——领军人才的入门。

52. 国际化的视野和多元化的熏陶——全球意识和胸怀。

53. 良好的竞争机制和平等民主的规则——生存和创造能力。

54. 鼓励学术自由和个性发展的文化传统——科学精神和人文精神。

55. 实用、高效和免费的各种技能培训和各种勤工俭学活动——让学生有技能,会做事。

56. 一卡通的方便服务——把服务真正落实。

57. 多种机会与名人的面对面交流——多种能力和思维的培养。

58. 就业指导与服务的综合系统——贯穿始终的服务。

59. 与地方政府的密切联系和合作——爱国扎根的实实在在教育和贡献。

60. 招生和新生入学的人性化服务与人才的综合化优选——把好入口关,选最合适的人才培养。

附录3 《McKeachie的教学技巧》介绍①

一、《McKeachie的教学技巧》可作为我国当前高校教师培养的指导书

美国教育家科南特曾说,大学的荣誉不在于它的校舍和人数,而在于它一代一代教师的质量。高校青年教师作为高校教师队伍的生力军和高等教育事业未来发展的支柱,对我国高校的人才培养和科技发展发挥着重要的作用。从一定意义上讲,他们的职业成长是推进高等教育发展的关键因素。

随着我国近年教育事业的发展,高校教师队伍也在逐年地扩大。根据教育部统计,2002年我国普通高等学校的专任教师有61.84万人;2003年有专任教师72.47万人;2004年则有85.84万人;截止到2005年,我国普通高等学校有专任教师达96.58万人。从上面的数字可知,我国每年有近10万新教师补充到高校教师队伍中来。虽然新教师的加入为高等院校注入了活力,但是其数量的迅速增长也为高校教师队伍的培训和管理工作带来了挑战。尽管各大院校对新教师的培训工作普遍重视,但在实际操作中仍存在着明显的不足和缺陷,解决这些问题,是当前各高校加强教师队伍建设、提高教学质量的当务之急。

首先,高校新教师的职前培训严重不足。从各高校现有的情况来看,高校的新教师普遍都具有较高学历,甚至是某个领域的专家,但这些新教师大多来自非师范类学校,在从业前几乎没有接受过教学能力方面的专门培训和科学训练。而大学教师不仅承担着学术研究和知识创新的任务,更肩负着培养和造就高级专门人才的重任,因此高校新教师接受职前培训是非常急需的,工作中的再教育、再培养也是十分需要的,目前培养的状况无论从质的方面还是量的方面都不能令人满意。其次,传统培训方式受到限制。近几年来,随着高校的不断扩招,校内生师比也在逐年扩大,新教师不断增加,教师队伍呈现出年轻化的趋势,原有的教师梯队结构发生变化,使得高校传统的"师傅带徒弟"式的培养方式不能得到彻底贯彻,影响到新老教师之间的经验交流,同时,这种方式也远远不能适应新世纪人才培养的需要和教师队伍终身教育的挑战。最后,现有的培训内容局限性强、培训教材单一,培养方式方法简单,培训内容比较肤浅,缺少系统性、连续性和效果评估,对新教师未来发展指导性作用有限。我国高等院校对青年教师的培养多采用短期培训的形式,使新教师巩固专业思想,熟悉有关教育法规,遵守教师职业道德和行为规范,了解教学的一般过程和经验,基本上是一种入门和概论式的培训。通过这种短期培训,

---

① 该部分内容针对我国青年教师培训的现状和问题,介绍了美国资深教师编著的《McKeachie的教学技巧——适用于大学教师的教学策略、研究和理论》一书,旨在为我国大学青年教师提供教学问题解决方法和途径方面的学习和借鉴。该节曾刊登在哈工大内刊《科教论坛》2007年第2期。

教师可能很快就接受了教学的基本操作过程和方法,初步理解什么是大学教师和教学,在实践中结合自己的教学也能够写出一份符合教学要求的教案和教学日历,但这仅仅是一个基础,青年教师更期望能在日后的教学工作中遇到问题时,更多的得到解决具体教学问题的分析思路和具体方法的指导,特别是教学和专业发展方面的系统指导。而我国在这方面能发挥作用的书籍却相对较少,尤其是出自长期工作在教学第一线且经验丰富的老教师之手,理论和实践紧密结合的实用指导书籍则少之又少。

而由资深教师编著的《McKeachie 的教学技巧——适用于大学教师的教学策略、研究和理论》(以下简称《McKeachie 的教学技巧》)恰好能填补我国高校青年教师培训领域的这一空白。正像书中的序里介绍的那样,这本书是从对新教师准备和讲授第一节课时有帮助的实际信息讲起,它提供了教学中遇到问题的解决方法以及寻找解决方法的途径。

二、《McKeachie 的教学技巧》的作者及写作背景介绍

《McKeachie 的教学技巧》是密西根大学教授麦凯奇(McKeachie)组织编写的一部青年教师成长指南。麦凯奇是密西根大学名誉教授和心理学系前主任,他主要从事教学、对大学的教学活动进行研究以及培训高校教师的工作;曾任密西根大学教与学研究中心的研究员和主任;还曾任美国心理学会主席(1977 年)和美国高等教育学会主席;美国大学教授协会教学、研究和出版协会的主席,并曾获得美国心理学基金会颁发的心理学终身贡献奖;他是精神卫生、行为和生物研究以及大学毕业生培训等各种政府顾问委员会的委员;他拥有西北大学、丹尼森大学、东密执安大学和辛辛那提大学的名誉学位,还是全国教育学会会员。他曾在世界上很多国家的研讨会上都做过发言,并且在美国和其他国家的刊物上发表了大量的文章,同时出版了大量的研究报告和书籍,其中影响最大的就是《McKeachie 的教学技巧》,这本书现已连续出版了 12 版,笔者现在所介绍的是本书的第 10 版。

《McKeachie 的教学技巧》一书凝聚了 McKeachie 近 50 年的教学经验和他的研究成果,与他一同完成此书的还有另外 5 位作者,分别是 Graham Gibbs(The Open University);Diana Laurillard(The Open University);Nancy Van Note Chism(Ohio State University);Robert Menges(Late of Northwestern University);Marilla Svinicki(University of Texas at Austin) and Claire Ellen Weinstein(University of Texas at Austin)。这几位作者也以己之长将自己研究领域内的成果融汇在本书之中,可以说这本书是现代西方著名教育专家对青年教师培养的经验总结。

翻开《McKeachie 的教学技巧》的扉页,作者明确介绍了本书的适用范围:①二级后教育;②教育学研讨会;③青年教师训练班。《McKeachie 的教学技巧》(第 10 版)主要针对高校青年教师提供一些教学技巧,这些技巧能帮助教师们解决日常教学工作中遇到的问题,同时也能充分调动每位学生学习的积极性。作者建议的技巧以大量的研究和充足的理论做基础,能让教师灵活地应用到自己的教学环境中,作者并不是机器化地提出了一

系列的“教学处方”,而是赋予了教师处理教学问题的指南和工具。

三、《McKeachie的教学技巧》的主要内容

《McKeachie的教学技巧》从结构上分为六大部分。题目分别是:备课;指导学生学习的基本技巧;为促进学生学习需加强的技术和策略;理解学生;学生和教师的终身学习;高水平教学。

前两部分按倒计时的顺序讲述了如何准备第一堂课,作者认为,刚开始做教师的前几个月和前几年在教师的职业生涯中显得特别重要,这一阶段的成功与失败将决定着这名教师未来是否能继续从事这一行业以及能否在学生中树立威信。良好的开端并不在于教师所讲内容是否风趣,而是取决于其管理课堂秩序的能力,所以在刚开始几个星期里,掌握一些简单的教学技巧要比平时学习和积累的教育学和心理学的知识更适用。只有在课堂上发挥自如以后,青年教师才有可能考虑更深一层的修养。因此,作者首先为那些第一次上课怯场的新教师提供一些非常实用的技巧。例如,第一次上课时,通过学生自我介绍或是相互介绍的方式记住学生的名字,并让陌生的学生相互认识,这样既可以让学生感觉到班级的其他成员都不再是陌生人,形成团队的氛围,又可以拉近学生与教师之间的距离,使第一次上讲台的新教师成功地“破冰”(Break Ice)。

第二部分主要围绕着如何让学生专注于学习的基本技巧展开,麦凯奇教授在这里用了4个章节解决了一个所有教师都非常关注的问题,那就是在教学中应采用讲授法,还是讨论法?在哪种情况下这两种方法最有效?在采用讨论法时,如何让学生们都积极地参与到讨论中去?以及在使用讲授法时,如何能做到“以学生为中心”?

作者认为,让学生主动学习的标准教学样板就是讨论法教学,讨论法是教师的教学技能里最有价值的工具,这种方法不仅适用于小班,在大班上课时也同样适用。这一部分作者建议的讨论技巧几乎照顾到了所有的教学情境:在第一次几个新组进行讨论时,可以从共同的经历、有争议的问题入手进行讨论;在人数较多的情况下比较适合“发展讨论方法”和传统的“苏格拉底讨论法”;如果课堂上出现的一种情况——一些同学滔滔不绝,还有一些同学一言不发,那么可以用“分组小声讨论法”和“里圈或玻璃鱼缸法”(一些同学作为讨论组,而另一些同学作为观察组)让那些不积极的学生更有责任感,从而参与发言。

麦凯奇教授虽然极力提倡在教学中使用讨论法,但他并不反对采用讲授法,他用了整整一个章节描述讲授法的有效性,并给出了提高讲授效果、准备教案的一些建议,作者认为教师上课不仅仅是为了传授知识,最重要的是教学生学会如何听课,除了学会如何边听课边有效地记笔记外,还要让学生在听课的时候积极思考问题、理解和吸收所讲的内容。麦凯奇建议在教学中把讲授法与讨论法结合起来使用,因为他认为讨论法可以实现“更高水平的认知和态度目标”(Higher-level Cognitive and Attitudinal Objectives),因此比单纯的讲授法教学效果更好。

全书内容与青年教师教学能力的发展阶段相适应，由浅入深，逐渐深入，第三部分以后的内容不仅适用于新教师，对有经验的老教师也有借鉴作用。例如第 17 章，题目是"如何有效地利用通信和信息技术"，由 Diana Laurillard 执笔，她是英国电视大学的教育技术学教授。她 25 年来一直致力于研究多媒体材料的相互作用以及网络服务在教育和培训中的作用；她在学生学习和教学技术之间的关系上所做的基础性研究贡献突出。这一部分正是这位女教授的研究专长，作者在这一章中提出通信和信息技术的作用——人与人互动和人与信息互动的平台。如果只在上课、课堂讨论和实践环节应用多媒体技术，那么就还没有充分发挥现代技术的作用，作者建议教师建立自己的教学网页、与学生在网群中进行自由讨论并定期地提出一些值得讨论的问题，或是通过电子邮箱更直接地回答学生咨询的问题，甚至可以利用网络搜寻功能杜绝学生作弊。这既可以加强教师与学生的互动，让教师做出更为周到的服务，又可以减少教师的工作量。

《McKeachie 的教学技巧》的最后两部分对教学者又提出了更高的要求——高校教师不仅要成为教学高手，还要身先士卒，不断进取。教师的个性和人格品质对学生的进步和成长比起教师丰富的知识、良好的教育技能和教学行为有更大的影响力。所以教师作为终身学习者，要通过学生、同行以及教学专家评价来不断提高教学水平；要持有"为学生服务"的思想充分理解学生。笔者非常欣赏本书作者关于教师对学生责任和学校的相关纪律的讨论，就像作者在总结中所写：学校赋予教师一些特权，但有多大的特权就有多大的责任。"以学生为中心"的教学思想在本书中体现得淋漓尽致。

四、《McKeachie 的教学技巧》的特点分析

在仔细阅读了这部著作之后，笔者认为它是我国当前急需的既具理论价值又有现实指导意义的书籍。总体来说，这部著作具有以下特点。

第一，实用性强。它是一部系统研究和总结教育经验的实践指南，对我国高校新教师的成长具有指导性作用。如前所述，本书不是学术专著，也没有鸿篇大论，作者以手册指南的形式撰写此书，全书条理清晰，配合与文章内容相关的各种表格、图表使文章更通俗易懂。例如，作者认为教师撰写教学大纲的目的是要合理地安排学生的学习内容，所以教学大纲中要分配好学生的课上和课下学习时间的比例。如果学生课内学习 1 小时就相应的在课外学习 0.3～1.0 小时，那么按照每学期"三小时"的课程一般要安排 40～45 课时的方法来推算，老师应要求学生用在每门课程的课外学习时间是 12 小时，所以在教学大纲中应体现出对学生课外学习时间的要求。在理论分析后，本书还附有哈佛大学的学生学习时间安排的表格作为例证。作者在每章里建议的技巧都对应着特定的课堂情境，所以读者完全可以在理解作者论述的理论基础上，将其研究成果作为实践中的指导工具来使用。

第二，注重细节。本书结构紧密，层层递进，对每个教学环节都做了细致的分析和思考，就与教师利益密切相关的诸多实际问题一一做了阐述。例如，作者在介绍给论文打

分的方法时,罗列出评价论文的标准,包含内容、形式和与课程的相关性 3 个方面共 25 条。虽然这些选项并不意味着它就是教师评阅一篇论文的绝对标准,但它可以成为刚刚走上讲台的教师在读学生的论文并给予评语时参考的对象。像这样的细微之处并非偶然,在书中随处可见,充足的资料收集和缜密的论证过程,反映了作者精湛的教学功底。再如,有一鼓励学生积极思考问题的例子:在给学生留下阅读材料的任务后,教师可以让他们边阅读边思考以下问题:①你怎样把从这一章学到的"深度加工"的理论运用到你的学习中?②在听课时,你怎样把有限的工作记忆容量完全用在学习上?③你在最后一章中发现研究者在学习时采用了哪些不同的方法?

第三,紧紧围绕着"以学生为中心"的教学思想,强调技能训练。《McKeachie 的教学技巧》不但对如何应用教学理论提供了翔实的实践指导,更为重要的是,作者针对新教师成长为优秀教师这一主题展开有见地、有深度的分析,并从多个角度提出建议。让高校教师从"知识的传授者"转变到"学习的指导者",在教学中完全贯彻"以学生为中心"的教学思想,这一过程中最难做到的就是转变教育思想,最忌讳的就是空洞的说教,作者正是避免了空洞的言论,着重于对新教师技能的训练。读者在阅读本书时就能切身体会到所有的教学技巧其实都是围绕着"以学生为中心的教学"(Learner-centred Teaching)这一思想展开的,麦凯奇严谨的工作作风和强烈的人本主义信念让他坚决倡导教师要服务于学生的原则。因此,本书对那些对"中心论"存在困惑的教师,尤其是青年教师,认识并能在实际工作中运用这一"中心"起到指导性作用。

通读此书,无论从理论上,还是从实践上,对青年教师接触新理念、领会教学经验都不无裨益。笔者很高兴以此短文做一简单的介绍,把《McKeachie 的教学技巧》一书推荐给中国高教的广大教师,特别是刚刚走上教学第一线的新教师,希望它成为每位教师的案头书,伴随教学过程的不断实践和提高,成为走向一名成功的大学教师的实用指南。

附录 4　美国大学教学目标编目(TGI)

(1)发展将所学原理和规律运用于解决新情况和新问题的能力。
(2)发展分析问题的能力。
(3)发展解决问题的能力。
(4)发展从观察中得出合理推论的能力。
(5)发展对信息和思想进行整合的能力。
(6)发展全盘思考的能力:既能纵观全局,也能考虑到局部问题。
(7)发展创造性思维能力。
(8)发展分辨事实与观点的能力。
(9)提高注意技能。
(10)发展专注能力。

(11)提高记忆技能。
(12)提高听力技能。
(13)提高口头表达技能。
(14)提高阅读技能。
(15)提高写作技能。
(16)培养适当的学习技能、策略和习惯。
(17)提高数学技能。
(18)学习本科目的术语和事实性知识。
(19)学习本科目的概念和理论。
(20)发展使用该科目的核心资料、工具和/或技术的能力。
(21)学会理解该科目的视角和价值观。
(22)为转向其他学科或研究生阶段的学习做准备。
(23)学会获得该科目新知识所需的技巧和方法。
(24)学会评价该科目的方法和资料。
(25)学会欣赏人们对该科目所做出的重大贡献。
(26)发展对人文科学和自然科学的理解。
(27)培养对新思想的开放性。
(28)加强对当代社会问题信息的了解和关注。
(29)加强承担公民责任和行使公民权利的责任感。
(30)发展审美能力。
(31)培养开明的历史观。
(32)发展对科技作用的全面理解。
(33)培养对其他文化的了解与欣赏。
(34)发展做出明智道德判断的能力。
(35)发展与他人一起有效工作的能力。
(36)发展管理技能。
(37)发展领导技能。
(38)培养精益求精的精神。
(39)提高按照要求、说明和计划行事的能力。
(40)提高有效安排和利用时间的能力。
(41)发展对个人成就的追求。
(42)发展熟练操作的能力。
(43)培养对自己行为的责任感。
(44)提高自尊心、自信心。
(45)提高对自己价值观信仰的坚定性。

(46)培养对他人的尊敬。

(47)培养情绪健康和快乐。

(48)培养对诚实的积极信念。

(49)发展独立思考的能力。

(50)发展理性选择的能力。

(1)~(8):高级思维技能。

(9)~(17):成功学习的基本技能。

(18)~(25):学科知识和技能。

(26)~(35):人文科学和学术价值。

(36)~(42):工作和事业的准备。

(43)~(50):个人发展。

附录5 经典教学方法:苏格拉底式教学①

苏格拉底(前469—前399)是古希腊著名的哲学家、教育家,西方启发式教学的创立者。他在教学中终生倡导"产婆术" 教学法,提出教育者只能如助产士帮助产妇生子那样去启发和引导学生发现真理与获得知识,绝不能代替学生学习和思考。苏格拉底认为,教育的目的是通过认识自己达到获得知识,最终成为有智慧、有完善道德的人;教育者的任务不是臆造和传播真理,而是做新思想的"产婆",去引导、帮助受教育者发现真理。为此,他在教学中奉行"内发" 的教育理念,采用问答方式来引导学生思考以达到教育的目的。

由于苏格拉底把教师比喻为"知识的产婆",并采用问答的方式进行教学,因此苏格拉底教学法又被称为"催生法""产婆术"教学法或问答式教学法。这种方法本质上是一种师生平等辩论以揭露矛盾、克服矛盾、最终获得知识并发展能力的教学方法,有助于启发学生的积极思维活动和培养学生的分析能力、推理能力、概括能力,同时也是一种帮助学生纠正错误观念并产生新思想的艺术。这种教学方法是西方最早的启发式教育,对后世的教学思想有很大影响,曾被世界各国学校广为采用。

苏格拉底教学法的基本原则是:回答问题必须非常简洁,明快干脆。回答对方所提出的问题,不许提出别的问题,不许反对对方的问法。两个人可以轮换提问,但须双方都同意。这种方法包含有辩证的色彩,能帮助对方纠正错误观念并产生新的艺术。整个过程仿佛产婆帮助孕妇生产下婴儿一样。苏格拉底教学法分4个步骤:

第一步是反诘。苏格拉底从所讨论的论题出发,针对学生的回答不断地提出反问,

---

① 摘编自:百度百科词条"苏格拉底";杜永红. 试析苏格拉底"产婆术"教学法及其实践价值[J]. 现代教育科学,2005(5):29-30.

即使学生答错也不立刻纠正，而是接着提出补充问题加以引导，使之发现自己认识上的矛盾，承认自己的无知，否定自己所肯定过的错误意见和观点。

第二步是助产。苏格拉底认为自己在这一环节的任务是充当智慧的"产婆"，以暗示性的语言和做相关示例的方式进一步启发和引导学生积极思考，主动发现新知识并走上正确认识的道路，进而得出结论和获得知识。"助产"就是帮助对方抛弃谬见，使他们找到正确、普遍的东西。换句话说，就是帮助真理产生。苏格拉底曾经对朋友说；我母亲是产婆，我向她学到了接生术。所不同的是，她是肉体的接生者，我是智慧的接生者。

第三步是归纳。通过对讨论所涉及的具体现象、具体事物进行比较分析，找出它们的共性、本质，即由特殊上升到一般。

第四步是定义。将所讨论的具体现象、具体事物归人一般概念，得到关于它们的普遍性认识并清晰地表达出来。

"产婆术"教学法的实施关键包括：第一，准确设问。苏格拉底对任何论题的讨论都有自己明确的教学目标和需要达到的教学要求，讨论的论题时代性很强，多是当时学生们关心或困惑的问题，提出的问题也都有鲜明的针对性。第二，适时提问。在讨论过程中，苏格拉底常常是根据学生的现实水平和回答问题的实际状况，恰到好处地提出起始问题与后续问题，以使学生及时得到启示并跟随自己的思路将讨论持续下去，保证讨论紧扣论题。第三，渐次推进。苏格拉底极为重视对讨论内容递进性的把握，在整个讨论过程中采取由浅入深、由表及里、最后接触问题核心的方式来推进讨论内容，以此活跃学生的思维，调动学生的主动性，引导他们积极思考和探索。有一个故事生动地反映了苏格拉底这种方法的应用过程：

一天，苏格拉底和一个非常自负的、名叫尤苏戴莫斯的青年讨论人需不需要学习，学习时需不需要请教师的问题。其中有一段涉及正义与非正义，苏格拉底写下 δ 和 α(分别是希腊文正义与非正义的第一个字母)，然后问道：虚伪应放在哪一边？

尤：显然应放在非正义一边。

苏，那么欺骗呢？

尤：当然是非正义一边。

苏：偷盗呢？

尤：同上面一样。

苏：奴役人呢？

尤：也是如此。

苏：看来这些都不能放在正义一边了。

尤：如果把它们放在正义一边，简直就是怪事了。

苏：那么，如果一个被推选为将领的人，率领部队去奴役一个非正义的敌国，能不能说他是非正义的呢？

尤：当然不能。

苏:那么他的行为是正义的了?

尤:是的。

苏:倘若他为了作战而欺骗敌人呢?

尤:也是正义的。

苏:如果他偷窃、抢劫敌人的财物,他的所作所为不也是正义的吗?

尤:不错。不过开始我以为所问的都是关于我们的朋友呢。

苏:那么,前面我们放在非正义方面的事,也都可以列入正义一边了?

尤:好像是这样。

苏:那么,我们是不是重新给它划个界线;这一类事用在敌人身上是正义的,用在朋友身上就是非正义的了。你同意吗?

尤:完全同意。

苏:那么当战争处于失利而又无援的时候,将领发觉士兵士气消沉,就欺骗他们说援军就要来了,从而鼓舞了士气。这种欺骗行为应当放在哪一边呢?

尤:我看应敢在正义一边。

苏:小孩子生病不肯吃药,父亲哄骗他,把药当饭给他吃,孩子因此恢复了健康。这种欺骗行为又该放在哪一边呢?

尤:我想这也是正义行为。

苏:又如,一个人想自杀,朋友们为了保护他而偷走了他的剑,这种行为该放在哪一边呢?

尤:同上面一样。

苏:可你不是说对朋友任何时候都要坦率无欺吗?

尤:看来是我错了。如果您准许的话,我愿意把说过的话收回。

附录6 经典教学方法:习明纳尔①

习明纳尔是Seminar的音译,《牛津现代高级英汉双解词典》将其解释为“学生为研究某问题而与教师共同讨论之班级”,即人们常说的大学研究班、研究讨论会或讨论室。

世界上最早的Seminar于18世纪在德国的大学产生,当时大学开始摆脱宗教束缚,采取研究自由和教学自由的原则。洪堡在创建柏林大学的实践中,将学术自由的思想贯穿在Seminar之中,使其发展成为一种课程教学组织范式。19世纪中期,柏林大学设置的习明纳尔多达几十种形式,其中主要形式是讨论、习作和探究。

留学德国的美国历史学家亚当斯(Charles Kendall Adams)1869年在密执安大学的

---

① 宋孝忠. 习明纳:一种值得探讨的教学和研究制度[J]. 华北水利水电学院学报:社科版,2005(1):67-69. 陈兵,黄美. 美国大学Seminar教学范式的特点及其启示[J]. 学术论坛,2009(8):193-195.

历史课上采用了习明纳尔方法。曾在柏林大学学习的历史学家亨利·亚当斯(Henry Adams)在19世纪70年代将习明纳尔引入哈佛大学。1876年,美国创建了约翰·霍普金斯大学,为了进行高深学问研究,它积极吸收德国大学最先进的科学方法和思想,引进了德国大学引以为自豪的习明纳尔制度,历史学家亚当斯(Herbert Baxter Adams)在历史学和社会科学的教学中采纳了习明纳尔的方法,从而使美国大学开始朝着高深的学术研究方向前进,习明纳尔方法才在美国的大学中得到真正发展。在19世纪90年代,霍尔在克拉克大学建立了著名的心理学习明纳尔。至此,习明纳尔在美国的研究生院中成为最普遍采用的教学形式。

习明纳尔的方式就是高年级学生和优秀学生在教授的指导下,组成研究小组,定期集中在一起,共同探索新的知识领域。它具有以下几个特点:

第一,在习明纳尔里,教授不再是单纯的知识传授者,而是注重启发学生对学术问题的独立探索,积极培养学生的科学研究能力。

第二,在课程学习期间,习明纳尔成员要参加一些辩论会。从形式上讲,习明纳尔仍然是教授与一些学生共同讨论问题或主张,但在本质上却与旧大学中的辩论截然不同。在习明纳尔的讨论中,教授虽然也提出问题作为讨论的主题,但决不预先假设一个结论,而是由参加习明纳尔的学生收集事实,提出理论,然后从事实或理论中自行找到一个新的结论。也就是说,习明纳尔讨论的前提是真理尚不存在,要通过教授和学生在讨论中畅所欲言、完善真理。

第三,在德国大学的习明纳尔中,教授指导学生充当科研或教学助手并从事独立研究。在这里,师生关系不仅是一种学术指导关系,而且是一种情感关系、人格关系,它激励学生继承和发扬导师的治学态度和科学精神,有利于学生对科学的追求与探索,发挥自己的创造力。

以美国肯塔基默海德州立大学为例,该校大多数课程就采用Seminar教学范式,跨文化交际(COMM650)是Robert Frank博士以Seminar形式授的一门硕士研究生课程,其课程描述明确指出该课程旨在研究跨文化交际,要求学生能够运用跨文化交际的理论和方法进行文献综述,撰写相关的研究性论文,课堂讨论是成绩评定的重要组成部分。Robert Frank博士从主体间性视角设计该课程的Seminar教学范式。主体间性,是指两个或者两个以上主体之间的关系,一方面,交往的双方或多方都是平等的主体,都具有主体性,他们各自独立,彼此相互承认、相互尊重;另一方面,主体之间又是相互作用、相互影响、相互沟通的,具有主体间性。主体间性是以共同客体的改造而达成的主体间的内在关联性。主体间性视角下Seminar教学范式体现了民主性、互动性和研究性的特点,其基本过程如下。

首先是选定研究课题。开学前教师就将课程大纲放在网上,让修课的学生明确本学期使用的3本教材。根据整个学期的教学内容以及学生各自的研究兴趣,老师组织学生民主讨论,由学生自己选定本学期的具体研究单元,明确选题和Seminar的操作流程,为进行下一步的学习做好准备。教育和研究的过程是教师和学生两个主体之间共同认知和实践的过程,学生是教育内容的主体,与教育内容构成"主-客"关系,表现出主体性。

第二是自主学习过程。Seminar 教学范式注重学生研究过程中自主学习能力的培养,要求学生阅读自己负责的单元内容及后附的主要参考书目。学生应在开学之初与导师探讨将要撰写的论文题目,并定期与导师面谈汇报研究进度,通过对比分析形成自己的见解,期末完成一篇以 APA 格式撰写的有文献综述的采用某种理论或方法论的约 20 页的相关论文。论文要求达到能向南部各州交际协会和肯德基州交际协会投稿的水平。学生是学习研究的主体,他们自主阅读,独立思考,准备课堂讨论,撰写相关的主题论文。他们的主体间性贯穿在这个阶段的研究过程当中,在这个基础上,形成自己的见解并以规范化的学术论文形式表达出来。

第三是课堂讨论和答辩。进行课堂讨论之前,每个学生都要从指定教材中找出 3 篇文章进行精读,然后在课堂讨论上进行口头陈述和评论。每周三下午的课堂讨论是整个 Seminar 教学环节中最为精彩的部分,负责某单元的学生首先简明扼要地表述研究的核心内容,接着做文献综述,阐明这个内容的国内外研究状况,然后介绍自己与众不同的研究视角及观点,最后是其他同学对这个问题的提问和研究补充。学生个体在相互的发言和倾听中,彼此阐述自己的见解,分享对文本意义的理解。教师旁敲侧击或以非权威的方式发表自己的看法和建议,作为这场研讨会的组织者,教师以平时成绩为调控手段,有力促进着学生参与研讨的积极性,并以在这个领域多年的研究对课堂讨论进行有效的引导,师生之间的主体间性各自得到恰如其分的发挥。

最后是论文评价。在课堂研讨的基础上,每个学生提交自己的论文文献综述,要求学生之间互评,对别人的文献综述写出自己的评语和修改意见。这一过程不仅培养了学生进行科学研究的初步能力,更重要的是增强了学生之间的主体间性。经过学生互评的论文提交给教师评阅,教师不仅给撰写论文的同学打分,也给评阅论文的同学打分,根据教师修改意见修正过的论文发给班上每位学生阅读,大家围绕这篇论文进行讨论,教师在学生讨论过程中所做的精要点评也显示出师生之间的主体间性。该课程的成绩评定构成是:50% 论文撰写;15% 课堂报告;20% 参考书目评注;15% 评阅同学论文。这样的成绩评价有效地监控了学生自主学习的过程,着重培养学生自主学习、解决问题的能力和进行学术研究的方法,教学过程中师生、学生之间的互动促进了学生研究性思维的拓展。

附录 7 经典教学方法:问题教学法[①]

问题教学法,就是以问题为载体贯穿教学过程,使学生在设问和释问的过程中萌生自主学习的动机和欲望,进而逐渐养成自主学习的习惯,并在实践中不断优化自主学习

① 摘编自:百度百科词条"问题教学法"。

的方法，提高自主学习能力的一种教学方法。问题教学法充分体现学生的主体地位，能有效地激发学生自主学习的主动性和积极性。在使用问题法教学的课堂上，教师有意地创设问题情境，组织学生的探索活动，让学生提出学习问题和解决这些问题，或由教师自己提出这些问题并解决它们，与此同时向学生说明在该探索情境下的思维逻辑。“问题教学”为学生提供了一个交流、合作、探索、发展的平台，使学生在问题解决中感受语文的价值和魅力，在教学活动中以“问题”为线索，基于问题情境发现探索知识，掌握技能，学会思考、学会学习、学会创造，促进学生创造性思维的发展。

问题教学法的教学步骤一般是：①提出疑问，启发思考；②边读边议，讨论交流；③解决疑难；④练习巩固。问题教学法的教学重点比较明确，教学内容比较集中，并通过问题讨论的方式组织教学，有助于激发学生的学习兴趣和培养他们的阅读分析能力。

“问题教学法”的基本结构与实施可概括为“三环”“六步”。“三环”为：第一环节：创造问题情境，发现、提出问题，并使问题定向，为“生成”问题。第二环节：对生成的定向问题进行自主探究（个体与集体合作学习），分析、解决问题，为“探索”问题。第三环节：对探索的问题及时反馈，在验证中得以解决，并进一步拓展问题，为“发展”问题。“六步”为：第一步是创设问题情境；使学生发现并提出问题。第二步是引导学生对提出的问题，结合教学目的，明确要解决的主要问题，即问题定向。第三步是学生自主探究，分析问题，提出假设、猜想，设计解决问题方案。第四步是对假设方案、推论、尝试解决问题。要允许学生犯错误，这往往是正确的先导。第五步是对解决的问题及时反馈；进行科学检验，使问题解决，并掌握科学方法。第六步是对解决的问题再质疑，使问题得以拓展与延伸，使学习的知识系统化，又为探求新知识奠定基础。以上“三环”“六步”是“问题教学法”的基本结构与操作程序，在实践中应结合学科特点与教学实际加以灵活运用。

问题教学法的基本原则是：第一，适时原则。该原则就是要求教师准确地把握好教学时机，在思维的最佳突破口点拨学生；同时，教师启发思维的问题的深度的难易要适中，速度的快慢要得宜，广度的大小要恰当，量度的多少要相应，恰到好处地引发学生积极思维，使学生的思维提高到“最近发展区”的水平。第二，因人循序原则。该原则就是教师启发思维的重点难点、方式方法等必须因人而异。另外，教师启发思维还应注意遵循学生的认识规律，循序渐进。不过，有时故意打破顺序，使学生超越知识空白而跳跃前进，大胆设想猜疑，然后小心实验求证，也是发展学生直觉思维与创造性思维的必需。第三，反馈强化原则。教师在课堂教学中，调动各种途径和手段启发学生的思维时，也应注意接收从学生身上发出的反馈信息，并及时做出相应的控制调节。同时，对于学生所做出的反馈信息，教师还应做出及时而准确的评价，强化学生的思维操作，调动学生课堂思维的积极性。教师恰到好处地表扬或赞许，会使学生的思维活动得到积极强化；相反，教师恰如其分地批评或否定，会使学生及时改正思维的错误。

附录8 经典教学方法:项目教学法①

项目教学法萌芽于欧洲的劳动教育思想,最早的雏形是18世纪欧洲的工读教育和19世纪美国的合作教育,发展到20世纪中后期逐渐趋于完善,并成为一种重要的理论思潮。受杜威教育思想的影响,1918年,美国学者基尔帕特里克(Kilpatrick)在他的一篇论文中提出"项目教学法"。按照弗瑞(Frey)的说法,1590年以后,在欧洲的建筑学校教学中出现了"项目作业(project work)";1765~1880年,"项目"作为常规的教学方法传到美国;1880~1915年,"项目"应用于美国普通公立学校的手工艺训练;1915~1965年,项目教学法经基尔帕特里克等学者重新定义并从美国传回欧洲;1935年,德国学者佩特森(Petersen)翻译了基尔帕特里克的"项目教学法",并和杜威等人的论文以《项目计划——基础与实践》为题结集发表。1965年以后,项目教学法在欧洲教育界重新获得重视。

项目教育模式是建立在工业社会、信息社会基础上的现代教育的一种形式,它以大生产和社会性的统一为内容,以将受教育者社会化,以使受教育者适应现代生产力和生产关系相统一的社会现实与发展为目的,即为社会培养实用型人才为直接目的的一种人才培养模式,具有以产品和行动为导向、跨学科性、学习者和需求指向、学习过程的自我组织以及社会关联性等特征。

项目教学法是一种开放的教学形式,目前尚没有统一的定义。基尔帕特里克给出项目教学的定义:"在社会环境中发生的、全身心的、有计划的行动。"贝姆(Boehm)定义项目教学法:"是一种教学的方法,在这种方法中,完整的实践性的工作打算或教学主题按照一个由学生自己开发的计划来实现。"弗瑞的定义是:"在项目教学法中,学习者以小组为单位在某个内容范围内进行工作,实施一个项目。小组成员自己计划并执行他们的工作,通常在结束时有一个可见产品(如装置、仪器、文件、演出等)。在项目教学法中,关键不在于其最后的产品本身,而是这个产品的制造过程是以学生自主构建的方式进行的。"维基教育技术网页上关于项目教学的定义是:"项目教学使学习者参与某些能产生结果的项目中去,然而教学过程的主要目标是学习效果而不是项目产出的结果。"从上述定义中可以看出,项目教学法注重这样几个关键要素:学生自主性、有计划的行动、解决问题的过程、相应的社会情境。显然,项目教学法是一种在专业教学中将普适功能教育目标,如方法能力、合作交往能力、独立自主能力、责任意识等突出表现出来的教学方式。可以说,项目教学法是一种"在真实情境中具有具体对象的学习安排"。学习对象可以是有形的物体,如蒸汽机;也可以是抽象的事件,如设计实施一个问卷调查。

从基尔帕特里克的"目标、计划、实施、检查"基本框架出发,在弗瑞的模型中,项目教学法由"创意、目标、计划、实施、检查、总结"几个阶段组成;在维曼(Wiemann)的模型中

① 徐朔. 项目教学法的内涵、教育追求和教学特征[J]. 职业技术教育,2008,29(28):5-7.

则包括“创意、目标、计划、决策、实施和评价”六个阶段。综合起来大致可以有以下几个阶段。

阶段1:项目主题的形成。这个阶段可以细分为“创意产生和创意分析”两个分阶段。项目创意可以由一个外界的任务委托引发,或者由内部的一个或几个人自己提出一个项目构想或项目创意。进而在一个事先约定的范围内对项目创意进行创意分析,按一定的规则或条件,对提出的任务进行结构化处理,提出问题并确定项目结果的使用价值,形成一个项目的大致框架草案。这个阶段的目标是发现一个项目主题、一个问题任务。

阶段2:项目计划的制订。这个阶段也可以分为“项目计划和决策”两个分阶段。学生组成工作团队开发项目计划,工作团队根据已经确定的项目目标以及相关条件,如时间、经费、场地、设备等,自己计划总体工作。这是一个要求创新精神的动态过程,这个过程的目标是根据情境前瞻性地计划工作,在头脑中执行未来的工作。在完成总体计划后进一步做出执行计划:谁(执行者)、什么时候(时间控制)、怎样完成(工作方法)、什么任务(工作内容)。

阶段3:项目执行。在本阶段中,项目计划得以实施,即在具体做的层面上执行项目。项目团队以个人、小组或全体的形式自主工作,并在此过程中产生或交换生产产品的信息。这个过程还包括了对实施过程的检查和对原来计划的修正。

阶段4:项目结束,评价反思和总结。项目结束的方式大致可以有3种情况:其一,在产品指向的项目中,项目结束是明显的,可以通过展示和应用项目结果表示。其二,产生一个指向项目创意的反馈,项目团队成员比较项目初始和项目结束的状况。其三,项目结束后,通过项目工作获得的知识、技能和能力在日常生活和学习中获得应用。

附录9 经典教学方法:案例教学[①]

案例教学法起源于20世纪20年代,由美国哈佛商学院(Harvard Business School)所倡导,当时是采取一种很独特的案例形式的教学,这些案例都是来自于商业管理的真实情境或事件,透过此种方式,有助于培养和发展学生主动参与课堂讨论,实施之后,颇具绩效。这种案例教学法到了20世纪80年代,才受到师资培育的重视,尤其是1986年美国卡内基小组(Carnegie Task Force)提出《准备就绪的国家:二十一世纪的教师》(*A Nation Prepared: Teachers for the 21st Century*)的报告书中,特别推荐案例教学法在师资培育课程的价值,并将其视为一种相当有效的教学模式,而国内教育界开始探究案例教学法,则是20世纪90年代以后之事。

---

① 摘编自:百度百科词条“案例教学法”;哈佛大学首创的案例教学法,参见浙江工业大学教师教学发展中心网站,http://www.jxzx.zjut.edu.cn/index.aspx? menuid = 15&type = articleinfo&lanmuid = 128&infoid = 383&language = cn.

案例教学法鼓励学生独立思考，引导学生变注重知识为注重能力，变被动式学习为主动式学习，重视双向交流和思想共享。但案例教学方法诸多功能的实现，还依赖于案例的选择。案例教学法对案例本身的要求包括：

第一，真实可信。案例是为教学目标服务的，因此它应该具有典型性，且应该与所对应的理论知识有直接的联系。但它一定是经过深入调查研究、来源于实践，绝不可由教师主观臆测，虚构而作。案例一定要注意真实的细节，让学生犹如进入企业之中，确有身临其境之感。这样学生才能认真地对待案例中的人和事，认真地分析各种数据和错综复杂的案情，才有可能搜寻知识、启迪智慧、训练能力。为此，教师一定要亲身经历，深入实践，采集真实案例。

第二，客观生动。真实固然是前提，但案例不能是一堆事例、数据的罗列。教师要摆脱乏味教科书的编写方式，尽其可能调动些文学手法。如采用场景描写、情节叙述、心理刻画、人物对白等，甚至可以加些议论，边议边叙，作用是加重气氛，提示细节。但这些议论不可暴露案例编写者的意图，更不能由议论而产生导引结论的效果。案例可随带附件，诸如该企业的有关规章制度、文件决议、合同摘要等，还可以有相关报表、台账、照片、曲线、资料、图纸、当事人档案等一些与案例分析有关的图文资料。当然，这里所说的生动，是在客观真实基础上的，旨在引发学生兴趣的描写，应更多地体现在形象和细节的具体描写上。这与文学上的生动并非一回事，生动与具体要服从于教学的目的，舍此即为喧宾夺主。

第三，案例的多样化。案例应该只有情况没有结果，有激烈的矛盾冲突，没有处理办法和结论。后面未完成的部分，应该由学生去决策、去处理，而且不同的办法会产生不同的结果。假设一眼便可望穿，或只有一好一坏两种结局。这样的案例就不会引起争论，学生会失去兴趣。从这个意义上讲，案例的结果越复杂，越多样性，越有价值。

第四，相关性。所选案例要紧扣教学内容，案例分析的目的是使学生加深对所学理论知识的理解和运用理论知识解决实际问题的能力，因此，所选案例必须是针对课程内容的。

第五，典型性。案例内容要具有一定的代表性和普遍性，具有举一反三、触类旁通的作用，而不是实践中根本不会发生的案例，且典型的案例往往涉及的关系比较全面，涵盖的法律知识较多，有助于学生从各个方面对所学理论加以验证，从中得出正确的结论。

案例教学与一般基础理论课相比，对教师有更高的要求。哈佛大学之所以能成功推行案例教学模式，就是因为哈佛大学经过几十年的磨炼，培养了一批熟练掌握案例教学的教师。案例教学不是自然产生的，对从事案例教学的教师必须进行专门的培训，使他们熟悉并习惯于这种教学法。一个教师从不熟悉到熟悉案例教学，至少要花 2～3 年。教师的作用虽然不同于直接授课，但要介绍分析框架或理论工具，引导学员的分析过程，对学员的不同观点及时进行分类梳理，对有些重要的理念给予提示。这些都要求教师熟透案例，有广博的知识、较强的逻辑分析、要点概括和驾驭课堂的能力。所以说，案例教学的功夫在课堂之外，无论是教师还是学生，真是台上一分钟，台下十年功。案例教学的效果取决于教师的水平，不同的教师，案例教学的效果也不同。一个好的案例教学的教师，首先是一个激情飞扬的演员，他把课堂变为舞台，投注了全部的热情来讲课，这种热情也感染了每一个学生。案例教学的教师还是控制课堂的导演。每一节课就如同一场电影，要在单位时间内完成教学的任务，还要让尽量多的同学发言，就要严格控制课堂，热烈而不混乱，有序而不死板，对同学的提示如春风化雨，最后的总结如水到渠成。案例教学的教师还应是教学相长的对象，老师要有谦虚的态度和博大的胸怀，认真听取同学的发言，积极鼓励不同的观点，耐心梳理大家的意见，勇于接纳批评和反驳，创造一个师生之间平等学习的良好的氛围。

第一步，学生自行准备。一般在正式开始集中讨论前一到两周，就要把案例材料发给学生。让学生阅读案例材料，查阅指定的资料和读物，搜集必要的信息，并积极地思索，初步形成关于案例中的问题的原因分析和解决方案。培训者可以在这个阶段给学生列出一些思考题，让学生有针对性地开展准备工作。注意这个步骤应该是必不可少而且非常重要的，这个阶段学生如果准备工作没有做充分的话，会影响到整个培训过程的效果。

第二步，小组讨论准备。培训者根据学生的年龄、学历、职位因素、工作经历等，将学生划分为由 3 ~6 人组成的几个小组。小组成员要多样化，这样他们在准备和讨论时，表达不同意见的机会就多些，学生对案例的理解也就更深刻。各个学习小组的讨论地点应该彼此分开。小组应以他们自己有效的方式组织活动，培训者不应该进行干涉。

第三步，小组集中讨论。各个小组派出自己的代表，发表本小组对于案例的分析和处理意见。发言时间一般应该控制在 30 分钟以内，发言完毕之后发言人要接受其他小组成员的询问并做出解释，此时本小组的其他成员可以代替发言人回答问题。小组集中讨论的这一过程为学生发挥的过程，此时培训者充当的是组织者和主持人的角色。此时的发言和讨论是用来扩展和深化学生对案例的理解程度的。然后培训者可以提出几个意见比较集中的问题和处理方式，组织各个小组对这些问题和处理方式进行重点讨论，这样做就将学生的注意力引导到方案的合理解决上来。

第四步，总结阶段。在小组和小组集中讨论完成之后，培训者应该留出一定的时间让学生自己进行思考和总结。这种总结可以是总结规律和经验，也可以是获取这种知识和经验的方式。培训者还可让学生以书面的形式做出总结，这样学生的体会可能更深，对案例以及案例所反映出来的各种问题有一个更加深刻的认识。

后　记

他山之石能攻玉　中外比较话教学

——拙作后记

本书的主题和关键词是研究型教学，这是现代研究型大学教学和育人的核心内容，也是我一生最喜欢和最执着的主题追求。说到选择这个主题的原因，至少有如下几点。

其一，我的一生大半是和教育打交道的。上山下乡时就做过中小学教师，既教过数学语文，也教过音体美，儿时的梦想终于变成了现实。当年第一次上讲台的情景，激动和兴奋，现在还记忆犹新。那时没有学过什么教学理论，更没有机会去国外访问和考察，只是凭着一腔热情和一颗良心，像我的老师培养教育我一样，尽心尽力地做着我应该做的一切，并曾获得瑷珲县优秀教师的光荣称号。“文化大革命”后，作为77级恢复高考的首届毕业生，留校在哈工大工作，又继续从事教书育人的工作，并逐渐加深了对教师职业的理解。应该说，做一个教书匠是容易的，而真正理解大学的教与学，做一名有创新的大学教师是很难的。首先要懂得大学教师的角色是什么？教师的角色是什么？园丁？蜡烛？传道、授业、解惑？教练？父母？朋友？领导？导游？船长？营养师？管理者？人类灵魂的工程师？设计师？又是又不全是，又对又不完全准确。教师角色和育人的艺术，只能在工作实践中慢慢去体会，用心去品味，每个人都有自己的独到理解和思考。

进一步，更要深切地理解和感悟什么是教育。教育是人的活动，是成就人的事业，最根本的就是育人。比如素质教育是什么？那就是回归真正的教育，就是返璞教育的本真。教育是点燃人的心灵，是开启人的智慧，是打开人的心窗，是一个自然人转变成精神文化人的再创造，是一个生理人到社会人、现代人的转变新生。因此，教育应当是春风化雨的，润物无声的，潜移默化的；是触及灵魂的，扣人心弦的，记忆犹新的，也是终生难忘的；是自主的，自觉的，内在的，反省的，觉悟的，又是严肃的，认真的，个性的，充满大爱和反复的；是平等的，民主的，快乐的和竞争的；还是感恩的，忏悔的，严格的，艺术的，科学的；更是自由的，生命的……所有这一切都是以人为中心的。

针对中国的实际情况，我们的教育还要彻底改变中国人的“愚、弱、贫、散、私”，从根本上挖掉千百年来糟粕文化留下的病根,彻底改变官本位为中心的文化,改变急功近利、弄虚作假、目光短浅、价值扭曲和贪污腐败的病态,培养一代代有公心、爱人类、懂良知、担责任、敢创新、做贡献、守法纪、知感恩、讲正义、明事理、恪诚信、重文化、爱科学、讲民主、追梦想、真自由的一代代新人。

而作为大学最根本的和最核心的,就是透过对高深学问的传承、研讨和探究,去培养知识素质能力一体化的人才,就是千方百计让每个学生都发展到自己能达到的最高顶点,使身心、智能、情感和技能全面发展。让每个学生毕业后都能找到自己最合适的位置,最大化地发挥自己的才能,为民族和社会乃至人类做出应有的贡献;让每块金子都闪闪发光,主要的就是靠大学的教和学。

其二,我的许多思考是从中国大学教与学的问题开始的,并且希望能够有针对性地解决这些问题。如 1996 年写的第一篇关于教学的文章《中国大学的课堂教学缺少什么?》把中国大学教学的问题归纳为传统教学的"三个中心""三个不变"和"七个一",这是我在美国林肯内州大学上课时的对比思考。结合中国大学教学的问题和对美国大学教学的实地考察和比较,后来又陆续写了一些拙文,如《教师、主持人、多角色》一文引起了多方关于教师角色的讨论;关于 Syllabus 的两篇文章促进了哈工大教学设计的开始;《这里没有一张考卷定乾坤》等几篇关于考试改革的文章促进了哈工大多变量、叠加式、全方位、全过程课程考试和方法的改革;还有"学生评价教学"的介绍,使哈工大的学评教工作更上一层楼;后续的许多关于大学教学改革的拙文和建议都对哈工大乃至全国的大学教学改革和创新有一定的参考价值;《关于提高人才培养质量的随想三则》受到许多好评;还有关于全面培养人才和培养目标的拙文也有许多反响。从严格意义上讲,这些拙文都不是什么真正的科学研究论文,大部分拙文都是我 3 次赴美考察的所思所想,每次上课时,除了听课了解美国大学的教学,更主要的思考就是对我们中国大学的人才培养和教学改革有什么启示作用,哪些我们可以学习和借鉴,特别是我们到底需要做哪些实实在在的改革和创新。3 次访美考察了二十几所大中小学校,走马看花,认识肤浅。即使如此,还是很有收获,越是对美国的研究型大学了解之深,之全面,越是感到我们中国大学的差距之大,问题之多,越是陷入深深的思考和反省中。

其三,3 次访问美国的经历,使我不断地理解和认识教学和人才培养的重要性,选择这个主题的初始是第一次在美国做访问学者时的直觉。首先美国大学的课堂教学好的方面特色很突出:一是教师的热情、激情和责任心,教师的充分准备和熟练性,教师对本学科知识的广博和热爱,特别是教师上课的激情;二是大学课堂的生动、活泼、活跃和充满挑战性的各种讨论、辩论,不同观点思想的碰撞,真正培养独立的思考和质疑批判精神;三是课堂教学的多样性和民主性,教师和学生互动,学生之间互动,在宽松、和谐、民主和快乐中学习,在合作和竞争中学习,以及教师对课堂的驾驭和把握;四是特别强调思维的训练和能力的训练,特别注重问题意识,理性批判,挑战权威,大量的写作,大量的 Presentation,大量的讨论,大量的学生独立思考和自主学习,大量的实践和研究,使学生成为学习的真正主人。这样的教学,就是以学生为中心的教学,就是我理解的研究型的教学,我们真的是太需要这样的教学啦!可以讲,研究型的教学,不是口号和新词,也不是一种简单的方法,而是一种全新的思想和理念,是对传统教学思想和方法的挑战和深刻的变革。它没有固定的模式,也不可能完全代替传统教学,更不是科学研究。因为它不是追求立多少项目,申报多少课题,发表多少文章,出多少成果,它是一种实实在在的教学活动,是通过师生的互动,通过多样的讨论和辩论,通过反复的实验和实践,更通过各种团队的训练,实现知识的学习、研究、探索和创新。这种以探索为核心的教学过程和以学生为中心的主动性创造和实践的学习活动,对中国的大学和大学教师真是一个重大的课题和转变。美国的大学教学和育人,已经真正形成以学习者为中心的环境和氛围,努力创造个性化的学习和教学设计,最注重的是让学生热爱学习,学会学习,终身学习,并进行大量学习成效、学习产出和学习经历的多种研究,建构主义和后现代观念影响巨大,学习科学的研究要求教师成为反思型、研究型和领导型的新型教师。面向21世纪的教育,大学将走向普及化,大学的经历将是人生必不可少的一部分,知识和科学是无国界的,创新和创造是无疆界的,全球化和多元化的挑战和大趋势必然要求我们改变传统的教学观念和人才观念。哈佛大学加德纳的多元智力理论将是我们进行教育教学改革的主要依据,芝加哥大学80多位诺贝尔奖得主的数据给我们带来心灵的震撼,普度大学21位航天员的培养令人激动和兴奋,斯坦福大学的硅谷模式更是创造创业型大学的典范,国际化、多元化、信息化、数字化和创新的竞争必将给中国大学及人才培养带来前所未有的冲击和挑战。

再次,进一步的思考,选择这个主题,是因为中国“985工程”的目标是创建世界一流大学,面对这样的冲击和挑战,我们缺少什么?我们最大的差距是什么?高水平的创新、成果从哪里来?钱学森的惊人之问耐人寻味,发人深省。最大的差距就是人,人的素质,人的能力,人才的培养,特别是高层次人才的培养。教育要面向世界、面向现代化、面向未来,更要面向人的真正需要和个性,面向民族的复兴和发展。中国大学创建世界一流,只是一时的目标,更长远的是中国应当为人类社会做更大的贡献,中华民族要立于世界之林,中国的大学应在世界知识体系中占有重要的地位,这一切最关键的还是人的素质,人的能力,人的创造性。从这个意义上讲,人才培养和大学教学永远是大学重中之重的主题。中国的大学该如何应对新的挑战,中国的大学人才将怎样创新培养,中国大学的教学将如何深化改革,这就是这一主题的持久魅力。我不过是透过这一篇篇小小的拙文,从各个不同的角度、维度、侧面和细节,力图尽可能翔实和真实地介绍美国研究型大学教学和课堂的方方面面,并真诚地希望读者去自己思索、理解和比较,真正悟出一些道理,持续地探索和实践,试着做一些切实的改变。真正的是抛砖引玉。

最后,所有这些拙文,都是一般过去时,研究得少,呈现得多,战战兢兢,诚惶诚恐地整理出来,就是希望或许还有一点点指导意义,更多的只是我的所思所想的记录,作为一份材料保存下来,给自己即将退休的生活留个纪念吧。“捧着一颗心来,不带半根草去”,

陶行知先生的这句话,就是我作为一名教师的座右铭,虽然总是做不到,却还是一直坚持着,努力着……我想,我们的大学一定要树立大教育观,大科学观,大工程观,大教学观,大实践观,大课程观,还要有全球人类观,这样才能培养有大理想、大目标、大气度、大胸怀、大智慧、大眼界、大思想和大追求的人,将来才能干出大事业,承担大责任,进行大创造,实现大发明,探索大发现,做出大贡献。这既是对大学的要求,也是对每个大学教师的要求。

正所谓:“路漫漫其修远兮,吾将上下而求索。”

借此机会,要真诚地感谢,曲阜师范大学经济学院的副教授张立新博士。本课题项目的初始,还是他在哈工大经管学院攻读博士期间我们共同提出的。他文笔流畅,思维敏捷,特别勤于动脑动笔,喜欢阅读大量的参考资料。本书的前半部分教学理念篇主要是他自己完成的,而拙作的后半篇教学实践篇,也是在我以前草写的一些文章的基础上,由他梳理和理顺的,本拙作的绝大部分文字修改工作都是由他完成的。没有他的辛苦工作和持续努力,拙作是不可能完成的。

借此机会,还要感谢多年来关心和支持我的哈工大各位领导和同仁们,特别感谢周玉校长的鼓励和支持。感谢出版社的领导和编辑,感谢田新华的支持和帮助。感谢高教所已故的李家宝、刘国立老师,感谢赵汝祥、姜华、齐晶瑶、于渤、王晓峰、李兴瑞、林涛、崔志刚、李斐、黄超和周洪萍等各位同事和研究生张敏同学……并以此拙作献给哈工大建校 95 周年。

教育是最虚的,又是最实的;教育是最无用的,又是最重要的;教育是最近期的,又是最长远的;教育是最个人的,又是最民族的;教育是最局部的,又是最全局的;教育是最快的,又是最慢的;教育是最理想的,又是最现实的;教育是最抽象的,又是最具体的;教育是最科学的,又是最人文的;教育是最方法的,又是最艺术的……这就是我的教育哲学、教育观,大学的教学不也是如此吗?

谨记!

哈尔滨工业大学高等教育研究所
吴绍春
2015 年退休前